庆祝河南大学文学院
建立100周年

Centennial Chronicle of the College of
Liberal Arts of Henan University

河南大学文学院百年纪事

葛本成 编

中国社会科学出版社

图书在版编目（CIP）数据

河南大学文学院百年纪事 / 葛本成编 . —北京：中国社会科学出版社，2023.2
ISBN 978 - 7 - 5227 - 1490 - 5

Ⅰ.①河… Ⅱ.①葛… Ⅲ.①河南大学文学院—校史 Ⅳ.①G649.286.3

中国国家版本馆 CIP 数据核字（2023）第 031686 号

出 版 人	赵剑英
责任编辑	顾世宝
责任校对	张　慧
责任印制	戴　宽

出　　版	中国社会科学出版社
社　　址	北京鼓楼西大街甲 158 号
邮　　编	100720
网　　址	http://www.csspw.cn
发 行 部	010 - 84083685
门 市 部	010 - 84029450
经　　销	新华书店及其他书店

印刷装订	北京君升印刷有限公司
版　　次	2023 年 2 月第 1 版
印　　次	2023 年 2 月第 1 次印刷

开　　本	710×1000　1/16
印　　张	35.25
字　　数	545 千字
定　　价	208.00 元

凡购买中国社会科学出版社图书，如有质量问题请与本社营销中心联系调换
电话：010 - 84083683
版权所有　侵权必究

序

今年是河南大学建校110周年，成立于1923年的中文学科也将迎来百年华诞。值此之际，由葛本成搜集、整理完成的《河南大学文学院百年纪事》一书即将付梓，我谨表示衷心祝贺！

现在的河南大学文学院主要由中国语言文学、戏剧与影视文学和汉语国际教育等三个专业组成，而校史里的文学院，不同历史时期其具体构成及内涵是不一样的。国文学系（中国文学系）、哲学系、英文学系（外国文学系）、史学系、社会学系、教育学系、经济学系前后都曾被归在文学院名下，并且文学和史学也曾一度融入文史系，直至1956年后，中国语言文学系（简称中文系）才真正获得独立建制和发展。从这个角度说，在学校发展前期，想把中文和其他相关学科，特别是哲学、史学完全剥离开来是不容易的，这从师资队伍构成本身就可一目了然。《河南大学文学院百年纪事》为编年体史料长编，所录资料，上自1923年，下迄2022年4月30日，其间凡涉及文学院办学中的重要事件、行政任命、师资队伍、人才培养、学术活动、刊物创办、著作出版、学生组织、毕业生名录等，皆在著录范围。但由于历史因素的局限，学院历史年代的记录简繁不一，甚至出现个别年份内容的缺失，但总体而言，前期较为简约，随年代的由远及近，记录也由简至繁，愈来愈详细，已经涉及学院工作的方方面面。这些点点滴滴的成绩的记录汇聚成学科发展的长河，其中蜿蜒曲折，合分聚散，清晰可见，成为学科发展史珍贵的佐证史料，从一个侧面更为直观地反映了学院和中文学科不同历史时期的发展状况。

《河南大学文学院百年纪事》让我们了解了河南大学中文学科是怎样

一路走过来的，文学院有着怎样的曲折历史演变轨迹，从中也让我们感受到中文学科成长的光荣与梦想，发展的坎坷与艰辛，历经的沧桑与巨变，饱尝的苦涩与欢乐。推动这个学科百折不挠、砥砺前行的精神力量是自尊、自强和自信，追求至善、默默奉献是始终不渝的初心。这个学科从无到有、由弱至强的100年和这个大学乃至国家的命运紧密相连。某种程度上可以说，中文学科的发展历程就是河南大学的缩影。我们更强烈地意识到，中文学科若要继续向上走强，必须自觉传承这个学科积淀的优良传统，延揽名家，广聚英才，培养人才，成就人才，不断加强学术交流，创新一流学术成果。那些曾经在文学院内并存共荣、相互支撑的学科，似乎在应和着并成为当下新文科建设呼声的坚实基础。我们理应将这一优势发扬光大，打通相关学科之间的壁垒，相互借鉴，跨界发展，以取得学术和教育的有效突破，并且寻找交叉融合产生的新的学科增长点，为跨学科研究和跨学科人才培养再铸辉煌。对学院百年历史的梳理启示我们，只有明白学科从哪里来，才能自信走向明天。

我自2008年起任文学院院长的10年中，先后有胡德岭、张润泳和葛本成三任书记与我合作共事，有许多愉快、难忘的回忆。我们在全院教职员工的积极配合与大力支持下，凝心聚力，共谋学院发展，在国家教学质量工程建设、学科建设等方面都取得了一系列可喜的标志性进展，河南大学的中国语言文学学科经教育部第三轮、第四轮全国高校学科评估后，全国排名由之前的第32位提升至并列第15位，评估结果为B+。作为普通省属高校的一个学科，能达到这样的排名，确属不易。2010年年底，文学院在原有的中国现当代文学和古典文献学两个二级学科博士点基础上，成功获批了中国语言文学一级学科博士点，并一致推举我们德高望重的老师、中国近代文学研究领军人物、时任河南大学党委书记的关爱和教授，担任一级学科博士点带头人。2016年8月，经关老师提出、文学院党政联席会议决议，由我接任河南大学中国语言文学博士点一级学科带头人。2018年7月中旬，学校中层领导整体换届，我转任《河南大学学报》编辑部主任、主编，学术关系仍在文学院，学术任职不变。2019年，我作为汉语言文学专业负责人，领衔申报并成功入选首批国家一流本科专业。

还在任文学院院长期间，我和各位同仁曾多次商议并期待在中文学科 100 周年时，能梳理出一本学科发展史。2012 年河南大学迎来百年华诞，文学院编写出版了《雅什清歌蕴无穷：河南大学文学院学人往事》一书，开始为编写学科史做准备。2013 年，葛本成教授从校纪委副书记转任文学院党委书记后，我们启动编写工作，正式邀请、委托已退休的原古代汉语教研室主任魏清源教授搜集、整理相关资料，编写学科史。在这一过程中，本成书记提出想编写一个纪事，可以作为学科史的一个补充。在接下来的时间里，他利用节假日及其他闲暇，从已有相关书籍、各种文献史料、校园网等处，不放过任何蛛丝马迹，耐心细致查找、辨别、核实、爬梳有关中文学科的材料，甚至自费从旧货市场、网络上购回相关珍贵史料，最后将散落在不同文献中的相关内容一点点聚集、串联起来。他甘于枯燥，乐于寂寞，每有新发现新收获，就会马上告知，让我分享他发现的快乐。正是源于对中文学科的热爱，支撑他数年坚持不懈地整理出这部数十万字的文学院百年纪事。

本成书记编写纪事，严谨审慎，史料互证，辨伪存真，力求准确。尤其值得称道的是，他有重要史料发现，弥补了现有成果的不足。如著名学者江绍原 1935 年 2 月被聘为河南大学文学院院长，就是本书作者从《大公报》（天津版，1935 年 2 月 11 日）和《河南大学校刊》（1935 年 2 月 25 日第 66 期）中发现的。在校刊中，聘任一事，散见于时任校长报告，加之年代久远，字迹模糊，不仔细辨识是难以发现的。余协中曾任文学院文史学系主任，许多史料包括其传记大都述其 1936 年到河南大学任教。但据《河南大学校刊》（1935 年 9 月 9 日第 81 期、9 月 30 日第 84 期）记载，余协中 1935 年 9 月被聘为文学院文史学系教授兼主任，同时在当学期分别为一年级、二年级、四年级学生开设西洋上古史、西洋近代史、最近国际关系三门课程。又如，1936 年 11 月 30 日，河南大学校门竣工，但现有出版物中均没有提及校门内外校名与校训的题写者信息。据新发现资料，当时新建成校门上方"河南大学"四字系从《河南金石志》中摘出放大，不仅古色古香，且彰显地方特色。校门内侧上方书写"止于至善"，旁题"明德""新民"，系罗振玉弟子、曾任国文学系教师的金石家、著名书法家关百益手书。总之，这本纪事倾注了作者大量心血，值得敬重。

鉴往知来，向史而新；潮平两岸阔，风正一帆悬。真诚祝愿文学院新一届领导班子再接再厉，把学院建设得更好。

是为序。

李伟昉

2022 年 2 月 1 日初稿

2022 年 6 月 25 日修订

凡　　例

一、《河南大学文学院百年纪事》（以下简称《纪事》）是一部编年体学院史，所录资料，上起1923年，下迄2022年。

二、凡上述百年间涉及文学院办学中之重要事件、活动等，皆在著录范围。

三、文学院在办学历程中，各个时期涵盖学科专业不同，如1942年国立时期的河南大学文学院下设文史学系、教育学系、经济学系，现在的文学院下设中国语言文学、汉语国际教育、戏剧与影视文学三个专业。《纪事》立足于中国语言文学等现有专业设置，以行政设置为主线，力争反映河南大学中国语言文学学科的发展轨迹。

四、为了尊重历史，在录入史料时，有些地方借用了文献，如在介绍胡石青时，所用"前教育次长，东北大学、天津法商学院、北平各大学教授"表述，系当时校刊原文，均注明出处。

五、在史料检阅过程中，对于发现与已有文献存在出入或感到需要特别说明的地方，均以加注形式呈现。

六、对师生员工中个别名字用字不断更改的情况，在引用史料时尊重史料原貌，如牛庸懋，在不同时期，曾分别用过"牛永茂""牛庸茂"；华锺彦曾用"华钟彦"；刘溶池曾用"刘溶"。

七、为了彰显历史痕迹，《纪事》行文配以大量照片。本书照片除特别标注外，大多来自河南大学校史资料与文学院。

目 录

1923 年 …………………………………………………………… （1）
1924 年 …………………………………………………………… （3）
1925 年 …………………………………………………………… （4）
1926 年 …………………………………………………………… （6）
1927 年 …………………………………………………………… （7）
1928 年 …………………………………………………………… （8）
1929 年 …………………………………………………………… （11）
1930 年 …………………………………………………………… （14）
1931 年 …………………………………………………………… （18）
1932 年 …………………………………………………………… （23）
1933 年 …………………………………………………………… （26）
1934 年 …………………………………………………………… （32）
1935 年 …………………………………………………………… （35）
1936 年 …………………………………………………………… （40）
1937 年 …………………………………………………………… （47）
1938 年 …………………………………………………………… （50）
1939 年 …………………………………………………………… （52）
1940 年 …………………………………………………………… （54）
1941 年 …………………………………………………………… （57）
1942 年 …………………………………………………………… （59）
1943 年 …………………………………………………………… （61）

1944 年 …………………………………………………………（63）

1945 年 …………………………………………………………（65）

1946 年 …………………………………………………………（68）

1947 年 …………………………………………………………（71）

1948 年 …………………………………………………………（72）

1949 年 …………………………………………………………（76）

1950 年 …………………………………………………………（78）

1951 年 …………………………………………………………（80）

1952 年 …………………………………………………………（82）

1953 年 …………………………………………………………（83）

1954 年 …………………………………………………………（85）

1955 年 …………………………………………………………（87）

1956 年 …………………………………………………………（90）

1957 年 …………………………………………………………（92）

1958 年 …………………………………………………………（94）

1959 年 …………………………………………………………（95）

1960 年 …………………………………………………………（97）

1961 年 …………………………………………………………（99）

1962 年 …………………………………………………………（101）

1963 年 …………………………………………………………（102）

1964 年 …………………………………………………………（105）

1965 年 …………………………………………………………（106）

1966 年 …………………………………………………………（107）

1967 年 …………………………………………………………（109）

1968 年 …………………………………………………………（110）

1971 年 …………………………………………………………（111）

1972 年 …………………………………………………………（112）

1973 年 …………………………………………………………（113）

1974 年 …………………………………………………………（114）

1975 年 …………………………………………………………（115）

1976 年	（116）
1977 年	（117）
1978 年	（118）
1979 年	（121）
1980 年	（124）
1981 年	（129）
1982 年	（132）
1983 年	（137）
1984 年	（140）
1985 年	（144）
1986 年	（150）
1987 年	（156）
1988 年	（158）
1989 年	（160）
1990 年	（161）
1991 年	（163）
1992 年	（165）
1993 年	（168）
1994 年	（170）
1995 年	（174）
1996 年	（177）
1997 年	（180）
1998 年	（183）
1999 年	（186）
2000 年	（189）
2001 年	（192）
2002 年	（196）
2003 年	（199）
2004 年	（206）
2005 年	（216）

2006 年 ………………………………………………………（226）
2007 年 ………………………………………………………（235）
2008 年 ………………………………………………………（245）
2009 年 ………………………………………………………（255）
2010 年 ………………………………………………………（268）
2011 年 ………………………………………………………（278）
2012 年 ………………………………………………………（294）
2013 年 ………………………………………………………（313）
2014 年 ………………………………………………………（329）
2015 年 ………………………………………………………（344）
2016 年 ………………………………………………………（356）
2017 年 ………………………………………………………（372）
2018 年 ………………………………………………………（400）
2019 年 ………………………………………………………（426）
2020 年 ………………………………………………………（464）
2021 年 ………………………………………………………（487）
2022 年 ………………………………………………………（516）
附　录 …………………………………………………………（523）
参考文献 ………………………………………………………（551）
后　记 …………………………………………………………（553）

1923 年

3月3日，在河南留学欧美预备学校基础上，中州大学宣告成立，并于当日举行开学典礼。

3月，王履泰（字志刚）、魏松声（字春园）、李明源（字静禅）、张悦训（字筱台）任国文教员。①

魏松声

---

① 魏松声（1865—?），河南正阳人，清末拔贡，中国同盟会会员。讲授《春秋》《左传》及先秦诸子，经常宣传孙文学说及三民主义，讥评时弊，提倡改革。

6月，中州大学分设文、理两科。文科设哲学、国文学两系。

8月，冯友兰先生到校，任文科主任、伦理学教授。

冯友兰

1924 年

2月,嵇明(字文甫)任国文教员,关葆谦(字百益)任博物兼国文教员。

关葆谦

8月,学校开设本科教育,学制6年,其中预科2年,本科4年。教育系成立。

聘江绍原为哲学教授、郭绍虞为国文教授,当年未到任。

当年学校计划文理科共招生100人,其中,文科招生的有国文学系、英文系、哲学系。

1925 年

1月,由魏世珍、许敬参发起的中州大学学生组织"文艺研究会"成立,李敬斋、冯友兰先生担任名誉会长。文艺研究会以研究国故及文学为宗旨。

4月,由中州大学文艺研究会主办的《文艺》创刊,冯友兰先生撰写了发刊词,该刊于1926年2月出版第二期后停刊。

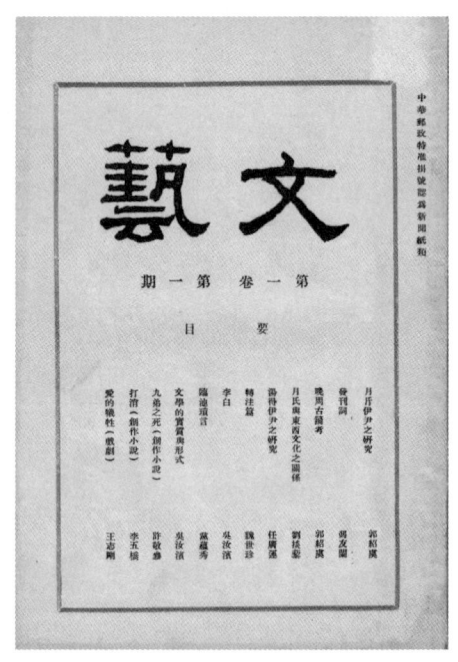

《文艺》创刊号封面

7月，冯友兰先生离开中州大学，北京大学教授安石如继任文科主任。

8月，史学系成立。

11月1日，中州大学教授段凌辰等主编的《孤兴》杂志创刊，主要登载诗词新作及旧文学研究文章，于1926年8月停刊。

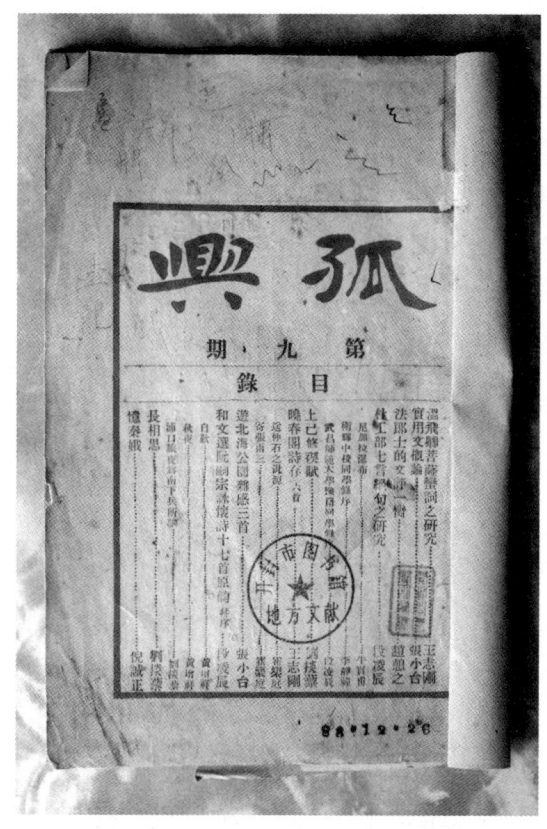

《孤兴》第九期封面

1926 年

6月，李笠《三订国学用书撰要》定稿，作为文学院学生参考书目。

夏，白寿彝从上海文治大学转入国文学系二年级（白寿彝1925年考入上海文治大学）。

白寿彝

1927 年

7月,学校更名为河南省立中山大学。学校增设法科和农科,共有文、理、法、农4科14个系。文科下设哲学、国文、英文、历史、教育5个系,文科主任为杨子余。

1928 年

1月，李笠《三订国学用书撰要》在北京朴社出版。
1月，杨亮功任文科主任。

杨亮功

4月，学校聘请王近信（哥伦比亚大学硕士）、王希和（芝加哥大学硕士）、杜光埙（哥伦比亚大学硕士）、曹颂彬（斯坦福大学硕士）为文科教授。

4月，河南中山大学励学社主办的大型国学研究刊物《励学》创刊，由国文学系学生魏世珍、李武乔、吴汝滨等主持，教授李笠、郭绍虞担任指导。

6月，中州大学时期招收的第一届大学生40名和从预校转入的部分学生共60余人毕业，这是学校培养的首届本科毕业生。田麟、曲庆星、周世绪3人成为国文学系首届本科毕业生。

第一届毕业生姓名录

（中華民國十七年六月）

文學院——國文學系

田麟 曲慶星 周世緒

教育學系

于鳳昌 李振雲 李心安 黃玉璋 陳秀生 張智慧 趙雲章 樊郁
劉懋政 魏燦章

理學院——算理學系

宋鴻哲

化學系

李承燔 范增臣 范承德 姜振亞 張澤芳 常信 許傳垚 陸志安
曹績彬 張國維 張金印

生物學系

何錫瑞 薫金聲 李承三 燕漢英

農學院——農學系

王丹桂 靳文修 郭品三 劉炳章 劉葆慶

林學系

王思虨 李在祿 孟憲伋 張建基 孫其澤 謝朝選

第一届毕业生姓名录

资料来源：《河南大学第九届毕业同学纪念册》第95页

暑假后，李笠受聘为国文学系主任。[1]

---

[1] 李笠（1894—1962），文献学家，语言文字学家。曾名作孚、乐臣，字雁晴，浙江瑞安人。1914年毕业于瑞安私立中学堂（今瑞安中学）。因无力升学，靠自学成才。图书馆学家张秀民、语言文字学家于安澜、古典文学研究专家胡守仁及詹安泰、经济学家陈征等均曾受业于他。

李笠

9月，学校增设了医科和附属产科。

11月，董作宾在七号楼201大教室为文学院学生作题为"安阳小屯发掘之经过"的专题报告。

董作宾

1929 年

6月26日，学校举行第二届毕业典礼，共毕业文科学生16人。

第二届毕业生姓名录

（中華民國十八年六月）

文學院——國文學系
吳汝賓　白永順　魏世珍

英文學系
林英晟

教育學系
王昭旭　杜光遠　楊景梨　馮春萱　董聚炎

史學系
黃延星　張珩玉　張禮賢　尚國幹　張鳴燦　王禰由　武承利

理學院——算理學系
劉吉鑫　劉振經　周道一　孫鎔　馬廷相

化學系
陳慶維　易畔康

生物學系
張朝儒

法學院——法律系
趙錫純　李法斌　李汝霖　胡書澂　許師衡　遲高聚　王曉峯　孫允宗　薛會英　武奧　劉炳恒　段青達　禹理　郭文燦　孫三敬　王丕遠　馬名世　張楓　任顯官　李士敏　賈希林　郭振宇

政治經濟系
林慶豐　閻瑞海　朱明耀　李增榮　崔崚峯　郭象臨　宋元鑫　陳秀峯　呂蜒賓　衡廷才　李希剛　張肇珍　王琛　韓炳辰　劉陶芝

见《河南大学第九届毕业同学纪念册》第96页。观高启明、尹秀芬编《河南大学学生名录》第8页。1929年国文学系毕业生为吴汝滨、白则园、魏世珍。查阅当时期刊，如《文艺》，有白永顺，无白则园。疑为同一人。

8月，河南省立中山大学5科分别改为文学、理学、法学、农学、医学5个学院。文学院下设：国文学系、外国文学系、史学系、哲学系、社会学系、教育学系6系，院长郑竹虚先生。后哲学系因办学困难，由评议会议决，暂行停办。

秋，罗根泽（字雨亭）被聘任为国学教授，讲授诸子及中国文学史。①

罗根泽

10月，文学院各学系相继成立研究室。其中，国文学系研究室分经学、小学、诸子、文学四门。小学分文字、训诂、音韵三组，文学分骈

---

① 《罗根泽自传》："十八年，河南大学聘任国学教授，授诸子及中国文学史，成《诸子概论》及《文学史》歌谣、乐府两编。《乐府编》由北平文化学社于二十年出版。"据《罗根泽先生学术年表》载，1929年9月，所著"战国策作者考"分别在《河南中山大学周刊》第12、第14期刊发。1930年1月，所著"五言诗起源说评录"在《河南大学文学院季刊》第1期刊发（注：应为《河南中山大学文科季刊》）。1930年秋，离开河南大学到河北大学执教。1937年7月，卢沟桥事变后，先在河南大学借教一月，后随北平师范大学到西安。

文、散文、诗歌、词曲四组。

12月,应学校邀请,中央研究院历史语言研究所所长傅斯年来校讲学。其演讲题目分别为"现代考古之重要性""武虚谷与汉学和徐旭生先生与西北考古""古史问题""哲学问题""文科学生应具有之科学基础"等。

本年度,文学院学生共有321人,其中男生291人,女生30人。

本年,开封市成立。

1930 年

1月,《河南中山大学文科季刊》出版发行,1930年9月停刊。①

《河南中山大学文科季刊》创刊号封面

---

① 李经洲、许绍康主编的《河南大学百年纪事》(第30页)载:《河南中山大学文科季刊》出版发行时间为1929年12月。李允豹主编的《河南新文学大系·史料卷》(第261页)载:《河南中山大学文科季刊》于1927年在开封问世。张天定、李建伟主编的《河南大学出版志》(第3页):"1930年1月,河南中山大学文学院编辑出版《河南大学文学院季刊》。"以上皆误,现据原刊物标识出版时间更正。

6月，应届毕业生毕业。文学院国文学系当年毕业6人。

8月，刘节被聘为国文学系教授兼主任。①

刘节

9月，学校更名为省立河南大学。学校进行院系调整，文学院设国文学、英文学、史学、教育学、社会学5系。文学院学生337人。其中，国文学系共有学生58人，男生54人，女生4人。

---

① 刘节（1901—1977），原名翰香，字子植。浙江温州人。早年毕业于浙江省立第十中学（今温州中学）。就读于上海私立南方大学哲学系（因参与学潮，被开除）。遂转入上海国民大学哲学系。1926年大学毕业后，以优异的成绩考入清华大学国学研究院，与他同届的有陆侃如、王力、姜亮夫等，为该院第二届学生。师从王国维、梁启超和陈寅恪。1928年从国学研究院毕业后，应聘到南开大学任讲师。1930年8月，任河南大学国文学系教授兼主任。1931年，去北京图书馆任金石部主任。1935年以后又任教于燕京大学。抗日战争爆发后，先后在浙江大学、成都金陵大学任教。1940年至1944年，索居于重庆南岸中央大学，专心于古代史研究，生活极其艰苦而矢志不移。1946年南下广州，任中山大学教授。20世纪50年代初，任中山大学历史系主任。刘节任中山大学历史系主任期间，对陈寅恪始终执弟子礼。逢年过节，刘节必去拜望老师陈寅恪，去后必对老师行下跪叩头大礼，一丝不苟，旁若无人。刘节对学生说："你们想学到知识，就应当建立师生的信仰。"1967年底，红卫兵要抬陈寅恪去大礼堂批斗，刘节挺身而出，代替老师去挨斗。批斗会上，"小将"们对刘节轮番辱骂、殴打，之后又问他有何感想，刘节昂起头回答："能代替老师挨批斗，我感到很光荣！"1977年7月21日，刘节因患喉癌不治而辞世，终年76岁。在先秦古史、先秦诸子思想、史学史研究方面均有卓著成就。所著《中国史学史稿》是中国史学史学科重要代表作之一，著名史学家白寿彝先生称之为"必传之作"。

本年度，文学院学生课外活动团体：国文学系有涓流社、国文研究会两个，史学系有史地研究会，教育系有绿野社、实验学校设计工作团、一九三三级教育学会、教育研究会，英文学系有英文研究会，共八个。

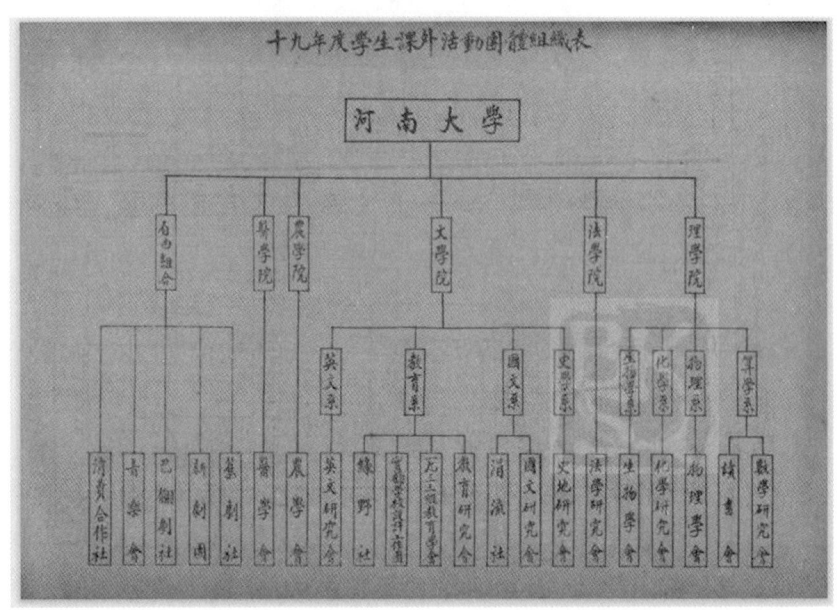

1930年河南大学学生课外活动团体组织表

资料来源：《河南教育月刊》1931年第一卷第4期"十九年之河南大学概况"

开办学院学术季刊，当年出版第一期。①

开设课程：②

现代文艺、本二国文、中国思想史、应用文、本一国文、德文、现代教育、中国民族史、中国学术史、社会思想史、本一国文甲组、初级日文、六朝文史学通论、中国近世史、本一国文丙组、中国近世史、西洋文化史、图书馆学及史部目录学、中国上古史及西洋近世史、本一英文乙组、英文修辞学、本一英文丁组、教育社会学、英文甲组、本二英

---

① 1930年，由于当时"部令各大学以地为名，改科为院"，《河南中山大学文科季刊》改名为《河南大学文学院季刊》（见李允豹主编《河南新文学大系·史料卷》第261页）。

② 见《河南大学史料长编》第二卷第78页，原见《河南省教育年鉴·民国十九年》。

文、经济通论、汉魏六朝诗、本一英文甲组、词选、音韵学概要、文学史论、中国教育思想史、西洋近代文艺、课外作业研究、教育心理、高级日文、杜诗研究、美文诗歌、中国小说史、孔学研究、教育行政、英文散文、本一国文丁组、中国古代文化史、社会问题、逻辑学、教育概论、教育原理、教育史、文化进化史、社会心理学、教育哲学、美国文学史、欧洲文学史、史学研究法、社会学原理、社会学体系、英文小说、英文文学概论、英文翻译、教育学说体系研究、英文应用文、英文演说、初级法文、高级法文、教学方法、中等教育研究、近百年史研究、人生哲学、唐宋诗、英文文学批评、教育名著选读。

1931 年

1月，学院决定由杜衡、缪钺二人负责编审文学院季刊。

3月19日，由刘曜、郭登峦、吴重辉等发起，在六号楼举行了文学研究会成立大会。文学院院长李步青（别号廉方）、教授刘节、缪钺、杜衡等与国文学系全体同学出席。会议选举吴重辉、郭登峦、徐世璜、赵本襄等十余人负责。①

4月27日，学校派刘曜、石璋如赴安阳参加殷墟考古发掘。②

殷墟考古人员在安阳吴家花园合影

1935年春，刘曜（尹达，左五）、梁思永（左六）、石璋如（右一）在安阳

---

① 见《河南教育行政周刊》1931年第一卷第28期第27—28页"河南大学文学研究会成立"。

② 见《河南教育行政周刊》1931年第一卷第33期第29页"河大学生刘曜石璋如参加殷墟发掘"。图据岱峻《发现李庄》。

5月9日，为中日二十一条不平等条约签订国耻纪念日，全校举行大会，教务主任赵新吾发表讲话，文学院院长李廉方讲了个人亲历。

5月，学校成立出版委员会，各院季刊，改为学校月刊。

6月，文学院应届毕业生毕业。文学院毕业30人，其中，国文学系毕业10人。

秋，河南大学心心社成立。该社以增进感情、锻炼体格、策励学业为宗旨，下设总务股、事务股、体育股、研究股、编辑股，社员有黄增祥等12人。

9月1日，河南大学心心社主办的学术刊物《心音》创刊，李廉方、缪钺先生分别题词。

《心音》第二期

本年，朱芳圃、高亨、邵瑞彭（字次公）被学校聘任到国文学系任教。[①]

[①] 据"邵次公卜孝怀售书画助水赈"（《益世报·北京》1931年9月12日第3版）一文，邵次公应是本年9月被聘。邵瑞彭，民国初国会议员，曾领衔反对曹锟贿选总统，后到河南大学任教，在开封度过一生的最后岁月。

朱芳圃（后排右二）

高亨

9月，赵清阁在国文学系借读。①

赵清阁

10月18日，由河南大学反日救国会编辑出版的《抗日血钟》创刊号出版。该期刊物发表了"河南大学反日救国会告全国同胞宣言"，文学院院长李步青、教授蒋镜湖（鉴璋）分别在创刊号发表文章。编委会主要由文学院师生组成，其中院长李步青、教师张邃青、蒋镜湖、郑若谷、

---

① 赵清阁（1914—1999），笔名铁公、赵天。女，河南信阳人。1935年毕业于上海美术专科学校西画专业，曾任上海《女子月刊》撰稿人，武汉华中图书公司《弹花文艺》月刊主编，上海大同电影公司、天马电影公司编剧，上海社科院文学所研究员。上海市文联委员，农工民主党市委委员，上海市第五、第六届政协委员。1930年开始发表作品，1949年加入中国作家协会。著有短篇小说集《华北的秋》，中篇小说《凤》《月上柳梢》，多幕话剧剧本《潇湘淑女》《红楼梦话剧集》，散文集《沧海泛忆》《行云散记》《浮生若梦》，电影文学剧本《自由天地》《向阳花开》等。赵清阁在《最后的访谈》中说：她在开封艺术高中学画，祖母死后回家办完丧事，"我离开家乡信阳回到开封教了半年书，积了些钱，还在河南大学中文系借读了一年"（《文汇报》笔会副刊）。

霍自亭（树森）、宁子青（宁远），以及国文学系、史学系、英文学系、教育学系、社会学系部分学生参加了该刊编辑委员会的工作。

《抗日血钟》创刊号封面

1932 年

学校下设文学院、理学院、法学院、农学院、医学院五个学院。文学院下设国文学系、英文学系、史学系、教育学系、社会学系五个系。

3月31日，河南大学文学院教育系主办的《教育周刊》创刊，由文学院院长李廉方教授任主编，邰爽秋教授任副主编，主要探讨教育实验问题。

3月，《国立中央研究院、河南省政府合组河南古迹研究会办法》签订，明确了古迹研究会与河南大学合作的办法。其后，河南大学教授马非百和学生尹达、石璋如等多次参加了安阳殷墟以及汲县、辉县的考古发掘工作，为学校考古学和甲骨文学的教学与研究奠定了基础。

6月，应届毕业生毕业，文学院国文学系毕业8人。

9月，本学期文学院新聘专任教授陈家麟、高维昌、王徵揆三人。

陈家麟，字绂卿，53岁，河北静海县人。留学英国牛津大学文学博士，美国康奈尔大学法学博士，曾任北京师范大学教授，美国各大学讲座，外交教育两部派充华盛顿会议代表，外交部特派湖北山东交涉员，记名全权公使，译述欧洲名家著作百余种，风行海内。现任本校文学院教授。[1]

高维昌，字思庭，河南邓县人，年31岁。国立东南大学教育学士。曾任安徽省民政厅、国民政府考试院、教育部各机关秘书，专任编译等职。著有《社会问题》《西洋近代文化史大纲》《周秦诸子概论》《民生

---

[1] 摘自《河南大学周刊》1932年9月24日第2期。

主义阐微》等书。现任本校文学院教育教授。

王徵揆，河南罗山人，年 30 岁。美国福曼大学文学学士，芝加哥大学教育硕士、心理博士。曾任美国芝加哥大学研究员，美国心理学会会员，Sigmaxi 科学研究会会员。著有《态度测量》《坚耐性测量法》《品格与幼年环境之研究》等书。现任本校文学院教育教授。[①]

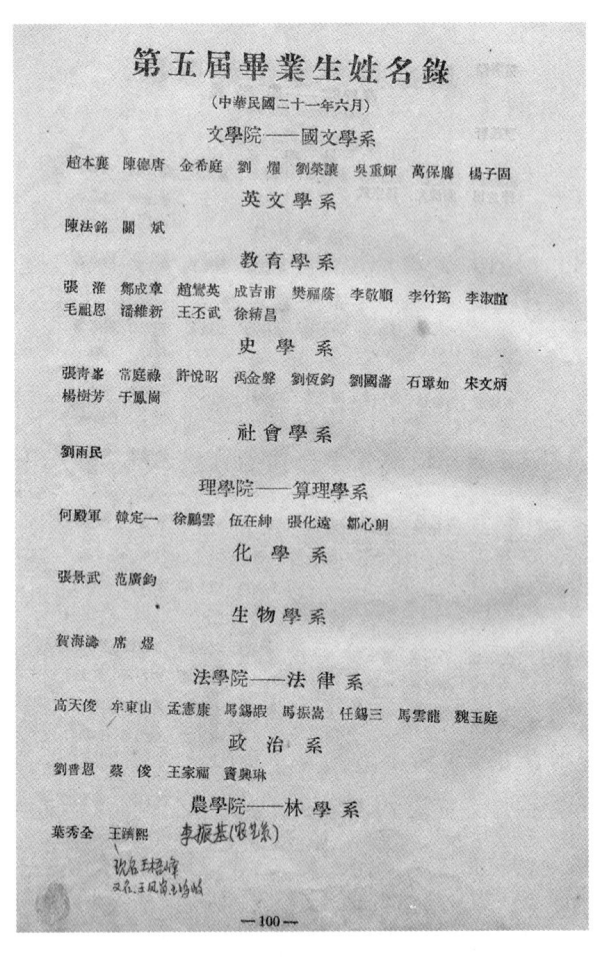

第五届毕业生姓名录

资料来源：《河南大学第九届毕业同学纪念册》第 100 页。刘燿即尹达

---

① 摘自《河南大学周刊》1932 年 10 月 1 日第 3 期。

9月30日，著名历史学家、江苏国学图书馆馆长柳诒徵先生应邀来校作系列学术讲座。

10月3日，学校举行第四次总理纪念周并邀请柳诒徵先生作"中国史学"学术报告。报告由校长许心武主持。其讲稿十二篇后由学校出版。①

《柳翼谋先生河南大学讲演集》封面

11月3日，《教育周刊》刊登李廉方先生撰写的《开封教育实验区成立宣言》，宣布正式启动教育实验工作。

国文学系有本科学生52人，英文学系有学生37人，教育学系有学生51人，史学系有学生51人，社会学系有学生22人。另有预科生共64人。

---

① 柳诒徵（1880.2.5—1956.2.3），字翼谋，历史学家、古典文学家、图书馆学家，1948年3月27日入选国民政府中央研究院第一届院士。柳诒徵先生应河南大学聘请来校讲演治史方法，因病辍讲，离校前将其拟讲文稿十一篇留下。1933年1月，文学院将其文稿结集出版，由京城印书局印刷。

1933 年

学校下设文学院、理学院、法学院、农学院、医学院五个学院。文学院下设国文学系、史地系、英文学系、教育学系、社会学系五个系。

邵瑞彭与友人在书斋前合影

邵瑞彭（前排坐者）、武慕姚（左一），该照片摄于1933年11月23日邵瑞彭书斋"壮学堂"门前。见韦绪智"一代词人的悲歌"（载《老照片》第42辑，山东画报出版社2005年版）

3月，由文学院院长李廉方和教授邰爽秋先生提议，经省政府批准，省教育厅和河南大学共同组建了开封教育实验区及其委员会，由李廉方先生任委员长。经过5年的实践，形成了"廉方教学法"，在全国产生了极大影响。

3月，省政府邀请国文学系主任邵瑞彭作题为"公余读书之基本书籍"的讲座。

3月，胡石青应邀来院作题为"东西文化的基本差别及其原因"的讲座。

5月23日，文学院主办的《国学周刊》创刊，该刊为研究中国传统文化的学术刊物，由邵次公、卢冀野主编。①

《国学周刊》创刊号

---

① 据许建辉主编的《百年中文文学期刊图典》（上）第106页：该刊为《民国日报》副刊，由民国日报社发行，在国学内容外发表诗、词、曲及短剧。文艺方面撰稿人有吴益曾、小疏、栗文同、郭翠轩、金长瑛、冀野、耀德、杜履康、汪子云等。中国现代文学馆藏有第1—10期合订本。《河南大学百年纪事》（河南大学出版社2012年版）第37页将创刊时间放在当年3月，有误。

6月，应届毕业生毕业，其中，文学院国文学系毕业15人。

8月，学校公布新聘教授：①

胡石青，前教育次长，东北大学、天津法商学院、北平各大学教授。任本校社会科学讲座。

胡石青

傅铜，字佩青，英国文学硕士，国际哲学会干事，日本东京东洋名誉讲师，前西北大学校长，女子师范大学教务长，北京大学、师范大学、女子大学教授，现任本校教授，兼文学院院长。②

---

① 摘自《河南大学校刊》1933年第1期。
② 1933年8月25日《河南大学校刊》第1期介绍"新聘教授略历"一栏，将"傅铜"写作"傅桐"，应为刻板之误。刘卫东主编《河南大学百年人物志》作"傅铜"。此处据实改正。

傅铜（佩青）

陈醒庵，前武汉大学、清华大学、师范大学英文教授，现任本校英文学系主任。

葛定华，前国立中山大学、中央大学历史学教授，现任本校历史学教授。

杨鸿烈，前中国公学历史学系主任，及各大学教授，现任本校历史学系主任。

杨筠如，前厦门大学、湖南大学、暨南大学教授，现任本校历史学系教授。

朱亦松，前东北大学及北平各大学教授，现任本校社会学教授。

高晋生，前东北大学教授，现任本校国文教授。

张西堂，前武汉大学教授，现任本校国文教授。

饶孟侃，前浙江大学教授，现任本校英文教授。

嵇文甫，前北平各大学教授，现任本校社会历史教授。

8月，著名考古学家、安阳殷墟发掘团团长梁思永先生莅校作了题为

"中国考古学上之发现"的学术报告。

9月14日（星期四）上午九时，学校在蓆棚大礼堂举行开学典礼，师生及来宾千余人出席。

9月，文学院录取一年级新生46名。本学期文学院注册人数236人，开设90门课程。

9月，学校新聘傅治芗为国学教授、国文学系主任。傅治芗，湖北人，前清举人，光绪二十九年任山西大学教务长并史学教习，后调学部任事。民国成立后，历任北大国文教授，师大史学教授，教育部次长、总长，北京国立图书馆馆长，东北大学、河北大学、北平各大学国学及史学教授。①

新聘左任侠、刘亦常、许桂英为教育学系教授。

10月7日，院长傅佩青召集学院会议，研究实行导师制。

10月9日，院长傅佩青在讲演厅为文学院学生作题为"宇宙间乃至宇宙外是否有自由"的演讲。

10月12日，文学院全体师生三百余人，齐聚六号楼讲演厅。学院史学系教授葛定华发表了题为"从近世经济史上观察统制经济与我国经济复兴"的演讲。

10月，文学院院长傅佩青向学校图书馆捐赠《知行难易问题之根本解决》一册，邵瑞彭教授向图书馆捐赠《庄子札记》一册，郑竹虚教授向图书馆捐赠《大学教育的理念》一册。校友白寿彝先生向图书馆捐赠《朱熹辨伪书语》一册。

11月7日，郑竹虚任学校出版委员会主席。出版委员会第一次会议确定出版范围为：周刊、季刊、丛刊、丛书四种。其中，季刊定名为"河南大学学报"，每年出版五期，由五个学院轮流负责编辑。每年第一期由文学院负责编辑，定于2月1日出版。

11月13日上午，文学院全体师生在六号楼演讲厅举行集会，院长傅佩青作题为"尚友论"的演讲。

11月29日，学生社团中国文学研究会在六号楼举行全体会议，邵瑞

---

① 摘自《河南大学校刊》1933年第3期。

彭作题为"朴学方法与文学方法"的讲座。

11月，文学院教授段凌辰向学校图书馆捐赠所著《中国文学概论》（卷下）一册。

臧克家向学校图书馆捐赠所著《烙印》一册。

教育系教授左任侠在在校学生中发起智力测验活动。

12月10日，蒋鉴璋编著的《中国文学史纲》由上海亚细亚书局出版。①

《中国文学史纲》封面

12月，学院教授张西堂向学校图书馆捐赠所著《穀梁真伪考》《左氏春秋考证》《诗辨妄》各一册。

---

① 该书系上海亚细亚书局"文学基本丛书"之一。据蒋鉴璋"中国文学史纲小序"，书稿系作者在开封时期所撰。

1934 年

2月23日，文学院院长郑竹虚召集各系主任会议，讨论编定课程事宜。

2月26日，文学院师生百余人在六号楼演讲厅举行第一次纪念周，郑竹虚院长发表题为"大学教育之现在及将来"的演讲。

2月，傅佩青应安徽省政府邀请，担任安徽大学校长。原教育系主任郑竹虚担任文学院院长。傅治芗、杨西堂辞职，学校聘郭绍虞、姜亮夫为教授。郭绍虞任国文学系主任，讲授"中国文学批评史""陶诗"等课。葛定华任历史系主任。

3月2日（周五），学院教授胡石青赴省立开封师范学校作题为"中国教育制度与农村经济之关系"的演讲。

3月2日（周五），学院教授葛定华赴省政府作题为"近代国际关系"的讲座。

3月3日（周六），学院教授郭绍虞应省政府邀请，在学术演讲会上讲演"地学"。

3月，国文学系主任郭绍虞在《河南大学校刊》就重新组织课程、学生深造路径发表谈话。

5月16日，嵇文甫教授在六号楼讲演厅作题为"哲学上唯物论与唯心论在科学上之根据"的学术报告，参会师生四百余人。

3月，《河南大学校刊》第20期发布消息："文学院主编本大学第一期学报"。

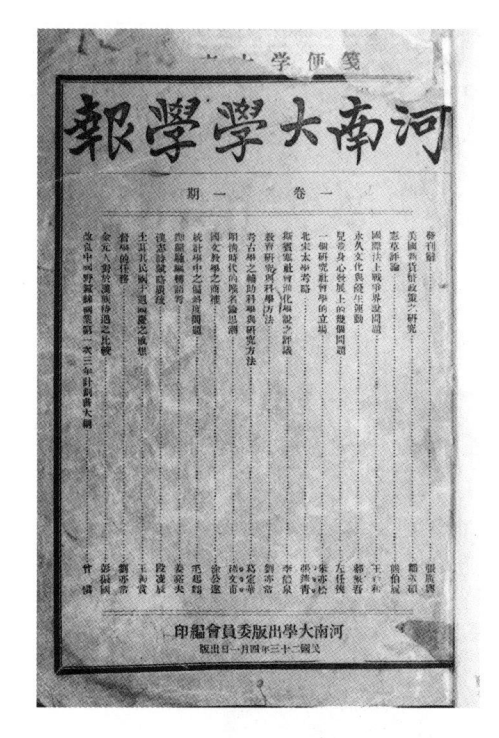

《河南大学学报》创刊号封面

3月,学院教授高亨向图书馆捐赠所著《老子正诂》(上下册)一部。

5月21日,文学院举行总理纪念周,郑竹虚院长就新生活运动等事宜作报告。李醴泉教授举行题为"中国目前之重要社会问题"的讲座。

6月23日,学校在六号楼讲演厅举行第七届毕业典礼,文学院毕业生67人,嵇文甫作为教师代表致辞,文学院社会系陆伯麟作为毕业生代表致答辞。

夏,奉教育部令,国文学系与史学系合并为文史学系。嵇文甫任文史学系主任。[①]

9月27日,学校公布新聘教授名单。聘任刘海蓬为文学院教授并兼

---

① 据"本校现况(续)"(《河南大学校刊》1935年3月11日第68期第三版)。

教务长职务（任"工作学校"课程）、刘盼遂为文学院文史学系教授（任"说文研究""汉书研究""三礼研究"等课程）、李雁晴为文学院文史学系教授（任"校勘学""汉书艺文志研究""经学通论""史记研究"等课程）、萧承慎为文学院教育系教授（任"普通教学法""学校行政""民众教育""教育专题研究"等课程）、赵憩之为国文教授（任"普通国文"）。

9月24日，文学院在七号楼315教室举行第一次总理纪念周，学校教务长刘海蓬、文史学系主任嵇文甫、教育学系主任许桂英等，及学院各系教授助教、全体学生，约二百人参加会议。

10月，文学博士高福德来校任课（教授英文）。高福德，美国人，曾创办北平辅仁大学，并主持该校英文学系。[①]

本年秋，楚图南受聘到开封北仓女中，担任高中语文课，并兼任河南大学文学院"欧洲文学"课讲师。

楚图南

[①] 见《河南大学校刊》1934年10月29日第55期。《河南大学史料长编》第三卷第343页在辑录该期资料时未录。

1935 年

学校下设文学院、理学院、法学院、农学院、医学院，除医学院未分设系之外，文、理、法、农四学院各设三系，共十二系。文学院设文史学系、英文学系、教育学系。理学院设算理学系、化学系、生物学系。法学院设法律学系、政治学系、经济学系。农学院设农艺系、森林系、畜牧系。

文学院教授22人，讲师3人，助教3人。文学院学生207人（男生193人，女生14人），其中，文史学系97人（男生），英文学系37人（男生33人，女生4人），教育学系69人（男生59人，女生10人），附社会学系4人（学生毕业后社会学系取消）。

1月，杨震文（字丙辰）被教育部任命为河南省立河南大学校长。①

2月10日，著名学者江绍原先生被聘为文学院院长。郭本道先生被聘为文学院哲学教授。②

---

① 据《教育部公报》1935年第七卷第5—6期，1935年1月26日，杨震文被教育部任命为河南省立河南大学校长。《河南大学校刊》1935年1月1日第64期以校长杜岫僧（杜俊，号岫僧，字秀生）名义发表"元旦书感"。据《河南大学校刊》1935年1月14日第65期（《河南大学史料长编》未收录64、65期）第一版"杨校长莅校视事"一文，杨震文1月8日即到学校，9日在大礼堂召集全体学生训话，申述办校原则。该期校刊同时刊发了"杨校长训词""杨校长历年译著""事务长杜岫僧辞职由校长暂兼"。据"国民政府大专院校教职员任免案"（《河南大学史料长编》第二卷第3—6页），杨震文于1935年7月31日因病不能到校被免职，11月2日，刘季洪被任命为河南大学校长。

② 据《河南大学校刊》1935年2月25日第66期"杨校长报告"。亦见《大公报》天津版1935年2月11日第四版"河南大学两院长视事"。江绍原（1898—1983），现代著名民俗学家和比较宗教学家，20世纪中国民俗学界五大核心领袖人物之一（其他四人为顾颉刚、周作人、钟敬文、娄子匡）。1979年被聘为中国民间文艺研究会顾问，1983年被聘为中国民俗学会顾问。

江绍原

2月18日，学校举行开学典礼。杨震文校长及各院院长、各系主任、各教职员、各院及附中学生共计千余人出席，文学院院长江绍原在会上发言。

2月22日，文学院社会学系主任李醴泉教授因病在学校附属医院逝世，享年40岁。

2月25日，文学院在大礼堂举行总理纪念周。江绍原院长作院务报告，葛定华教授作题为"社会科学方法与自然科学方法之异同"的学术讲演。

2月27日，聘高思庭为文学院教育学系主任。

3月25日，学校举行第二次全体总理纪念周，杨震文校长作校务报告，葛定华教授作题为"中国文化建设问题"的讲演。

4月1日，文学院在大礼堂举行第二次总理纪念周。文史学系主任嵇文甫教授代理报告院务并作题为"中国的文化失调症"的讲演。

5月5日，文学院在七号楼106举行第三次总理纪念周，江绍原院长报告院务，郭子衡先生应邀作题为"河南考古事业回顾前瞻"的讲演。

6月10日，文学院在大礼堂举行第四次总理纪念周活动，院长江绍原作院务报告。

6月，杨震文校长不再兼任教务长，学校改聘江绍原先生任教务长，聘盛成先生担任文学院院长。盛成先生到任前，文学院院长由江绍原兼代。

6月，段凌辰教授向学校图书馆捐赠所著《捋扯集》一册，姜亮夫教授向图书馆捐赠所著《甲骨学讲义》一册。

6月，应届毕业生毕业。

8月21日，文史学系助教汪志中受学校指派，参加汲县山彪镇古物发掘。之前，段凌辰教授与本校毕业生许敬武前往试掘，确认有古物后，8月初，由省政府委派古迹研究会郭子衡和关百益率领发掘团前往山彪镇负责发掘。

9月9日，学校在大礼堂举行开学典礼，全体师生及附属单位八百余人出席，校长刘季洪报告校务。

9月10日，刘季洪校长召集全校四年级学生及医学院五年级学生会议，提出本校学生今后毕业必著毕业论文。随后，学校制定了《河南大学毕业论文章程》。

9月16日，学校在大礼堂举行本学期第一次总理纪念周，校长刘季洪主持，文学院院长萧一山作题为"中国衰弱的根本原因"的讲演。①

萧一山

---

① 见《河南大学校刊》1935年9月23日第83期。萧一山在讲演中说："我们学校开学好多天了，兄弟因为到四川旅行耽搁一个多月，到现在才能够与大家见面，这是很抱歉的。因为前晚才到此地，旅途劳顿，思想还未恢复平静的状态，今天就被约来讲演，实在没有一点准备。"由此可知，9月16日是历史学家萧一山被聘为新任文学院院长后正式履职。

9月30日，学校公布新聘16位教授名单。其中，聘曾作忠为文学院教授兼教务长、教育学系主任，萧一山为文学院教授兼院长，沈子善为教育学系教授兼秘书主任，余协中为文史学系教授兼主任，林天兰为英文学系教授，蔡乐生为教育学系心理学教授，孔德为文学院教授。①

余协中

9月30日，学校在大礼堂举行第二次总理纪念周，刘季洪校长主持，胡石青教授作题为"中华民族之特质及其将来的命运"的讲演。

10月18日，学校出版委员会在大礼堂举行第一次会议，校长刘季洪、教务长孙德中及各学院院长、教授等十余人出席。会议决定刊行大学丛书等刊物，推举萧一山为出版委员会主席委员。

10月21日，学校在大礼堂举行总理纪念周，刘季洪校长主持，前校长许心武先生应邀作题为"河南大学之两种使命"的讲演。

---

① 见《河南大学校刊》1935年9月30日第84期。据"本校本学期开设学程一览"，余协中本学期分别为文史学系讲授一年级《西洋上古史》、三年级《西洋近代史》、四年级《最近国际关系》课程（见《河南大学校刊》1935年9月9日第81期）。据《河南省立河南大学职教员学生一览》（河南大学编，1935年11月），余协中于1935年8月来校。余协中（1898—1983），名谊爽，更名谊达，安徽潜山人。著名的历史学家，曾执教于南开大学和河南大学。1939年离开学校，赴重庆任国立编译馆编辑。曾作忠10月因事辞职，由孙德中接任教务长（见《河南大学校刊》1935年10月21日第87期）。

10月，著名专家胡适、梁漱溟等应邀来校作学术报告。

11月7日，文学院在大礼堂楼上会议室举行第一次院务会议，会议由院长萧一山主持。余协中、饶孟侃、孙德中、沈子善、高福德、张子岱、蔡乐生、林天兰、李雁晴、嵇文甫、高思庭、张邃青、杨震华、涂公遂、郭本道、萧承慎、楼乃竑、王幼侨、孔德、何翘森、龙发甲出席，郭登峦、汪志中、王鸿印列席。会前，全体先到七号楼前合影。

11月14日，国立中央研究院安阳殷墟发掘团主任梁思永应邀来校，在大礼堂作题为"中国先史及初史时期之文化遗留"的学术讲演。15日，在七号楼对文学院学生作题为"考古学的基本训练"的讲演。

11月23日，学校举行秋季运动会。28日，学校举行颁奖仪式，文学院以总分276分的成绩获院际总锦标。

11月，文学院院长萧一山鉴于近代史之重要，特于七号楼设近代史研究室，亲自指导。

12月2日，学校举行总理纪念周，全体教职员学生共七百余人参加，由刘季洪校长主持。心理学专家、文学院蔡乐生教授作题为"民族复兴与心理建设"的讲演。

12月3日，考古学研究会在七号楼312教室召开成立大会。选举裴鸿泽为总干事，汪志中为文书股干事，马役吾为事务股干事，王文奇、郭维新为研究股干事，张希孟、赵俊为编辑股干事，胡渭西、苗树勋为考察股干事。

12月12日，罗隆基博士应邀来校，在刘季洪校长、萧一山院长、余协中主任陪同下，在大礼堂为师生作题为"天演竞争与民族生存"的讲演。报告会由萧一山院长主持。

12月13日，考古学研究会在七号楼316教室，请考古专家孙海波先生作题为"金石甲骨之发现及其研究范围"的讲演。

12月17日，文学院在大礼堂会议室举行第二次院务会议，审查通过各系课程。会议由萧一山院长主持。

12月20日，时事研究会邀请文史学系主任余协中先生在七号楼311教室作题为"从国际立场观察最近中日关系"的讲演。

12月，德语讲座狄伦次博士（德国人）到校授课。

1936 年

2月1日，本学期开学。文学院文史学系除旧有课程继续开设，新设课程：中国近代史专题研究（萧一山）、中西交通史（孔德）、世界地理（徐万钧）。

2月，文学院编印《国难文选》。

3月9日，正声诗社成立，后更名为金梁吟社，推选邵瑞彭为名誉社长，潘世锡为社长。

5月25日，艺术家李金发先生应邀来校，在大礼堂为师生作题为"中国新文艺运动"的学术讲演。

5月29日晚，胡石青在大礼堂作题为"远东局势下的华北"的讲演。

5月，学校公布各院系本届毕业学生毕业论文题目。文史学系毕业论文题目如下：①

序号	姓名	论文
1	黄体廉	元代之奴隶制度
2	王济中	隋唐兵制考
3	周鼎芳	明代倭寇研究
4	张聘之	捻匪始末
5	王蔚荣	殷代氏族社会的象征
6	魏中原	由殷墟书契所见殷商社会之一斑
7	张鸿年	资治通鉴引用书目考

---

① 据《河南大学史料长编》第二卷，第233—234页。康续五：应为康序五。

续表

序号	姓名	论文
8	吕式昌	荀子集解补正
9	王文奇	近代奴隶制度
10	吴孝韩	庄子字义疏证
11	赵志楷	庄子内篇异文疏证
12	张希孟	陆贾新语集解
13	蒋建中	韩非子集解补遗
14	安化龙	西汉奴隶考
15	裴鸿泽	淮南鸿烈集解补正
16	康续五	汉书目录版本考
17	蔡勇民	中国古代土地制度考
18	李家驹	说文重文通考
19	常汉平	六朝庄园考
20	张怀珍	辽金奴隶考
21	王克勤	王国维联绵字谱笺证

6月15日上午，学校在大礼堂举行第九届毕业典礼，校长刘季洪、教务长孙德中、秘书主任沈子善、讲座胡石青、文学院院长萧一山、理学院院长孙祥正、法学院院长王希和、农学院院长郝象吾、医学院院长张静吾、全校师生及地方党政军各机关代表等共五百余人参加典礼。校长刘季洪首先致辞，继由各学院院长宣读毕业生姓名并授予证书。萧一山、郝象吾、胡石青分别致辞，毕业生代表、文学院英文学系学生张哲致答辞。本届毕业生共计179人，其中，河南籍占四分之三，其他省占四分之一。本届毕业生1932年入学时计248人，四年中休学或退学占该年级学生数的四分之一。

本届文史学系毕业生姓名录:[1]

---

[1] 摘自《河南大学史料长编》第二卷，第245—246页，原见《河南大学第九届毕业同学纪念册》。王仪章、杨保水系1935年寒假毕业。

姓名	别号	性别	年龄	籍贯	永久通讯处
王文奇	子新	男	28	河南修武	修武王延陵本宅
王仪章	象之	男	27	河南滑县	道清铁路柳卫站转罗滩村
王蔚荣	沙坪	男	25	河南安阳	安阳万感村
王济中		男	25	河南开封	油坊胡同47号
安化龙	云亭	男	32	河南临漳	彰德柳园集
吕式昌	宪文	男	26	河南林县	林县南关鸿丰厚转西诸翟村
吴孝韩	信昭	男	30	江苏萧县	江苏萧县大吴集蒋庄小学校
李家驹	清泉	男	28	河南鄢陵	开封游梁祠西街17号
周鼎芳	耀九	男	28	河南鄢陵	鄢陵文庙前街
张希孟	亚先	男	28	河南汲县	汲县南关街4号
张聘之	聘之	男	28	河南武陟	武陟城南东草亭村
张鸿年	子枫	男	26	河南武陟	武陟木栾店太平街
张怀珍	子辉	男	26	河南荥阳	郑州西须水镇广德堂药局转赵家垌村
康序五	季伦	男	25	河南武陟	武陟西陶村梢门口
常汉平	汉平	男	26	河南偃师	偃师同湾镇
黄体廉	资清	男	26	河南新野	新野后河寨黄宅
杨保水	月波	男	30	河南偃师	偃师缑氏转官庄
赵志楷	范亭	男	26	河南遂平	驻马店诸市镇增和祥
裴鸿泽	韵庭	男	24	河南正阳	正阳县皮家店转
蒋建中	少伦	男	23	河南商城	商城南大街
魏中原	麓氏	男	23	河南安阳	安阳仲各村

9月7日，学校公布新聘人员名单：①

罗廷光，别号炳之，江西人，美国哥伦比亚大学教育硕士，英国伦

---

① 摘自《河南大学校刊》1936年9月7日第135期。

敦大学及美国斯坦福大学研究员,曾任国立中央大学教授兼教育社会学系主任,及实验学校主任,前湖北省立教育学院院长,数度考察欧美教育,代表中国教育学会及中国社会教育社出席世界教育会议,现任本校文学院教授兼教务长。

范文澜,浙江绍兴人,曾任天津南开大学、北平北京大学、师范大学、北平大学、中法大学、辅仁大学、中国学院等校教授及讲师,现任本校文学院教授。

牟润孙,山东福山人,燕京大学国学研究所毕业,曾任辅仁大学讲师,现任本校文学院讲师。

罗素瑛,美国人,美国明尼苏达大学文学硕士,曾任北平辅仁大学英文教授,现任本校英文学系教授。

9月7日,学校公布该学期各学院开课情况。① 公共课如下:

一年级:党义一(成宅西)、国文甲(王幼侨)、国文乙(李毅生)、国文丙丁(涂公遂)、英文甲乙(张仲和)、英文丙丁(何翘森)、军事教育(李佩金、杨垂业)、军事看护学(单德广)、体育(王赵徐)

二年级:党义(成宅西)、体育(鲁麟玉、王子龙)、初级日文(张师亮)、初级法文(杨震华)、初级德文(李恪庭)

三年级:高级日文(张师亮)、高级法文(杨震华)、高级德文(李恪庭)

文学院文史学系开课情况如下:

一年级:文字学(高晋生)、中国通史(张邃青)、外国地理、中国上古史(范文澜)、古代史研究与西洋上古史(胡石青)、自然科学、社会科学

二年级:中国社会史(嵇文甫)、经学概论(范文澜)、先秦学术思想史(嵇文甫)、修辞学(涂公遂)、目录学(邵次公)、中国文学史(范文澜)、隋唐五代史(张邃青)、中国哲学史(郭本道)、西洋中古及近古史(余协中)、两汉魏晋南北朝史(牟润孙)

三年级:训诂学(邵次公)、音韵学(邵次公)、文心雕龙研究(范

---

① 摘自《河南大学校刊》1936年9月7日第135期。

文澜)、宋元明史（张邃青）、西洋近代史（余协中）、历史哲学（郭本道）

四年级：毛诗（高晋生）、文字专书研究（高晋生）、词选（邵次公）、沿革地理（牟润孙）、史学名著评论（张邃青）、最近国际关系（余协中）、逻辑（郭本道）、清史研究（萧一山）、史源学实习（牟润孙）、宋元学术思想史（嵇文甫）、英国史（高福德代）、诸子专书研究（高晋生）、西洋哲学史（郭本道）、毕业论文

9月12日，文学院在大礼堂会议室召开院务会议。出席者：萧一山、罗廷光、牟润孙、范文澜、嵇文甫、沈子善、张邃青、高福德、蔡乐生、萧承慎、高思庭、邵次公（汪代）、张子岱、张师亮。列席者：郭翠轩、汪大铁、王雪仙、曹树琚。主席：萧一山院长，记录：郭翠轩。由萧一山院长报告学院事务，会议讨论多项事务。

9月14日，在大礼堂举行的总理纪念周大会上，萧一山院长作题为"漫谈教育"的讲演。

9月24日，文学院院长萧一山赴陕西考察文化。

9月28日，在学校举行的总理纪念周大会上，学校讲座胡石青作题为"复兴民族与大学生之责任"的讲演。

9月，于安澜向学校图书馆捐赠所著《汉魏六朝韵谱》3册。白寿彝向图书馆捐赠所著《书名小记》1册、《周易本义考》1册、《仪礼经传通解考证》1册。

10月1日，在学校图书馆教员研究室举行的学校学生生活指导委员会第一次会议上，学校为加强对学生指导，设立学术部、总务部、娱乐部、健康部、服务部，并聘定各部导师。萧一山被校长刘季洪聘任为学术部导师。

10月10日，学生刘海晨、吴强等发起成立了开封文艺界悼念鲁迅研究会。

开封文艺界悼念鲁迅研究会成立时留影

冯新宇（左一）、刘海晨（文史系，后改名李蕤，左二）、吴强（中）、刘国明（右一）①

10月19日，民俗研究会召开成立大会，到会导师、会员四十余人，嵇文甫、高亨两位先生分别讲演。会议选举陈楚良等5人为执行委员。

10月25日，开封各界在前营门省立开封师范举行鲁迅先生追悼会。发起人有嵇文甫、张长弓、赵悔深、叶鼎洛等。

11月2日，在学校举行的总理纪念周大会上，邵次公作题为"治学

---

① 据张召鹏、史周宾、陈旭编著《百年历程》第48页。

刍言"的讲演。

11月5日，学校公布1935年度获奖学金学生名单，文学院文史学系裴鸿泽获优等奖，奖金30元；文史学系邵嵩、王万箱、赵俊、王文奇、李家驹、张鸿年、常汉平、康序五获一等奖，奖金20元。

11月9日，民俗研究会在七号楼315举行第一次讨论大会，讨论主题为各地婚姻制度。会议由王万箱主持。

11月19日，学校发起师生捐款慰劳绥远抗敌将士活动。

11月26日，河南大学讲座胡石青先生带领30名学生到河南博物馆参观古物。

11月30日，河南大学校门竣工，外面横额为"河南大学"四字，字系从《河南金石志》中摘出放大，不仅古色古香，而且彰显地方文化。里面横额为"止于至善"四字，旁题"明德""新民"，为本校校训，系著名书法家关百益（关葆谦）先生手笔。①

河南大学校门

---

① 见《河南大学校刊》1936年11月30日第159期。

1937 年

1月7日，河南大学高维昌教授带15名学生到河南博物馆参观。

3月1—8日，学校公布本学期新聘教授。胡昌骐被聘为文学院教授，伟士礼被聘为文学院兼任教授。杨宗翰被聘为文学院英文学系教授，谢兴尧被聘为文史学系教授。

黎锦熙

1937年3月26日，北平师范大学文学院院长黎锦熙先生应邀来校，在大礼堂作题为"行易知自不难"的学术讲演，到会师生千余人。27日下午及29日晚，向文学院师生作题为"中国语文教育之历史的演进"的学术讲演。①

4月9日，北平大学政治系主任陶希圣先生应邀来校，在大礼堂作题为"青年思想之动向"的学术讲演，后向文学院讲演"中国社会之历史的演进"。②

4月14日，文学院近代史研究室在校长会客室与陶希圣先生举行座谈会。文学院院长萧一山及胡石青、余协中、嵇文甫、杨宗翰、罗仲言、谢兴尧、张师亮、曹墅居、郭翠轩、汪大铁等老师，学生孟志昊、刘星灿、徐文波、蔡贤杰、朱守一、廖冲、王俊杰、刘第忠、阎浩敏、牛磊若、荣铭新、赵树勋、胡渭西、陈宣化、张琴堂、马役吾、王万厢、路百占、王建榆、张秉仁、王汝卫等及校外来宾约三十人参加。③

5月13日，朱芳圃教授带东北大学17名学生到河南博物馆参观。

5月29日，校长刘季洪等到河南博物馆参观。

6月14日，应届学生毕业典礼在大礼堂举行。

9月12日，教师郑若谷与学生汪藻香（吴强）等发起创办抗日救亡刊物《风雨》周刊。范文澜、嵇文甫和王阑西、方天逸、姚雪垠等为主编。不久，《风雨》即成为中共河南省委的机关刊物。④

10月17日，为纪念鲁迅逝世一周年，《风雨》特推出专辑。"风雨"二字是集鲁迅先生的手迹。

---

① 黎锦熙（1890.2.2—1978.3.27），字劭西，出生于湖南湘潭，汉语言文字学家、词典编纂家、文字改革家、教育家，九三学社创始人之一。1915年受聘为教育部教科书特约编审员，1916年成立了"中华国语研究会"，1955年当选为中国科学院哲学社会科学学部委员。黎锦熙从事语文教学和研究工作70年，研究和探讨的领域很广，对于语言学、文字学、词典学、语法学、修辞学、教育学、目录学、地理学、历史学、佛学等，都有很深的造诣和丰富的著述。黎锦熙是1913年春至1915年秋毛泽东在湖南第四师范学校和湖南第一师范学校读书时的历史和国文老师。该演讲发表于《经世》1937年第1卷第9期。

② 见《河南大学校刊》1937年4月12日第180期。此次讲学，陶希圣自4月8日到校，14日讲毕离校。

③ 罗仲言，即罗章龙（1896—1995），1935年2月被聘为河南大学法学院经济学系教授兼经济学系主任。见《河南大学校刊》1935年2月25日第66期第一版。

④ 该刊创办情况见姚雪垠：《关于创办〈风雨〉周刊的回忆》（见李云豹主编《河南新文学大系·史料卷》第78页）。各期目录见《河南新文学大系·史料卷》第503—506页。

《风雨》创刊号刊头

11月23日，风雨周刊社在大礼堂会议室举行"国府迁移与长期抗战"时事座谈会，郑若谷、于佑虞、胡石青、乔冠生、孙佛生、杜孟模、张绍良、傅恒堂、赵小西参加座谈会并发言。方天逸作总结发言。

12月2日，邵瑞彭教授在开封逝世，享年50岁。

12月，华北沦陷，文学院、法学院、理学院随校本部迁往鸡公山，从此开始了长达8年的流亡生活。

本年，抗战爆发后，1936级学生李蕤离开河南大学，到郑州《大刚报》当一名记者。①

李蕤

---

① 李蕤（1911.9.20—1998），原名赵悔深，笔名赵初、华云。河南荥阳人。中共党员。1929年考入公费师范，1936年考入河南大学文史学系。20世纪30年代初涉足文艺，1935年开始在《中流》《大公报》《国文周报》等报刊上发表作品，反映农村破产和小人物的悲惨命运，有《柿园》《眼》《楼上》等。1935年，加入北方"左联"。抗战爆发后，先后在《大刚报》《前锋报》《中国时报》任编辑、战地记者、副刊主编。曾在中原地区主编《燧火》等文艺报刊。1949年后，先在《开封日报》《河南日报》编副刊。参加全国第一次文代会后，筹备河南省文联，任副主席，主编《河南文艺》和《翻身文艺》。1952年参加赴朝写作访问团，在开城前线生活将近一年，连续写了十多篇反映志愿军英雄事迹的报告文学，在《人民日报》发表，集为《在朝鲜战场上》（重版时，更名为《难忘的会见》）。1953年，奉调到武汉，任中南文联、中南作协第一副主席，《长江文艺》副主编。1978年任武汉文联副主席，1982年参加中国共产党，同年任武汉作家协会主席。百度百科介绍李蕤"1936年考入河南大学文史系，1939年肄业于河南大学中文系"，据李蕤女儿宋致新2019年6月20日写的"我的父亲李蕤与《长江文艺》"（https://www.sohu.com/a/321869660_114731）一文记载："1936年他考入河南大学文史系，不久参加'北方左联'。1937年抗战爆发后，他即离开河大，到郑州《大刚报》当一名记者'，采访过台儿庄大捷，在徐州参加范长江领导的'中国青年新闻记者学会'"。此从其说。

1938 年

2月7日,萧一山在文学院、理学院作题为"教育在非常时期"的讲演。①

3月,文学院、法学院、理学院在鸡公山开课。

鸡公山文学院学生宿舍

---

① 该演讲发表于《经世·战时特刊》1938年第10卷。

6月6日，侵华日军攻入开封城内，开封沦陷。

10月，文学院、法学院、理学院随校本部迁往镇平，同先期抵达的农学院、医学院集中办学。

鸡公山姊妹楼

1939 年

3月，学校将法学院的政治、经济、法律三系合并为经济学系，并入文学院。学院住雪枫中学，下设文史学、英文学、教育学、经济学四系，共有学生204名，其中，文史学系学生61名，英文学系学生25名，教育系学生53名，经济学系学生65名。学院将204名学生分编17组，按照导师制暂行办法及施行细则，由导师严格进行指导。学校下设文、理、医、农4个学院40个班级。

镇平雪枫中学

5月，镇平告急，学校师生徒步六百余里迁往嵩县。后经校务委员会决定，医学院留驻县城，校本部和文学院、理学院、农学院到深山区潭头镇办学。文学院四年级住寨南一里许的古城村，二、三年级住寨东四里的石门湾村，一年级住寨西山里的桥上村。教室与资料室设在寨北上神庙，上课在潭头高级小学（上神庙）进行。

9月，聘刘海蓬为教务长，郑竹虚任训育长，赵振声任总务长，嵇文甫任文学院院长。

英文学系因聘请教授不易，自该年起暂停招生。

潭头学校总部旧址

1940 年

春季，学院文史学系学生 65 名，教育学系 60 名，经济学系 86 名。暑期毕业文史学系 9 名，教育学系 5 名，经济学系 6 名。秋季，文史学系学生 66 名，教育学系 70 名，经济学系 136 名。寒假毕业文史学系 2 名，教育学系 5 名。

1 月，任访秋受聘文学院文史学系教师，讲授"中国文学史"与"古代散文选"两门课。

任访秋

3月26日，文学院院长嵇文甫、农学院院长郝象吾、朱芳圃、孙祥正、刘海蓬、王鸣岐、郭翠轩等二十余人商讨成立学术研究会。决定每两周举行一次学术讨论会，推举李俊甫、王鸣岐、郭翠轩为主席团，第一次学术演讲由文学院院长嵇文甫承担。

7月，为解决当地小学师资不足问题，文学院创办了简易师范学校，由文史学系教师王鸿印兼任校长，当年招收学员35人。

12月15日，嵇文甫作题为"再谈学术中国化问题"的演讲。

文学院学生在石门村的住处

1940 年嵇文甫作词、陈梓北作曲的《河南大学校歌》①

陈梓北

---

① 嵇文甫在谈及创作校歌时说:"在从镇平向嵩县迁移途中,目睹嵩岳苍苍,联想到黄河泱泱,便陡生浩气,中华文明不会消亡;作为传承中原文化的学府——河南大学,尽管多灾多难,却如凤凰涅槃一般,会得到她的新生。我把这种思想体现在歌词里。"(申志诚:《河南大学文化探微》,载《河南大学史料长编》第十二卷,第457页。原载《河南大学报》2013年6月20日)

1941 年

2月,《河南大学文学院学术丛刊》在潭头创刊,校长王广庆撰写了发刊词,1946年12月停刊。

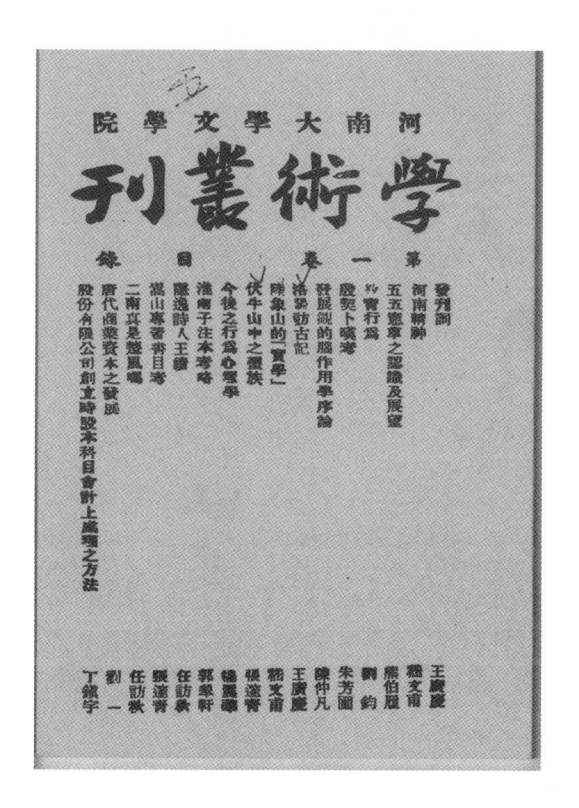

《河南大学文学院学术丛刊》创刊号封面

3月，嵇文甫辞任文学院院长。

4月，嵇文甫作题为"清代学术发展的三个阶段"的演讲。

10月，嵇文甫教授因宣传抗日被国民党当局逮捕，关押近半年。

嵇文甫

学校在办学当地举办民众补习学校，宋景昌负责古城民众补习学校（学员54人）。

1942 年

3月，省立河南大学改为国立河南大学。

4月，张长弓作题为"北平高等教育动态"的演讲。

4月，卢前《中兴鼓吹》获教育部"三十年度（1941）著作发明及音乐作品奖"三等奖。

《中兴鼓吹》扉页

8月，学校按照教育部要求进行了院系调整，文学院设文史学系、教育学系、经济学系，院长为张邃青。文学院教师34人，其中教授16人，副教授6人。

9月，河南大学与当地政府在潭头镇三官庙联合创办了"七七高中"，校长由文学院院长张邃青先生兼任。

12月4—13日，张邃青院长率领文学院四年级学生组织的伏牛山文化考察团，到卢氏县考察。

张邃青

1943 年

4月,《河南大学学术丛刊》出版。时任教育部长的陈立夫题写了"学术丛刊"刊名,校长王广庆亲撰发刊词。

4月,任访秋著《子产》由嵇文甫作序,在南阳《前锋报》社出版,列为"前锋丛书"第一本,印数1000册。(注:该书1987年由中州古籍出版社重印时更名为《子产评传》)

7月,为配合抗战,教育部、军政部联合举办全国高校论文比赛,统一命题为"全民皆兵论",文学院文史学系学生宋景昌在全国五百四十余名参赛选手中夺得"甲等第一名"桂冠。

宋景昌获奖后与友人合影

后排左起:刘世明、史春融、崔永升、耿家舒、黄轩初、梁建堂

前排左起:栾汝勋(栾星)、陈方堃、刘鹏荪、宋景昌、黄育民、李定中

1943 年夏国立河南大学文史系第十六届毕业同学在潭头合影

左五为牛庸懋

1944 年

5月10日，日寇进犯嵩县。

5月12日，学校师生撤离潭头，分别到几十里外的大青沟和重渡沟集合。

5月16日，河南大学师生被日寇屠杀9名，失踪3名。其中，文学院文史学系学生陈国杰（河南开封人）、教育学系学生朱绍先（河南禹州人）、法律系学生辛万龄（河南叶县人）在石坷村遇难。文学院图书因在潭头上神庙未遭敌人破坏幸获保全。

5月，任访秋著《中国现代文学史》上卷由嵇文甫作序，在南阳《前锋报》社出版，印数2000册。

6月，学校师生经长途跋涉陆续到达位于豫鄂陕三省交界之处的淅川县紫荆关。

淅川县荆紫关

8月，教育部表扬优良教师，专科以上学校教授427名获奖。其中，河南大学李长春获一等服务奖状，张森祯、熊绪端、马廷相、刘葆庆4人获二等服务奖状，杨宝三、嵇文甫、陈作钧、霍树楷、杨清堂、李维屏、朱德明、生明、宋玉五9人获三等服务奖状。[①]

9月，学校借用紫荆关一所小学稍加扩建，于暑假后正式复课。文学院二、三、四年级男生宿舍设在大圣庙、尹家湾、陈家仓，新生宿舍设在河西魏家村小学、黄龙庙及该村民房，女生宿舍设在新城南部、西部及西北部官房民房。

为研究鼓子曲，张长弓在当地遍访艺人、就地采录，收集鼓子曲素材，于当地王省吾处获得《劈破玉》密稿。

[①] 见《大公报》（重庆版，1944年8月27日第三版）"教育部表扬优良教师"一文。

1945 年

3月，李嘉言《贾岛年谱》获教育部"三十三年度（1944）著作发明及音乐作品奖"二等奖。

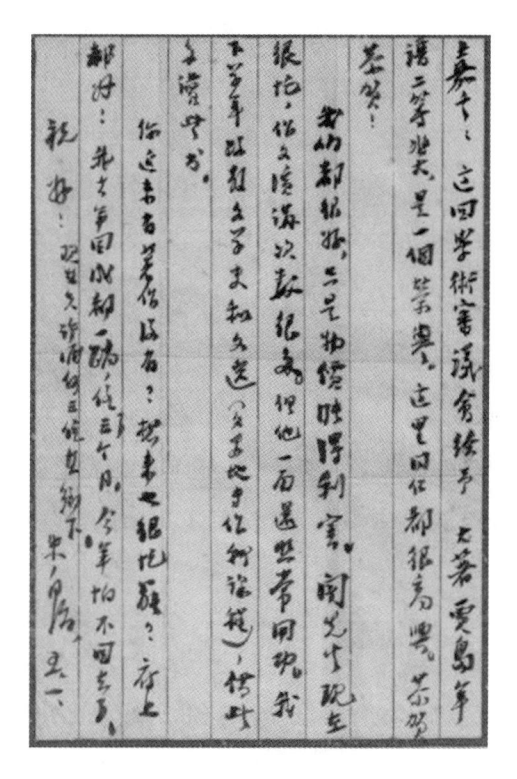

朱自清给李嘉言获奖后的祝贺信

3月，日军发动豫南战役，学校为保安全，决定西迁陕西。

4月，学校师生步行八百余里，到达西安，住进西北中学。

5月，学校奉国民政府之命迁往宝鸡附近，文学院、理学院和农学院暂居石羊庙。

6月，张长弓在宝鸡石羊庙镇写毕《鼓子曲谱》《鼓子曲选》（一作《鼓子曲词》）《鼓子曲言》三书初稿。

张长弓

8月15日，日本帝国主义无条件投降，河大师生齐集宝鸡石羊庙举行庆祝大会。庆祝大会上，段凌辰教授即席吟唱杜甫的《闻官军收河南河北》，会场爆发出热烈掌声。

8月，抗日战争胜利结束，学校决定11月底提前考试后，学生可自行编组返回开封。

10月，台湾光复后，文学院的王泳等一批学校毕业生奉派赴台工作，成为河大赴台服务第一批校友。

12月，学校由宝鸡返回开封，结束了8年的流亡办学生活。

复校纪念碑①

---

① 2015年9月2日，学校在明伦校区建立的复校纪念碑。复校伊始，时任校长姚从吾决定立碑纪念，遂嘱教务长郝象吾撰写碑文。郝象吾先生是河南留学欧美预备学校首届毕业生，1923年获得博士学位后回国，并回母校任教，先后任农学院和理学院院长以及学校教务长。郝象吾先生不辱使命，撰成《国立河南大学复校纪念碑文》，刊登在1947年3月1日的《国立河南大学校刊》上。碑文写道："……学以明道，道以济生；观摩日新，厥业乃精；古贤西哲，有式有程；任重致远，实赖群英；投荒历险，时晦弥贞；剥尽而复，设施渐宏；学府林立，百家共鸣；孰为木铎，树我风声。"因时局动荡，战乱频仍，立碑之事未成。在2015年暑期重走抗战流亡办学路途中，我校师生特意从信阳鸡公山、南阳镇平、洛阳潭头和南阳荆紫关带回了泥土。在复校纪念碑揭幕仪式上，时任校领导关爱和、娄源功等一起为复校纪念碑培土。

1946 年

2月，学校在开封的校区基本恢复，校本部和文、理、医3个学院在铁塔前校园。

3月，正式开学。

5月1日，受省教育厅委托，由河南大学师友社主办的《师友》周刊创刊（1946.5—1948.8）。该刊为全省中小学教师和函授学员必读刊物，任访秋任主编。

《师友》创刊号

《师友》创办者合影

前排左起：杨震华、任访秋、郝士英；后排左起：王般若、陈梓北、武柏林

8月，学校成立工学院，恢复法学院，经济学系并入法学院。学校下设6个学院16个系。文学院下设文史、教育、外语3个系，院长张邃青。文学院教授31人，副教授8人，学生440余人。嵇文甫任文史系主任。[①]

9月，河南大学学生自治会改选，文学院文史系学生张四德当选为第四届学生自治会主席（1946.9—1947.3）。

12月29日，中央研究院专任研究员兼中央大学教授董作宾先生、中央研究院研究员劳干先生应邀来校作学术讲演。

12月，段凌辰教授《选学丛说》获教育部"三十四年度（1945）著作发明奖"三等奖。

12月，《河南大学学术丛刊》在停办数年后复刊。

年底，画家魏紫熙创作《高士还书图》，呈现段凌辰所藏六臣注《昭

[①] "研读潜山林，颇有隐士风"（《大公报》上海版1946年11月1日第七版）、"乘车眺街景，自备床桌椅"（《大公报》上海版1946年11月20日第七版）两篇文章对复校后学校情况进行了报道。

明文选》在战乱中遗失，被开封收藏家陈中灏于肆间发现、购买并归还的场景。①

《国立河南大学学术丛刊》复刊第一期封面

---

① 见王定翔、谢廓《〈还书图〉发现前后》(《河南教育学院学报》2011 年第 2 期)。

1947 年

3月，开封市广播电台特请河南大学教授作广播学术讲演。文学院教授郭翠轩于3月21日晚作了题为"谈文学修养"的演说。

9月，文史系分为中国文学系和历史学系。

10月1日，学校公布新聘教师名单。聘李嘉言（字慎予）、徐金溁、陈庆麒为文学院教授，赵甡（字俪生）、臧玉海、高叶茂（兼训导处训导主任）为副教授，宋景昌、姚瀛艇、张岭梅为文学院助教。聘叶一明为教授兼英文系主任。

10月，文史系主任嵇文甫教授被学校推荐为中央研究院院士候选人。

11月，唐河冯氏为纪念其太夫人在学校设立"唐河冯太夫人奖学金"，主要奖励文学院女生成绩最优者。

1948 年

2月，文学院一年级学生迁移至东大街大华中学原址上课。

3月27日，冯友兰、董作宾入选国民政府中央研究院第一届院士（全国共81位）。

3月，朱芳圃教授被聘为中国文学系代主任。

4月13—29日，应河南广播电台邀请，文学院教授郭翠轩作题为"文学与人生"、张长弓作题为"河南鼓子曲之历史暨其价值"、于安澜作题为"中国文学教学的限度"的学术广播。

5月，聘梁树粹为文学院兼任副教授，于赓虞兼代英文系主任，李森为文学院英文系助教。

5月22日，第二十一届毕业同学欢送大会在大礼堂举行，校长姚从吾致辞。

6月22日，开封第一次解放，文学院教授嵇文甫等287名师生奔赴中共中央中原局所在地——豫西宝丰县，受到刘伯承、邓小平、陈毅等接见。同时，中原局决定以河南大学这批师生为基础筹建中原大学。

6月，文学院女生于壮梅获冯芝生先生（冯友兰）太夫人奖学金。

6月，国民政府教育部下令河南大学南迁苏州。

7月，学校千余名师生历尽艰难先后到达苏州，文学院设在沧浪亭三贤祠。

范文澜（右四）、嵇文甫（右二）等中原大学领导与同学们在一起

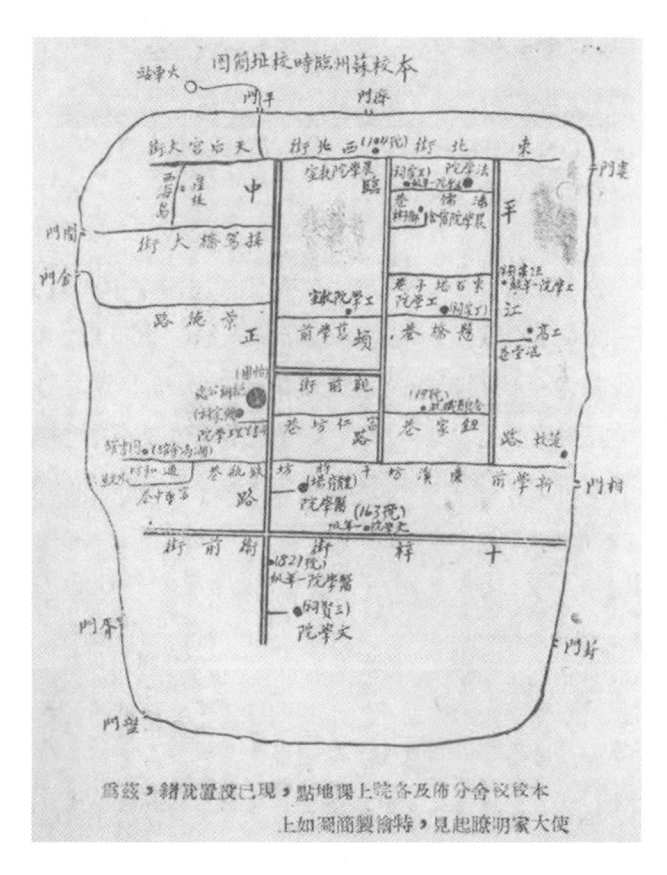

河南大学在苏州临时校址简图

8月，张长弓《鼓子曲言》由正中书局出版发行。

9月23日，国立中央研究院成立第二十周年纪念暨第一次院士会议在南京召开，冯友兰参加会议。

1948年中央研究院第一次院士合影

冯友兰（第二排左二）①

9月28—29日，北大教授冯友兰在南京参加国立中央研究院成立二十周年暨第一次院士会议后，应邀来校作了三场学术报告。9月28日上午在苏州大戏院为全校同学作题为"美国之现状与世界大势"的讲演，下午，在法学院为法、工、理、农、医同学作题为"各种科学的性质与哲学的关系"的讲演。29日上午在三元坊为文学院同学作题为"诗经与古代社会"的讲演。冯友兰被聘为特约讲座。②

10月10日，学院复课。文学院院长为张邃青，中国文学系主任朱芳

---

① 图为1948年国立中央研究院第一次院士合影。第一排（左起）：萨本栋 陈达 茅以升 竺可桢 张元济 朱家骅 王宠惠 胡适 李书华 饶毓泰 庄长恭；第二排（左起）：周鲠生 冯友兰 杨钟健 汤佩松 陶孟和 凌鸿勋 袁贻瑾 吴学周 汤用彤；第三排（左起）：余嘉锡 梁思成 秉志 周仁 萧公权 严济慈 叶企孙 李先闻；第四排（左起）：杨树达 谢家荣 李宗恩 伍献文 陈垣 胡先骕 李济 戴芳澜 苏步青；第五排（左起）：邓叔群 吴定良 俞大绂 陈省身 殷宏章 钱崇澍 柳诒徵 冯德培 傅斯年 贝时璋 姜立夫

② "各种科学的性质与哲学的关系"刊发于《河南大学校刊复刊》1948年10月10日第2版，"诗经与古代社会"刊发于《河南大学校刊复刊》1949年3月12日第4版。

圃，历史学系主任马元材，教育学系主任王凤岗，英文系主任于赓虞。钱穆、郭绍虞、孙席珍、李健吾、葛毅卿、黄川谷、汪仲周、尤炳圻、李超英、王幼伟、何翘森被聘为文学院专任教授，郑竹虚、王征葵、沈灌群、陈其可、陈友端、顾岳中、胡梅邨被聘为文学院兼任教授。①

钱穆在沧浪亭西三贤祠内教室讲授选修课"中国文化史导论"。郭绍虞讲授"中国文化批评史"，苏州图书馆馆长蒋吟秋应聘讲授"目录学"。

10月16日，国立中央图书馆馆长蒋复聪应邀到文学院作题为"欧美图书馆对于现代学术之贡献"的讲演。

11月，聘孙晋三为文学院英文系教授。

12月1日，河南大学复校委员会在开封成立。原文学院院长嵇文甫任主任委员，范文澜、王毅斋、鲁章甫、李俊甫为委员。

12月14日，《苏报》第二版刊发"国立河南大学校牌在怡园挂出"消息，称："省立图书馆内文学院学生最多，一天到晚都是一样的，初见实有'是河大学生天下'之慨。"

12月，原文学院教授段凌辰先生去世，享年49岁。段凌辰先生生于1900年，1925年到中州大学任教，1930年任河南大学文学院教授，长期从事中国文学与史学的教学与研究工作，1948年病逝于开封。

段凌辰

---

① 见《河南大学校刊复刊》1948年10月10日第2版。《河南大学史料长编》第四卷第379—380页收录该资料时，名字有残缺。

1949 年

2月15日，学校在苏州开学。

3月5日，开始上课。本学期，文学院新聘陈希廉先生为英文系教授（上期为兼任教授，本期聘为专任）、胡梅邨先生为教育学系副教授（上期为兼任教授，本期改聘为专任）、宋泽生先生为历史学系教授、蒋吟秋先生为文学院兼任教授。

3月20日，学校在《河大校刊》公布全校备案学生社团，文学院举办有新涛学社（办有刊物《新涛》，社团负责人：来凤仙）、教育学会（办有刊物《教声》，社团负责人：吴元庆、来凤仙）、评论社（办有刊物《评论报》，社团负责人：贾云甫）。

1949年河南大学校门

7月8日，迁往苏州的河大师生返回开封（河南省人民政府派人到苏州将河南大学6个学院的一千二百余名师生和全部图书、仪器设备接回了开封）。其中，返汴中国文学系教授5人：朱芳圃、张长弓、吴鹤九、胡朝宗、蒋鉴璋；副教授2人：郭登峦、任访秋；讲师3人：邢治平、赵天吏、于海晏；助教1人：牛永茂。中国文学系返汴学生30人（其中，一年级8人，二年级7人，三年级14人，四年级1人）。①

8月15日，中原大学离开开封迁往武汉。

---

① 见《河南大学史料长编》第五卷第15页。关于国文系返汴教师人数，《河南大学史料长编》第五卷中"河南大学1949年概况"（第15页）与"河南大学各院系教师返汴统计表（1949年8月）"（第48页）两份材料有出入，因"河南大学1949年概况"较为详细，此从其说。于海晏即于安澜，牛永茂即牛庸懋。

1950年

2月，河南大学进行院系调整，组建了文教学院、医学院、农学院和行政学院，下设12个系6个科；撤销理工学院，将数理系和化学系并入文教学院。文教学院由副校长嵇文甫兼任院长，下设中国语文、政治、教育、史地、财经、数理、化学7个系和俄文专修科。

不久，文教学院调整为文史教研室、政治经济学教研室、理工教研室3个直属教研室（分别下辖若干系），级别与农学院、医学院、行政学院平行。黄元起任文史教研室主任。

李嘉言、张长弓、任访秋分别主讲"中国文学史""中国现代文学史""文艺学"三门课。三人分段编写讲义，分段进行教学。

《中国文学史讲授提纲》封面

3月27日，学校邀请参加河南省人民代表大会的十余位学者代表来校座谈文化教育问题，出席者有曹靖华、冯友兰等人。

4月13日，曹靖华应邀来校作题为"和平花絮"的报告。

5月28日，副校长嵇文甫赴京参加全国第一次高等教育会议。

中国语文系（负责人：李嘉言）教师与课程情况如下：①

姓名	职别	本年所开课程	周时数	姓名	职别	本年所开课程	周时数
李嘉言	教授	中国历代文学史	3	牛永茂	助教	辅导学生	
朱芳圃	教授	中国语文概要	3	廖立	教授	辅导学生	
张长弓	教授	中国现代文学史	3	王晶	研究生	辅导学生	
于赓虞	教授	世界文学史	3	赵明	研究生	辅导学生	
吴鹤九	教授	中等国文教材教法	3	张中义	研究生		
蒋鉴璋	教授	写作实习	2	黄魁五	研究生		
任访秋	副教授	文艺理论与政策	3	谢励武	研究生		
王香毓	副教授	中国现代名著选读	3	邢治平	讲师	辅导学生	
赵天吏	讲师	写作实习	2				

暑期后，任访秋被聘为教授。

10月25日，嵇文甫任校长。

11月24日，中国语文系、俄文班35位同学发起为抗美援朝"捐献一粒子弹"活动。

11月，学校奉教育部令，取消文教学院。文教学院原有各系（包括中国语文系）直属校部领导。

---

① 见《河南大学史料长编》第五卷第71页。原资料有误，廖立应为助教。

1951 年

1月，中国语文系共有17位教师，其中，教授6人，副教授2人，讲师2人，助教（含研究生）7人。

8月22日，李嘉言任中国语文系代主任，张长弓任系委会秘书，任访秋任中国文学教研室主任，吴鹤九任中国语文教研室主任，赵天吏任资料室主任。

9月27日，中国语文系系委会组成人员公布：李嘉言（系主任）、王振峰（系秘书）、张长弓（系委会秘书）、任访秋（教研室主任）、吴鹤九（教研室主任）、廖立（党代表）。教师代表：于赓虞、赵天吏。工会代表：邢治平。青年团代表：韩致中。学生会主席：宋耀宗。

李嘉言

10月9日，李嘉言任中国语文系主任。

11月，学校决定取消干部中的研究生制度，将原有各院系的研究生改为助教或实习助教。

任访秋在《新建设》发表关于专业建设的文章。

1952 年

7月，经中南教育部同意，河南大学医学院独立设置为河南医学院，农学院独立设置为河南农学院，行政学院独立设置为河南行政学院。后水利系调入武汉大学，财经系调入中原大学，畜牧兽医系调入江西农学院，植物病虫害系调入华中农学院。

9月，史地系分为历史系和地理系，数理系分为数学系和物理系。至此，学校下设中国语文、历史、地理、数学、物理、教育、化学7系和俄语专修科，在性质上已转为高等师范院校。

10月10日，中国语文系下设文艺学教研室、文选写作教研室、中国语文教研室。李嘉言任文选写作教研室主任，任访秋任文艺学教研室主任，吴鹤九任中国语文教研室主任。

李嘉言、张长弓、任访秋合编《中国文学史讲授提纲》，由新华书店付印1500册。

本年度，中国语文系教师共17人，其中教授5人，副教授1人，讲师6人，助教5人。教授：李嘉言、任访秋、于赓虞、高文、吴鹤九、张长弓（休养），副教授：万曼。本科学生129人。

1953 年

8月，平原师范学院并入，学校更名为河南师范学院，在开封、新乡两地办学。校本部设有中国语文、历史、地理、数学、物理、化学、教育7个系和俄语专修科。

12月7—9日，学校举行第一次科学讨论会。中国语文教研室讲师吕景先的《语言教学及其与语文教学的关系》一文被选为参加此次科学讨论会报告的六篇论文之一。

12月，中国语文系教师共29人，其中，教授5人，副教授1人，讲师12人，教员1人，助教10人。本科学生212人，其中一年级60人，二年级51人，三年级56人，四年级45人。专科学生167人，其中，一年级115人，二年级52人。

中国语文系情况如下：①

系负责人与人数	教研室	教研室负责人	所属教师
主任：李嘉言（17人）	中国语文教研室	副主任：吴鹤九②	教授：吴鹤九 讲师：赵天吏、吕敬先 助教：谢励武

---

① 见《河南大学史料长编》第六卷第229页"河南大学教学组织情况统计表（1953年）"。吕敬先应为吕景先。

② 原表如此，应为"主任"。

续表

系负责人与人数	教研室	教研室负责人	所属教师
主任： 李嘉言 （17人）	文选写作教研室	主任：李嘉言	教授：李嘉言 讲师：单柳溪、刘溶池、牛庸懋 助教：解子英、张中义
	中国文学教研室①	主任：任访秋 副主任：高文	教授：任访秋、于赓虞、高文 副教授：万曼 讲师：邢治平 助教：赵明、廖立

---

① 原表如此，此系旧称，应为"文艺学教研室"。

1954 年

2月，根据中南行政委员会教育局、高等教育局指示，举办高中语文师资短训班。由省抽调曾担任语文教学两年以上的初中优秀教师，经过短期学习，充当高中教师。招收学员65人，学习时间5个月，毕业后由中南教育局统一分配。

3月23日，中国语文系举行纪念《毛主席在延安文艺座谈会上的讲话》发表12周年会议，院长嵇文甫在会上作题为"关于毛主席文艺思想"的报告。

6月7日，学校将中国语文系原语文、文学教研室调整为现代文学、古典文学、中国语言三个教研室。任访秋任现代文学教研室主任，万曼任现代文学教研室副主任；李嘉言兼任古典文学教研室主任，高文任古典文学教研室副主任；吕景先任中国语言教研室副主任。[①]

6月15日，学校撤销了教育系。

9月29日，院学生会进行改选，中国语文系学生何望贤当选学生会主席。

11月9日，中国语文系召开《红楼梦》研究座谈会。中国语文系师生、历史系、教育教研室的教师等二百多人参加会议，河南省高等学校党委会和省文联领导、代院长嵇文甫、代教务长郭晓棠出席会议。座谈会由中国语文系主任李嘉言主持，高文、万曼、邢治平、任访秋、李白凤相继发言后，嵇文甫、郭晓棠发言。

---

① 见《河南大学史料长编》第六卷第240页"关于调整国文系教研室及主任人选的通知"。

11月16日,《河南日报》第三版刊登的消息"河南师范学院、河南师范学院二院举行《红楼梦》研究座谈会"中,出现了"出席这次会议的有中文系的教师和同学",这是河南师范学院文学学科首次以"中文系"简称出现在媒体中。

12月19日,张长弓教授因病在开封去世,享年50岁。张长弓教授1954秋奉调北京中国人民大学任教,尚未成行,发现患有骨癌。去世后,河南师范学院师生为之举行追悼会,校长嵇文甫在悼辞中称:"张长弓同志,有心人也。他治学往往不走别人的老路而能自辟新径!"

1955 年

2月，中央人民政府教育部批复，原则上同意河南师范学院所拟语文函授专修科筹办计划，批准于当年开始招生。

3月，学校成立函授教育科，原教务处秘书关汇川任函授教育科科长。中文系万曼教授负责函授教学工作。

6月1日，我校校友范文澜、尹达（1932年国文学系毕业）、冯友兰、邓拓当选中国科学院哲学社会科学学部委员（1957年，嵇文甫被增选为学部委员）。[①]

7月，52级学生何望贤被选为河南省出席全国第十六届学生代表大会代表，于26日与本省其他代表一道赴京开会。

8月，河南师范学院一院和二院的文科集中到开封办学（二院的中国语文系、历史系和地理专修科、俄语专修科调到一院），理科集中到新乡

[①] 1955年6月1日，中国科学院学部成立大会在北京正式召开，党和国家领导人周恩来、董必武、陈毅、陆定一、李济深等出席大会并讲话。233名著名专家学者当选为四个学部的学部委员，四个学部分别为：物理学数学化学部、生物学地学部、技术科学部、哲学社会科学部，其主任分别由吴有训、竺可桢、严济慈、郭沫若担任。其中哲学社会科学学部委员共有61人，名单如下：向达、吴晗、吕振羽、李亚农、侯外庐、范文澜、郭沫若、陈伯达、陈垣、陈寅恪、阳翰笙、汤用彤、刘大年、翦伯赞、李俨、张稼夫、包尔汉、尹达、夏鼐、郑振铎、于光远、艾思奇、李达、杜国庠、金岳霖、胡乔木、胡绳、张如心、冯友兰、冯定、杨献珍、潘梓年、丁声树、王力、吴玉章、吕叔湘、季羡林、马叙伦、陈望道、杨树达、黎锦熙、罗常培、魏建功、千家驹、王亚南、王学文、沈志远、狄超白、马寅初、许涤新、郭大力、黄松龄、钱俊瑞、骆耕漠、薛暮桥、何其芳、周扬、茅盾、冯至、邓拓、陶孟和。1957年，哲学社会科学学部委员又增选嵇文甫、吕澂、陆志韦三人，共计64人。当时确定了学部委员的三个标准：（1）学术成就；（2）对科学事业的推动作用；（3）忠于人民事业。这64名学部委员，集中在历史、哲学、语言、经济、文学五个学科方面。

办学（一院的数学系、物理系、化学系调到二院）。二院中国语文系三年级学生13名，调到一院同年级（学生36名）中，共计49名，合并为一个班。一院仅余中国语文、历史、地理3个系和俄语专修科。中国语文系古典文学教师力量较强。

二院中国语文系合并到一院人员情况如下：[①]

姓名	职别	担任学科	性别	年龄	籍贯
华钟彦	教授	古典文学	男	48	辽宁沈阳
刘纪泽	教授	南北朝隋唐文学	男	54	江苏建湖
常玉璋	教授	世界文学	男	56	河北房山
丁毅舟	教授	世界文学	男	44	河南清丰
王梦隐	副教授	先秦汉魏南北朝文学	男	44	河南浚县
郭光	副教授	文学概论、新文学史	男	41	山东广饶
高耀墀	讲师	语法词汇	男	37	山东郓城
陆思涌	讲师	宋元明清戏曲	男	52	江苏上海
赵福轩	讲师	现代文选及写作	男	38	河南鲁山
刘定一	讲师		男		河北丰润
贺志伊	讲师		男	48	河北东麓
张宇瑞	讲师		男	59	河南许昌
吴君恒	讲员	语文教学法	男	29	江苏宜兴
樊布捷	讲员	现代文选及写作	男	40	江苏江都
杨木	讲员	同上	男	36	山东蓬莱
郑毅男	讲员	逻辑	男	26	辽西昌北
滕画昌	助教	语言学概论、正音	男	36	河北清苑
尹岚渊	助教		女	27	四川宜宾
王鸿芦	助教	宋元明清文学	女	29	河北天津
蔡世霖	助教	现代文选及写作	男	29	北京

---

① 见《河南大学史料长编》第六卷第44页。华钟彦即华锺彦。

续表

姓名	职别	担任学科	性别	年龄	籍贯
黄平权	助教	新文学史	男	31	福建泉州
陈天福	助教	现代文选及写作	男	24	云南昆明
汪玢玲①			女	31	辽宁

8月，中文函授专修科录取工作结束，首批招收学员418人，并在郑州、开封、洛阳、新乡、安阳设立了函授教育辅导站。

9月18日，中文函授专修科正式开班，报到注册学生407人，同年12月招收插班生93人。课程有：现代文选、现代汉语、文学概论、中国古典文学、中国现代文学、苏联文学、教育科学讲座、社会科学基本知识讲座等。

10月29日，学校宣布河南师范学院院务会议组成人员，中国语文系主任李嘉言、古典文学教研室副主任华锺彦、现代文学教研室主任任访秋、语言教研室副主任吕景先、外国文学教研室主任郭光及万曼先生入选。

---

① 原表格中无，据《任访秋文集·日记》第11卷第151页补。任访秋在其《日记》中说："玢玲同志是在五六年新乡师院文科合并到这里时，来到中文系现代文学教研室任教的。在此前，她曾因与'胡风分子'××有过往来而被审查了几个月。我因担任教研室主任，并未因此而对她有所歧视，和对待其他同志一样，在教学科研上对她予以帮助。一年后，她调回东北长春师大。"

1956 年

3月5日，河南省人民委员会任命万曼为中文系副主任。

4月29日，学校成立普通话推广委员会。嵇文甫任主任委员，教务处代理处长李俊甫、中文系主任李嘉言、中文系语言教研室主任吕景先任副主任委员。委员会下设普通话推广组，由中文系语言教研室赵天吏任组长。

5月22日，中文系举行座谈会，讨论文学艺术中的"典型"问题，黄河水利学校等单位的代表参加了会议。

6月25日，学校决定成立"河南师范学院学报编辑委员会"，李嘉言、任访秋、吕景先被聘为编委。

6月30日，学校举行庆祝建党35周年晚会，吴鹤九作为教育实习优秀指导教师受到表彰。

8月4日，省委任命钱天起任河南师范学院一院院长助理。

8月，万曼编著的《现代作品选讲》由湖北人民出版社出版。

9月1日，新学年学校第一次学术会议讨论通过了助教张中义等35人晋升为讲师。

9月4日，省委任命任访秋为中文系副主任。

9月24日，省委任命吕景先为函授处副处长。

10月17日，中文系举行纪念鲁迅诞辰75周年座谈会。

11月，河南师范学院一院改称开封师范学院，二院改称新乡师范学院。开封师范学院设有中文、历史、地理、外语4个系。

12月9日，李嘉言在《光明日报》发表文章《改编全唐诗草案》，呼吁对《全唐诗》进行全面深入的考订和研究。

1956年12月9日《光明日报》

自本年开始,"中国语文系"改称"中国语言文学系",简称"中文系"。

中文系1956级党支部主办内部报纸《轻骑兵》。①

---

① 据张天定、李建伟《河南大学出版志》第7页。

1957 年

2月，任访秋担任民盟开封市委员会主任委员。

3月5日，学校成立方言调查研究室，由李嘉言任主任。调查研究室下设研究、辅导、调查三个组，共50人，由中文系学生组成。

5月，中文系学生创办的综合性文艺刊物《青春》出版，主要刊发同学们的业余文艺理论研究与文艺习作，为不定期刊物，石印。刊物聘请万曼、李白凤担任指导教师。

9月，中国语言文学系教研室及教师情况[①]

系负责人	教研室	教研室负责人	所属教师
主任：李嘉言	中国古典文学教研室	主任：李嘉言 副主任：华钟彦 高文	教授：李嘉言、华钟彦、高文、刘纪泽 副教授：王梦隐 讲师：邢治平、宋景昌、王宽行、温绎之、张宇瑞 教员：宋松筠、单柳溪、刘溶池、牛庸懋 助教：梁聚泰、王鸿卢、张振犁、李春祥、何法周、何权衡、连万昌

---

① 见《河南大学史料长编》第七卷第285页"1957年河南大学教学组织情况统计表"。原表中刘溶池同时出现在中国古典文学教研室和教法组，身份分别是教员和讲师。根据1953年统计表，刘溶池应为讲师。牛庸懋也同时出现在中国古典文学教研室和外国文学教研室，名字分别是"牛庸懋""牛永茂"，身份分别是教员和讲师。根据1953年统计表，牛庸懋应为讲师。

续表

系负责人	教研室	教研室负责人	所属教师
主任：李嘉言	现代文学教研室	主任：任访秋	教授：任访秋 副教授：万曼 教员：黄平权、彭宗珏、周启祥、杨木 助教：赵明、刘增杰、路德庆
	语言教研室	副主任：吕景先 副主任：高跃埠	教授：于安澜 讲师：吕景先、高跃埠、赵天吏、高仲英、王吾辰、滕画昌 教员：吴力生、杨君璠 助教：陈天福、张启焕、程仪、许钦承、董希谦、陈信春、崔灿、王朝安、卢文同、尹岚渊
	外国文学教研室	主任：郭光	教授：李白凤 副教授：郭光 讲师：赵宜人、牛永茂、廖立、赵福轩、张中义、段佩恒、刘定一、董辛名 教员：蔡世霖 助教：严铮、何望贤、石发亮、范廉卿
	教法组	组长：吴鹤九	教授：吴鹤九 讲师：刘溶池 教员：吴君恒 助教：谢励武、周鸿俊

9月，中文系本科生1032人，其中，一年级305人，二年级347人，三年级271人，四年级109人。中文专修科二年级140人。

10月，函授教育处改为函授部，吕景先任副主任。

1958 年

8月15—26日，中文系师生到封丘县进行参观、访问、劳动。

9月15日，省委批准钱天起兼任中文系主任，李嘉言任中文系副主任。

9月，中文系讲师高仲英去世，享年47岁。

9月，学生1360人，其中，一年级453人，二年级320人，三年级339人，四年级248人。

10月9日，王梦隐任图书馆副主任。

10月10日，省委决定，各类学校一律停课20天参加炼钢和深翻土地。中文系全体师生到焦作采矿。

10月，中文系共有教师40人，其中，教授6人，副教授1人。

中文系1958级创办手抄报《红五月》（后改名《红雨》）。[①]

[①] 据张天定、李建伟《河南大学出版志》第7页。

1959 年

1月，中文系结合采矿劳动，大搞文艺创作活动，创作诗歌23150首，剧本、小说、通讯、小品等2000多篇。

3月6日，吕景先任中文系副主任兼汉语教研室主任。

5月9—27日，学校举行第四次科学讨论会，院党委书记韩倩之、院长赵纪彬出席开幕式，会议采用全会与分组会两种形式结合进行。提交会议的53篇论文报告中，关于文学理论和作品分析的有21篇。中文系四年级"陶渊明"文学小组、《苦菜花》评论小组以及一年级《青春之歌》评论小组，在教师指导下提交了论文报告。

6月，开封师范专科学校并入开封师院，学校设中文、历史、地理、外语、数学、物理、化学、生物8个系。

7月10日，傅钢任中文系党总支书记，王亚平任副书记。

8月，开封师院首届函授生毕业，中文专业220人获得毕业证书。

10月13日，周恩来总理在三门峡水库工地亲切接见了正在劳动锻炼的开封师院中文系师生（中文系一千二百多名师生在工地劳动锻炼）。中共河南省委第一书记、河南省省长吴芝圃、水电部副部长李葆华、钱正英等陪同，中文系党总支书记傅钢、系主任钱天起等师生被接见。[1]

---

[1] 1959年10月23日《开封师范学院校报》第一版以"周总理在三门峡工地勉励我院师生参加生产劳动"为题，对此次接见进行了详细报道（该文收入《河南大学史料长编·第七卷》）。河南人民出版社推出的《周总理在河南》（1980年3月第一版）收入该文时将文章标题改为"亲切的勉励"（开封师范学院中文系采访报道组）。

周恩来总理在三门峡水库工地亲切接见开封师院中文系师生

一九五九年于三门峡大坝工地劳动锻炼时受到周总理的接见。自左至右（中文系学生）：黄世森、周建民、牛登云、张怀顺、王学勤、王凤英

资料来源：新华社

1960 年

1月8日，中文系刘纪泽先生去世，享年59岁。

2月10日，原河南大学国文学系教授张西堂去世，享年59岁。

2月，学校恢复政教系，新建了体育系。

2月，为支援农村，同学们发起向农村赠书活动，中文系向农村赠书一万一千八百多本。

3月，万曼任学校科学研究委员会副主任委员。

万曼

7月7—14日，学校举行第一次教学讨论会暨第五次科学讨论会，省委宣传部副部长郭晓棠莅临指导并作报告。中文系师生讨论了"美感""人性论"和"人道主义"等重大问题。[①]

8月，学校函授教育由专科升为本科，首届招收中文专业500人，学制3年。

10月，中文系接受中华书局委托，承担整理《全唐诗》任务，成立了《全唐诗》校订组，由李嘉言教授、高文教授主持，吴鹤九教授、于安澜教授及孙方、邹同庆、蓝国柱等参加。

[①]《开封师范学院学报》（1960年第6期）以"开封师院中文系关于人道主义、美感等问题的讨论"为题，对讨论情况进行了综述。

1961 年

2月底，中文系设函授教学组，负责人为张如法。

3月，中文系57级学生成立红雨文学社，成员为吕安国、管金麟、杜常善、李泽民、郭进峰、雷统一。①

红雨文学社合影

从左到右前：管金麟、雷统一、郭进峰；后：吕安国、杜常善、李泽民

---

① 为纪念红雨文学社成立五十周年，2013年1月河南大学出版社出版吕安国主编的红雨文学社诗文选《红雨集》。

5月7日，《河南日报》第三版刊发红雨文学社成员杜常善文章《农村干部的榜样——读小说〈沙滩上〉》。

5月19日，《河南日报》第三版刊发文章《开封师院努力提高毕业生的思想水平和业务水平》，报道中文系为了培养学生的实际工作能力，以适应中学对师资力量提出的更高要求，新开设"中学语文课文分析"课程，挑选出中学课本中具有代表性的文章重点讲授和分析。

5月26日，《河南日报》第三版刊发文章《开封师院中文系集中力量加强教学第一线》，介绍中文系采取减少行政事务、适当压缩科学研究工作等措施，把主要教学力量拿到教学工作上来，充实教学力量，系主任钱天起教授为毕业班开设古汉语课程，副主任李嘉言教授为高年级开设先秦文学、万曼副教授开设文艺理论专题课程。

系资料室配合教学，编辑《毛主席诗词研究精选》《中学语文教材资料索引》《中学作文教学资料索引》等资料汇编和资料索引。

1962 年

6月25—27日，为纪念校庆五十周年，中文系举行系列学术报告：李嘉言"佛教对六朝文学的影响"、王宽行"魏晋南北朝小说"、任访秋"鲁迅与庄子"、赵天吏"诗经的韵例和韵部以及周秦音和两汉音的异同"、徐振礼等"现代诗歌韵律"。

7月18日，学校任命钱天起、李嘉言、万曼、吕景先、傅钢、向克明、华锺彦、高文、郭光、牛庸懋、刘溶池、王吾辰、何望贤、任访秋、曹盛华等十五人为中文系系务委员会委员。

校订《全唐诗》工作组合影
高文（中排左三）、李嘉言（中排左五）、于安澜（中排左六）

1963 年

2月1日，省委批准钱天起任开封师院副院长。

2月10日，河南省教育厅批复同意我校对院务委员会的调整（共37人），其中中文系钱天起、李嘉言、华锺彦、牛庸懋4人成为院务委员会委员。

3月15日，万曼任学校新的科学研究工作委员会副主任委员。

4月20日，省委批准钱天起兼任中文系主任。

5月，李嘉言将《全唐诗重出失注索引（初稿）》抽印本（86面）寄赠陈寅恪、刘盼遂。

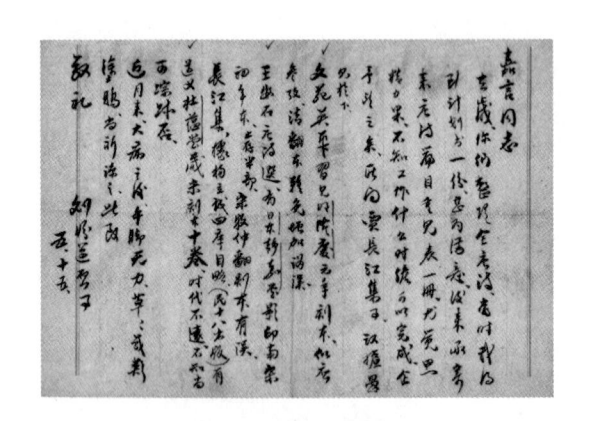

刘盼遂给李嘉言的回信

资料来源：1963年5月15日，刘盼遂给李嘉言的回信。该信件由李嘉言先生之子李之禹提供。

8月14日，中文系教授于赓虞去世，享年61岁。

9月，中文系学生588人，其中，一年级127人，二年级129人，三年级138人，四年级194人。

9月，中文系教研室及教师情况①

系负责人	教研室	教研室负责人	所属教师
主任：钱天起 副主任：李嘉言、万曼、吕景先	古代文学教研室	主任：李嘉言 副主任：华钟彦、高文	教授：李嘉言、华钟彦、高文、吴鹤九 副教授：王梦隐、于安澜 讲师：邢治平、温绎之、王宽行、梁聚泰、李春祥 教员：何法周 助教：王宗堂、胡立健、邹同庆、孙先方、蓝国柱
	现代文学教研室	主任：郭光 副主任：刘增杰	教授：任访秋 副教授：郭光 讲师：黄平权、赵明、刘增杰、张振犁 助教：张如法、王介平、张永江、章秀定、岳耀钦
	外国文学教研室	副主任：牛庸懋	讲师：牛庸懋、蔡世杰、张中义、严铮 助教：范廉卿、刘彦杰、李桂珍、卢永茂
	文艺理论教研室	主任：万曼 副主任：何望贤	副教授：万曼 讲师：何望贤 助教：宋应离、刘彦钊、孟宪法、王钦绍
	汉语教研室	主任：吕景先 副主任：王吾辰、赵天吏	教授：钱天起 副教授：吕景先、王吾辰、赵天吏、滕画昌 讲师：张启焕、程仪、许钦承、陈天福、陈信春 助教：吕文源、徐振礼、马仁禄、王中安、丁恒顺、杨泽令
	文选习作教研室	副主任：刘溶	讲师：刘溶、吴君恒、周鸿俊、谢励武 教员：宋松筠、于跃、张锡智 助教：曹盛华、王振铎、马荣莲、何权衡、王芸、管金麟、赵怀让

① 见《河南大学史料长编》第七卷第328—329页"1963年河南大学教学组织情况统计表"。于安澜应为教授。刘溶即刘溶池。王钦绍应为王钦韶。

中文系部分教师合影

前排（自左至右）：华锺彦、吕景先、傅钢、李嘉言、吴鹤九、钱天起、万曼、刘定一、高文；后排（自左至右）：陈光坚（进修教师）、黄□□（广西师院进修教师）、李春祥、邢治平、王宽行、□□□、温绎之。该照片由李春祥先生之子李兵提供。

10月10日，河南大学原校长嵇文甫先生去世，享年69岁。嵇文甫先生是河南卫辉人，1895年生，1919年毕业于北京大学哲学系，1926年加入中国共产党，后在北京大学任教。1933年受聘为河南大学教授，1939年任文学院院长，1948年任中原大学筹委会副主任，1949年任河南大学副校长，1950年10月任校长。1956年调任郑州大学校长。此后曾任河南省副省长、河南省历史研究所所长、河南文史研究馆馆长等职。嵇文甫先生早年即投身革命，一生从事教育事业，致力于中国古代思想史的教学与研究工作，是国家一级教授。

1964 年

6月，中文系外国文学教研室编《外国文学研究资料索引》印行。该索引包括苏联文学以外的所有国家和地区的文学研究资料。所收篇目，除了报刊发表的各种资料外，还包括外国文学史著作、外国文学研究专著和外国文学作品的前言、后记等。收录起止时间：上起"五四"时期，下迄1963年。

9月16日，张书兰任中文系党总支副书记，向克明任学校工会副主席，马振瀛任中文系办公室主任。

9月，中文系教授李嘉言先生等受中华书局的委托，编写了《全唐诗首句索引》《全唐诗重出作品综合索引》，使全唐诗的考订工作取得重大突破。

10月13日，李嘉言任学校科学研究工作委员会副主任。

11月，省委批准吕景先任中文系主任。

1964届毕业生一大班合影

1965 年

1月22日，孔繁金任中文系副主任。

2月16日，孔繁金任中文系党总支副书记（仍任中文系副主任）。

8月18日，何望贤任中文系副主任。

10月，中文系下设6个教研室，教工80人（其中，专任教师59人。教授5人，副教授2人，讲师23人，教员3人，助教26人）。中文系学生497人，其中，一年级119人，二年级117人，三年级127人，四年级134人。函授生3191人，其中，一年级962人，二年级1354人，三年级352人，四年级523人。

10月，中文系函授教学组与函授部编印的《毛主席诗词三十七首学习资料选辑》（函授通讯增刊）出版，共印刷2万册。

1966 年

中文系教研室设置情况（3月）：[①]

教研室名称	职务	姓名	职称
古代语文教研室	主任	吕景先	讲师
	副主任	王宗堂	助教
		邢治平	讲师
		何法周	教员
现代语文教研室	主任	刘增杰	讲师
	副主任	刘溶池	讲师
		赵怀让	助教
文艺理论与外国文学教研室	主任	何望贤	讲师
	副主任	刘燕钊	助教
		刘燕杰	助教
汉语及写作教研室	主任	陈信春	讲师
	副主任	许钦承	讲师
		王吾辰	讲师
函授教研室	副主任	宋应离	助教
		范登高	助教
资料与科研室	主任	郭光	副教授
	副主任	华钟彦	教授
		牛庸懋	讲师

---

① 见《河南大学史料长编》第八卷第104页"1966年开封师范学院教研（资料、仪器）室干部情况表"。

4月13日，陈信春任中文系副主任。

4月14日，学校调整科学研究工作委员会委员，中文系钱天起、李嘉言、万曼任副主任委员，何望贤、高文入选委员。

6月，根据高教部通知，应届毕业生延缓毕业，留校参加"文化大革命"。

1967 年

9月7日，中央下发《关于1966年大专院校毕业生分配问题的通知》，66届毕业生分配了工作。

10月14日，中文系教授李嘉言先生去世，享年62岁。李嘉言先生1907年出生，河南武陟人，1911年11月生，1934年毕业于清华大学中国文学系，先后在清华大学、西南联大、西北师院任教。1947年到国立河南大学，任中文系主任、校科委副主任、二级教授；1951年加入民盟，1956年参加中国共产党。李嘉言先生一生致力于中国古代文学教学与研究，特别是在唐诗研究方面具有极高造诣，为《全唐诗》的整理作出了重要贡献，著有《贾岛年谱》《长江集新校》《李嘉言古典文学论文集》等。

1968 年

12月，开封师院原副院长兼中文系主任钱天起先生去世，享年63岁。钱天起先生1907年出生，浙江瑞安人，1927年毕业于武汉中山大学国文系，后赴日留学，归国后曾在曲阜省立师范、上海国光中学、北京铁道管理学院、上海商务印书馆任职，1947年加入民盟。新中国成立后在平原师院任教，1956年调入开封师院，先后任院长助理、副院长兼中文系主任等职，先后被选为河南省第三、第四届人民代表大会代表，开封市第三、第四届人民代表大会代表，并担任河南省政协第二、第三届委员会委员、常务委员，开封市政协第二、第三届委员会副主席，民盟开封市委员会主任委员，河南省第一届哲学社会科学联合会副主席等职务。钱天起先生长期从事古代汉语的教学与研究工作，为中文系二级教授。

1971 年

7月，中文系教授万曼先生去世，享年69岁。万曼先生是天津人，1903年生，1923年毕业于新学书院，曾在开封高中、天津南开中学、济南师范、洛阳中学等校任教，同时从事文学创作与翻译工作。新中国成立后在中原文教厅工作，1953年到河南大学任教，任中文系副主任、开封师院科委副主任兼学报主编，1954年加入中国共产党。万曼先生长期从事中国文学的教学与研究工作，是中文系三级教授，著有《唐集叙录》《白居易传》《现代文学作品选讲》等。

1972 年

3月，开封市委同意中文系设立党总支，孙连江任党总支书记。

3月，按照自愿报名、群众推荐、领导批准、学校复审的办法，学校招收的第一批工农兵学员入学。中文系招生185人。

《中学语文》编辑部创办《教学参考资料》。

1973 年

6月,王钦韶任中文系党总支书记。

8月24日,朱骏舟、宋应离任中文系党总支副书记。

9月,中文系招生210人,学制3年。

1974 年

6月，河南大学原教授冯沅君先生去世，享年75岁。冯沅君先生是河南唐河人，冯友兰先生胞妹，1900年生，1925年毕业于北京大学文学研究所，1931年在河南大学考取留学资格，赴法国攻读博士学位，回国后曾任武汉大学、河南大学、东北大学教授，新中国成立后一直在山东大学任教授，曾任山东大学副校长，是著名文学家。

10月，函授专业恢复招生，当年招收中文专业学员一千余名。

1975 年

7月,开封师范学院信阳分院成立,设政教、中文、数学、物理、化学、外语、生物7个专业。

8月6日,宋应离任学校办公室副主任,张子臣任中文系党总支副书记。

9月,中文系招生220人,学制3年。在校生644人,其中,一年级220人,二年级209人,三年级215人。

当年,招收中文专业函授学员一万二千余人。

1976 年

12月,河南大学文学院原院长张邃青先生去世,享年84岁。张邃青先生是河南太康人,1893年生,1915年考入北京高等师范史地部,毕业后曾任开封一师、开封一中校长。1927年到河南中山大学任教,任文史系主任,1942年任河南大学文学院院长。新中国成立后任中国古代史教研室主任、图书馆馆长、开封市副市长、河南史学会会长等职,是全国人大代表。著有《北宋太学史考》《河南地方史料》等。

1977 年

7月30日，陈进祥任中文系党总支副书记。

8月5日，陈信春任中文系党总支副书记。

为西藏培训中文学员40名，为新疆培训少数民族（中文、政教、数学）学员30名，为解放军培训学员20名。

1978 年

1月，学校招收的第一批研究生（全校7个专业39名）正式开课，中国古代文学专业录取9名，中国现代文学专业录取5名。

3月11日，刘增杰任中文系现代文学教研室主任，任访秋、赵明任中文系现代文学教研室副主任；何法周任古代文学教研室主任，华锺彦、高文、王宗堂、王芸任古代文学教研室副主任；管金麟任写作教研室主任，刘溶池任写作教研室副主任；赵天吏任汉语教研室主任，程仪任汉语教研室副主任；张豫林任文艺理论教研室副主任；牛庸懋任外国文学教研室主任；张仲良任教材教法教研室主任；孙先方任资料室主任。

3月，1977级全校一千三百余名本科生入校学习，这是我校在恢复高招制度后经过全省统一考试录取的第一届学生。

4月，我校成人教育恢复招生，在开封市、开封地区、洛阳市、洛阳地区、南阳地区、信阳地区、驻马店地区、平顶山市等8个地、市和郑州铁路局招收函授生八千余人，其中，中文专业五千余人。

5月23—31日，为纪念毛泽东《在延安文艺座谈会上的讲话》发表36周年，中文系举办了科学讨论会。院党委书记白均，院党委副书记徐脉胜、赵文山，院党委常委郭象天，院党委常委、中文系科学讨论会领导组长龚依群出席讨论会。参加讨论会的有广西师院、广西民族学院、广东民族学院、山东师院、山东师院聊城分院、上海师大、上海师院、解放军洛阳外语学院、甘肃师大、包头师专、辽宁大学、辽宁第一师院、北京师院、安徽大学、安徽师大、华中师院、扬州师院、江苏师院、吉林师大、华南师院、河北大学、河北师大、河北师院、河南日报社、河南人民出版社、《河南文艺》编辑部、《河南教育》编辑部、河南人民广播电台、武汉师院、陕西师大、郑州大学、郑州轻工业学院、哈尔滨师院、洛阳师专、南京师院、南充师院、徐州师院、黑龙江大学、湖南师院、福建师大等19个省、市、自治区50个有关单位的代表以及中文系全体师生。提交大会讨论的包括文艺理论、古代文学、现代文学、外国文学、汉语、文选及写作的论文，共计38篇。①

《开封师范学院中文系科学讨论会文选》封面

甘肃师大中文系副教授郑文山应邀作题为"略论陶潜"的学术报告。

山东师院聊城分院中文系副教授薛绥之应邀作题为"鲁迅研究现状"的学术报告。

6月8日，任访秋、刘增杰任中文系副主任。

7月3日，罗忠义任中文系办公室主任、系党总支委员。

7月4日，龚依群任学校学术委员会主任，高文入选学术委员会

---

① 《开封师院学报》（社科版，1978年第4期）以"中文系举行科学讨论会——坚持百家争鸣方针，提高科学文化水平"为题，对此次会议情况进行了综述。

委员。

7月4日，学校同意中文系成立中国近现代文学研究室，任访秋教授兼任主任，刘增杰兼任副主任。

7月4日，河南大学文学院原院长、"中央"研究院院士萧一山先生去世，享年77岁。萧一山先生是江苏徐州人，1902年5月生，1924年毕业于北京大学历史系，先后在清华大学、北京大学、南京中央大学任教，1935年到河南大学任文学院院长，1938年后，曾任东北大学文理学院院长、西北大学文学院院长、北平行辕秘书长等职，后赴台湾任台湾大学教授，著有《清代通史》《太平天国丛书》等。

8月7日，郑中信任中文系团总支书记。

8月18日，李白凤先生去世。李白凤先生是北京人，1914年生，1937年毕业于国民学院中文系，曾任哈尔滨工业大学、山西大学教授，1954年秋到河南师范学院（今河南大学）中文系任教，为三级教授。

10月6日，杨瑾任中文系党总支书记。

10月，1978级一千五百余名本科生陆续入校学习，这是我校在恢复高招制度后经过全国统一考试录取的第一届学生（1977级为全省统考）。

11月26日，许钦承任函授部中文专业教研室主任，范廉卿任函授部中文专业教研室副主任。郭光任《中学语文》编辑部主任。

12月4日，关仁训任中文系团总支书记。

12月14日，陈信春任中文系副主任。

12月，经国务院批准，开封师范学院信阳分院独立建校，成立信阳师范学院。

12月，中文系教师90人，其中，教授5人，副教授1人，讲师22人，教员10人，助教52人；在校生483人，其中，77级234人，78级249人。

1979 年

1月8—17日，任访秋教授赴北京大学参加由教育部主持召开的《中国现代文学史参考资料》审稿会（该书由北京大学、北京师范大学、北京师范学院三校中文系受教育部委托编写）。会议上，与会代表倡议，组织全国高等院校中国现代文学研究会。筹备会议选举王瑶先生任会长，田仲济、任访秋先生任副会长。

1月，我校在新乡地区、周口地区、商丘地区和新乡市招收函授生近四千人，其中，中文专业近三千人。

4月23日，任访秋、牛庸懋、赵天吏被增补为校学术委员会委员。

4月，中文系与开封市教育局联合举办学术报告会，语言学家张志公教授应邀作了题为"学好语文、教好语文"的学术报告，中文系师生与开封市中学语文教师两千多人参加学术报告会。①

5月12日，人民文学出版社编辑程代熙应邀来校，在大礼堂为中文系师生作题为"关于批判继承问题"的学术报告。报告会由任访秋教授主持。②

5月15日，中文系党总支召开五七年被错划右派、现予纠正的同志座谈会，任访秋、何权衡、张锡智、刘绍亭、宋景昌、周启祥等与会。

---

① 参见《开封师院学报》（社科版，1979年第2期第11页）。
② 李经洲、许绍康主编的《河南大学百年纪事》第140页将该条及相关信息列入1980年："1月，中山大学教授王季思、陈则光，华东师范大学教授徐中玉、钱谷融，复旦大学教授王运熙，人民出版社程代熙等著名专家应邀到校讲学。"现据《任访秋文集·日记》第11卷第90页、第99页、第140—144页，对该条及相关信息予以更正。

会议由系党总支书记杨瑾主持。

5月16日，中文系召开落实政策大会，宣布五七年被错划右派、现予纠正的决定。宋景昌代表被纠正错划右派同志发言。

5月17日，华锺彦、高文任中文系副主任；邢治平任中文系资料室主任；范登高任中文系资料室副主任。

王梦隐（左一）、于安澜（左二）、高文（左三）

6月15日，华东师大中文系主任徐中玉应邀来校，为中文系师生作题为"古代文论与现代创作"的学术报告。报告会由任访秋教授主持。

8月26日，中共河南省委和河南省人民政府决定将开封师范学院改名为河南师范大学，学校培养目标是中等学校师资和高等学校部分基础课师资。

8月28日，任访秋任中文系主任。

9月20日，在河南省政协四届二次会议上，任访秋教授被选为省政协常委。

10月11—22日，任访秋教授出席民盟第四次全国代表大会，并受到叶剑英、邓小平等中央领导接见（10月19日接见并合影）。

10月30日至11月16日，中国文学艺术工作者第四次代表大会在北京召开，任访秋教授作为代表出席，并受到华国锋主席等中央领导接见

（11月16日接见并合影）。

10月，学校召开第五次教学讨论会和第十次科学讨论会，会议历时一个月。李春祥的《论元人杂剧所反映的元代民族问题》一文受到国内知名教授赵景琛赞许。

10月，中文系教师84人，其中，教授4人，副教授1人，讲师47人，教员2人，助教30人；在校本科生696人，其中，一年级210人，二年级250人，三年级236人；在校研究生26人，其中，古典文学13人，现代文学6人，外国文学2人，古代汉语2人，现代汉语3人。中学语文编辑部3人，其中，副教授1人，讲师1人，教员1人。

11月19日，华东师大钱谷融教授应邀来校。上午，与中文系文艺理论教研室、现代文学教研室教师进行座谈。下午，为中文系师生作题为"文学的魅力"的学术讲座。20日，钱谷融教授应邀在大礼堂作关于曹禺《雷雨》的报告。

11月28日，中山大学陈则光教授应邀来校，与中文系现代文学教研室举行学术座谈。

11月29日，中山大学王季思教授应邀来校，为中文系师生作关于关汉卿《赵盼儿风月救风尘》的学术报告。报告会由任访秋教授主持。

12月4日，中文系举行"实践是检验真理的唯一标准"教职工讨论会。

12月5日，吕景先任中文系顾问，王吾辰任中文系汉语教研室副主任，张豫林任中文系文艺理论教研室主任，刘溶池、毕桂发任文艺理论教研室副主任。

12月10—19日，《中国当代文学作品选讲》第四次协作会议和《古代汉语》教材协作会议在我校举办，参加这次会议的协作单位有中山大学、福建师大、华南师院等15所院校。开幕式在开封宾馆举行，由中文系主任任访秋教授主持。

12月30日，牛庸懋晋升教授，赵天吏、刘溶池、邢治平、王吾辰、王宽行、何法周、刘增杰、陈信春晋升副教授。

1980 年

1月30日，《河南日报》第三版刊发题为"河南师大开展'尊师爱生'活动"的新闻，报道了中文系七七级三班部分同学组成的拜年小分队，到华锺彦教授家中送年画拜年的情景。

2月5日，王振铎、李博、贾华锋、何甦、王怀通、田连波、何琛晋升讲师。

4月20日，河南师范大学"民俗学社"成立，并创办《民俗学通讯》。这是我校在"文化大革命"后建立的第一个学生社团组织。

4月7日至5月1日，任访秋带领研究生陈韶麟、赵福生、张春生、蒋益、梅惠兰、冯辉赴上海、绍兴、杭州、南京访学。①

5月10日，《中国语文》第三期（双月刊）刊发中文系七七级本科生李兴亚论文《宾语和数量补语的次序》。

5月18日，美国作家、爱荷华大学"国际写作计划"主持人聂华苓女士与其丈夫、诗人保罗·安格尔，应中文系邀请来校作题为"海外文学与台湾文学现状"的学术报告。中国作家协会对外联络部主任黎辛、河南省文联副主席李準、开封市文联副主任杨明陪同来校。报告会由系主任任访秋教授主持。报告会结束后，聂华苓女士和保罗·安格尔先生与中文系部分教师和研究生举行了座谈。②

---

① 访学情况详见《任访秋文集·日记》第11卷第177—186页。
② 该报告整理后发表于《河南师大学报》（社科版）1980年第4期。美国爱荷华大学"国际写作计划"（IWP）主持人时为聂华苓，其与丈夫保罗·安格尔同来大陆访问，受到中国作协与有关方面的欢迎。同年秋，王蒙与艾青应邀赴美国参加爱荷华大学"国际写作计划"。见《王蒙八十自述》第118—119页。

中国语文 双月刊 1980年第3期 总第156期

目 录

闽音掇疑
———与李如龙等同志商榷 ········· 赵日和 (161)
关于结构和短语问题 ················· 范 晓 (165)
宾语和数量补语的次序 ··············· 李兴亚 (171)
能在判断句中作主语的一种介词结构 ····· 张文周 (175)

近代汉语中字序对换的双音词 ·········· 张永绵 (177)
试说"抹"的本字 ····················· 蒋礼鸿 (193)
诗词曲词语杂释 ····················· 林昭德 (184)
元人杂剧语词释义 ··················· 温公颐 (186)

《世说新语》中的称数法 ··············· 庄正容 (188)
"行李"词义的商榷 ············· 马锡鉴 周梦江 (194)

《毛泽东选集》用字的字数、次数按音节分布情况 ··· 张朝炳 (196)
地名词的特点和规范 ················· 李如龙 (206)

有关语文教学研究的几个问题 ·········· 张志公 (212)
从"大杂烩"的传统中解放出来
———对语文教材教法的意见 ········· 吴人椒 (219)
谈文言文的学习 ····················· 陈 瑕 (225)

读《辞海》语词条目 ··················· 陶 甫 (228)
《辞海》词语方面一些问题商榷 ·········· 张世华 (234)

补 白 语句次序 ················· 邱景媛 (218)

简讯三则 ······················· (176、233、240)
编者的话 ······························· (225)

《中国语文》1980年第三期目录页

聂华苓（左二）来校讲学。

5月30日，学校研究决定，成立唐诗研究室，高文任主任；成立外国文学研究室，牛庸懋任主任。佟培基调入中文系唐诗研究室。

唐诗研究室合影

邹同庆（左二）、孙先方（左三）、高文（左四）、徐全太（左五）、佟培基（左六）、王浩然（左七）

6月，经河南省教育厅批准，我校在开封第二中学校内开设河南师范大学分校（今开封大学前身），首批招收政治、历史、数学3个专业的专科生150人。

7月14日，受河南省教育厅委托，我校举办外国文学、政治经济学、原子物理、英语四个暑期讲习班，学习时间40天。外国文学讲习班主要讲授欧洲文学概论、俄罗斯文学概论，介绍主要外国作家及其代表作品，以及当代欧美、苏联文学状况。参加讲习班的教师，来自信阳师院、安阳师专、开封市师范大专班、洛阳医专等20个学校。

7月25日，《河南日报》第三版刊发任访秋文章《得天下英才而教之乐在其中》。

8月28日，美国南加利福尼亚州州立大学东方语言学教授铁鸿业博士应邀来校，与中文、教育、外语三系部分教师以及河南心理学会理事共三十余人举行座谈。

8月，经省教育厅批准，由开封市教育局和我校中文系共同举办的职工业余夜大学，首批招收中文专业专科学生632人。夜大学学制为三年，采取夜间上课形式。

10月5—11日，全国语文教学法研究会成立大会暨第一次年会在开封举行。来自全国26个省、市、自治区的高等师范院校教师，出版社、杂志社编辑，部分专业理论工作者，优秀中学语文教师等共161人参加，大会收到论文49篇。会议着重讨论了高等师范院校语文教学法的课程、教材和教学方法问题，以及科研方向、青年教师进修问题等。会议选举产生了领导机构，通过了《会章》，聘请叶圣陶担任名誉会长，刘佛年、辛安亭、张志公、蒋仲仁、郭林、刘国正、叶苍岑等担任顾问。

10月8—13日，北京大学中文系教授、全国现代文学研究会会长王瑶，中国人民大学中文系教授、全国《红楼梦》研究会副会长冯其庸应邀来校，王瑶作题目分别为"关于中国现代文学史研究中的几个问题""现代文学与民族传统和外来影响"的学术报告，冯其庸作题目分别为"首届国际《红楼梦》研讨会见闻""近几年《红楼梦》研究的新进展"的学术报告。中文系师生、河南省部分大专院校的教师、开封地市文艺与教育单位的同志、出席全国语文教学法研究会成立大会的代表和出席河南省函授工作会议的代表共一千五百余人参加了两位教授的报告会。报告会后，两位教授与中文系有关教研室的教师和研究生进行了座谈。

10月15至11月5日，学校第六次教学、第十一次科学讨论会举行，提交讨论会的学术论文、专题报告共248篇。中文系研究生蒋连杰的《技巧、方法、思想》受到专家好评。在第一次全校讨论会上，围绕文艺与政治的关系问题，中文系教师毕桂发、孟宪法、刘溶池、学报编辑部王振铎、中文系学生吴维平等先后发言。

10月，中文系教师86人，其中，教授5人，副教授9人，讲师45人，教员5人，助教22人；在校本科生890人，其中，一年级（80级）

200人，二年级（79级）210人，三年级（78级）249人，四年级（77级）231人；研究生29人，其中，一年级4人（外国文学1人，古代汉语3人），二年级12人（古代文学4人，现代文学1人，外国文学2人，古代汉语2人，现代汉语3人），三年级13人（古代文学8人，现代文学5人）；中文函授生8130人。

1981 年

1月5日，苏文魁任中文系党总支副书记。

3月10日，厦门大学黄典诚教授应邀来校，为中文系师生作题为"古音韵中的几个问题"的学术报告。报告会由任访秋教授主持。

3月19日，何法周任中文系副主任。

3月24日，吕景先、滕画昌、宋景昌、赵明、张中义、李春祥、许钦承晋升副教授。

3月，河南省文学学会第一届理事会召开，任访秋当选会长，龚依群、牛庸懋当选副会长，刘增杰当选秘书长。①

5月7日，学校举行"教工三十年教龄庆贺大会"，河南省文委副主任王燕生、王进财，省总工会主席张盾，省教育厅副厅长崔锋，中共开封市委副书记李靖等领导，以及学校领导出席大会。任访秋教授代表全体受庆人员发言。

5月13日，我校校友、著名作家姚雪垠先生应邀来校，在十号楼124教室为中文系师生作题为"关于历史小说的看法"的学术报告。报告会

---

① 见李允豹主编《河南新文学大系·史料卷》第166页。据《任访秋文集·日记》第11卷第265—266页：3月18日上午，在河南省人民会堂举行河南省文学学会成立大会；3月21日下午，选举理事、会长、副会长及秘书长；3月22日上午，文学学会代表大会闭幕。

由高文教授主持，任访秋教授致欢迎词。①

姚雪垠（左一）来校讲学

5月14日，董希谦、拜宝轩、王浩然、张子臣、管金麟、刘思谦、张俊山晋升讲师。

8月，刘增杰著《鲁迅与河南》由河南人民出版社出版。

9月25日，任访秋教授参加中央在北京人民大会堂召开的鲁迅诞辰一百周年纪念大会。党和国家领导人胡耀邦、叶剑英、赵紫阳、陈云、华国锋、彭真、邓颖超等出席纪念大会。

9月29日，学校在大礼堂举行"全校师生纪念鲁迅诞辰一百周年"学术报告会，任访秋教授应邀作题为"向伟大的文学家思想家革命家鲁迅先生学习"的学术报告。

9月，我校首次举行研究生毕业论文答辩。根据教育部规定，七八（三年制）、七九（二年制）级研究生同时毕业。中文等五个系共18个专

---

① 据《任访秋文集·日记》第11卷第279—281页：姚雪垠于5月12—19日应邀来校，5月13日学术报告后，14日下午，在大礼堂作"向母校汇报工作"报告，报告会由任访秋教授主持。15日上午，在大礼堂作"历史与历史小说"学术报告。会后，在大礼堂前与中文系全体教师合影。16日上午，在大礼堂继续作"历史与历史小说""现实主义问题"学术报告。17日上午，继续讲"现实主义问题"。

业的52名研究生参加了答辩。

9月，中文系教师87人，其中，教授5人，副教授15人，讲师45人，教员4人，助教18人；在校本科生1086人，其中一年级（81级）200人，二年级（80级）201人，三年级（79级）210人，四年级（78级）245人，五年级（77级）230人；中文函授生8130人；夜大中文专业在校生666人。

11月，经国务院学位委员会批准，中国近现代文学、中国古代文学专业获得首批硕士学位授予权。

12月5日，《河南日报》第三版刊发新闻"河南师大应届毕业生家长投书学校支持子女服从国家分配"，报道了中文系副教授刘溶池夫妻写信给校系领导，支持自己在本校应届毕业的两个孩子服从国家分配的事迹。

12月，根据省政府批复，河南师范大学分校改为开封市走读大学，由开封市政府领导。

1982 年

1月6日，中文系七七级本科毕业生合影。

1月7日，中文系举行毕业研究生欢送会并在大礼堂前合影。

1月16日，《河南日报》第二版刊发新闻"河南师大中文系毕业生开展向母校献礼活动"，介绍了中文系七七级同学，在毕业前帮助唐诗研究室抄写卡片、为低年级培养文娱骨干、为图书馆整理书刊等活动。

1月25日（农历正月初一），中文系在十号楼举行全系教职员工春节团拜会。

2月8日，中文系举行七七级留系任教和任职人员座谈会，系主任任访秋教授、党总支书记杨瑾、副主任陈信春、副书记苏文魁等出席。

2月17日，在河南省社科联第二次代表大会上，任访秋教授当选省社科联副主席。

2月，经国务院批准，我省河南师范大学等10所高校获得首批学士学位授予权。

2月，任访秋任校学位委员会副主席，高文、赵天吏入选校学位委员会委员。

4月21—22日，著名历史学家、中国社会科学院历史研究所研究员、副所长尹达应邀回校讲学。讲学期间，与当年的老同学中文系教授于安澜、历史系教授郭豫才、毛健予见面畅谈并合影留念。

尹达（左三）与老同学合影

5月16日，著名作家、华东师范大学中文系施蛰存教授来校，任访秋教授、高文教授等与其座谈。

5月18日，北京大学中文系陈贻焮教授、孙庆升教授带领留学生（来自13个国家）来校访学。在小礼堂座谈后，留学生分为两个小组参加讲座。古代组由历史系王云海教授讲授北宋时期汴梁情况；现代组由中文系任访秋教授作题为"晚清文学改良运动与五四文学革命运动"的学术报告。

5月，七七级学生张国臣、夏林、高潮、刘大泉、孟宪明编写的《人生珍言录》在地质出版社出版。该书由任访秋教授作序，首次印刷40万册。

《人生珍言录》封面

6月8日，任访秋教授主持中文系学位委员会，讨论对七八级毕业研究生授予硕士学位、对七七级本科毕业生授予学士学位问题。

6月23日，赵天吏晋升教授，陈天福、温绎之、吴君恒、严铮、张振犁、程仪、黄平权、王振铎晋升副教授。

6月24日，《光明日报》刊发七九级本科生王太阁的文章《"人格化"和"移情"是一回事吗?》

6月26日，著名诗人、南京师范大学中文系吴奔星教授应邀来校，在中文系与现代文学教研室教师就文学流派问题进行座谈。

8月，受中共河南省委组织部委托，我校开始举办干部专修班，首次招收中文班学员60人。

9月，1982届研究生毕业合影。

河南师范大学1982届研究生毕业合影

第一排（自左至右）：胡思庸、赵天吏、牛庸懋、□□□、鞠秀熙、高文、郭象天、韩靖琦、李润田、任重、朱绍侯、韩承文；第二排（自左至右）：李春祥（左三）、王宽行（左七）、赵明（左八）、黄魁吾、程仪（左十一）；第三排（自左至右）：康保成、张宝胜（左六）、蒋连杰、王立群（左九）、许兴亚、王兴业

照片由王立群教授提供

9月25日，学校建校70周年校庆隆重举行，同日举行了第八次教学暨第十二次科学讨论会，举办了新中国成立以来科研成果展览，编印了《河南师范大学1949—1982年科研成果目录汇编》等。在科学讨论会开幕式上，我校校友、著名历史学家白寿彝先生作了题为"关于目前史学研究的几个问题"的报告。

白寿彝来校讲学

9月25日，中文系举行教学经验交流会，刘思谦、宋景昌两位老师作典型发言。

9月，任访秋教授的专著《鲁迅散论》，由陕西人民出版社出版。

9月，中文系教师106人，其中，教授6人，副教授21人，讲师40人，教员5人，助教34人；在校本科生869人，其中，一年级261人，二年级198人，三年级201人，四年级209人；在校研究生20人；中文函授生3000人；夜大中文专业在校生666人。

10月14—20日，由中国社会科学院文学研究所、华南师院、苏州大学和我校共同发起和筹备的全国第一次近代文学学术讨论会在开封宾馆举行。出席会议的有全国近四十个高等院校、科研、新闻出版单位的七十余名教学、科研和编辑人员，提交的学术论文计有四十多篇。大会由中国社会科学院文学研究所副所长邓绍基同志致开幕辞。中文系主任任访秋教授致闭幕辞。

1982 年中国近代文学学术讨论会代表合影

10月19日，中国社会科学院文学研究所副所长邓绍基应邀为中文系学生作题为"《三侠五义》的评价问题"的学告。报告会由中文系主任任访秋教授主持。

11月4日，美国堪萨斯大学东亚图书馆中文藏书部部长鲍嘉礼博士到校进行学术交流。

鲍嘉礼博士（前排左五）来校讲学

11月，《中学语文》杂志开始面向全国发行。

1983 年

3月10日，中文系羽帆诗社成立大会在十号楼108教室举行。诗社聘请著名作家魏巍、中文系教授于安澜、讲师周启祥、《开封日报》副刊编辑李允久、《中岳》杂志诗歌编辑孔令更为顾问。系总支副书记苏文魁、团总支书记夏林、诗社顾问参加了成立大会。苏文魁与夏林分别从不同角度对诗社提出了要求和希望，校学生会学习部长郑有昌、宣传部长田良才、系学生会学习部长张生汉、学生代表郭新峰先后发言。诗社顾问周启祥因病未能参加会议，由徐泽红同学代读了他给大会的贺信。会后，选举成立了诗社组织机构，首任社长为1979级本科生王国钦。诗社取"羽"洁和扬"帆"二者之意，命名为羽帆诗社。羽帆诗社创办《羽帆》为社刊，3月编印的第一期封面为于安澜教授题字，4月编印的第二期封面为著名作家魏巍所题。魏巍、于安澜、周启祥、李允久为创刊号题写了贺词。①

---

① 据《羽帆》1983年第一期"羽帆诗社于三月十日正式成立"。关于"羽帆诗社"成立时间，李经洲、许绍康主编《河南大学百年纪事》第151页列入1月份，有误。

羽帆诗社社员合影

前排左起：程云、朱彤辉、张金环（81级，后任第三任社长）、徐泽红、□□□、周启祥、夏林（校团委书记）、王国钦、訾晓霞、邓艾芬、张爱萍、王宇秀。第二排：吴元成（左三，82级，后任第四任社长）。第三排：李喧（左五，80级，后任第二任社长）

3月27日，羽帆诗社组织社员开展"觅诗探春访黄河"采风活动，系党总支副书记苏文魁、《开封日报》编辑李允久应邀参加活动。

4月6日，中文系成立大学生研究会，研究会由20名同学及2名指导教师组成。

4月7日，钱天起追悼会在小礼堂举行。遗像两侧挽联写道："教育一生尽瘁想当年夙夜在公痛遇时艰传噩耗""神州万里皆春看今日灵堂致奠敬瞻遗像寄哀思"，校长李润田主持追悼会，校党委副书记赵文山宣读党委"关于再次为钱天起同志平反昭雪的决定"，副校长郭象天致悼词，省市校领导、各部处室代表及中文系全体教工三百余人参加。

4月28日，任访秋当选政协河南省第五届委员会副主席。

4月29日，著名诗人蔡其娇、曾卓、牛汉应邀来中文系举行诗歌讲座，二百余名师生参加。

5月14—29日，任访秋、牛庸懋带领研究生关爱和、袁洪军、吕伟民一行，赴陕西师大、西北大学、四川大学、西南师院考察。

5月，任访秋当选第六届全国政协委员。

6月22日，任访秋参加中国社会科学院在江苏常熟召开的中国近代文学史料工作会议。根据会议分工，中文系承担了中国近代文学史料丛书项目中的"散文目录索引"和"曾国藩资料汇编"编写任务。

7月，河南省教育厅批复，同意成立河南师范大学古籍整理研究室。

9月21日，湘潭大学因研究生导师病故，委托我校代培中国古代文学专业汉魏六朝文学方向3名硕士研究生（两年），指导教师王梦隐、王宽行。

9月，中文系教师119人，其中，教授6人，副教授21人，讲师41人，教员7人，助教44人；在校本科生921人，其中一年级265人，二年级258人，三年级197人，四年级201人；在校研究生21人；中文函授生5170人；夜大中文在校生666人。

11月14日，陈信春任副校长。

12月21日，任访秋任中文系名誉主任，刘增杰任中文系主任，苏文魁任中文系党总支书记。何法周任校科研处处长，宋应离任学报编辑部主任，许钦承任函授部主任。

12月24日，王芸、王文金、邹同庆任中文系副主任，吕文源任中文系党总支副书记。贾华锋任校党委办公室副主任，王振铎任学报编辑部副主任，夏林任校团委副书记。

12月，中文、历史、地理三系被确定为学校第一批重点系。

1984 年

1月，经国务院学位委员会批准，汉语史专业获得硕士学位授予权。

2月15日，学校决定将函授部改为行政管理机构，统一管理函授教育工作。函授部原有中文专业教研室及所属教师，归入中文系。

2月25日，学校与新疆石油管理局签订协议，接受委托代培中文师资专修科学员80人，学制二年（1984.9—1986.9）。

2月，古代文学教研室青年教师康保成考取中山大学王季思先生的博士研究生，成为新中国成立以来我省第一个文科博士研究生。

经河南省教育厅批准，中文系试招校外生，考生不受年龄、职业和婚否的限制。当年，中文专业招收127人。

著名作家郑克西、徐慎、叶文玲来校作报告。

5月，任访秋《鲁迅散论》，刘增杰、赵明、王文金等《抗日战争时期延安及各抗日民主根据地文学运动资料》获省社科优秀论著二等奖；张启焕论文《古无舌上音今证》、李春祥《元代包公戏选注》获三等奖。

6月7日，厦门大学黄典诚教授应邀到中文系讲学，并参加汉语史专业研究生论文答辩工作。

6月20日，任访秋任新一届校学术委员会副主任委员，牛庸懋、高文、于安澜、华锺彦、王文金、刘思谦、何法周任委员。陈信春任校学位评定委员会主席，任访秋任副主席，赵天吏、刘增杰、李春祥、何法周任委员。

6月23日，中州大学（今河南大学）教授、中央研究院院士郭绍虞先生去世，享年92岁。郭绍虞先生是江苏苏州人，1893年生，早年即从事文学创作与翻译工作，1921年后，曾在福州协和大学、武昌中山大学任教。1924年到中州大学任文学教授，后在燕京大学、大夏大学、之江大学、光华大学、同济大学任教。新中国成立后，曾任同济大学法学院院长、复旦大学中文系主任等职，1956年加入中国共产党，著有《中国文学批评史》《中国历代文论选》等。

6月28日，任访秋、牛庸懋、于安澜参加开封市第三次文代会。

6月30日，首届中文647名夜大生毕业。

6月，《文艺报》第六期在"作家近况"栏目中，以"夕阳未必逊晨曦"为题，介绍任访秋。

7月3日，中文系召开《近代散文选》编辑会，任访秋、刘增杰、赵明、王文金、张振犁、张如法、李慈健、关爱和参加。

7月30日，夏林任校团委书记。

8月14日，任访秋、宋景昌、李春祥、梁工等赴信阳鸡公山参加河南人民出版社组织的笔会。

8月15，河南大学公共语文教研室成立。

8月，中文系受河南省高等教育自学考试指导委员会的委托，主持河南省中文专业的自学考试工作。为辅导参加自学考试的青年和函授生的学习，中文系创办了《语文辅导》。该刊为双月刊，中文系名誉主任任访秋教授为创刊号撰写了《献词》。

9月10日，中文系招收中文夜大专科生280人，中文专修科105人（新疆克拉玛依油田委培）。

9月19日，任访秋、赵明、李慈健赴大连参加鲁迅学会年会。

9月20—22日，我校招收的校外生报到注册。该批学生经过省统一招生考试录取，在校外自学，定期来校参加考试。学习期满，成绩合格，即可获得本科毕业证书。

9月，河南省开办高等教育自学考试，我校为首批3个主考单位之一，主考全省汉语言文学专科专业。

9月，受河南省教育厅委托，举办助教培训班。

10月18日，铁塔文学社举行成立仪式，中文系党总支书记苏文魁、副书记吕文源、副主任王文金及名誉社长刘思谦、顾问李允久分别致辞，著名作家叶文玲、苏金伞等致信祝贺。该社团系 1981 级学生王文科、吴泽永、张爱萍、冯团彬发起成立，刘思谦任名誉社长，聘请魏巍、张一弓、端木蕻良、叶文玲、张振亚、王怀让、苏金伞、宋天仓、赵青勃、李允久、周启祥、侯玉生为顾问，编印《铁塔湖》小报为社刊。

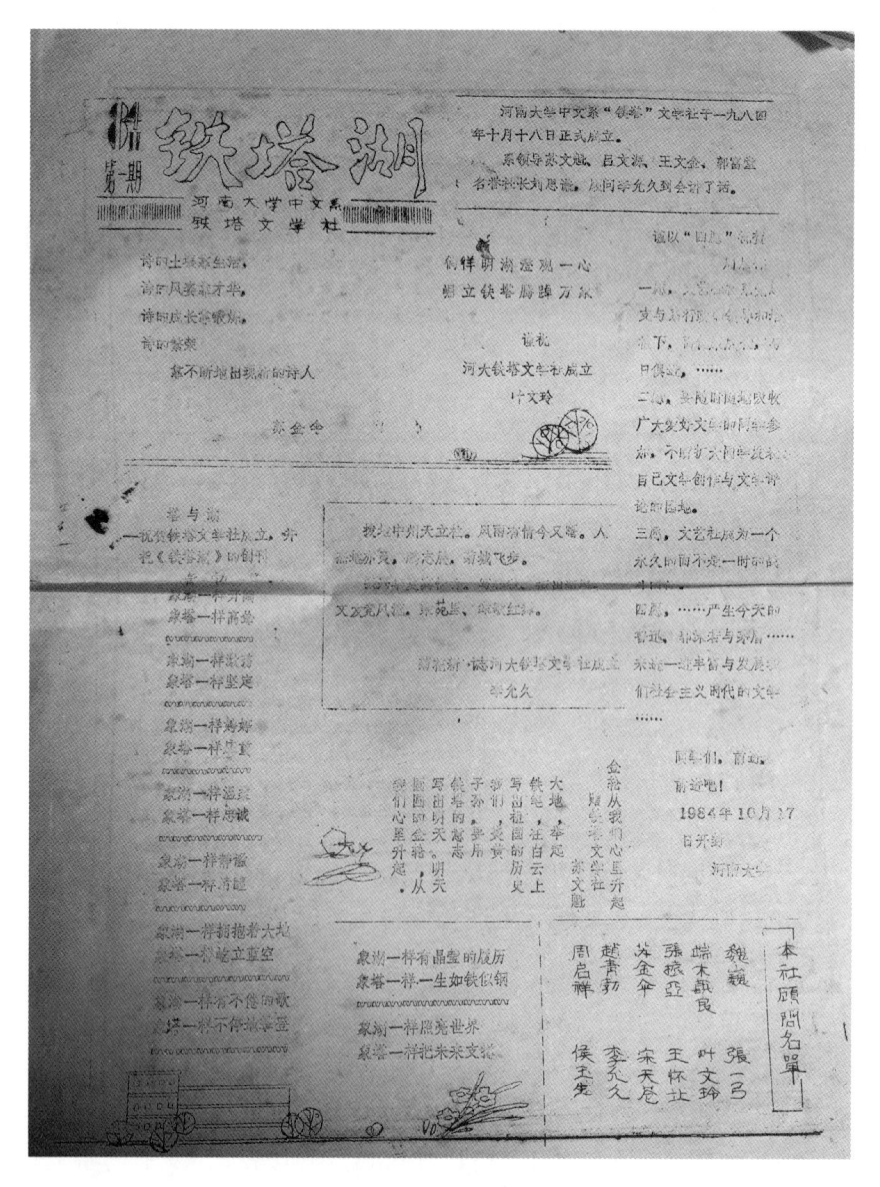

《铁塔湖》创刊号，图片由王文科提供。

10月29日，日本埼玉县日中友好协会会长新井宝雄在中国人民对外友好协会开封市分会会长王继萍陪同下访问我校。校长李润田会见了客人，双方就埼玉县日中友好协会向河南大学派遣留学生问题举行会谈，对签订协议书的具体问题，双方取得一致意见。留学生学习课程暂定为语音训练、听力、会话、阅读及文学欣赏、汉译日、中国简介和体育，由中文系一名副主任负责教学。

10月，任访秋参加河南省文学学会，并作题为"西学的输入与近代文学的发展"的学术报告。

10月，中文系教师109人，其中，教授4人，副教授18人，讲师38人，教员5人，助教44人；公共语文教研室11人，其中，讲师1人，教员1人，助教9人；在校学生985人，其中，一年级268人，二年级266人，三年级254人，四年级197人；函授生7130人；夜大生405人。中国语言文学干部班202人，其中，一年级102人，二年级100人。

11月20日，《河南日报》第一版刊发新闻"河南大学成立三十二个学生社团"，介绍了大学生研究会、马克思主义研究会、羽帆诗社、民俗学社的情况。羽帆诗社编印了《大学生诗选》，中文系民俗学社编成二十多万字的《河南方志民俗资料汇编》。

11月，河南省文学学会第二届理事会召开，任访秋当选会长，刘增杰当选秘书长。

12月，中文学科被河南省教育厅确定为河南省首批重点学科。

12月，78级、79级中文专业4666名函授学员毕业。

1985 年

1月1日，河南省委副书记、省长何竹康莅校视察，看望师生。省计委副主任黄雪林、开封市委书记刘真、市长朱振澄等陪同。何省长等省、市领导来到学八楼看了中文系八四级的两间宿舍，和同学们一一握手，并询问了学生们的学习生活情况。何省长指着省计委副主任黄雪林说："这是你们的校友，也是从中文系毕业的。"省长临走时对同学们说："代我向别的同学祝贺新年，祝大家好好学习，奋发有为。"①

何竹康（右一）视察学生宿舍

2月12日，学校同意成立研究生会。

2月，学校与日本埼玉县日中友好协会签订协议，接受日本留学生。

---

① 照片中何竹康身后是中文系84级4班学生杨林洲（右二）、丁汝林（右三）。

第一批留学生名额10—20人，学习科目以汉语为主，学习期限暂定一年（1985年9月1日至1986年7月10日）。

3月29日，学校与平顶山矿务局签订协议，在平顶山矿务局开设二年制大专中文教学班，招收学员50名。

3月，中文系研究生姚小鸥当选校研究生会第一届执委会主席。

4月1日，陈信春兼任河南大学出版社社长，管金麟任出版社副总编辑。

4月1日，学校与33600部队签订协议，接受委托举办校外专修科培养文秘专业学生50名，学制二年（1985.9—1987.7）。

4月12日，由中国训诂学会、河南省语言学会、河南大学、郑州大学、新乡师院、信阳师院和郾城县政府等单位共同主办的"许慎学术讨论会"在我校召开。会议收到六十余篇论文。大会在12日、13日、15日分别听取了四川大学赵振铎教授题为"中国古代的语言学"、北京师大许嘉璐副教授题为"《说文》及其应用"、西北大学杨春霖教授题为"论六书之性质"的报告。

4月17日，著名文学家、中山大学教授王季思先生应邀来院作报告，会议由任访秋主持。

中文系部分教师与王季思（前排右三）在大礼堂前合影

4月，刘增杰带研究生赴北京，分别邀请北大中文系主任严家炎、著名作家姚雪垠为研究生授课。

5月13日，中文系主任刘增杰随学校代表团赴美国康涅狄格州中央大学、宾夕法尼亚州西彻斯特大学、田纳西州李学院访问。这是我校第一次正式组团到国外访问。

5月18日，路德庆任公共语文教研室主任，李慈健任中文系党总支副书记。

7月，河南大学中文自学辅导中心成立并开始招生，同时创办内部刊物《中文自学辅导》。该刊自第九期改名为《语言文学月刊》。

《中文自学辅导》创刊号封面

8月，河南大学唐诗研究室编著的《全唐诗重编索引》在河南大学出版社出版。

9月3日，24名日本留学生到中文系学习，这是我校首次接收外国留学生。日本埼玉县日中友好协会会长新井宝雄莅校参观访问，并参加留学生开学典礼。

9月7日，中文系举行庆祝50年教龄教师大会，任访秋代表老教师发言。会议由刘增杰主持，副校长陈信春出席并致辞。时值第一个教师节来临，中共河南省委副书记、省长何竹康专程莅校慰问教职员工。何竹康到中文系会场与老教师见面慰问。

何竹康（前排左四）到中文系看望老教师

前排：李润田（左三）、何竹康（左四）、韩靖琦（左六）；后排：陈信春（左二）、王梦隐（左四）、高文（左五）、任访秋（左六）、华锺彦（右一）

9月20—23日，为庆祝建校73周年，中文系举办"历史小说《李自成》学术讨论会"，姚雪垠应邀参加。在大礼堂举行的开幕式上，副校长陈信春主持，李润田校长出席，中文系师生参加。

9月21日，北京大学中文系主任严家炎，法籍华人、著名翻译家李治华应邀来校在大礼堂作报告。

9月25日，北大中文系主任严家炎教授应邀作题为"中国现代小说的发展及其流派"的报告。

9月25日，学校在大礼堂举行建校73周年庆祝大会，中文系主任、副教授刘增杰和校学生会主席訾红旗（中文系 82 级学生）分别代表在校教职工学生在大会上发言。

9 月 26 日，任访秋、于安澜参加部分校友聚会。

任访秋（前排左五）、于安澜（前排左一）与参加校庆部分校友合影

前排：于安澜（左一）、任访秋（左五）；后排：李俊仙（左一）、宋景昌（左二）、朱萱（左三）、牛庸懋（左四）、李定中（左五）、邢治平（左六）、赵敏政（左八）、辛静云（左九）、阎希同（左十）、刘桂兰（左十一）

9 月 27 日，姚雪垠应邀在十号楼作题为"作家的修养"的讲座。

9 月 30 日，河南大学文学馆落成。该馆由机械工业部第四设计院设计，东部 4 层，西部 3 层，建筑面积 1550 平方米。

10 月 18 日，铁塔文学社成立一周年庆祝大会在古代文学教研室召开。会议特邀《开封日报》社副刊编辑李允久、李怀苑及青年诗人陈俊峰参加，系领导苏文魁、李慈健到会祝贺。

10 月，中文系教师 120 人，其中，教授 4 人，副教授 18 人，讲师 38 人，教员 8 人，助教 52 人；公共语文教研室 12 人，其中，讲师 1 人，教员1人，助教10人；在校学生1064人，其中，一年级270人，二年级278人，三年级263人，四年级253人；接受委托培养学生16人；汉语言文学干部专修科学员330人，其中，一年级228人，二年级102人。

11月6日，铁塔文学社社长高金光赴郑州拜访该社顾问著名诗人苏金伞、赵青勃、王怀让等，听取对铁塔文学社的意见。

11月上旬，铁塔文学社部分社员到禹王台举行赏菊活动。

本年度，刘思谦获"花城"文学评论奖，被《花城》评为"中国六大女评论家"之一。其《小说创作中的悲剧观念》(《文艺报》1985年第6期) 获河南省第二次社会科学优秀论著二等奖，《小说追踪》获中国当代文学研究会"首届中国当代文学研究表彰奖"。

1986 年

1月27日，贾华锋任校党委办公室主任。

2月9日，中文系在十号楼108教室举行春节团拜会。系名誉主任任访秋、系主任刘增杰、总支书记苏文魁分别讲话。老教师于安澜、华锺彦、高文、牛庸懋、宋景昌等先后发言。

3月3—5日，中文系举办《中国近代文学史》编写会议，上海师大王杏根、南京师大张中、华中师大丘铸昌、吉林教育学院郑芳泽、河南省社科院王广西等应邀参加会议。

3月4日，于安澜任古籍整理研究所所长，何法周任古籍整理研究所副所长；许钦承任校成人教育处处长。

3月，中文系创办内部学生刊物《创作与研究》。李慈健任主编，路春生、吴元成、杨少伟任副主编。中文系名誉主任任访秋、总支书记苏文魁、河南省文联苏金伞、河南省社科院文学研究所孙荪、开封日报社李允久、李怀苑、肖明礼、中国作协河南分会青勃分别为创刊号题词。该刊为季刊，每年编印四期。①

4月13—15日，河南大学中文自学辅导中心召开助学经验交流会，全省各地、市辅导站的负责同志参加了会议。南阳地区辅导站李登禄同志和焦作市辅导站郭宗禧同志作了重点发言，介绍了他们在招生工作、发行工作及组织辅导班方面的经验。会议总结了第一学年的助学经验，对助学中存在的问题进行了讨论并研究了改进措施。中文系党总支书记

---

① 张天定、李建伟主编《河南大学出版志》中，把《创作与研究》创办时间放到1990年，时间有误。

苏文魁及中文系副主任王芸出席会议。会议由中文自学辅导中心主任王浩然主持。

4月20日，应校学生会与中文系团总支、学生会邀请，赵福生老师在大礼堂为学生作题为"论《男人的一半是女人》"的学术演讲。

5月13日，美籍华人、芝加哥大学教授、著名的中国现代文学研究专家李欧梵博士，应邀到中文系作题为"美国研究中国现代文学的现状与方法"的演讲。①

李欧梵与中文系部分师生在大礼堂前合影

前排自左至右：张如法、王文金、黄平权、刘溶池、李欧梵、刘增杰、赵明

5月，周启祥、魏巍、苏金伞三人合著诗集《家园集》由安徽文艺出版社出版。

---

① 李欧梵1982—1990年任芝加哥大学教授，1994—2004年任哈佛大学教授。张召鹏等《百年历程》（第115页）介绍李欧梵为哈佛大学教授，不确。李允豹主编《河南新文学大系·史料卷》（第325页）介绍其为芝加哥大学教授，从其所述。

《家园集》封面

6月2日，张家顺任中文系副主任，屈文梅任美术系党总支副书记。

6月4日，中文系铁塔文学社86届学生毕业合影，总支书记苏文魁、副书记李慈健出席。

铁塔文学社合影

第二排：苏文魁（左四）、周启祥（左五）、刘思谦（左七）、张俊山（左八）、李慈健（左九）

7月29日，1957届部分校友回校聚会，任访秋出席。

7月，经国务院学位委员会批准，现代汉语专业获得硕士学位授予权。

8月31日，日本埼玉县日中友好协会向我校派遣学习汉语的第二批留学生17人到校学习。任课教师：李一平、马国强、马惠玲、辛永芬。

序号	姓名	性别
1	小林英明	男
2	高木美鸟	女
3	斋藤阳子	女
4	铃木博贵	男
5	鸭志田晃实	女
6	大内央子	女

续表

序号	姓名	性别
7	金本さん	男
8	芝启次郎	男
9	桑山佳绪里	女
10	山根茂	男
11	石井真理子	女
12	户边さん	女
13	井口惠子	女
14	高桥寿一	男
15	岩濑裕子	女
16	犬塚昭男	男
17	牧野美佐子	女

1986 年日本留学生与任课教师合影
马国强（右一）、马惠玲（右二）。（照片由马惠玲提供）

12月4—6日，河南省写作研究会第二次年会在我校召开。副校长陈信春，中文系名誉主任、河南省文学学会会长任访秋，中文系副主任张家顺出席并分别致辞。

12月9—10日，河南省当代文学研究会、文艺理论研究会联合召开的年会在开封宾馆召开，中文系名誉主任、河南省文学学会会长任访秋，中文系主任刘增杰出席。

本年度，刘思谦被国家科委批准为国家级有突出贡献专家。

1987 年

1月23日，省教委主任于友先，副主任徐玉坤、张静一行来校，在中文系主任刘增杰、副主任王文金陪同下看望慰问中文系名誉主任任访秋教授。

1月29日，中文系在十号楼308教室举行全体职工春节团拜会。校党委书记韩靖琦、校长李润田出席并致辞。中文系名誉主任任访秋、系党总支书记苏文魁、系主任刘增杰分别致辞，于安澜教授、华锺彦教授分别献诗祝贺。

1月，经河南省社科联与我校协商并报省教育厅同意，省社科联下属的河南省秘书专科学校易名为河南大学郑州分校，校址在郑州金水区柳林乡马李庄。分校设文秘专业，学制三年，主要培养具有较高专业知识水平和多种技能的秘书人才。学生从全国统一高招中录取，1987年招收50名。专业课由中文系承担，政治、外语等课程分别由校马列主义教研部和公共外语教研室等有关单位承担。

省教育厅批准增设秘书学专业（专科）。

3月23日，吕文源任《中学语文》编辑部主任，邹同庆任中文系党总支副书记，关仁训任中文系副主任。

6月13日，经校长会议研究决定，成立中文系美学研究室。

6月20日，任访秋、刘增杰等赴郑州参加庆祝曹靖华先生九十寿诞与从事文学活动六十五周年座谈会。

7月22日，赵天吏先生因病去世。

7月25日，王绍龄任河南大学郑州分校校长（兼），李秋萍任分校副校长，张家顺任分校副校长（兼），唐明寅任分校副校长；张国臣任校报编辑部主任。

9月9日，《中学语文》编辑部定为副处级单位。

9月，河南大学校友、著名文学家曹靖华先生去世，享年91岁。曹靖华先生是河南卢氏人，1897年生，1923年毕业于北京大学，到开封北仓女中（今河大附中）任教，后在中州大学（今河南大学）考取留学资格，1928年在彼得格勒中山大学毕业，曾任北平大学、西南联大教授。新中国成立后，曾在河南大学任教，后任北京大学俄语系主任、中国作协党组书记，是全国政协常委，著有《飞花集》《曹靖华散文选》等，1987年被授予彼得格勒大学名誉博士和苏联科学院荣誉院士称号。

9月，中文自学辅导中心招收首届本科学员。

10月9日，《光明日报》"文学与艺术周刊"栏目刊发任访秋先生对《家园集》周启祥诗作的评论文章。

10月，中文系教师110人，其中，教授12人，副教授28人，讲师41人，教员1人，助教28人；公共语文教研室7人，其中，副教授1人，讲师4人，助教2人。

12月25日，原校党委常委、副校长傅钢同志去世，享年67岁。傅钢是河南许昌人，生于1921年9月，1938年参加革命，曾任通许县民运部副部长，新蔡县民运部副部长兼分区区委书记，许昌县民运部部长兼一区区委书记，许昌市委委员兼总工会副主席，省总工会许昌办事处主任，省总工会干校校长，开封师范学院中文系和外语系总支书记、后勤部长等职。

本年，关爱和、李天明、袁凯声、章罗生、解志熙合著《中外文学名著提要》（现代文学分册），由河南人民出版社出版，获河南省第三次社会科学优秀论著三等奖。

1988 年

1月24日，王文金任校教务处处长，宋应离任《河南大学学报》编辑部主编，王振铎任副主编，陈江风任中文系副主任。

2月14日，校党委书记韩靖琦、校长李润田到家看望慰问任访秋先生。

2月17日，中文系举行教职工春节团拜会。

3月，任访秋任河南大学校务委员会副主任。当选河南省政协第六届委员会副主席。

4月12日，经河南省教委批准，中国语言文学专业增设秘书学、编辑学两个专业方向。

4月，刘思谦教授当选第七届全国人民代表大会代表。

5月7日，王浩然、张永江任《中学语文》编辑部副主任。

5月，刘增杰教授的"19—20世纪中国文学思潮史"获批国家社科基金项目。

5月，刘增杰主编的《中国解放区文学史》，由河南大学出版社出版，获河南省第四次社会科学优秀论著一等奖。

7月11日，中文系教授华锺彦先生去世，享年83岁。华锺彦先生是辽宁沈阳人，生于1906年10月，1933年毕业于北京大学国文系，先后在天津女子师范学院、东北大学、东北师范大学任教，1954年调入河南师范学院（今河南大学），长期从事古代文学专业的教学与研究工作，曾任河南大学中文系副主任等职，兼任中华诗词学会顾问、中国韵文学会理事、唐代文学学会常务理事、河南文学学会理事、河南诗词学会名誉会长等。

7月29日，王振铎任郑州分校校长，张仲良任中文系副主任、郑州分校副校长。

7月，公共语文教研室升格为正处级单位。

9月14日，中文系举行新生入学欢迎大会，名誉主任任访秋先生出席并致辞。

9月，由张国臣主编的《中国当代大学生优秀文学作品赏析》由河南大学出版社出版。该丛书是为纪念改革开放恢复高考十周年而编写，全书上百万字，分诗歌、小说、散文、杂文四卷，每卷上下册，共八本。全国政协副主席、复旦大学教授苏步青作总序，评价其为"填补了中国当代文学史中高校校园文艺的空白"，魏巍、孙玉石等作分卷序。

10月，沈卫威著《胡适传》由河南大学出版社出版，获河南省第四次社会科学优秀论著青年奖。

10月，河南省高等教育自学考试开办本科教育，我校为全省汉语言文学本科专业主考单位。

10月，中文系教师131人，其中，教授12人，副教授40人，讲师39人，助教40人；公共语文教研室17人，其中副教授1人，讲师6人，助教10人。外国留学生17人。

11月，中国现当代文学学科被评为河南省重点学科。

12月6日，中文系举办"刘增杰《中国解放区文学史》学术讨论会"，任访秋先生作题为"百年来中国文学思想的主流——民族意识与民主意识"的发言。

12月20日，任访秋先生《中国新文学渊源》获河南省教委首届社科二等奖。

12月，河南省文学学会第三届理事会召开，刘增杰当选副会长。

1989 年

1月，根据国务院学位委员会有关规定，学校决定成人教育学位授予工作从1988届函授毕业生开始。

3月17日，河南省高等院校汉语言文学专业评估会在我校召开，省教委副主任张静等参加了会议。

3月18日，中文系民盟支部成立。系党总支委派邹同庆、白本松参加会议。

4月22日，学校春季田径运动会落下帷幕，中文系获得甲组男子团体冠军。

7月23—26日，中文系五九届毕业生毕业30年聚会在学校举行。牛庸懋、宋景昌、邢治平、刘溶池、王宽行、李春祥等教授应邀出席。

10月19日，中文系在八号楼会议室举行庆贺任访秋先生八十寿辰暨学术座谈会，副校长陈信春出席并致辞。

10月，中文系教师123人，其中，教授10人，副教授29人，讲师53人，助教31人；公共语文教研室18人，其中，副教授1人，讲师9人，助教8人。外国留学生13人。

12月，任访秋先生被聘为河南文史馆名誉馆长。

1990 年

3月，经校学位委员会审核批准，1989届中文本科函授生162人被授予文学学士学位。

3月，刘增杰、赵明、王文金的《中国解放区文学教材建设与教学实践》获河南省优秀教学成果一等奖。

4月10日，河南大学校友、著名作家吴强先生去世，享年81岁。吴强先生原名汪大同，江苏涟水人，1910年生，1933年在上海加入左翼作家联盟，开始革命文学生涯。1936年到河南大学文学院教育系读书，同时从事写作，1938年投笔从戎参加新四军，1939年加入中国共产党。新中国成立后曾任华东军区政治部文化部副部长、作协上海分会党组书记等职，是中国作协理事、上海市政协常委，著有长篇小说《红日》《堡垒》等，曾任河南大学上海校友会名誉会长。

5月，于安澜任古籍整理研究所名誉所长，何法周任古籍整理研究所所长。

5月，张振犁等的"古代东方文化的曙光（中原神话论析）"和梁工等的"圣经文学探奥"获批1990年度国家社科基金项目。

5月，中文系在汉语言文学专业1988级本科生中通过考试选拔，择优录取了第一届编辑学专业本科生，尝试开办编辑学本科专业。

6月，刘增杰教授、赵明教授、王文金副教授把他们获得的1989年省优秀教学成果奖1500元奖金全部捐献出来，用于中文系学生奖励基金和教学建设。

7月21日，张仲良任校科研处副处长。

8月19日，中文系学生张涛代表全校七千多名同学，出席了在首都国谊宾馆召开的全国学联第二十一届代表大会。

9月26日，河南省高教系统第二届社会、自然科学论著暨科技成果评奖揭晓，任访秋等的《中国近代文学史》获一等奖，赵天吏的《古今诗韵说略》获二等奖。

10月，中文系教师129人，其中，教授11人，副教授33人，讲师53人，助教32人；公共语文教研室18人，其中副教授1人，讲师9人，助教8人。

11月26日，中州大学（今河南大学）首任文科主任、中科院学部常务委员冯友兰先生去世，享年96岁。冯友兰先生是河南唐河人，1895年12月生，1918年毕业于北京大学中国哲学系，1920年考入美国哥伦比亚大学研究院攻读西洋哲学，获博士学位。1923年任中州大学哲学教授兼文科主任，1926年离汴，先后在广东大学、燕京大学、清华大学、西南联大、美国宾夕法尼亚大学等校任教。1952年调任北京大学哲学系教授，兼任中科院研究员，是全国人大代表和全国政协常委，著有《中国哲学史》《中国哲学史新编》等。

12月24日，学校研究决定撤销河南大学郑州分校，成立河南大学成人教育郑州培训部（正处级），李秋萍任培训部主任。王振铎任《河南大学学报》编辑部主任、主编。

1991 年

1月27—28日，河南省高教自考汉语言文学专业首届本科毕业生代表大会在我校举行，来自全省各地的105名毕业生参加了大会，中共河南省委常委、宣传部长于友先为大会题词"自学成才，奉献社会"。省招办、开封市教委的负责人出席了会议。

2月4日，任访秋先生参加在省政协礼堂举行的省文史馆新年茶会，副省长宋照肃代表省长李长春向任访秋颁发河南文史馆名誉馆长聘书。

2月22日，中国现代文学学科被省教委确定为河南省1991—1993年度重点学科。

4月19—21日，在学校举行的春季田径运动会上，中文系获男、女团体总分两项冠军。

5月28日，经校长办公会议审定，解志熙、沈卫威、陈江风、关爱和被确定为学校优秀中青年专家培养对象（全校共16人）。

7月25日，受河南省语委委托，由我校承办的河南省高校首届普通话教学研讨班圆满结束。

9月10日，贾华锋任河南大学党委副书记，王文金任河南大学副校长。

9月21—23日，"中原民俗学"研讨会在我校举行，来自河南、山东、河北等省的七十多位专家、学者参加了研讨会。

10月，青年教师沈卫威赴香港参加"胡适与现代中国文化"国际讨论会。

11月，沈卫威的《胡适传》获第五届全国图书"金钥匙"优胜奖。

12月25日，张家顺任校教务处长。

本年度，学生社团马克思主义研究会创办会刊《追求与探索》。

1992 年

3月24日，关爱和任中文系副主任，郭天昊任历史系党总支副书记。

3月，任访秋主编的《中国近代文学史》、刘增杰主编的《中国解放区文学史》获河南省高等学校1986—1989年优秀教材特等奖，李春祥主编的《元杂剧史稿》、管金麟主编的《文章写作原理》、王振铎主编的《编辑学通论》获优秀奖。

5月21日，著名翻译家、复旦大学比较文学学者林秀清教授应邀来校，在十号楼107教室作题为"漫谈法国文学流派"的学术讲座。

5月28日，全国斌当选河南大学第八届研究生会执委会主席。

6月27日，河南省首次汉语言文学专业自学考试本科学士学位论文答辩在中文系举行，1990、1991届77名符合条件的学员参加了答辩。通过答辩的学员被授予文学学士学位。

6月，河南大学校友、原中原大学教授郭海长先生去世，享年77岁。郭海长先生是河南新乡人，1916年6月生，1939年考入河南大学文史学系，1940年加入中国共产党，开始从事地下工作，曾任《中国时报》总经理。1948年率河南大学部分师生奔赴解放区，协助组建了中原大学，并任经济学教授。1949年任开封市教育局长、河南大学接收组组长，将在苏州的一千二百余名河大师生接回开封。新中国成立后到河南省统战部工作，曾任民革中央委员、民革河南省主委、全国政协常委等职。

7月，岳耀钦任《中学语文》编辑部主任。

8月28日，白本松、卢永茂、董希谦、张豫林、丁恒顺、关爱和、解志熙、廖奔、路德庆、宋应离晋升教授，王立群、贾华锋、陈江风、王兴业、曾光平、李慈健、梁工、马登蛟、李一平、任继昉、张云鹏、沈卫威、温振宇、杜运通、胡山林晋升副教授。韦进才晋升副研究馆员。

8月，宋应离任河南大学出版社社长，管金麟任出版社总编辑。

9月14—19日，由中国现代文学学会、河南大学中文系发起的"19—20世纪中国文学思潮史研讨会"在开封举行。学部委员、中国现代文学研究会会长严家炎教授，副会长叶子铭、樊骏等博士生导师、教授，台湾诗人高准、丁颖，日本学者芦田肇等中外学者70人应邀与会。会上交流中文系近现代文学专业关爱和《悲壮的沉落》，李慈健、袁凯声《晨光微明时分》，赵福生、杜运通《从新潮到奔流》，刘增杰《战火中的缪斯》，刘文田、刘景荣《风雨里程》，刘思谦《喧哗与骚动》等6部学术专著，引起与会学者关注。

9月26日，于安澜先生学术研讨会在中文系会议室召开。

9月26日，学校举行80周年校庆教学讨论会，中文系在会上作题为"关于第二课堂活动"的报告。

10月8日，中央音乐学院蔡仲德教授偕夫人、著名作家宗璞女士（冯友兰先生之女）莅校作题为"现代教育家、哲学家冯友兰"的报告。

10月5—10日，我校与中国社会科学院文学研究所、外国文学研究所、北京大学等单位发起举办的"1992年中外文学理论研讨会"在我校召开，来自全国各地的八十多名专家学者参加了研讨会。

全国中外文学理论学术讨论会

10月15日，苏文魁任校工会主席。

10月15日，李慈健任中文系党总支书记，张怀真任中文系党总支副书记。

10月27日，关爱和、解志熙、陈江风、沈卫威被省教委确定为河南省高等学校优秀中青年骨干教师。

关爱和获首届"河南省普通高校中青年教师奖励基金"一等奖。

10月，中文系在校本专科学生621人（四年制609人，三年制12人）。

12月，高文的《汉碑集释》获全国首届高校出版社优秀学术著作优秀奖。

1993 年

1月10日，邹同庆任古籍整理研究所所长，张生汉任中文系党总支副书记，王德军任校团委副书记。

3月28日，全校性文学社团——羽帆诗社成立10周年，河南省作家协会、河南省诗词学会发来了贺电。

3月，刘增杰、关爱和、解志熙被中共河南省委、省人民政府授予第二批"河南省优秀专家"称号。任访秋、刘增杰获批享受政府特殊津贴。

4月24日，毕桂发晋升教授，李晓华、孙克强、张淑良、拜宝轩、郑祖同、扈娟晋升副教授。

4月26日，学校隆重庆祝《中学语文》创刊20周年。

5月，关爱和的"中国晚清旧派文学研究"获批1993年度国家社科基金青年项目。刘增杰的"文化视野中的近现代文学思潮"获批1993年度国家教委高校"八五"人文社会科学规划项目。

6月5日，张家顺任校长助理。

6月15日，公共语文教研室并入中文系。成立河南大学写作学研究中心。

6月23日，张国臣被学校聘为中文系兼职教授。

6月，孙克强入选学校优秀青年骨干教师。

8月20—22日，全国许慎研究会年会在我校召开，河南省社科联副主席杨全山、校党委副书记张放涛、工会主席苏文魁等参加开幕式。

10月3日，陈江风任成人教育学院副院长，张仲良任中文系副主任。

10月14日，中文系教授李春祥先生去世，享年64岁。李春祥先生是四川合川人，生于 1930 年 10 月，1954 年毕业于西南师范学院，长期从事中国古代文学专业教学与科研工作，曾任河南省第六届人民代表大会代表、河南省高等教育自学考试委员会中文专业组组长、中国《红楼梦》学会理事、中国《三国演义》学会理事、中国古代戏曲学会理事等职。

10 月 17—31 日，应日本埼玉县日中友好协会邀请，由校长靳德行、党委副书记贾华锋、外事办副主任方文常 3 人组成的代表团赴日本访问。与埼玉县日中友好协会就扩大招收日本自费留学生等事宜交换了意见，同埼玉大学、大正大学、学艺大学、三重大学和大阪教育大学等高校就人员交流、资料交换等事宜达成了合作交流意向。22 日，校长靳德行与大正大学校长林亮胜签署了《中华人民共和国河南大学与日本国大正大学校际友好学术合作交流协议书》。

10 月，中文系在校学生共 702 人，其中，一年级 196 人（汉语言文学 138 人，编辑学 30 人，中英文公共秘书 28 人），二年级 192 人，三年级 147 人，四年级 167 人。

12 月 15 日，经省教委批准，增设编辑学为本科专业。

12 月 27 日，学校研究决定，成立文史学院，下设中文系、历史系、教育系，王文金兼任院长，刘增杰、苗春德、马小泉任副院长。

河南大学文史学院成立大会

1994 年

1月，首届曾宪梓教育基金会高等师范院校教师奖评选揭晓，刘增杰获二等奖，陈江风获三等奖。

2月4日，中文系教授王梦隐先生去世，享年84岁。王梦隐先生是河南浚县人，生于1911年12月，1934年毕业于北京大学中文系，长期从事中国古代文学专业教学与科研工作，著有《贺铸年谱》《汉魏六朝文学》等，曾任古代文学教研室主任、校图书馆副馆长等职。

3月18日，赵福生、张俊山、王文金、管金麟、温振宇晋升教授，魏清源、梁遂、曾广开、张一木、夏家夫、袁喜生、赵宁、周启云、张生汉、刘安国、孙青艾、李建伟晋升副教授。

3月，经国务院批准，李春祥、陈信春享受政府特殊津贴。

4月11日，第六届全国人大常委会副委员长楚图南先生去世，享年96岁。楚图南先生是云南文山人，1899年生，1923年毕业于北京高等师范学校史地系，1926年加入中国共产党。1934年到开封北仓中学（今河大附中）任教，并任河南大学文学院教授，后到山东、安徽、上海、昆明等地任教并从事革命活动。新中国成立后，曾任西南地区文教部长、中国人民对外文化协会会长、中国人民对外友协副会长等职，历任民盟中央副主席、主席、名誉主席，是全国政协常委、全国人大常委会副委员长，1992年曾为河南大学80周年校庆亲笔题词。

4月13日，《全唐五代诗》编纂工作会议在我校召开，国务院古籍整理出版规划小组秘书长、中华书局总编辑傅璇琮等出席会议。

4月27日，学校春季田径运动会圆满结束，中文系代表队第四次蝉联男、女团体冠军。

4月，刘思谦教授的《"娜拉"言说——中国女作家心路纪程》，由上海文艺出版社出版。这是该社"中国现代文学研究丛书"中第一部女性文学研究专著。

5月13日，中国台湾作家、艺术家联盟会会长，中国文化大学教授尹雪曼先生莅校作题为"四十年来中国文学在台湾"的报告。

尹雪曼来校讲学

自左至右：张福民、刘增杰、靳德行、尹雪曼、□□□、李慈健、赵福生（照片由张福民提供）

5月，中国现代文学学科入选1994—1996年省级重点学科。

5月20日，沈卫威任校研究生处副处长，孙青艾任《河南大学报》编辑部主任（副处级）。

6月4日，刘增杰任文学研究所所长（兼），佟培基、解志熙任副所长。

6月10日，王德军任校党委学生工作部副部长、学生工作处副处长。

6月15日，全国政协委员、中国戏剧家协会副主席、中国作家协会理事、著名作家吴祖光应邀莅校作报告。

吴祖光（右一）

6月23日，刘增杰任中文系名誉主任，关爱和任中文系主任，张仲良、关仁训、孙克强任中文系副主任。

6月30日，刘增杰的"中国近现代文学思潮的多角度研究"获批1994年度国家社科基金一般项目，孙克强的"清代词学理论研究"获批1994年度国家社科基金青年项目。董希谦的"《说文解字》校理"获批1994年度全国古籍整理项目。

7月15日，中文系教授吕景先先生去世，享年88岁。吕景先先生是河南安阳人，生于1907年8月，1934年毕业于北京大学中文系，长期从事古代汉语专业教学与科研工作，曾任函授部副主任、中文系主任等职。

8月20日，陈江风任成人教育学院院长。

8月29日，《中学语文》原主编、教授郭光先生去世，享年81岁。郭光先生是山东广饶人，生于1914年9月，1948年毕业于中央大学研究院，长期从事中国古代文学和现代文学专业教学与科研工作，曾任平原师范学院现代文学教研室主任、开封师院现代文学教研室主任、中国孙子与齐文化研究会理事等职。

9月，中文等11个专业首次招收专升本新生。

10月，在校学生790人。其中，四年制汉语言文学专业605人（一年级90人，二年级138人，三年级230人，四年级147人），四年制编辑学专业62人（一年级29人，二年级33人），四年制秘书学专业29人（一年级），三年制秘书学专业55人（一年级25人，二年级30人），二年制广播电视学专业10人（一年级），二年制汉语言文学专业29人（一年级1人，二年级28人）。

11月25日，高文教授主编的《全唐诗简编》获全国古籍优秀图书二等奖。

12月6日，李慈健任校党委组织部部长。

本年度，中国古代文学学科被确定为学校第二批重点学科。文学研究所被确定为校级重点科研机构。

1995 年

1月,《中学语文》杂志在1995年全国第四届青少年优秀期刊展评中,被评为全国"百家优秀期刊",这个称号是由全国几万名青少年投票评选出来的。

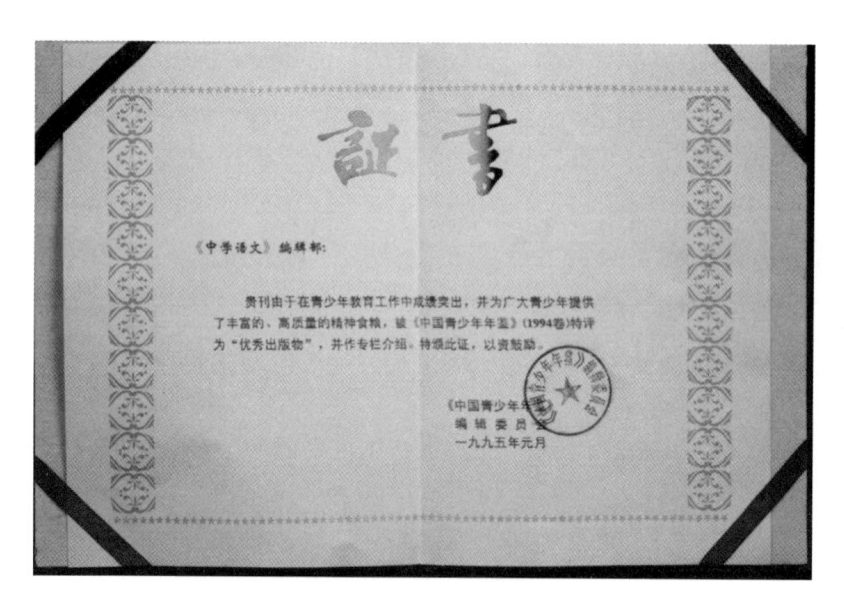

《中学语文》获"百家优秀期刊"证书

2月,李慈健不再兼任中文系党总支书记职务,关仁训任中文系党总支书记,张生汉任中文系副主任,宋伟任中文系党总支副书记。李建伟任《中学语文》编辑部主任、主编(副处级)。

3月28日,岳耀钦、李贤臣、王怀通、刘文田、沈卫威、任继昉晋升教授，李兴亚、刘冬冰、杨文忠、袁若娟、赵海江、杨松岐、王刘纯、齐文榜、张弛、任光晋升副教授。谢玉娥晋升副研究馆员。

3月，孙克强入选河南省第二批优秀中青年骨干教师。

4月20日，由河南省7家企业的青年企业家与我校中文系共同投资140万元人民币设立的"河南大学中文专业研究生事业发展基金"协议签字仪式在郑州举行，河南省副省长张世英、省教委主任亓国瑞，驻郑的中央、省、市新闻单位的记者，部分企业界代表和我校党委书记王才安、校长靳德行等党政领导二百多人出席签字仪式并参加新闻发布会。

4月22日，我校春季田径运动会落下帷幕，中文系第五次蝉联男、女团体冠军。

4月，李贤臣当选第九届民盟河南大学委员会主任委员。

5月18日，著名红学家、中国人民大学冯其庸教授莅校作题为"关于红学研究最新成果"的学术报告。

5月25日，复旦大学中文系博士生导师陈允吉教授莅校作题为"佛像崇拜与审美"的学术报告。

5月，任继昉的"释名诂林"获批全国古籍整理项目。

5月，在学校第十二次学代会上，中文系学生刘娟当选新一届学生会主席。

6月26日，著名作家刘心武应邀来校，在科技馆一楼报告厅为文学院师生作题为"人文精神与终极归属"的学术报告。

8月31日，中文系教授滕画昌先生去世，享年77岁。滕画昌先生是河北清苑人，生于1919年7月，1951年毕业于北京师范大学中文系，长期从事古代汉语专业教学与科研工作，著有《古汉语母子词组》《古汉语商榷二则》等。

10月25日，李贤臣任《河南大学学报》副主编。

10月，在校学生710人。其中，四年制汉语言文学专业489人（一年级41人，二年级82人，三年级135人，四年级231人），四年制编辑学专业97人（一年级34人，二年级32人，三年级31人），四年制秘书学专业58人（一年级29人，二年级29人），三年制秘书学专业51人（二年级24人，三年级27人），二年制广播电视学专业13人（二年级），二年制汉语言文学专业2人（二年级）。

11月21日，校长办公会议决定，成立河南大学新闻、编辑、出版研究所。

本年度，获批增设广播电视新闻专业。

陈江风被人事部、国家教委授予"全国优秀教师"称号。

1996 年

2月,岛崎绫子、西川浩刚、山本和也、伊藤士郎、衣斐孝男、饭岛由美子、内山纯子、小野、细野昌男等9名日本留学生,韩国留学生吕洪运来校读书。中文系开设读写课(李一平任教)、说话课(辛永芬上半年任教、马惠玲下半年任教)、听力课(郑祖同上半年任教、周静下半年任教)三门课程。

马惠玲(左七)与留学生合影

照片由马惠玲提供

3月29日，北京大学陈平原教授莅校作题为"散文与中国文学"的报告。

4月12日，我校1996年春运会落下帷幕，中文系代表队第六次蝉联男、女团体冠军。

4月16日，佟培基、陈江风、梁工、蒋连杰、贾占清、贾华锋晋升教授，杨永龙、郭振生、刘景荣、王宛磐、韩爱萍晋升副教授。

5月16日，王文金任河南大学校长，关爱和、周铁项任河南大学副校长。

王文金

5月23日，我校广播电视新闻专业首届本科生招生专业加试结束。

5月，刘思谦的"九十年代中国女性散文研究"、梁工的"希腊时期的犹太文学研究"获批国家社科基金一般项目，解志熙的"诗歌观念的现代化进程——中国现代诗学研究"获批国家社科基金青年项目。

6月1日，中文系获河南大学成人教育工作先进单位称号，胡山林、魏清源、梁遂、杜运通、田锐生、董长纯、张进德获成人教育优秀教师称号，张天定、刘安国获成人教育先进工作者称号。

6月，解志熙教授被确定为河南省首批跨世纪学术和技术带头人培养对象。

9月,国务院学位办、国家教委批准我校17个硕士学位授予点可以开展在职人员以研究生毕业同等学力申请硕士学位工作和举办以毕业研究生同等学力申请硕士学位教师进修班。

10月21日,中国近代文学学会第八届年会暨中国近代文学学会理事会换届选举会议在我校召开。中国近代文学学会会长、中国社科院文学研究所学术委员会主任、博士生导师邓绍基研究员,河南省社科院院长兼党委书记舒新甫研究员及来自全国有关科研机构、高等院校的六十多名代表参加会议。

10月,在校学生658人。其中,四年制汉语言文学专业316人(一年级63人,二年级39人,三年级84人,四年级130人),四年制编辑学专业126人(一年级27人,二年级34人,三年级32人,四年级33人),四年制秘书学专业81人(一年级23人,二年级29人,三年级29人),三年制秘书学专业24人(二年级1人,三年级23人),四年制广电新闻专业32人(一年级),二年制汉语言文学专业79人(一年级)。

11月6日,学校决定,撤销中国语言文学系,成立文学院,下设中国语言文学系、新闻传播学系、文学研究所、古籍整理研究所、新闻编辑出版科学研究所、对外汉语教学研究中心、公共语文教研室。关仁训任文学院党总支书记,张怀真任党总支副书记,张生汉任文学院院长,张仲良、孙克强、胡德岭任文学院副院长。

11月15日,学校决定,撤销文史学院。

12月3日,学校决定,聘任刘增杰为文学院名誉院长。

12月6日,校学生会主席、文学院学生刘娟获"中国大学生跨世纪发展基金建昊奖学金",并代表河南获奖者到北京人民大会堂参加颁奖仪式。

12月,经国家新闻出版署批准,《中学语文》杂志更名为《中学语文园地》。

12月,沈卫威教授获第三届"河南省普通高校优秀中青年教师奖励基金"一等奖。

本年度,经国务院学位办和国家教委批准,中国现代文学硕士点可以开展在职人员以研究生毕业同等学力申请硕士学位工作。

1997 年

1月6日，陈江风任教务处处长。

1月20日，王刘纯任校办产业管理委员会办公室主任兼科技开发中心主任。

1月，根据上级文件要求，我校从1997年起按照国家制定的《普通话水平测试大纲》在全校本、专科学生中进行普通话水平测试。

3月6日，《中学语文》编辑部更名为《中学语文园地》编辑部。

3月28日，中国古代文学、中国近现代文学两个学科接受了河南省重点学科建设工作评估。

4月19日，学校春季运动会落下帷幕，文学院第七次蝉联学生甲组男、女团体冠军。

4月，我国第一套大型地方新文学总集"河南新文学大系（1917—1990）"出版。该书9卷10册，计500万字，是河南社会科学"八五"规划重点项目之一，由国家新闻出版署署长于友先任总主编，姚雪垠、任访秋、穆青等8名专家为顾问，组织河南大学等单位的几十位专家学者历时5年编纂而成。

5月13日，张仲良、王立群、李慈健、孙克强、王浩然晋升教授，孙先科、宋伟、周静、王蓓、许兆真、张天定、吴河清、董长纯、张进德、宋尔康、陈庆汉晋升副教授。黄志琴晋升副研究馆员，袁士迎晋升副编审。

5月25日，中国语言文学学术群体入选学校首批"跨世纪优秀学术群体"。

5月，孙先科的"对新时期小说思潮精神文化特征的批判研究"获批1997年度国家社科基金青年项目。

杜运通、刘增杰、赵福生、解志熙的"现代文学思潮教材与教学实践"获国家级教学成果二等奖。

《国家级教学成果奖获奖证书》

6月4日，王文金任校学位委员会主席，关爱和任副主席。张仲良任文学院学位评定分委员会主席，孙克强任副主席，魏清源、李一平、张子臣、杜运通、王立群、梁工、孙先科任委员。

6月，关爱和教授被确定为1996年度河南省跨世纪学术和技术带头人。

8月22日，文学院教授牛庸懋先生去世，享年81岁。牛庸懋先生是河南鄢陵人，生于1917年3月，1943年毕业于河南大学文史系，长期从事外国文学专业教学与科研工作，曾任河南大学中文系外国文学教研室主任、中国外国文学学会理事、河南省文学学会副会长、河南省外国文学学会会长、河南省诗词学会理事等职。

9月5日，为庆祝学校建校85周年，学校举办"中国文学研究的世纪回眸"研讨会。

9月，杜运通、刘增杰等的"现代文学思潮教材建设与教学实践"获河南省普通高校教学成果特等奖。

10月13—26日，文学院副院长孙克强随学校访日代表团，访问日本埼玉县日中友好协会及京都大学等7所高校。

10月，文学院在校学生684人。其中，四年制汉语言文学专业306人（一年级121人，二年级63人，三年级38人，四年级84人），四年制编辑学专业131人（一年级38人，二年级27人，三年级34人，四年级32人），四年制秘书学专业103人（一年级22人，二年级23人，三年级29人，四年级29人），三年制秘书学专业1人（三年级），四年制广电新闻专业64人（一年级32人，二年级32人），二年制汉语言文学专业79人（二年级）。

12月，我校获"全国语言文字工作先进集体""全国自学考试工作先进集体"称号。

1998 年

1月13日，文学院教授邢治平先生去世，享年82岁。邢治平先生是河南滑县人，生于1917年5月，1940年毕业于河南大学中文系，长期从事中国古代文学专业教学与科研工作，曾任河南大学中文系资料室主任等职。

2月，《中学语文园地》被评为河南省一级期刊。

4月8日，邢勇任校团委副书记。

4月17日，学校春季田径运动会落下帷幕，文学院第八次蝉联男、女团体冠军。

5月，孙克强的"宋代文艺思想研究"获批1998年度国家社科基金项目。关爱和的"晚清狭邪与侠义小说研究"获批1998年度教育部人文社科规划项目。

6月23日，学校新一届学术委员会组成，王文金任主任，关爱和任副主任，张生汉、解志熙入选委员。

6月30日，学校在小礼堂隆重举行第一次研究生学位授予仪式，校长、校学位评定委员会主席王文金教授为文学等7个学科的66位研究生颁发了中华人民共和国硕士学位证书。

河南大学研究生学位授予仪式

7月,经河南省教委批准,我校文史、理工、外语类专业自1998年起,按全国重点院校本科录取分数线录取新生。

8月,经国务院学位委员会第十六次会议批准,我校成为博士学位授予单位,中国现当代文学专业获得博士学位授予权。中国古典文献学、比较文学与世界文学、新闻学获得硕士学位授予权。

导师合影
自右至左:关爱和、刘思谦、刘增杰、孙先科

10月，在校学生758人。其中，汉语言文学专业390人（一年级167人，二年级122人，三年级63人，四年级38人），编辑学专业150人（一年级50人，二年级39人，三年级27人，四年级34人），秘书学专业106人（一年级32人，二年级22人，三年级23人，四年级29人），广电新闻专业112人（一年级42人，二年级38人，三年级32人）。

1999 年

1月，孙先科被确定为河南省普通高校第三批优秀中青年骨干教师。

2月，经河南省教委批准，刘增杰、刘思谦、解志熙、关爱和、吴福辉被选聘为我校中国现当代文学专业博士生导师。

3月，中国古代文学学科被学校确定为第三批校级重点学科。

4月23日，以"面向21世纪的外国语言文学教学与研究"为主题的河南省外国文学学会年会在我校召开，来自全省各界从事外国文学教学、研究、翻译、出版工作的四十余名专家出席会议。四川大学文学与新闻学院院长、博士生导师曹顺庆教授作了题为"世纪之交的比较诗学"的学术报告。

4月24—26日，第五届全国编辑专业联席会议暨学术研讨会在我校召开。新闻出版署人事教育司司长李牧力，教育部高教司副司长刘凤泰，河南大学校长王文金，全国高校编辑专业负责人，部分出版社、期刊社的四十余位专家学者出席会议。会议研究讨论了编辑出版专业教育，本科生、研究生两个层次的教学计划、教学大纲，筹建编辑专业教学指导委员会以及编辑出版专业教材建设等问题。编辑专业方向研修班学员、文学院研究生、本科生参加会议。

5月13日，学校1999年春季田径运动会落下帷幕，文学院第九次蝉联男、女团体总分第一名。

5月，关爱和的"从古典走向现代——论19、20世纪之交的文学演进"、沈卫威的"学衡派研究"获批1999年度国家社科基金项目。

6月10日，张子臣晋升教授，李伟昉晋升副教授，黄炳申晋升馆员。

7月5日，宋伟任管理学院党总支书记，王建平任文学院党总支副书记。

8月16日，文学院教授于安澜先生去世，享年98岁。于安澜先生是河南滑县人，生于1902年，1930年毕业于中州大学（今河南大学）国文学系，1932年考入燕京大学文学研究所，1945年到河南大学执教，长期从事古代汉语、中国美术史论等领域的教学与科研工作，是中国美术家协会会员、中国书法家协会会员，曾任中国训诂学会顾问、中国音韵学会顾问等职。

9月7日，刘景荣当选学校第二届"十佳教工"。

10月26—28日，第七届全国《史记》暨汉代文学学术研讨会在我校召开，来自全国各地的四十余名专家学者参加研讨会。

全国《史记》暨汉代文学学术研讨会

10月，在校学生945人，其中，汉语言文学专业637人（一年级286

人，二年级168人，三年级120人，四年级63人），编辑学专业152人（一年级37人，二年级50人，三年级38人，四年级27人），广电新闻专业156人（一年级44人，二年级42人，三年级38人，四年级32人）。在校博士研究生3人（中国现当代文学专业）。

12月，孙先科入选河南省跨世纪学术和技术带头人。

2000 年

1月7日，我校"跨世纪优秀学术群体"学术论坛系列报告之三在小礼堂举行，中国语言文学群体成员孙先科主讲了"社会转型与新时期的文学精神"。

3月，解志熙入选"河南省高等学校创新人才培养工程（1999—2004）"培养对象。

4月29日，学校新一届学位评定委员会组成，王文金任主席，关爱和任副主席，陈江风、孙克强入选委员。

5月17日，张生汉、胡山林晋升教授，王建平晋升副教授。

5月27日，中文系1956级一百多位毕业校友在河南大学科技馆二楼报告厅举行毕业四十周年聚会。校长王文金、党委副书记贾华锋、副校长关爱和、校纪委书记赵振海、校工会主席袁顺友，文学院院长张生汉、党总支副书记张怀真、副院长胡德岭，56级任课老师宋景昌、刘溶池、王宽行、张中义、严铮、许钦承、赵明等出席。校长王文金代表学校致辞。56级王芸、李忠文代表同学分别发言。56级校友向学校和文学院捐献了由该届毕业生、书法家傅曾禄书写的两个横幅。活动由赵怀让主持。

5月，《关于实施河南大学特聘教授岗位制度的意见》及其实施细则颁布施行，中国现当代文学、中国古代文学学科被批准设立校级特聘教授岗位。

孙克强的"况周颐词学文献集考和研究"获批2000年度全国高校古籍整理项目。

6月30日，根据河南省教育厅教人（2000）445号《关于授予河南大学教授评审权的批复》，我校具有教授评审权，有权组织评审中国语言文学等 12 个学科的教授任职资格。

7 月 3 日，文学院教授任访秋先生去世，享年 92 岁。任访秋先生是河南南召人，生于 1909 年 10 月，1929 年入北京师范大学国文系学习，1935 年入北京大学国学研究院攻读研究生。1940 年到河南大学执教，长期从事中国文学的教学与科研工作，曾任全国政协第六届委员会委员，河南省政协第十届委员会常委、第五届和第六届委员会副主席，中国现代文学研究会副会长、顾问，中国近代文学研究会顾问，河南文史馆名誉馆长，河南省文学学会会长、名誉会长，河南大学学术委员会副主任、中文系主任、名誉主任，民盟河南省第五、第六届委员会副主席和第七、第八届委员会顾问，民盟开封市主委、名誉主委等职。

7 月 10 日，由河南大学、开封医专、开封师专组成的新的河南大学揭牌。

新的河南大学揭牌仪式

自左至右：王文金、李克强、马忠臣、孙培新

8 月 26—9 月 3 日，刘增杰随学校代表团访问英国利物浦约翰·莫里斯大学、爱丁堡特福德学院、艾里克学院和斯帝芬逊学院。

9月，河南省高校首批特聘教授岗位设置方案审定，全省设置16个岗位，我校现当代文学学科等3个学科获批设置特聘教授岗位。

沈卫威被评为河南省第二批高校创新人才培养对象。

10月，文学院在校学生1441人，其中，汉语言文学825人（一年级247人，二年级289人，三年级169人，四年级120人），汉语言文学教育181人（三年制，一年级90人，二年级91人），编辑学273人（一年级65人，二年级65人，三年级83人，四年级60人），广电新闻162人（一年级40人，二年级44人，三年级41人，四年级37人）。在校博士研究生8人（中国现当代文学，一年级5人，二年级3人）。

11月22日，文学院教授高文先生去世，享年93岁。高文先生是江苏南京人，生于1908年11月，1926年考入金陵大学中文系，1934年再入金陵大学国学研究班学习，先后在金陵大学、国立西北大学、国立边疆学院、河南大学任教，长期从事中国古典文学教学与科研和唐诗研究整理工作，曾任金陵大学中文系主任、河南大学中文系副主任、河南省文学学会理事、河南省高校学术委员会顾问、政协开封市第四届委员会常委、九三学社河南大学支社主任委员等职。

11月，作为河南省对中小学师资进行继续教育的重要形式和手段，"百千万工程"从10月份开始在全省中小学（含幼儿园）中青年教师中实施。我校作为该项工程的省级培训基地，对首批356名中小学教育专家、学科带头人、中青年骨干教师培养对象进行培训。

12月23日，河南大学校友、著名历史学家白寿彝先生去世，享年92岁。白寿彝先生是河南开封人，1909年生，1929年毕业于河南中山大学（今河南大学）文学院，同年考取燕京大学国学研究院，攻读中国哲学史。1932年毕业后，曾任云南大学、重庆中央大学、南京大学教授。新中国成立后，任北京师范大学历史系主任、校学术委员会主任，中科院历史研究所副所长，北京史学会会长等职，是全国人大常委、民族事务委员会副主委。

2001 年

1月，文学院举办韩国东义大学留学生短期培训班。

文学院韩国东义大学留学生短期班合影

1月，经批准，民俗学专业（含中国民间文学）获硕士学位授予权，自2002年开始招生。

3月22日，张怀真任机关党委书记。

4月9日，张云鹏任科技处副处长，沈卫威任研究生处副处长。

4月14日，陈江风调任南阳师范学院副院长。

4月20日，历时3天的全校春季田径运动会落下帷幕，文学院再次蝉联男、女团体总分第一名。

4月22日，学校研究决定，成立河南大学圣经文学研究所，隶属于文学院。梁工任所长。

5月31日，张云鹏、华锋晋升教授，孙先科破格晋升教授，王利锁、杨雪丽、周杰林晋升副教授。

5月，齐文榜的"唐五代人别集叙录"获批国家社科基金重点项目，高有鹏的"中国现代作家的民间文学观问题研究"获批国家社科基金青年项目。

5月，孙克强、张仲良主编的《尝试集——河南大学文学院2001届学士学位论文选》（总第二册）刊印。该书共收录30篇文章，文学院院长张生汉作序，佟培基教授为封面题字。

6月，我校文学学科被批准可以自主设置专业门类。

经校学位委员会批准，增聘舒乙、孙先科为中国近现代文学专业博士生导师。

7月，经国家人事部批准，佟培基享受政府特殊津贴。

8月2日，王浩然教授去世，享年62岁。王浩然教授是河南商水人，1940年2月生，1963年毕业于郑州大学中文系，先后在集宁师范学校、中原531机械工业学校任教，1979年调入河南大学，长期从事古代汉语的研究与教学工作，曾任河南大学《中学语文》编辑部副主任，是中国训诂学会会员、河南省语言学会会员。

9月6日，关爱和任河南大学校长。

关爱和

9月，胡山林入选河南大学第三届"十佳教工"。

9月，王文金、陈江风等的"河南高等文科教育人才培养目标规格与培养模式的研究与实践"获河南省高校教学成果特等奖。

10月11日，河南省语言学会第八届年会在我校召开，河南省社科联副主席王耀、河南大学副校长李小建和来自全省高校的六十余名代表参加了会议。会议选举了新一届理事会，张静为河南省语言学会名誉会长，陈信春、张桁、许梦麟为顾问，文学院院长张生汉当选为会长，孟昭泉、陈伟琳、张明奎、刘冬冰、崔应贤、周国瑞为副会长，杨永龙为秘书长。

河南省语言学会第八届年会暨学术研讨会代表合影

李一平（前排左四）、陈信春（前排左八）、张生汉（二排右一）、陈庆汉（二排右四）、李建伟（后排左三）、杨永龙（后排左七）

10月，文学院在校学生1596人。在校博士研究生15人（中国现当代文学，一年级7人，二年级5人，三年级3人）。

11月，由中宣部、中国文联和中国文艺家协会主办的首届中国民间文艺"山花奖"评选结果揭晓，张振犁教授的《中原古典神话流变论考》

获一等奖，高有鹏副教授的《中国庙会文化》获二等奖。

《中原古典神话流变论考》封面

本年度，省政府聘请院士、大学校长、博士生导师等一批国内著名专家，对我校的重点学科和重点实验室建设项目进行评审。专家组通过了学校重点学科和重点实验室建设可行性论证报告，中文等7个学科以及3个重点实验室通过评审。

2002 年

3月4日，杜宏记任成人教育学院党总支副书记。

3月4日，学校研究决定，成立河南大学国际教育中心（正处级），文学院的对外汉语教学中心并入国际教育中心。

3月10日，卢永茂教授去世，享年66岁。卢永茂教授是山西原平县人，生于1937年，1960年毕业于开封师范学院（今河南大学）中文系，长期从事外国文学的教学与科研工作，曾任全国外国文学教学研究会理事、河南大学外国文学教研室主任等职。

4月4日，学校研究决定，成立河南大学新闻传播学院，文学院的新闻传播、编辑出版专业并入新闻传播学院。成立河南大学中国古典文学研究所（正处级）。

4月9日，河南大学师范学院建制撤销。

4月10日，胡德岭任文学院党总支书记，李孟来任党总支副书记，张生汉任文学院院长，孙先科、杨永龙、王建国任副院长，李剑云任副处级调研员。孙克强任中国古典文学研究所所长。李建伟任新闻传播学院院长，强海峰任新闻传播学院副院长。王建平任《中学语文园地》编辑部主任、主编。

4月26日，我校春季运动会闭幕，文学院获得团体总分和男子团体总分、女子团体总分三项冠军。

5月8日，杨永龙、齐文榜晋升教授，蔡玉芝、吴效群、边家珍、杨国安、郭奇晋升副教授。

5月，张云鹏的"隋唐美学史论研究——历史转型及社会变革中的隋唐审美意识与美学思想"、王立群的"《文选》版本、注释综合研究"获批国家社科基金项目。

6月14日，学校新一届学位评定委员会组成，关爱和任主席，孙先科入选委员。

6月19日，中国民主同盟河南大学委员会第十一次代表大会召开，会议选举孙先科教授为新一届主委。

6月，梁工被评为河南省第五批优秀专家。

7月2日，学校组成新一届学术委员会，孙克强、张生汉入选委员。

7月，汉语言文字学被评为校级重点培育学科。

8月，关爱和、解志熙等在北京参加《二十世纪中国文学史》编写会议。

严家炎（前排左三）、关爱和（后排右二）、解志熙（后排右一）

9月24日，河南大学校友、著名作家周而复先生著作捐赠仪式在校图书馆举行，副校长黄亚彬出席捐赠仪式。

9月25日，学校举行建校90周年校庆。校学生会主席、文学院1999级李鹤翔作为学生代表在庆典大会发言。

9月25日，由文学院历届校友捐建的河大首任校长林伯襄先生塑像揭幕仪式在6号楼前举行。校长关爱和主持揭幕仪式，河南省政协原副主席、河南大学原校长李润田教授，河南省政协常委、河南大学原校长王文金教授，河南省教育厅厅长王日新为塑像揭幕。校党委副书记赵豫林等校领导及林伯襄先生的亲属参加揭幕仪式。

9月25日，我校1972级毕业生万伯翱（万里委员长之子）将自己的新著《四十春秋》捐赠给母校。校党委书记孙培新、校长关爱和、原副校长李泽民等参加捐赠仪式。捐赠仪式上，关爱和校长聘其为文学院兼职教授。

10月11日，"中国语文现代化学会第五次学术会议"在我校召开，教育部语用司司长杨光、河南省教育厅副厅长李文成到会致辞。

10月23日，"于安澜先生百年诞辰纪念暨学术研讨会"在小礼堂举行，副校长李小建到会致辞。

10月，学校举行首批河南大学特聘教授聘任仪式，孙先科、孙克强受聘为特聘教授。

10月，文学院在校博士研究生16人（中国现当代文学专业，一年级4人，二年级7人，三年级5人）。

12月5日，王成喜任文学院党总支副书记，杨国安任副院长。

12月9日，黄志琴入选校工会组织评选的"五好文明家庭"。

12月22—24日，省教育厅专家组莅临我校，对我校的省级重点学科点2002年建设工作进行评估。省重点学科第一层次中国现当代文学、第二层次中国古代文学接受了评估。

12月，胡山林教授主编的《文艺欣赏心理学》获国家级优秀教材二等奖，王振铎教授主编的《编辑出版学基本教程》被列入"十五"国家级教材出版规划。

本年度，关爱和被评为"首届河南省优秀青年社科专家"。

2003 年

2月22日，离休教师周启祥先生逝世，享年86岁。周启祥先生是河南开封人，生于1918年8月，1943年加入中国共产党。1954年10月调入我校工作，1987年离职休养，享受厅局级干部待遇。

3月1—3日，"《西游记》与中国文化国际学术研讨会筹备会"在我校与巩义市召开。《文学评论》常务副主编王保生、副主编胡明、《文学遗产》常务副主编陶文鹏、《明清小说研究》副主编张蕊青、中国社科院文学研究所研究员胡小伟、《西游记》文化研究委员会副会长李秀建、杨俊、秘书长温和等参加会议。会议由河南大学副教授、西游记文化研究委员会常务副会长曹炳建主持。河南大学校长关爱和到会并致欢迎辞。

3月23日，河南大学第一届校园书法节暨"翰园杯"书法大赛在大礼堂前举行。校团委副书记周保平、宋菊芳，文学院团总支书记乔梁以及中国翰园碑林的领导到场观看。此次活动是校团委主办，文学院团总支、学生会配合校团委开展书法比赛而策划承办的新学期第一次周末文化广场（总第84期）。

3月，文学院2000级本科生张金州创作的长篇小说《我不知道风在哪个方向吹》由作家出版社出版。《我不知道风在哪个方向吹》全书16万字，着力描写了当代人特别是当代在校大学生求学及其走向社会之后的心理历程、人生经历和来自青春、社会、家庭等各方面的困惑，展示了社会各色人等的生存状态、社会定位和生活选择。

《我不知道风在哪个方向吹》封面

4月25日，省教育厅批准学校试办河南大学民生学院。

5月20日，副校长黄亚彬、校办主任李经洲来到文学院，检查、督导学院"非典"防治工作。院党总支书记胡德岭、院长张生汉对学院"非典"防治工作进行了汇报。

5月22日，文学院2003届毕业生优秀论文颁奖仪式在科技馆二楼报告厅举行。文学院党政领导胡德岭、张生汉、杨国安、王成喜，论文评审老师代表胡山林、张大新、赵宁及文学院2003届三百多名毕业生一同参加奖仪式。文学院院长张生汉、优秀论文评审老师代表张大新、获奖学生代表胡艳彬分别发言。经过评审，文学院2003届毕业生中共有41名同学获此殊荣。颁奖仪式由文学院副院长杨国安主持。

文学院 2003 届优秀毕业论文颁奖仪式

5月27日，张进德、张宝胜、周铁项获批教授任职资格，张俐、马予静、侯运华、赵维国、李卫国、葛本成获批副教授任职资格。

8月13日，周铁项调任新乡医学院党委书记。

8月，2001级本科生宁智沛（笔名：雨峥）创作的《走在心上的风景》一书，由天马图书有限公司出版。该书由河南诗词学会秘书长、羽帆诗社首任社长王国钦作序。宁智沛是羽帆诗社第20任社长。

《走在心上的风景》封面

9月3日，河南省第三届文学艺术优秀成果奖颁奖大会在省人民会堂举行，省委副书记王全书出席大会并讲话，省委常委、宣传部长孔玉芳同志主持大会，省政府副秘书长介新同志宣读了《河南省人民政府关于颁发河南省第三届文学艺术优秀成果奖的决定》及获奖名单。张云鹏教授的系列论文《中外比较诗学研究》获得文艺理论研究类优秀成果奖。

9月9日，学校在大礼堂举行教师节庆祝暨表彰大会，梁工作为教师代表在大会发言。

9月17日，文艺学获批硕士学位授权学科点。

9月27日，中国古典文献学获批博士学位授予学科专业。

9月30日，学校举行第二批校级特聘教授聘任仪式，姚小鸥、耿占春被聘为校特聘教授。

9月，接国务院学位委员会办公室《关于2003年批准新增专业学位研究生培养单位的通知》（学位办【2003】99号），经全国有关专业学位教育指导委员会评议、国务院学位办批准，我校获得教育硕士和法律硕士两个专业硕士学位点，新增为专业学位研究生培养单位。

经教育部批准，我校首次获得全国高校教师在职攻读硕士学位资格，具有博士学位授予权的中国现当代文学、英语语言文学和人文地理学三个专业2003年开始面向全国高校教师招生。

10月10—13日，复旦大学教授黄霖，哈尔滨师范大学教授张锦池，北京大学教授周先慎，中国社科院文学研究所研究员、《文学评论》副主编王保生、胡明，以及《明清小说研究》主编萧相恺，中国《西游记》文化研究会会长李安纲，韩国翰林大学教授金敏镐，日本东京大学博士田中智行等来自海内外的六十多名专家学者齐聚河南大学，参加《西游记》与中国文化国际学术研讨会。校长关爱和出席会议并致辞，开幕式由文学院院长张生汉教授主持。会议由河南大学和《文学评论》《明清小说研究》《文学遗产》以及《西游记》文化研究委员会、巩义市人民政府共同主办，河南大学文学院承办。

10月17日，河南大学新生"绿色与青春"军训歌咏比赛落下帷幕，文学院1连获得一等奖，文学院2连获得三等奖。

10月22—24日，我校2001—2003年度13个省级重点学科接受省教育厅专家评估组的评估，并顺利通过了三年建设验收。

10月26日，金庸小说国际研讨会暨金庸小说改编影视作品研讨会在浙江嘉兴举行。此次研讨会是进入新世纪后的首次金庸作品研讨会，十多个省、市（包括台湾地区、香港特区）以及美、英、法等国家的专家学者参加了研讨，研讨的主题包括金庸小说的思想、艺术和语言研究；从社会学、宗教学、民俗学、心理学等不同角度探讨金庸小说；金庸小说改编影视作品研讨、拓展方向和走向世界的探索等。文学院张乐林教授参加研讨会。

金庸（左二），图片由张乐林提供

10月28日，文学院分别在新行政楼一楼会议室和科技馆报告厅举办三场文艺理论学术系列报告。中外文艺理论学会副会长、马列文论研究会副会长、中国作协理论批评委员会委员、中国人民大学博士生导师陆贵山教授作题为"文学理论研究的综合与创新"的报告；中国社科院文学研究所前所长、中国作家协会副主席张炯先生作题为"新世纪与中国文学的历史方位"的报告；中国社科院文学研究所副所长党圣元和中国社会科学院研究员高建平分别作题为"学科体系的学术效应——中国古代文学批评史研究的一个反思"和"西方二十世纪美学概论"的报告。

11月11日，学校决定取消中国古典文学研究所等机构行政级别。

11月15日，2003年河南省成人高招语文学科网络评卷工作在我校举行，这是我国成人高招评卷改革的首次试验，分别在河南、福建、浙江试行。

12月3日，应文学院邀请，中国现代文学研究著名专家，中国现代文学馆研究员、副馆长，《中国现代文学研究丛刊》主编吴福辉先生在科技馆二楼报告厅作题为"20世纪：中国的双城记和四种文学形态"的学术报告。

12月4日，校党委副书记郑邦山同志到文学院进行工作调研。文学院院长张生汉和党总支书记胡德岭就文学院学科建设、师资队伍建设、政工队伍建设及文学院今后发展面临的问题等方面的工作作了汇报。座谈结束后，郑邦山副书记在文学院领导班子成员陪同下，分别到院资料室、学生工作办公室进行了实地考察，同正在工作、学习的老师和同学们进行了亲切交流。

12月17日，第二届道风奖学金颁奖仪式在河南大学新办公楼二楼会议室举行。宣传部、研究生处、科研处、文学院、圣经文学研究所等单位负责人，以及文学院的其他师生三十余人参加颁奖仪式。本届道风奖学金的获得者是比较文学与世界文学专业研究生程小娟、李忠敏、李蕾、王鹏，每人获得奖学金2400元。

12月19日，中国语言文学学科获准设立博士后科研流动站。

12月25日，文学院第二届教职工暨工会会员代表大会第二次会议在文学馆一楼会议室召开，会议由副院长王建国主持。党总支书记胡德岭致开幕辞，校工会副主席孙青艾代表校工会对文学院双代会的召开表示祝贺。与会代表认真听取和讨论了张生汉院长所作的2003年度文学院工作报告和院工会主席梁遂所作的工会工作报告，审议通过了《文学院教学教研工作暂行条例》《文学院教工科研奖励条例》等管理办法。

12月26日，由校工会、校第四届教代会职工教育委员会主办，文学院工会和校演讲协会承办的全校教职工"弘扬高尚师德"演讲大赛决赛在科技馆二楼报告厅举行。吴河清副教授"三尺讲台，我今生今世的精神家园"的演讲,获得大赛"特别奖"。

12月29日,由校团委承办的河南省教育系统社团工作会议在学校小礼堂举行。省教育厅副厅长崔炳建,省民政厅民间组织管理局局长马文昭,省教育厅办公室主任刁玉华、副主任张涛以及各省辖市、各高校代表参加了会议,校领导郑邦山、赵国祥等出席会议。会议表彰了一大批社团管理先进单位和优秀社团,河南大学马克思主义研究会被授予"省教育系统先进社团"称号。

本年,杨永龙的"宋代汉语虚词研究"获批国家社科基金项目。

2004 年

1月8日，我校校友、著名作家周而复先生因病在北京逝世，享年90岁。周而复，安徽旌德人，从青年时期投身左翼文艺运动，1936年出版第一部诗集《夜行集》。他最有影响的作品当推长篇小说《上海的早晨》，这部长达175万字的长篇小说，是周而复亲身经历了新中国对上海资本主义工商业的社会主义改造后，用17年时间精心创作的。主要作品还有长篇小说《白求恩大夫》、长篇叙事诗《伟人周恩来》、长篇系列小说《长城万里图》和《周而复散文集》等。2002年我校90周年庆典期间，周而复回校讲学，为学校图书馆捐赠了自己的文集，并在北京校友会捐赠的灵璧五彩石上为我校题写了校训。

周而复在校庆90周年捐赠仪式上

1月9日，学校举行博士后科研流动站揭牌仪式，中国语言文学博士后科研流动站正式挂牌工作。

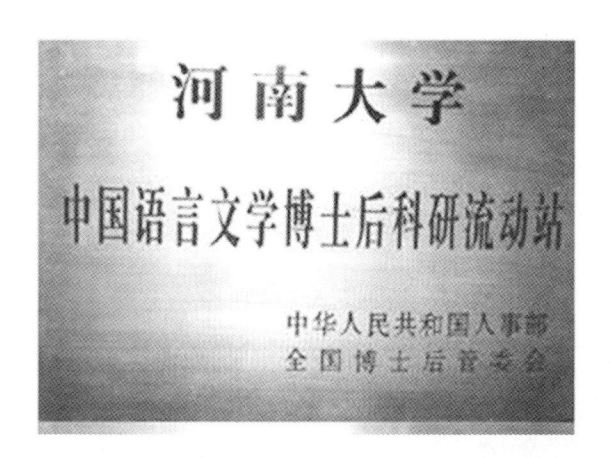

河南大学中国语言文学博士后科研流动站牌匾

2月，文学院在校本科生1149人（高中起点本科一年级288人，二年级252人，三年级279人，四年级247人；专科起点本科一年级31人，二年级52人），博士研究生18人（中国现当代文学，一年级7人，二年级4人，三年级7人）。

4月12日，著名美学家、哲学家、中国社科院研究员汝信教授应邀来院，在科技馆二楼报告厅作题为"文明的冲突与融合"的报告。

4月18日，文学院首届职业生涯规划大赛汇报演出在教职工活动中心举行。学院首届职业生涯规划大赛由2002级辅导员李玉华倡导并组织，2002级全体学生参加。

4月23日，香港中文大学教授、博士生导师卢龙光应邀来院，在科技馆二楼报告厅作题为"国外圣经研究的理论与方法"的报告。报告会由圣经文学研究所所长梁工教授主持。报告会前，副校长史全生向卢龙光颁发了名誉教授聘书。

4月23日，学校2004年春季田径运动会落下帷幕。田径运动会传统冠军文学院，再续十一年辉煌，夺得男女团体、女子团体和男子团体三项总冠军，取得十二连冠。

5月9日，高有鹏、宋尔康获批教授任职资格，曹炳建、刘进才、贺浥滨、马惠玲获批副教授任职资格，赵丹珺获批副编审任职资格。

5月11—12日，由河南大学文学院、中国人民大学中文系联合举办"中国—欧美文学理论国际论坛学术研讨会"在北京中国人民大学召开，河南大学文学院金惠敏、耿占春、张清民、贺浥滨，中国人民大学金元浦，中国社会科学院文学研究所高建平，清华大学陈永国，荷兰鹿特丹爱拉斯谟大学哲学系教授约斯·德·穆尔（Jos de Mul）等学者与会。中外学者围绕"赛博空间下的后地理与后历史的新体验"展开了学术讨论。

中国—欧美文学理论国际论坛第一次会议部分人员合影
前排（自左至右）：贺浥滨、满兴远、耿占春、穆尔（Jos de Mul）、金惠敏、金元浦；后排（自左至右）：林慧、张清民、胡友珍（照片由张清民提供）

5月13—14日，中国社会科学院文学研究所所长、文学史家杨义先生应邀来院，在科技馆一楼报告厅分别作题为"中国古代小说的叙事原则""学术方法漫谈"的报告。报告会由副院长杨国安主持。

5月17日，中国现代文学馆副馆长吴福辉、研究员李今应邀来院，分别就"老舍作品中新老市民性与国民性批判"和"张爱玲的文化品格"作报告。

5月22日，澳门大学文学院教授、词学研究专家施议对先生在科技馆一楼报告厅作题为"中国词学史上的三座里程碑"的报告。报告会由中国古典文学研究所所长孙克强主持。报告会由科研处主办，文学院和中国古典文学研究所联合承办。报告会开始前，副校长卢克平致欢迎辞并向施议对教授颁发了我校兼职教授证书。

施议对教授（中）学术报告会

5月，经过省委组织部、省委宣传部、省社科联组织的河南省优秀青年社科专家评选委员会评选，孙克强教授被评为第二届河南省优秀青年社科专家。

5月，高有鹏入选我省2002年度学术技术带头人，作为我省"555人才工程"省级人选进行培养。

5月，主题为"回归大众"的全省高校诗歌联展在我校举行。该联展由羽帆诗社首发倡议，联合省内十多家高校文学类社团共同发起，首展地点在我校，已成功举办联展三次，展出省内4所高校的数百首作品。

6月3日，上海社会科学院文学研究所研究员马驰应邀来院，在小礼堂作题为"西方马克思主义与大众文化批判"的学术报告。

6月11日，何法周教授去世，享年73岁。何法周教授是河南长葛人，生于1932年，1956年毕业于开封师范学院（今河南大学）中文系，后留校任教，先后任古代文学教研室主任、中文系副主任、科研处处长、古籍所所长等职，为河南省古籍整理规划出版小组副组长、中国韩愈学会理事。

6月14日，河南大学2004届毕业生学位授予仪式在学校大礼堂广场召开。全体学校领导、全校各院导师代表、各职能部门代表和河南大学2004届4759名本专科毕业生参加大会。河南省教育厅副厅长李文成和来自全省十余所高校的嘉宾到会祝贺,梁工教授作为教师代表发言。

6月25日,河南大学举行聘任仪式,为受聘院士、省特聘教授、黄河学者、校特聘教授颁发聘任证书。聘任仪式上,共有5名院士、6名河南省特聘教授、4名黄河学者、14名校特聘教授接受河南大学的聘任。其中,首批黄河学者中,聘任金惠敏为美学学科黄河学者,徐杰为汉语语言学科黄河学者,屠友祥为文艺学学科黄河学者。首次聘任时间自2004年7月1日开始,聘期三年。第三批校级特聘教授中,聘任何向阳为中国现当代文学学科特聘教授,梁工为比较文学与世界文学学科特聘教授。河南省副省长贾连朝、校长关爱和分别发表讲话,河南省委组织部副部长杨国功、省教育厅厅长蒋笃运、省科技厅副厅长黄布毅、省人事厅助理巡视员梁银修等和我校全体校领导出席聘任仪式。聘任仪式由校党委书记张秉义主持。

河南大学受聘院士、省特聘教授、黄河学者、校特聘教授合影
前排:梁工(左一)、何向阳(左二)、姚小鸥(右三);后排:孙先科(左二)、屠友祥(左七)、徐杰(左九)、金惠敏(左十)

6月25日，学校公布"优秀学术群体"选拔结果，中国现当代文学、中国古代文学、汉语言文字学三个学术群体入选。团队组成情况如下：

1. 中国现当代文学

牵头人：耿占春

成员：张清民、高有鹏、李伟昉、刘进才、侯运华、刘涛、张先飞

2. 中国古代文学

牵头人：姚小鸥

成员：杨国安、王利锁、耿纪平、卢宁、史红伟、张亚军

3. 汉语言文字学

牵头人：徐杰

成员：杨永龙、杨雪丽、陈鹏飞、张俐、车淑娅、傅书灵

6月28日，我校2004届研究生毕业典礼暨学位授予仪式在大礼堂举行。校领导及我校学位评定委员会的全体委员在主席台就坐，国家"夏商周断代工程"首席科学家、国务院学位委员会委员李学勤教授到会祝贺，全体研究生参加典礼。文学院博士生导师刘思谦教授代表全体导师发言。

6月，张宝胜的"德汉动词配价对比研究"、耿占春的"文本研究与社会学批评"、孙克强的"清代词话考述"、张大新的"中国古代戏曲与民俗文化关系研究"获批国家社科基金项目。

6月，河南省高等学校2004—2006年省级重点学科点评审结果公布。这次省级重点学科点共分为三个层次建设，第一层次是教育厅重点资助建设学科，第二层次是教育厅资助建设学科，第三层次是学校自筹资金建设学科。中国现当代文学被确定为教育厅重点资助建设学科，中国古代文学被确定为教育厅资助建设学科。

7月1日，学校在大礼堂举行"七一"表彰大会，庆祝建党83周年。文学院党总支、胡德岭、王建国等分别作为先进基层党组织、优秀党务工作者、优秀共产党员受到了校党委的表彰。文学院教授梁工作为优秀共产党员代表发言。

7月2日，河南省新世纪百千万人才工程国家级人选颁证仪式在郑州举行，副省长王菊梅向入选人员颁发证书。文学院校特聘教授何向阳被

确定为新世纪百千万人才工程国家级人选。

8月14日，王宽行教授去世，享年81岁。王宽行先生是江苏邳县人，生于1924年2月，1953年8月毕业于江苏师范学院中文系，后到河南大学任教，一直从事中国古代文学专业的教学与科研工作，是该专业硕士生导师。

9月7日，河南大学2004级研究生开学典礼在大礼堂举行。张秉义、关爱和等校领导，研究生处党总支书记扈涛、处长张德宗，2004级的一千余名博士研究生、硕士研究生出席典礼。文学院博士生导师刘增杰教授代表导师发言。

9月30日，王成喜任学校党委办公室副主任。

9月，在省教育厅、省教育工会联合组织的河南省教育系统教学技能竞赛评选中，赵宁获得一等奖，梁遂、杨萌芽、张丽珍获得二等奖。这次竞赛分中文和大学英语（公共课）两个专业。

10月10日，我校校友、著名作家阎连科应邀来院，在科技馆二楼报告厅作题为"文学与底层人生活"的报告。

阎连科（右一）学术报告会

10月13日，著名学者、北大中文系教授、博士生导师钱理群先生，应邀在科技馆二楼报告厅为我校学生作关于鲁迅先生《故事新编》的专题讲座。

钱理群先生（左一）学术报告会

10月13—16日，"史料的新发现与文学史的再审视——中国现代文学文献问题学术研讨会"在我校召开。黄修已、杨义、钱理群、陈子善、陈梦熊、解志熙等一大批知名学者应邀与会，本次学术研讨会主席、校长关爱和致开幕辞，文学院院长张生汉致欢迎词。会议由文学院、《文学评论》编辑部、洛阳师院中文系共同主办。

11月4日，文学院"东方诗歌朗诵会"在教职工活动中心举行，来自外国文学、影视文学及现代汉语等教研室的4名老师担任评委，文学院党总支副书记李孟来、副院长杨国安、团总支书记乔梁、2002级辅导员李玉华等老师，学院2002级、2003级的学生、铁塔文学社、羽帆诗社、大平原文学社的部分社员共三百余人观看了演出。夏晓峰同学获得最佳朗诵奖，周丽同学获得最佳表演奖，刘彦红同学获得最受欢迎个人奖。此次活动由外国文学教研室主任梁工教授创意。

11月19日，文学院第三届讲课大赛暨实习总结会在十号楼129教室举行。李笑晓、王璐等13名毕业生作教育实习汇报。文学院党总支书记胡德岭、副书记李孟来、副院长杨国安等到场指导。毕业生实习过程中，240名师范专业的学生分赴卫辉、睢县、杞县和长垣四个实习基地以及开封市各高中进行为期两个月的实习。新乡市电视台和卫辉市电视台对实习进行了报道。

11月26日，我校黄河文明与可持续发展研究中心获批教育部第五批人文社会科学重点研究基地。这是我省高校获批的第一个国家级人文社会科学重点研究基地。文学院是该基地的3个支撑单位之一。

11月27—28日，"科学主义与20世纪中国文学史写作国际学术研讨会"在我校召开，来自中国社会科学院、北京师范大学、北京外国语大学、武汉大学、南开大学、山东大学等国内科研机构、著名高校及美国哈佛大学等国外知名高校的三十余名专家学者与会。副校长赵国祥教授出席会议开幕式并致辞，文学院院长张生汉致欢迎词，中国社会科学院文学研究所党委书记包明德、副所长党圣元、北京外国语大学《外国文学》常务副主编李德恩分别在开幕式上讲话。研讨会由文学院承办。

科学主义与20世纪中国文学史写作国际学术研讨会

11月28日，应文学院之邀，中国社会科学院文学研究所党委书记包明德教授在科技馆一楼报告厅作题为"全球化与民族文学"的学术报告。报告由黄河学者、文学院特聘教授金惠敏主持。

11月30日，应文学院邀请，中国现代文学馆副馆长、《中国现代文学研究丛刊》主编吴福辉先生，现代文学馆研究员李今女士在科技馆二楼报告厅分别作题为"关于梁实秋雅舍佚文""徐志摩人生的理想主义"的学术报告。

11月，杨国安、张清民被确定为2004年度河南省教育厅学术技术带头人。

12月3日，在开封市委宣传部、共青团市委、市教育局主办的开封市青年教师师德师风演讲比赛决赛中，文学院教师苗朋朋以"愿把青春许教育，甘为盛世做人梯"为题的演讲获得大赛特等奖。

12月17日，在校工会主办的河南大学首届青年教师形象展示大赛决赛中，文学院教师张亚军荣获特等奖。

12月24日，我校2004年度科研管理总结表彰大会在新办公楼第四会议室举行。副校长卢克平等出席会议，文学院院长张生汉教授代表科研管理先进单位发言。

12月，作家刘恪、当代诗人萧开愚被聘为文学院副教授。

2005 年

1月12日，河南大学"在路上戏剧影视工作室"成立仪式暨第一期戏剧影视沙龙活动在教职工活动中心举行。作家孟宪明应邀出席，校领导王发曾及文学院部分党政领导、校境界剧社的艺术指导和文学院有关老师与会。副校长王发曾和文学院党总支书记胡德岭为工作室揭牌。仪式由文学院戏剧影视文学教研室主任袁若娟主持。仪式后，戏剧影视文学教研室教师燕俊、汤梦箫主持了第一期戏剧影视沙龙活动。

1月14日，魏春吉任研究生处副处长，张润泳任团委副书记。

1月14日，第三届道风奖学金颁奖仪式在河南大学新办公楼二楼会议室举行。副校长卢克平与宣传部、科研处、研究生处及文学院的有关领导以及文学院师生共三十余人与会。会议由文学院赵宁副教授主持。本届道风奖学金的获得者是比较文学与世界文学专业研究生许相全、骆悬、邱业祥、陈会亮，每人获得奖学金2400元。

1月20日，学校与中国社会科学院研究生院签署联合建设河南大学研究生院协议。学校可以在中国社会科学院选聘有关学科、专业的专家担任河南大学专兼职博士生导师和硕士生导师，直接参与河南大学研究生培养（包括课程讲授、学位论文写作指导及评审、答辩）。

1月，在校本科生1035人，其中，一年级293人（汉语言文学233人，秘书学30人，影视文学30人），二年级320人，三年级185人，四年级237人；博士研究生19人（中国现当代文学一年级4人，二年级7人，三年级4人；中国古典文献学一年级4人）。

3月19日，由河南大学、河南省文联共同举办的"樊粹庭先生百年诞辰暨豫剧发展学术研讨会"在河南大学新办公楼一楼会议室召开,校领导张秉义、郑邦山、卢克平,河南省文联副主席何白鸥,省文联副主席、省戏剧家协会副主席齐飞,省戏剧家协会副主席郭光宇,省委宣传部文艺处处长赵刚,西安市文化局党组副书记杨守成出席开幕式。副校长卢克平致开幕辞,何白鸥致辞,樊粹庭先生之子、电影艺术家樊矫健,国家一级演员关灵凤分别发言。上海京剧院院长尚长荣、太原市豫剧团等单位和个人发来贺电贺信,会议由文学院院长张生汉主持。

3月21日,赵宁、李伟昉、宋伟获批教授任职资格,付民之、张先飞获批副教授任职资格,李华珍获批副编审任职资格。

3月22日,学校组成新一届学位评定委员会,关爱和任主席,孙先科入选委员。

4月4—5日,河南省普通高等学校第二批人文社会科学重点基地考察评审组一行,对我校"河南大学文艺学研究中心""中国古代文学文献学研究中心"等6个重点研究基地进行考察、评审。我校党政领导张秉义、关爱和、卢克平、赵国祥等同志出席会议,相关基地及各院负责人与会。

4月6日,学校在八号楼举行"河南大学中国语言文学博士后进站仪式",欢迎第一批进站工作人员李伟昉、张先飞、武新军和孟庆澍4位博士。仪式由中国现当代文学研究中心主任孙先科主持,校长关爱和参加会议并讲话。

4月8日,"黄河学者"金惠敏教授应邀作题为"作为一个哲学概念的全球化"的学术报告。

4月16—17日,由我校与中山大学、河南省社会科学院、《文学遗产》编辑部、《文学评论》编辑部共同主办的"中国古代戏曲文化国际学术研讨会"在我校召开,校长关爱和出席开幕式并讲话。中山大学教授、博士生导师黄天骥,中国社科院研究员、博士生导师刘世德,南开大学东方艺术学院教授、博士生导师宁宗一,河南省社科联原副主席胡世厚,《文学遗产》编辑部主任李伊白,河南省社科院纪委书记杨海中等来自国内外的八十余位专家学者与会。会议由文学院院长张生汉主持。

4月17日,我校校友、中山大学教授、博士生导师康保成应邀在科

中国古代戏曲文化国际学术研讨会

技馆一楼报告厅为我校师生作题为"戏曲与宗教民俗"的学术报告。

4月28日，河南大学学生体育工作会议在新行政楼第四会议室召开。校党委副书记郑邦山，校体委主任、副校长郭天榜及校体委、公共体育部有关领导出席会议。文学院获得"河南大学学生体育工作先进单位"荣誉称号并作为学生体育工作先进单位代表在会议上介绍了经验。

5月9日，中文系1977级校友孟宪明将其新作《图文老郑州》（2套）赠送给图书馆。《图文老郑州》共分"老话题""老吃食""老风物""老诗篇""老匠作""老庙会""老街道""老店铺"等8个分册，用图文并茂的手法将老郑州的风土人情娓娓道来。

5月20日，教育部人文社科重点研究基地"黄河文明与可持续发展研究中心"揭牌仪式在我校六号楼前举行。教育部副部长袁贵仁，中共河南省委副书记王全书，中央党校原副校长杨春贵，武汉大学原校长陶德麟，国防大学副校长侯书栋，南京大学副校长张一兵，中共河南省委高校工委副书记、省教育厅副厅长肖新生，校领导张秉义、关爱和、郑邦山等出席揭牌仪式。

5月25日，学校公布校级特聘教授名单，聘任杨永龙为汉语言文字学学科特聘教授，高有鹏为民俗学学科特聘教授。

省校特聘教授、黄河学者合影

杨永龙（后排右二）、高有鹏（后排右一）

5月，李伟昉的著作《英国哥特小说与中国六朝志怪小说比较研究》获2004年度河南省社会科学优秀成果一等奖。

6月2日，中国艺术研究院红楼梦研究所副所长、中国红楼梦学会会长张庆善和复旦大学博士生导师陈引驰教授应邀来校，分别就红学研究和佛教文学作报告。

6月3日，由我校学生工作部主办的第四届校园短剧大赛颁奖晚会在大礼堂举行。校党委副书记郑邦山与党委宣传部、学生处、校工会、校团委等有关部门领导出席颁奖晚会。文学院的《我爱木》摘得了本届大赛的最高奖项——"优秀剧目一等奖"。

6月5日，北京语言大学人文学院教授、博士生导师方铭应邀来校，在六号楼会议室作题为"孔子思想的现代价值"的报告。

6月16日，省教育厅厅长蒋笃运一行来到我校，对我校承担的2005年高招语文、英语两个科目评卷工作进行检查。在校领导陪同下，蒋笃运一行到语文科评卷点进行了实地检查，并对工作人员表示亲切慰问。

7月14日，李伟昉、付民之任文学院副院长，高有鹏任黄河文明与可持续发展研究中心副主任。

7月，诗人张枣被聘为文学院副教授，讲授《中西比较诗学》等课程。

8月17日，在河南省召开的博士后工作暨优秀博士后工作单位和优秀个人表彰会上，我校中国语言文学博士后科研流动站被评为河南省优秀博士后工作单位。

8月20—21日，由我校河南省高等学校人文社科重点学科开放研究中心、文学院和英国国家社会科学委员会社会文化变革研究中心、斯洛文尼亚普莱茅斯卡大学文化研究系共同举办的"2005中国-欧美文学理论国际论坛"在我校举行。校长关爱和出席开幕式并讲话，金元浦、高建平、金惠敏、Tony Bennett、John Storey、Ernest Zenko等二十余位海内外著名专家学者出席会议。会议由张云鹏主持。会议期间，英国开放大学的Tony Bennett教授，英国桑德兰大学的John Storey教授，斯洛文尼亚普莱茅思卡大学的Ernest Zenko博士和MiskoSuvakovic教授被聘为我校兼职研究人员。

中国-欧美文学理论国际论坛

9月8日，文学院在十号楼129教室举行2006届毕业生实习动员会，文学院院长张生汉、党总支书记胡德岭、副院长李伟昉、党总支副书记李孟来、专业教师王宛磐、辅导员乔梁等到现场进行了动员。为了保证实习效果，文学院实施集中为主分散为辅的实习方法，共设立了10个实习基地。开封市区外的实习基地包括：卫辉、中牟、杞县和荥阳，开封市区实习基地包括河大附中、开封十中、开封四中、开封六中、龙亭区政府和顺河区政府。

9月10日，中文系1955级38位校友回到母校聚会。

9月14日，2005级新生开学典礼暨军训动员大会在大礼堂广场举行。校领导张秉义、关爱和等出席大会，会议由副校长赵国祥主持。文学院副院长李伟昉作为教师代表在典礼上发言。

9月17日，由河南大学、栾川县教育局、潭头河南大学附属中学和《大河报》等媒体积极参与修建的河南大学潭头惨案纪念碑揭牌暨捐赠仪式在潭头镇石坷村举行。我校校领导孟庆琦、栾川县副县长黄献忠以及被日军杀害的吴鹏、朱绍先、辛万灵三位遇难者的亲属出席了揭牌仪式。

9月17日，由我校与复旦大学、徐州师范大学、中国《金瓶梅》研究会（筹）共同主办的第五届国际《金瓶梅》学术研讨会在我校召开。复旦大学文学研究所所长、博士生导师黄霖，徐州师范大学文学院教授吴敢、赵兴勤，以及日本佛教大学教授荒木猛等国内外近五十名专家学者与会。开幕式由文学院院长张生汉主持。

第五届国际《金瓶梅》学术研讨会

9月24—25日，为迎接国家教育部本科教学工作水平评估，文学院在郑州举行本科生教学工作会议。院领导班子及全院教职工参加了会议。

9月29日，文学院2005级迎新晚会在艺术学院音乐厅举行，学生工作部、校团委、文学院的有关领导与老师以及2005级新生参加了晚会。

9月，文艺学研究中心获批河南省人文社会科学重点研究基地。

9月，张清民的"社会语境与文学理论形态生成"、武新军的"《文艺报》（1949—1989）研究——对社会主义意识形态与文学关系的批判性反思"获批国家社科基金项目。

9月，民生学院开始招收汉语言文学专业学生，文学院受托承担该学院教学任务。

10月13日，在十号楼128教室，孙先科教授为我校师生作题为"没有彼岸的真正生活——谈池莉小说"的报告。

10月14日，中国社科院文学所研究员陈骏涛应邀来校，在科技馆二楼报告厅作题为"漫说当代文坛"的报告。

10月15日上午，陕西师大中文系教授、博士生导师屈雅君和北京电影学院教授、博士生导师崔卫萍应邀来校，在科技馆二楼报告厅分别作题为"社会性别与文化批评的个案研究"和"海子与王小波的诗意比较"的报告。下午，厦门大学中文系教授、博士生导师林丹雅和北京语言大学教授、博士生导师李玲应邀在综合楼109教室分别作题为"中国文化与女性形象"和"想象女性——男权视角下的女性形象"的报告。

10月15日，由中国当代文学研究会女性文学委员会主办、我校文学院与洛阳师范学院文学院联合承办的第七届中国女性文学学术研讨会暨中国当代文学研究会女性文学研究会成立十周年纪念会在我校举行，中国当代文学研究会会长、女性文学研究会主任委员、中国社会科学院文学研究所研究员张炯等来自全国各地的百余名学者与会，校长关爱和出席开幕式并致辞。文学院院长张生汉教授代表文学院师生对各位学者莅临表示欢迎。

第七届中国女性文学学术研讨会暨中国当代文学研究会女性文学
研究会成立十周年纪念会

10月19日，中国文学艺术界联合会研究员刘锡诚应邀在黄河文明与可持续发展研究中心三楼会议室作题为"21世纪中国民间文化研究流派"的学术报告。刘锡诚曾任《文艺报》编辑部主任，中国民间文艺家协会书记处书记、党组书记，第四届理事会常务副主席。

10月31日，中国社会科学院专家担任河南大学研究生导师聘任仪式在六号楼举行，社科院33名专家正式受聘为我校研究生导师。

会议合影

11月21—22日，第六批省级重点学科专家咨询组对我校中国现当代文学、中国古代文学等20个2004—2006年度省级重点学科点进行年度检查评价。校领导关爱和、王发曾、史全生、赵国祥出席了21日上午在六号楼学术报告厅举行的汇报会。

11月26日，中文系1981级同学毕业20周年联谊会在明伦校区行政楼一楼会议室举行，来自全国各地的百余名八一级同学欢聚一堂，校长关爱和教授代表学校出席联谊会并致辞。会后，关爱和为八一级同学向母校捐赠的花岗岩"听音"石揭幕。

11月，文学院在校本科生1091人，其中，一年级293人，二年级293人，三年级320人，四年级185人；博士研究生24人（中国现当代文学一年级5人，二年级4人，三年级7人；中国古典文献学一年级4人，二年级4人）。

11月，关爱和、孙克强入选河南省首批宣传文化"四个一批"人才。

12月1日，著名作家陈忠实应邀来院，在科技馆二楼报告厅作题为"创作与感悟"的报告。

陈忠实为学生签名

12月9日，北京大学博士生导师吴福辉、清华大学博士生导师解志熙应邀来校讲学，在艺术学院405室分别作题为"老舍、张爱玲与中国现代市民社会""现代生活样式的浮世绘"的报告。

2006 年

1月11日，比较文学与比较文化研究所（聘任梁工为所长）、河南地方戏研究所（聘任张大新为所长）、语言科学与语言规划研究所（聘任徐杰为所长）入选校级重点科研机构。

1月23日，国务院学位委员会第二十二次会议审批通过河南大学中国语言文学一级学科硕士学位授予权。

2月21日，孙先科教授入选第三届省优秀青年社科专家。

2月23日，第四届道风奖学金颁奖仪式在河南大学新办公楼二楼会议室举行。校党委宣传部、文学院、圣经文学研究所的负责人以及文学院师生约三十人与会。会议由文学院李伟昉教授主持。研究生陈会亮、吴珊、赵晓芳、侯朝阳获得本届道风奖学金，每人奖学金2400元。颁奖会上表彰了中国宗教学会首届优秀研究生奖学金获得者程小娟（获得奖励证书及博士生奖学金5000元）、郭华敏（获得奖励证书及硕士生奖学金3000元）；表彰了香港汉语基督教文化研究所第三届研究生优秀论文奖获得者侯朝阳（获得奖励证书及奖金1000元）。

2月，李伟昉、张先飞入选省教育厅学术技术带头人。

3月25日，国家图书馆党委书记、馆长，中国古代文学研究著名学者詹福瑞教授应文学院之邀，在黄河文明与可持续发展研究中心三楼学术报告厅作关于中国文学理论的学术报告。关爱和校长出席报告会并作点评。

3月，张先飞博士获得霍英东教育基金会0.8万美元的青年教师基金资助。

3月，汉语言文学专业入选2005年度河南省首批高等学校名牌专业建设点。名牌专业建设点经专家组织验收后，可正式使用"河南省高等学校名牌专业"称号。

3月，以我校为中心申报的全国高校古委会重要科研项目"中国古代小说序跋大全"正式立项。该项目是继唐诗整理项目以后，我校承担的又一系统性古籍整理项目。文学院曹炳建、张进德、张大新、史红伟等参与该项目。

4月5日，西北师范大学教授、博士生导师伏俊琏应邀来校，在文学院八号楼二楼会议室作题为"敦煌文献的发现与文学研究"的报告。

4月18日，中国社科院副院长、著名语言学家、博士生导师江蓝生先生一行五人莅临我校讲学。在六号楼三楼报告厅，江蓝生先生为我校研究生介绍了她与我校特聘教授杨永龙合作的最新研究成果《半截"把"字句与"得"字句的由来》。关爱和校长主持报告会。当晚，同行的社科院博士生导师曹广顺以对助词"了"的研究为例，谈了历史语法的研究。

江蓝生

4月25日，张清民获批教授任职资格，辛永芬、张乐林、孟云飞获批副教授任职资格，李淑敏获批副研究馆员任职资格。

4月28日，江苏省艺术研究院研究员、博士生导师、《艺术百家》杂志常务副主编冯建民教授应邀来校，在科技馆二楼报告厅作题为"西方现代艺术谈"的报告。报告会由文学院副院长杨国安主持。

5月16日，由我校学工部主办的河南大学第五届校园短剧大赛颁奖晚会在河南省地方税务局培训中心大礼堂举行。晚会共颁发了优秀剧目奖、优秀组织奖、优秀剧本奖等8类19个奖项。省政协常委、学习和文史资料委员会副主任、省社科联原党组副书记、常务副主席张放涛等，我校领导孟庆琦，省普通高等学校大学生心理健康教育培训班全体学员以及我校相关职能部门的领导同志与我校一千六百余名师生一起观看晚会。文学院参赛剧目《CUBA开赛啦!》摘得本届大赛优秀剧目一等奖并在晚会上作汇报演出。

5月21日，河南省文联《南腔北调》主编饶丹华女士应文学院邀请，在科技馆一楼报告厅与同学们畅谈"电影艺术与生活"。

6月1日，王立群教授荣获河南省"教学名师奖"。

6月30日，我校2006届研究生毕业典礼暨学位授予仪式在新行政楼前隆重举行。校领导张秉义、关爱和、郑邦山、黄亚彬、赵国祥、丁庭选、曹奎、宋纯鹏、王凌、关学增、王发曾，校长助理、研究生院常务副院长张德宗和研究生导师代表、毕业研究生以及研究生亲友出席。毕业典礼由副校长曹奎主持。文学院院长张生汉教授作为导师代表在典礼上发言。

6月，李伟昉的专著《黑色经典：英国哥特小说论》获河南省社会科学优秀成果二等奖。

7月10日，由教育部语言文字信息管理司和我校共建的语言科学与语言规划研究所成立。在文学院办公楼前，校长关爱和与国家语言文字工作委员会副主任、教育部语言文字信息管理司司长李宇明一起为语言科学与语言规划研究所揭牌。在随后的座谈中，文学院徐杰教授介绍了研究所筹建情况以及今后的发展方向。李宇明为我校师生作题为"构建健康和谐的语言生活"的报告。

关爱和（左）与李宇明（右）共同为研究所揭牌

8月1日，在中央电视台"百家讲坛"栏目"十大名嘴"评选中，王立群教授入选并获得"最学术"教授称号。

8月15日，"中国神话与黄河文明历史发展座谈会"在我校举行。作为"中国神话学国际学术研讨会"的一部分，座谈会邀请到来自中国、芬兰、比利时、德国、美国、墨西哥、日本、韩国等国家的一百多位著名神话学学者。中国民协分党组书记白庚胜，中国民间文艺家协会秘书长向云驹，河南省文联副主席何白鸥，湖北省民协主席傅广典，我校教授张振犁，中国民协副主席、省民协主席夏挽群等专家分别在主席台就座。我校校长关爱和出席会议并致辞，白庚胜教授在座谈会上作题为"中国非物质文化遗产申报及战略"的报告，张振犁教授介绍了河南大学中原神话研究的情况。黄河文明与可持续发展研究中心高有鹏教授主持座谈会。

中国神话与黄河文明历史发展座谈会

8月19日,"第三届中国文字学国际学术研讨会"开幕式在新行政楼第四会议室举行。中国文字学研究中心主任、南开大学教授向光忠,教育部语信司副司长、中国文字学会副会长王铁琨,中国语文现代化学会会长、北京大学中文系教授苏培成及来自韩国、日本和中国大陆及中国台湾的数十名文字学专家、学者出席会议。副校长宋纯鹏出席开幕式并致辞。开幕式由文学院院长张生汉主持。

第三届中国文字学国际学术研讨会

9月初，王立群教授获得"河南省十佳师德标兵"称号。

9月6日，河南省委书记、省人大常委会主任徐光春来到学校看望慰问师生。徐光春同志来到刚从央视"百家讲坛"载誉归来的文学院王立群教授的家中，他握着王立群教授的手说："央视《百家讲坛》拥有很高的收视率，你在《百家讲坛》中主讲的汉代风云人物系列讲座很吸引人，影响很大，我听过几次，讲得很好。你的演讲旁征博引，材料翔实，对历史人物的评价客观公正，充分展示了河南教育工作者的风采，展示了你的渊博学识，我向你表示祝贺。"

徐光春（右一）

9月20—23日，由河南大学河南省高校人文重点学科开放研究中心、河南大学文艺学研究中心、英国诺丁汉春特大学TCS（理论、文化与社会）研究中心联合举办的"挑战全球知识——中英开封论坛"在我校六号楼举行，英国、韩国、新加坡等国家的学者以及中国社会科学院、商务印书馆、三联书店《读书》杂志、华东师范大学等单位的学者与会。会议就"全球知识"与人文社会科学知识生产以及"新百科全书"计划等问题进行深入讨论。

挑战全球知识中英开封论坛合影

前排：张云鹏（左一）、鲁枢元（左三）、宋纯鹏（左五）

第二排：马小泉（左四）、耿占春（左五）、张清民（左七）、金惠敏（右三）

9月21日，首都师范大学教授、博士生导师陶东风应文学院之邀，在科技馆二楼报告厅作题为"文学活动的去精英化"的学术报告。

9月26日，应文学院邀请，美国普渡大学宗教社会学博士生导师杨凤岗教授在文学院二楼会议室作了题为"国外宗教社会学理论新去向"的学术报告。报告会由文学院梁工教授、吴效群副教授主持。

9月30日，受中国文联委托，省文联党组书记、副主席吴长忠，副主席何白鸥一行在校党委书记张秉义、副书记郑邦山的陪同下，看望张振犁教授，对张教授在民俗学、神话学等领域取得的成绩给予高度评价，转交了中国文联专门给他写的信函。

张振犁（右二）

9月，"史料问题与百年中国文学转捩点学术研讨会"在我校举行。

10月9日，我校科研大会在艺术学院音乐厅开幕。教育部社会科学司副司长袁振国，河南省科技厅副厅长黄布毅，河南省教育厅副厅级巡视员刁玉华，我校领导、各单位的党政领导和科研骨干与会。会议由校党委书记张秉义主持。会议表彰"十五"期间为科研工作作出突出贡献的集体和个人，王立群获突出贡献奖先进个人，获得一万元人民币的个人奖励。

10月19日，华中师范大学文学院、外语学院教授，英美文学比较文学研究所所长，《外国文学研究》杂志主编聂珍钊应邀来校，在黄河文明与可持续发展研究中心三楼报告厅为我校师生作题为"文学伦理学批评与西方经典作品解读"的学术报告。报告会由文学院副院长李伟昉教授主持。

10月19日，孙先科任文学院院长，张润泳任文学院党总支副书记，王建国任民生学院党委副书记。

10月24日，一百余位年逾古稀的原中文系1956级校友在科技馆一楼报告厅举行入学50周年纪念大会。我校原副校长、校友总会负责人郭天榜教授出席会议并致辞。文学院有关领导和时任中文系1956级教师赵明教授、刘溶池教授等参加聚会。学生代表赵怀让、王芸等先后发言。会后，老校友们参观了新老校区并合影留念。

11月24日，中国戏剧家协会会员王艺生研究员应邀来校，在黄河文明与可持续发展研究中心三楼报告厅作题为"樊粹庭豫剧改革实践研究"的学术报告。

11月25日，中国社会科学院文学所研究员贺照田和北京交通大学哲学系教授田立年应邀来校，在八号楼二楼会议室分别作题为"中国当代学术研究的问题意识"和"中国当代学术研究的问题意识的商榷"的学术报告。

11月，在人民日报社、人民网与汕头大学长江新闻与传播学院举办的"2006大学生DV有奖征集"活动中，文学院"在路上戏剧影视工作室"组织学生创作的四部DV作品中，有三部顺利入围，它们分别是：《今天要下雨》（类型：剧情片，片长：11分5秒）、《等待遗忘》（类型：剧情片，片长：17分24秒）、《戏魂》（类型：纪录片，片长：13分31秒）。其中，在上半年举办的"青春视角"校园DV大赛中，《等待遗忘》获得最佳配乐奖及剧情片类二等奖，《戏魂》获得纪录片类一等奖。"在路上戏剧影视工作室"成立以来，2004年承担河南省第20个教师节文艺演出的策划与文学创作、2006年为"史料问题与百年中国文学转捩点学术研讨会"献演师陀名作《大马戏团》等。

12月28日，文学院在开来大酒店宴会厅举行2007年元旦联欢晚会。文学院党总支书记胡德岭代表院党政班子致辞。院工会主席梁遂即兴朗诵了一首自己创作的诗歌。为了增进师生互动，文学院当天下午还在文学馆门前举行拔河比赛，四百余名师生参加比赛。

本年，胡山林等的"文学欣赏导引"获批河南省精品课程。

杨国安的"后期封建文化进程中的韩愈接受与研究"、孟庆澍的"民初政论杂志与新文学的发生研究"、李伟昉的"梁实秋莎评研究"、胡山林的"终极关怀：文学深层精神价值研究"获批国家社科基金项目。李伟昉的"梁实秋莎评研究"也是河南大学博士后科研流动站建站后获批的第一个中国博士后科学基金项目，学校新闻网作了专题报道。

2007 年

1月8日，比较文学与世界文学专业获准设立省特聘教授岗位。

1月8日，文学院领导班子成员、各教研室主任，及相关评估办人员在党总支书记胡德龄、院长孙先科带领下赴郑州大学文学院考察教学评建工作。郑州大学文学院张鸿声院长围绕评建工作的历程、评建工作的具体做法、评建工作的体会等三个方面作详细介绍，现场进行自评汇报的幻灯演示。两院就评建工作中的诸多细节问题交换看法。

1月11日，文学院青年教师座谈会在黄河文明与可持续发展研究中心三楼会议室召开，文学院党政领导班子和40岁以下的青年教师近六十人参加座谈会。

1月17日，中国社会科学院文学研究所研究员、博士生导师、《文学遗产》杂志主编陶文鹏应文学院的邀请，在我校黄河文明与可持续发展研究中心作题为"浅谈文学研究论文写作"的报告。副院长杨国安教授主持报告会。

1月22日，首届"2006河南省十大教育年度人物"评选活动在郑州举行颁奖典礼，央视《百家讲坛》知名主讲人王立群教授荣获此奖。

2月19日，张启焕教授去世，享年83岁。张启焕教授是福建仙游人，1925年6月生。1945年在仙游师范毕业后，到仙游县榜东中心小学任教。1946年7月参加了中国共产党的外围组织——学友联谊会，1949年春参加了革命游击队。新中国成立后，回仙游师范接管学校并继续学习，1953年在福州大学毕业后，到北京师范大学中文系研究班学习。1955年9月到河南师范学院（今河南大学）中文系任教，曾任古代汉语研究室副主任，是中国语言学会会员、河南省语言学会理事。

3月9日，第五届道风奖学金颁奖仪式在河南大学办公楼二楼会议室举行。河南大学副校长曹奎，研究生院院长张德宗，文学院院长孙先科、总支书记胡德岭、副院长李伟昉、圣经文学研究所所长梁工以及河南大学比较文学与比较文化研究所的全体教师和研究生出席了会议。会议由李伟昉教授主持。本届奖学金获得者吴珊、赵晓芳、赵军涛、崔彦超，每人获奖金人民币2400元。

第五届道风奖学金颁奖仪式

张德宗（左二）、曹奎（左四）、胡德岭（右三）、孙先科（右一）

3月25日，文学院博士生导师、中国《史记》研究会常务理事、中央电视台《百家讲坛》"读《史记》"主讲人王立群教授应校教务处邀请，在理科综合楼409教室作题为"《史记》中的直笔与曲笔"的学术报告。教务处处长刘济良主持报告会。

3月27日，宋景昌教授去世，享年92岁。宋景昌先生是河南汝阳人，1916年1月生。1944年毕业于河南大学中文系，先后在陕西、重庆等地中学，云南石屏师范学校任教；1946年入昆明西南联大文学研究所学习，不久回到河南大学先修班任教；新中国成立后，先后在开封女中、开封师院中文系、开封师院附中、开封市文化干校、开封一师等处任教。1979年秋返回母校从事古代文学的教学与研究工作，曾任古代文学研究室主任，是政协开封市第五届委员，民盟河南大学副主任委员、中华诗词学会理事、河南省文联常委、河南省古代文学研究会顾问。

3月，文学院张大新教授的学术论文《金政权南迁与北杂剧的成熟》被《中国学术年鉴》人文社会科学版（2005）收入。该论文发表在2005年12月的《文艺研究》上。《中国学术年鉴》是由成思危、许嘉璐任总顾问，汝信主编的国家级社科类综合年鉴。

4月11日，刘景荣获批教授任职资格，耿纪平、刘涛、卢宁、孟庆澍、武新军、胡德岭获批副教授任职资格。

4月13日，学校2007年春季田径运动会经过三天的激烈比赛之后，在明伦校区东操场圆满结束。副校长梁晓夏出席闭幕式并为获奖团队颁奖，校体委副主任姚树基主持闭幕式。文学院夺得男女团体、女子团体和男子团体三项总冠军，获十五连冠。

4月22日，《王立群读〈史记〉之汉武帝》签名售书仪式在北京西单图书大厦一楼大厅举行，中宣部、新闻出版署、北京市委、中央电视台科教频道和我校党委副书记黄亚彬等领导参加首发式。

4月，刘进才、马惠玲入选2006年度河南省教育厅学术技术带头人。

4月，李伟昉《说不尽的莎士比亚》获河南省第四届文学艺术优秀成果奖。

5月9日，副校长宋纯鹏同志在校党委组织部等部门同志的陪同下参加了文学院党总支"讲正气、树新风"专题民主生活会。

5月16日，李伟昉获批2006年度河南省学术技术带头人，获得省政府颁发的证书和一次性奖金2000元。

5月24日，由校学生工作部主办的第六届校园短剧大赛决赛暨颁奖晚会在大礼堂举行。校领导赵国祥、曹奎观看演出并出席颁奖晚会。文学院参赛剧目《三十米的距离有多远》和《校园短剧大赛，我们来了》摘取本次短剧大赛桂冠，文学院学生王玉获优秀女演员奖，文学院获优秀组织奖。

第六届校园短剧大赛决赛暨颁奖晚会演出剧照

5月26日，由河南大学文艺学研究中心组织召开的"河南省高校文艺学教学与教材建设研讨会"在我校召开，来自河南省文学院及郑州大学、河南师范大学等省内高校的三十多位学者参加会议。会议就河南省高校文艺理论课的教学存在的问题以及不同版本文艺理论教材存在的问题进行了讨论。

6月12日，河南省教育厅蒋笃运厅长专程赶赴我校，检查我校的高招评卷工作，慰问评卷教师和工作人员，副厅长肖新生、省招办纪委书记王润木等随同蒋笃运同志来校。在校长关爱和、副校长赵国祥等陪同下，蒋笃运同志视察了语文和外语学科评卷点。

6月12日，河南大学2007届本科生毕业典礼暨学位授予仪式在学校大礼堂广场隆重举行。校领导张秉义、关爱和、郑邦山、黄亚彬、赵国祥、梁晓夏、丁庭选、曹奎、王凌、关学增，各学院、各职能部门的负责人，来自全校各学院的毕业生参加典礼。仪式由副校长赵国祥主持。文学院院长孙先科教授作为教工代表发言。

6月15日，为庆祝苏文魁从事诗歌创作50年和《苏文魁诗选》出

蒋笃运（左四）等视察阅卷现场

版，《信陵诗刊》在我校离退休工作处一楼会议室举办苏文魁诗歌座谈会。苏文魁，校工会原主席，离退休工作处《信陵诗刊》主编。他在大学生时代即酷爱写诗，从1958年开始诗歌创作，共发表各类诗篇一千余首，先后出版诗集《鹅卵石》《菊情》《苏文魁诗选》，主编《旅外诗笺》一部。在担任文学院党总支书记期间，兼任羽帆诗社顾问，热情扶持大学生诗歌创作。

6月21日，教育硕士（EDM）教育中心成立，挂靠教育科学学院。

6月30日，河南大学2007届研究生毕业典礼暨学位授予仪式在大礼堂举行。校领导张秉义、关爱和、赵国祥、丁庭选、曹奎、宋纯鹏、王凌、关学增和研究生导师代表等，1068名博士、硕士研究生出席典礼。毕业典礼由副校长宋纯鹏主持。文学院院长孙先科教授作为研究生导师代表发言。

6月，孙先科获批享受政府特殊津贴专家，获得国务院颁发的证书和一次性奖金2万元。

6月，关爱和的"梁启超与20世纪中国文学变革"、梁工的"20世纪多元文论与圣经批评的关系研究"、孙先科的"经典与经典的'重述'——'十七年'经典长篇小说的修改、续写、改编以及其历史阐述"、刘进才的"国语运动与中国现代文学"获批国家社科基金项目。徐杰的"语言教育对语言能力的解释度与华人社区汉语规范的宽式原则"

获得国家语言文字应用"十一五"科研重点项目资助。

6月，文学院在校本科生1316人，其中，一年级410人，二年级293人，三年级293人，四年级320人；博士研究生26人（中国现当代文学一年级6人，二年级5人，三年级4人；中国古典文献学一年级3人，二年级4人，三年级4人）。

9月24日，陈天福教授去世，享年77岁。陈天福教授是云南昆明人，1931年1月生。1954年毕业于昆明师范学校中文系，后到河南师院（今河南大学）中文系任教，从事现代汉语教学与研究工作，曾任中文系工会主席、现代汉语教研室副主任等职，并兼任全国文字改革委员会理事、中南修辞学会副会长、河南省语言学会常务理事、全国高等师范院校现代汉语教学研究会副会长等学术职务。

9月，由河南大学圣经文学研究所主办的《圣经文学研究》创刊，梁工教授任主编。该刊是研究圣经文学的专业性学术辑刊，每年出版两期。

《圣经文学研究》创刊号封面

10月13日，文学院在院一楼阶梯教室召开迎接本科教学水平评估动员会。院党总支书记胡德岭、院长孙先科等领导与全院教师出席动员会。会议由胡德岭主持。

10月16日，包括中国作协全委会委员、著名作家刘庆邦，中国作协主席团委员、著名作家柳建伟，采风团副团长、著名作家叶文玲在内的"中国著名作家看开封采风团"一行四十人来校采风。晚上，应文学院邀请，刘庆邦、柳建伟在科技馆二楼报告厅为学生作关于"写作之初"和创作经历的报告。

10月18日，副校长宋纯鹏到文学院评估与建设办公室指导本科教学水平评估工作。文学院院长孙先科、党总支书记胡德岭向宋纯鹏汇报了学院的评估建设工作。

10月21日，我校文学院著名教授、博士生导师、中央电视台《百家讲坛》主讲人王立群，应邀在大礼堂为我校师生作题为"读史明智，读史明理"的演讲。

10月22日，何琛教授去世，享年69岁。何琛教授是河南开封人，1939年4月生。1961年毕业于河南大学中文系，后在南阳地区桐柏一中、开封县仇楼高中、开封县陈留高中任教；1973年调入开封师院（今河南大学）中文系，担任教材教法教学与研究工作，曾任教材教法教研室主任、中国教育协会教学教法研究会秘书长等职。

10月22—26日，教育部本科教学工作水平评估专家组对我校本科教学工作水平进行评估。文学院接受专家组评估。

10月25日，由共青团河南大学委员会主办，文学院团总支承办的第十届讲课大赛在理综楼109教室举行。校团委、文学院相关负责人出席大赛，文学院部分教师担任大赛评委。12名参赛选手通过初选、复试，从一百五十多名选手中脱颖而出。12号选手陈丹以对杜甫的《绝句》诗境声情并茂的描绘和深刻的剖析，摘得大赛的桂冠。

10月27日，民盟漯河市委主委、漯河市政协副主席公小惠率团来到我校——河南省民盟组织的发祥地寻根走访，河南大学党委统战部、民盟开封市委和民盟河南大学委员会在新行政楼第四会议室举行情况介绍会。介绍会由民盟河南大学委员会副主委张一木主持。

10月28日，河南省博士后工作会议在郑州召开，会议通报4—6月份我省开展博士后科研流动站评估结果，河南大学中国语言文学博士后科研流动站评估等次为优秀，获得1万元奖励。

11月2日，李伟昉（导师：四川大学曹顺庆教授）的博士学位论文《英国哥特小说与中国六朝志怪小说比较研究》入选2007年全国优秀博士学位论文，成为中国比较文学与世界文学学科领域第一个全国百篇优秀博士学位论文奖获得者。

11月5日，北京师范大学中文系教授、博士生导师、教育部人文社科基地北师大文艺学中心主任、中国中外文艺理论学会副会长童庆炳应邀来校，在科技馆二楼作题为"美在关系说新探"的学术报告。

童庆炳教授学术报告会

童庆炳（右一）、张云鹏（右二）

11月8号，在黄河文明与可持续发展研究中心，河南省文联民间文艺家协会秘书长程健君作题为"中原神话的构建与中原神话调查回顾"的报告，阐述了中原神话从初现端倪到走向辉煌的不平凡的道路，并以自己的亲身经历告诉学生田野学术调查的艰辛和随之而来的成功喜悦。

11月10—11日，文学院2007年度本科生教学工作研讨会召开，学院全体领导与七十余名老师参加研讨会。院长孙先科总结了文学院 2006 年度的本科生教学工作，充分肯定了文学院 2006 年度本科生教学工作所取得的成绩，宣布获文学院 2006 年度本科生教学优秀奖的老师名单，并向获奖的老师们颁发证书和奖金。

颁奖现场

前排（自左至右）：穆海亮、魏清源、王利锁、白春超；后排（自左至右）：杨国安、胡德岭、孙先科、付民之、李孟来

11 月 21 日，文学院党总支、团总支和河南大学演讲学会联合主办的"心声献给党的十七大"诗歌朗诵大赛在科技馆二楼报告厅举行，文学院相关负责人出席比赛。赵雪莹、杨钦钦、段妍妍三位选手荣获大赛一等奖。河大演讲协会会长梁遂作精彩点评。

11 月 27 日，我校校友、中山大学教授、博士生导师康保成应邀来校，在黄河文明与可持续发展研究中心三楼会议室作题为"灯与灯节补考"的学术报告。报告会由高有鹏教授主持。

11 月 30 日，在第八届中国民间文艺最高奖"山花奖"颁奖典礼上，吴效群的《妙峰山——北京民间社会的历史变迁》获"中国民间文艺学术著作奖"，张振犁教授荣获"中国民间文艺终身成就奖"。作为"山花奖"创办以来首次颁发的奖项，"中国民间文艺终身成就奖"用以表彰那些年高德劭、为中国民间文艺作出卓越贡献的老一辈民间文艺专家。

11月，文学院在校本科生1431人，其中，一年级435人，二年级410人，三年级293人，四年级293人；博士研究生25人（中国现当代文学一年级4人，二年级6人，三年级5人；中国古典文献学一年级3人，二年级3人，三年级4人）。

12月12日，由文学院学生理论社团"马克思主义研究会"主办的2007年十七大专题时政沙龙在科技馆二楼报告厅举行。

12月14日，在黄河文明与可持续发展研究中心三楼会议室，国家一级编剧、河南省戏剧家协会副主席陈涌泉应邀作题为"古典名剧的现代转换"的报告。报告会由河南大学地方戏研究所所长张大新教授主持。

12月20日，由河南大学党委学生工作部、河南大学关心下一代工作委员会、文学院关工委和河南大学演讲学会联合主办的河南大学"践行知荣明耻，构建和谐校园"征文大赛颁奖会在新行政楼第四会议室举行。

12月26日，中国民主同盟河南大学委员会第十二次代表大会在新行政楼第四会议室召开。会议选举出新一届委员会委员，孙先科同志任主任委员，张一木等四位同志任副主任委员，侯运华同志任秘书长。会议由民盟河南大学副主委刘济良主持。

12月29日，开封市侨联成立五十周年庆祝大会在东京艺术中心召开，省侨联主席张亚洲及开封市委副书记顾俊等领导到会祝贺并讲话，我校二十余名侨联代表和五十多位演员参加会议。曾广平等三位同志荣获"开封市侨联工作个人贡献奖"。

12月，孙先科作为文艺界人选入选全省宣传文化系统第二批"四个一批"人才。

2008 年

1月7日，九三学社河南大学第六次社员大会在新行政楼第四会议室召开。会议选举产生新一届委员会，张大新任副主任委员。

1月8日，我校省级特聘教授聘任暨中期考核会议在黄河文明与可持续发展研究中心三楼会议室举行。省级特聘教授考核专家组组长、中国科学院院士吴养洁教授，考核专家组成员、省教育厅高教处副处长李培俊，以及接受聘任和考核的特聘教授出席会议。校党委副书记梁晓夏向受聘人员颁发聘书。伏俊琏受聘为中国古典文献学学科特聘教授。根据《河南省高等学校特聘教授考核管理办法》等文件要求，省教育厅决定对我校受聘满3年的省级特聘教授进行中期考核。孙先科、姚小鸥等10名受聘人员分别就受聘期间在教书育人、科学研究、学科建设、队伍建设等方面的工作进行汇报，并接受专家组的提问。我校黄河学者、校级特聘教授参加考核会议。聘任仪式和考核会议分别由校人事处处长刘先省和吴养洁院士主持。

1月10日，第六届道风奖学金颁奖仪式在河南大学办公楼二楼会议室举行。我校研究生工作部部长张克定、文学院院长孙先科、党总支副书记李孟来、圣经文学研究所所长梁工、比较文学与比较文化研究所的全体教师和研究生与会。到会领导向获奖者颁发荣誉证书和奖金，并合影留念。获奖者代表顾新颖和研究生代表马衡分别发言致谢。本届道风奖学金获得者博士生郭晓霞，获得奖金3600元，硕士生顾新颖、陈伟娜、刘淑君、孟令花，每人获得奖金1800元。

1月26日，王立群教授的《王立群读〈史记〉之项羽》新年新书签售会在北京西单图书大厦一楼大厅举行。几个小时的活动中，共签售《王立群读〈史记〉之项羽》近五千册。

1月，在"蓝焰杯"第二届河南十大教育新闻暨新闻人物揭晓典礼中，王立群教授领衔2006—2007年度河南十大教育新闻人物。省领导贾连朝、王菊梅等出席典礼并为当选的教育新闻人物颁奖。河南十大教育新闻人物评选活动由教育时报社、河南省教育网主办。

1月，校长关爱和当选第十一届全国人大代表。孙先科、王立群当选第十届河南省政协委员。

2月，中国语言文学博士后科研流动站获2007年河南省优秀博士后科研流动站。

3月1日，为纪念恢复高考制度30年，我校在大礼堂举行七七级同学入校30周年纪念大会，原校长李润田，现任校领导张秉义、丁庭选、曹奎、王凌、孟庆琦，七七级教师和同学代表在主席台就座。六百余名七七级学子参加大会，刘增杰作为七七级任课教师代表作了题为"生不逢时恰逢时"的发言。他说，七七级的出现具有非同寻常的意义。这是因为，他们是20世纪中国唯一的一次知识精英的超常规聚集，是1966—1977年12年青年英才的总汇合。七七级在校期间学习成绩出众，毕业后走上社会又出类拔萃，就在于他们是积压了12年青春和能量的总爆发。30年学习和社会实践的磨砺，使他们所体现的七七级精神显得更为耀眼。刘增杰把七七级精神概括为一种面对困境永不放弃的精神，赢得全体七七级同学热烈的掌声。

4月11日，杨国安获批教授任职资格，张亚军、孙彩霞、胡全章获批副教授任职资格。

4月19日，2008年春季田径运动会落下帷幕。副校长丁庭选出席闭幕式并为获奖团队颁发奖杯和证书。文学院囊括男女团体总冠军、男子团体第一名、女子团体第一名等奖项，第十六次成功折桂。尘封十六年之久的男子800米记录被文学院的孙爱亮同学打破。

4月19—21日，由中国社会科学院文学研究所和我校文学院主办的"改革开放30年与中国文学研究"学术研讨会在我校召开。中国社会科学院文学研究所所长杨义、副所长党圣元、副所长刘跃进等一大批知名专家学者出席会议。校长关爱和出席开幕式并致辞。

"改革开放30年与中国文学研究"学术研讨会

5月3日，白本松教授去世，享年74岁。白本松教授是河南温县人，1935年12月生，1961年毕业于西北师院中文系，后留校任教，不久被推荐在本校就读研究生，1964年毕业后到开封师范学院（今河南大学）中文系任教，一直从事中国古代文学的教学与研究工作，曾任中国寓言学会常务理事、中国古代散文学会理事、河南省古代文学学会会长等职。

5月12日，四川省汶川县发生里氏7.8级强烈地震。王立群教授第一时间捐出《王立群读史记》版税人民币六万元（其中一万元随河南大学捐赠，五万元直接寄往北京中国红十字总会）。

5月15日，河南大学对外汉语教学中心成立。

5月21日，河南省教育厅人文社会科学重点研究基地评估专家娄源功一行6人莅临我校，对我校中国现当代文学研究中心等三个研究基地进行实地考察。校长关爱和和副校长曹奎在我校黄河文明与可持续发展研究中心贵宾室接待了娄源功一行。专家组在曹奎和社科处、科研处等相关部门负责人的陪同下,实地考察了中国现当代文学研究中心等三个研究基地。中国现当代文学研究中心主任孙先科教授就本中心近年来进行的研究课题、取得的研究成果以及中心的发展状况,向专家组作详细汇报。

对中国现当代文学研究中心考察

娄源功(左一)、孙先科(左二)

5月27日,东南大学小说戏曲研究所所长、《东南大学学报》主编、博士生导师徐子方教授应邀来校,在黄河文明与可持续发展研究中心三楼作题为"戏剧本质与中国戏剧史"的学术报告。报告会由张大新教授主持。

5月27—28日,我校王宛磐、魏清源等4名教师在校党委统战部部长陈灿的带领下,赴栾川县为河南大学潭头附中近二百名2008年高考生作考前辅导报告。

5月30日,河南大学比较文学与世界文学专业第三届研究生学术活动周开幕式在文学院三楼比较文学与世界文学研究所举行。校长助理张德宗、研究生院、文学院、外国语学院以及比较文学与世界文学研究所的老师和全体研究生与会，会议由程小娟博士主持。活动周内容包括英语学术演讲会、学年论文报告会、硕士学位论文指导、学术报告会和专家授课五项活动。此前，5月23日和26日，英国伦敦大学著名学者钟志邦教授应邀来校作了两场学术报告，题目分别是"《约翰福音》的'道'与希腊、印度和中国的宗教哲学"和"基督教神学主题探讨"。

5月，在第十八届全国图书博览会期间，河南大学出版社新推出的文学院教授刘恪创作的《词语诗学·复眼》《词语诗学·空声》两书出版发布会在郑州会展中心举行。出版社总编辑张云鹏等出席会议，《中国新闻出版报》《中国图书商报》等国内数十家新闻媒体参加发布会。刘恪作了题为"今日阅读"的学术演讲。发布会后，刘恪为慕名而来的众多购书读者签名留念。

刘恪（右一）为读者签名

6月12日，北京大学中文系主任温儒敏教授，著名作家、文学评论家舒乙教授和中国现代文学馆副馆长、博士生导师吴福辉教授应邀来校，在明伦校区行政楼第四会议室与我校学生进行面对面交流。

6月19日，河南省普通高中新课程骨干教师培训班开学典礼在河南大学艺术学院音乐厅举行。省教育厅师范处处长尹洪斌、副处长田少辉，省基础教育教学研究室主任邵水潮，省继续教育中心主任孙梁予，河南大学高中新课程培训领导组组长、副校长赵国祥出席开学典礼。开学典礼由河南大学远程与继续教育学院院长焦峰主持。文学院王宛磬教授代表新课程培训授课老师、三门峡市卢氏第一高中语文教师王亚飞代表学员分别发言。参加骨干教师培训的全省教师共有2883名，涉及14个学科。我校承担语文、外语、地理、化学、历史、音乐、美术7个学科1447名教师的培训任务。

6月28日，应文学院和地方戏研究所之邀，台湾大学中文系教授、台湾民俗艺术基金会董事长曾永义在我校黄河文明与可持续发展研究中心三楼报告厅作题为"诗歌的音乐美"的学术报告。报告会由文学院教授、地方戏研究所所长张大新主持。

6月，武新军入选2007年度河南省教育厅学术技术带头人。

6月，张生汉的"《红楼梦》《歧路灯》《儒林外史》词汇比较研究"、伍茂国的"现代性语境中的叙事伦理研究——以小说为考察对象"、元鹏飞的"古典戏曲角色新考"、刘涛的"百年汉诗形式的理论探求——20世纪现代格律诗学研究"获批国家社科基金项目。

7月1日，我校2008届研究生毕业典礼暨学位授予仪式在大礼堂内举行。校领导关爱和、梁晓夏、赵国祥、丁庭选、曹奎、宋纯鹏、王凌、关学增、孟庆琦等在主席台就坐。毕业典礼由副校长曹奎主持。博士生导师、文学院教授王立群作为教师代表以"做你能做的而不是想做的"为题致辞。

7月22日，关爱和任河南大学党委书记。

7月25日，邢勇任河南大学副校长。

7月26日，2008北京奥运圣火到达河南大学，开始河南第二站开封站的接力传递。中央电视台"百家讲坛"主讲人、博士生导师王立群教授作为第一棒火炬手参与我校金明校区内的火炬接力活动。

王立群

  7月，我校中国现当代文学教学团队入选河南省高等学校省级教学团队。

  8月，省教育厅公布第七批河南省重点学科名单，中国语言文学一级学科入选河南省第七批重点学科。

  8月，教育部主办的《中国研究生》第6期，以"脚踏中西文化两船的人"为题，刊发全国优秀博士学位论文入选者李伟昉访谈文章，并配发封面照片。

《中国研究生》第六期封面

9月28日，在英国剑桥大学做访问学者的李伟昉，应邀作题为"游历：通往历史与文化的走廊"的讲座。

9月，在全国青少年主题教育"激情奥运，阳光校园"读书征文活动中，我校关工委、文学院和体育学院关工委分别荣获国家级集体一等奖；校演讲学会会长、此次读书征文活动辅导教师梁遂副教授荣获国家级优秀辅导一等奖。

9月，2007年度河南省社会科学优秀成果评审结果揭晓，刘进才的《语言运动与中国现代文学》获一等奖，吴河清的《论曹勋的使金诗》、元鹏飞的《戏曲与演剧图像及其他》获二等奖，白春超的《学衡派对模仿说和道德论的重新打造》、张大新的《二十世纪元代戏剧研究》、齐文榜的《贾岛研究》、屠友祥的《索绪尔与惠特尼：观念和符号联想结合的任意而约定俗成的特性》获三等奖。

10月2日，学校在大礼堂举行河南大学七八级同学入校30周年纪念大会，刘增杰作为任课教师代表发言。

10月3日，张中义教授去世，享年81岁。张中义教授是河南内乡人，1928年2月生，1948年考入河南大学，1950年留校任教，一直从事外国文学的教学与研究工作，曾任中文系外国文学教研室主任和中国外国文学学会理事、河南省外国文学学会会长等职。

10月17日，河南省人民政府、教育部共建河南大学协议签字仪式在河南人民会堂举行。周济、郭庚茂分别代表教育部和河南省人民政府在共建协议上签字。

10月20日，范廉卿因病去世，享年80岁。

10月22日，原中文系1958级近百位校友在明伦校区新行政楼第四会议室举行入校50年联谊会。校党委书记、校长关爱和，文学院负责同志，部分老教师代表与会。联谊会由原中文系1958级校友、开封市新世纪高级中学校长潘万岭主持。教师代表、我校原副校长陈信春，校友代表丁长义等致辞。校友李俊芳饱含深情地朗诵了为本次聚会创作的诗歌。

10月，汉语言文学专业获批国家级特色专业。

11月3日，学校研究决定，撤销文学院党总支，设立文学院党委。胡德岭任文学院党委书记。

11月8日，由中央电视台英语频道、外语教学与研究出版社联合主办，河南省教育厅高等教育处承办的2008年CCTV杯全国大学生英语演讲大赛河南赛区复赛暨河南省大学生英语演讲大赛在解放军信息工程大学落下帷幕。我校文学院2006级学生李辛获大赛一等奖。

11月11日，杨国安任校社会科学研究处处长、科研处副处长。

11月14日，张润泳任文学院副院长，马国强任校国际交流处副处长（港澳台事务办公室副主任）。

11月15日，李伟昉任文学院院长。

11月20日，孙先科任河南师范大学副校长。

11月20日，著名作家张承志应邀来校，在艺术学院405教室作题为"辽阔的山河与丰满的文化"的学术演讲。演讲开始前，副校长宋纯鹏代表学校向张承志颁发客座教授聘书。院长李伟昉主持报告会。

11月，文学院刘涛入选2008年度河南省高等学校青年骨干教师资助计划资助对象。

11月，文学院李伟昉教授获得全国优秀博士学位论文作者2007年度专项资助项目资助，资助金额为38万元。

11月，在湖南大学举行的中国高等教育学会新闻与传播专业委员会第六届理事会第二次会议上，王振铎教授获"中国新闻教育贡献人物奖"。

12月2日，申章文因病去世，享年81岁。

12月3日，由我校学生工作部主办、艺术学院承办的第七届校园短剧大赛决赛暨颁奖晚会在大礼堂举行。副校长曹奎出席并观看演出。文学院参赛剧目《我们的梦如花、如烟花》摘取短剧大赛桂冠，文学院的《青春纪念册》获二等奖，文学院刘辉和赵一萌分别获最佳男、女演员奖。《青春纪念册》获优秀剧本奖。文学院获优秀组织奖。

12月8日，杨彩云任文学院党委副书记，刘进才任文学院副院长，乔梁任历史文化学院党委副书记，马惠玲任国际交流处副处长（港澳台事务办公室副主任）。

12月19日，中国人民大学中文系教授、博士生导师程光炜应邀在文学馆二楼报告厅作题为"孙犁'复活'所牵涉的文学史问题"的报告。

12月21日，文学院教授、博士生导师王立群做客由校教务处和校团委共同主办的名家讲坛，在大礼堂作题为"读史的境界"的学术讲座。

12月23日，"2008中国魅力50人"评选揭晓，我校王立群教授入选"2008中国魅力50人"。"中国魅力50人"是由《南方人物周刊》主办的年度综合性网络评选。《南方人物周刊》给王立群的入选理由是：王立群是《百家讲坛》中的一把慢火，温和，持久。他通过"海选"登上热辣的《百家讲坛》，在耳顺之年一夜成名，在他慢条斯理的讲述中，观众有了帝王将相奔来眼底、历史浮沉涌上心头的体验。他让《史记》这部"史家绝唱、无韵离骚"普及到了寻常百姓的家里。

11月23日，在洛阳师范学院举行的河南省第六届高等学校师范教育专业毕业生教学技能大赛中，我院中文专业马娟霞获个人省级一等奖。

12月，教育部下发《教育部关于公布2008年度高等学校专业设置备案或审批结果的通知》（教高〔2008〕10号），我校申报的戏剧影视文学（文学类）专业获批。

2009 年

1月5日，我校在明伦校区行政楼第四会议室召开2008年度科研工作总结表彰暨2009年度国家社科基金申报动员大会。文学院获河南大学2008年度科研管理工作先进集体称号。

1月19日，教育部发布2007—2009年第二轮学科评估结果，河南大学中国语言文学学科排名并列32位。中国语言文学一级学科在全国高校中具有"博士一级"授权的单位共26个，本次参评23个；具有"博士点"授权的单位共32个，本次参评10个。还有3个具有"硕士一级"授权和11个具有"硕士点"授权的单位也参加了本次评估。参评高校共47所。[①]

排名	学校代码及名称	整体水平得分
1	10027 北京师范大学	86
2	10001 北京大学	83
3	10246 复旦大学	81
4	10284 南京大学	80
5	10610 四川大学	78
6	10055 南开大学 10558 中山大学	76
28	10031 北京第二外国语学院 10212 黑龙江大学 10272 上海财经大学 10370 安徽师范大学	66
32	10030 北京外国语大学 10033 中国传媒大学 10247 同济大学 10475 河南大学 10697 西北大学 10730 兰州大学 10736 西北师范大学	65

---

① 据中国学位与研究生教育信息网 http://www.chinadegrees.cn/xwyyjsjyxx/zlpj/xksppm/。

1月，文学院在校本科生1485人，其中，一年级347人，二年级435人，三年级410人，四年级293人；博士研究生23人（中国现当代文学一年级4人，二年级4人，三年级6人；中国古典文献学一年级3人，二年级3人，三年级3人）。

2月12日，应河南电视台之邀，校党委书记、校长关爱和，副校长赵国祥、宋纯鹏及文学院教授王立群作为嘉宾做客"对话中原"栏目，共同回顾"百年河大、厚积薄发"的历史进程。

2月23日，黄炳申获河南大学2008年安全工作先进个人称号。

2月25日，关爱和不再担任河南大学校长职务。

3月9日，第七届道风奖学金颁奖仪式在河南大学文学院二楼会议室举行。我校研究生院、文学院、圣经文学研究所，以及比较文学与世界文学专业的全体教师和研究生与会。马衡、尹红茹、未志英、高顺洁四位同学获本届道风奖学金，每人获得奖金2400元。

3月12日，文学院举行第十一届学生讲课大赛。刘杨和杨钦钦获一等奖，张颖等四位同学获二等奖，李晶等六位同学获三等奖。

3月15日，在教务处主办的"名家讲坛"本学期第一次讲座上，李伟昉教授以"点滴剑桥"为题，与师生一起分享了他在英国剑桥大学做访问学者时的见闻。

3月16日，胡山林的《人生视角读名著》（教材）获河南大学2009年校级教学成果特等奖。

3月，由河南大学出版社出版的刘思谦《"娜拉"言说——中国现代女作家新路纪程》获河南省2006—2007年度优秀图书一等奖。

3月，由文学院团委主办，铁塔文学社、大平原文学社、羽帆诗社协办的校园学生刊物《试墨》创刊号发行，校党委副书记王凌、副校长曹奎等分别为刊物题词。该刊物旨在弘扬河大人文精神，丰富校园文化生活，为河大学子提供一个纵笔驰骋、诗意栖居的空间与平台。

《试墨》创刊号封面

　　4月1日，中共中央政治局常委、中央书记处书记、国家副主席习近平在中共河南省委书记徐光春、省委副书记陈全国等的陪同下莅临我校，考察学校改革与发展，指导学校深入学习实践科学发展观活动。习近平同志参观了河南大学新老校区，随后来到学生社团马克思主义研究会组织的以"知行合一、报效祖国"为主题的学习实践科学发展观研讨会会场，与大学生们进行座谈交流，回答了同学们关心的一些理论问题，并勉励大家把人生追求与国家的发展和需要结合起来，注重科学理论的学习，注重社会实践的锻炼，扎实打好各方面基础，努力成为建设祖国的高素质人才。①

习近平同志与河南大学学生座谈

资料来源：新华网

4月2日，副校长宋纯鹏到文学院作深入学习实践科学发展观专题报告。

4月8日，应文学院之邀，华东师范大学教授、博士生导师方勇在我校文学馆二楼作题为"《庄子》从重义理到重文章研究"的报告。

4月17日，学校2009年春季田径运动会圆满落下帷幕。副校长曹奎、关学增，相关部门负责人出席闭幕式。文学院表现依旧强势，将男女团体、女子团体和男子团体三项冠军收入囊中，勇夺十七连冠。

4月20日，吴效群、吴河清、刘进才获批教授任职资格，杨萌芽、陈丽丽、沈红芳、张丽珍、伍茂国获批副教授任职资格。

4月23日，学校公布新一届学位评定委员会组成人员，李伟昉入选委员。文学院评定分委员会组成情况如下：

主席：李伟昉

副主席：刘进才、付民之

---

① 照片中习近平同志对面作汇报的是文学院团委副书记、2006级学生王允妆（女）。习近平同志身后穿黑色外套的是文学院学生会主席、2008级学生郑兆。黑板下分别是文学院2006级学生崔华磊（左一，男）、杜诗雨（左二，女）。

委员：魏清源、张进德、张清民、胡德岭、张俐、周杰林

4月25日，王立群的"汉魏六朝文学"获批河南大学2009年校级精品课程。

4月25日，李伟昉（主讲课程：比较文学）获河南大学第五届教学名师奖。

4月29日，在学校召开的河南省优秀专家座谈会上，校长娄源功宣读了中共河南省委、河南省人民政府《关于命名表彰第七批河南省优秀专家的决定》。王立群获河南省名誉优秀专家称号。

4月，我校特聘教授耿占春凭借著作《失去象征的世界——诗歌、经验与修辞》摘得第七届华语文学传媒大奖"年度文学评论家"桂冠。华语文学传媒奖由《南方都市报》于2003年创办，下设年度杰出作家、小说家、散文家、最具潜力新人、文学评论家、年度诗人六个奖项。

4月，王立群教授被评为"河南省劳动模范"。

5月14日，副校长刘志军到文学院进行调研。

5月19日，校长娄源功到文学院进行调研。娄源功希望学院一要继续保持传统优势学科的领先地位；二要坚定信心，整合力量，制定切实可行的近期计划和中长期发展规划，力争在一级学科博士点申报和国家级重点学科突破方面取得好成绩；三要不断完善本科生和研究生培养体系，进一步提高学生培养质量，探索建立完整的质量评价机制；四要正确处理教学和科研的关系，引导广大教师充分发挥自身优势，争取科研、教学双丰收；五要依托学院深厚的学术积淀和良好的育人传统，打造学术团队，树立旗帜，培育大师级的学术代表人物，影响和带动学院乃至学校整体学术研究水平的提升。

5月23日，著名文艺评论家、教授、河南省文艺评论家协会副主席刘敏言新作《回眸：刘敏言评论文集》首发式、向我校图书馆赠书仪式在郑州举行。此次活动由省文化厅和省文联主办。刘敏言先生1961年毕业于河南大学中文系。

6月1日，文学院首届教职工子女"明星杯"作文大奖赛颁奖仪式在院办公楼举行。许心获特等奖，张冲、武子敬、侯逸飞三名同学获一等奖。院党委书记胡德岭、院长李伟昉及相关负责人分别为获奖同学颁奖。

6月5日，文学院"我爱我的祖国"征文大赛获奖作品颁奖暨演讲朗诵会在科技馆二楼报告厅举行。我校关工委、文学院及相关部门负责人出席仪式。张克慧等八名同学荣获议论文类一等奖，翟明磊等八名同学获诗歌类一等奖。

6月7日，省委政策研究室特邀《百家讲坛》主讲人、我校文学院教授王立群，在郑州举办的第三期中州论坛上详解省委书记徐光春在全省旅游产业发展大会上提出的"一部河南史，半部中国史"。我校校长娄源功及省直有关部门、部分高校负责人出席会议。

6月12日，河南大学2009届本专科毕业典礼暨学位授予仪式在大礼堂广场前举行。校领导以及各职能部门负责人、各学院导师代表出席典礼。典礼由校党委副书记梁晓夏主持。博士生导师王立群教授作为教师代表、文学院优秀毕业生石云萍作为毕业生代表分别致辞。

6月22日，郑慧霞、杨亮、许卫东获河南大学第六届教师讲课大赛二等奖。

6月25日，中国现当代文学专业博士生刘骥鹏、张舟子获河南大学第十届侯镜如奖学金。

6月，李伟昉教授荣获河南省第五届"高等学校教学名师"称号。

7月8日，学校印发《河南大学黄河学者和特聘教授岗位设置及聘任管理办法》《河南大学河南省特聘教授待遇及管理暂行规定》。

7月，胡德岭获"2009年度河南省高等学校优秀思想政治工作者"称号。

9月10日，李伟昉教授作为河南大学教师代表在庆祝第25个教师节大会上发言。

9月10日，许卫东、王宏林、魏清源、侯运华、梁遂、伍茂国、张大新获教学优秀奖，毕桂发获科研优秀奖特别荣誉奖（退休人员），关爱和、元鹏飞、白春超、张大新、齐文榜、屠友祥、伍茂国、刘涛、张生汉、刘恪、胡山林、梁工、高有鹏、金惠敏获科研优秀奖，胡德岭获思想政治教育工作优秀奖，胡山林获师德标兵称号。

9月10日，台湾师范大学国文系教授林保淳应邀来校，在科技馆二楼报告厅作题为"金庸与武侠小说"的专题报告。副院长刘进才主持报告会。

9月13日，我校校友、国家烟草专卖局副局长张保振向我校图书馆捐赠图书。此次他委托文学院胡山林教授向图书馆捐赠了他的著作《钥匙奶油——管理三辨》《抬头低头——生活哲学札记》等共4种89册。张保振，1951年出生于河南新郑，1976年毕业于开封师院（今河南大学）中文系，现任国家烟草专卖局副局长、河南大学名誉教授、经济学博士生导师、高级经济师。

9月18日，河南文艺出版社副总编辑王国钦代表河南文艺出版社向我校文学院捐赠了由该社出版的《云中谁寄锦书来》等57种图书。作为我校七九级校友，王国钦还将他个人所著的《守望者说》《歌吟之旅》《中州诗词精华》捐赠给了文学院。王国钦，笔名好雨、溱洧，1983年毕业于河南师大（今河南大学）中文系。1983年3月10日，倡议并创办了我校文学社团——"羽帆诗社"。

9月27日，在省委宣传部、组织部、统战部等10个部门联合开展的"60位为新中国成立作出突出贡献的英雄模范人物"和"60位新中国成立以来感动中原人物"评选活动中，王立群教授入选"60位新中国成立以来感动中原人物"。

9月28日，学校公布第九批校级教学改革项目名单。李伟昉的"中文专业文学课程体系与教学内容改革研究与实践"获批重大项目，白春超的"中国现当代文学选修课教学改革与教材建设"获批重点项目，徐丽君的"高等教育文科专业校企接轨实训平台的构建——以文秘专业为例"、陈丽丽的"新教改体系下大学语文课程的研究与实践"获批一般项目。

9月28日，王怀通教授去世，享年75岁。王怀通教授是河北香河人，1935年11月生，1960年毕业于开封师院（今河南大学）中文系，1961年入北京大学中文系攻读文艺理论专业硕士研究生，1965年8月回开封师院任教，从事文艺理论专业的教学与研究工作，著有《马列文论教程》《美学理论新编》等，曾任河南省文艺理论研究会副会长、河南省美学学会常务理事、河南大学文学院工会主席等职。

9月29日，学校成立汉语国际教育硕士（MTCSOL）教育中心（副处级），挂靠文学院。刘进才兼任汉语国际教育硕士教育中心主任。

9月29日，已故著名诗人、我校中文系62级校友王怀让先生的亲属向我校捐赠图书。

9月，王立群教授荣获第五届全国高校教学名师奖。

10月9日，著名作家、吉林大学副教授余迎（笔名英子）到我校作报告。英子毕业于我校中文系78级，曾获两届"冰心奖"、首届"吉林文学奖"，小说《诗一般的清川江》入选2008年《中篇小说选刊》，小说《勾魂眼》发表于《作家》杂志，童话《到非洲去看树》入选人民教育出版社小学语文三年级教材，她撰写的《七八级故事》热情讴歌了我校中文系七八级同学在校期间点点滴滴难忘的故事，她撰写的《潭头故事》歌颂了我校师生在抗战时期艰苦奋斗办学不辍的光辉事迹。

10月19—21日，我校省（校）特聘教授、黄河学者届满（中期）考核会议在黄河文明与可持续发展研究中心三楼会议室召开。考核会议由考核工作专家组组长、河南师范大学校长焦留成主持。中国古代文学学科省特聘教授姚小鸥、汉语言文字学学科黄河学者徐杰、文艺学学科黄河学者屠友祥、文艺学学科校特聘教授耿占春、比较文学与世界文学学科校特聘教授梁工接受届满考核，美学学科省特聘教授金惠敏、汉语言文字学学科校特聘教授杨永龙、民俗学学科校特聘教授高有鹏接受中期考核。

10月20日，李伟昉被河南省委组织部、省委宣传部、河南省社科联评为"第四届河南省优秀青年社科专家"。

10月20日，李俊香、洪光、李伟、李丹、薛奎师、秦文博、孙爱亮、韩雪、张云霞、郑笑丛、杨志军、赵军亮、焦勇勇、宗倩倩、刘洁、王惠、赵一盟等17名学生获河南大学2009年暑期社会实践活动先进个人，杨志军的社会实践调查报告《支教下乡，心系父老；阳光体育，情满山村》获暑期社会实践活动优秀成果二等奖，魏桢的《09年栾川县经济发展环境问题调查报告》、邱露的《关于栾川在教育方面落实科学发展观的实践报告》、洪光的《关于暑期调查栾川教育系统落实科学发展观的实践报告》获优秀成果三等奖。

10月22日，由教育部人文社科重点研究基地河南大学黄河文明与可持续发展研究中心、河南省民间文艺家协会联合举办的"张振犁先生学术思想研讨会"在河南大学老校区河南大学黄河文明与可持续发展研究中心三楼会议室举行。

张振犁先生学术思想研讨会

10月24日，由中国社会科学院语言研究所、全国汉语方言学会和河南大学共同主办的"丁声树先生百年诞辰纪念暨第五届官话方言国际学术研讨会"在我校召开，校党委书记关爱和致辞。中国语言学会会长侯精一研究员、汉语方言学会会长熊正辉研究员、原国家语委副主任陈章太教授、中国社会科学院语言研究所副所长刘丹青研究员等和来自海内外的专家九十余人，就丁声树先生的学术思想和官话方言研究两个主题进行了研讨。

10月25日，文学院团委、学生会在科技馆二楼报告厅举办主题为"把酒话桑麻"的名师座谈活动，文学院院长李伟昉、张大新教授、魏清源教授和蔡玉芝副教授应邀出席座谈会。

10月29日，文学院党委召开学院党委换届选举工作大会。会议由院党委副书记杨彩云主持。胡德岭等7人当选新一届党委委员。

10月29日，瑞典乌普萨拉大学教授阿尔斯特兰德女士应邀来院，在我校文学馆二楼作题为"论'基督教信心的危机'"的报告。

10月31日，由中国文联、中国民协、宁波市人民政府主办的第九届中国民间文艺山花奖颁奖典礼在宁波市举行。张振犁、陈江风、任骋的

《中原文化大典·民俗典》获民间文艺学术著作奖。第九届中国民间文艺山花奖一共颁发了民间文艺表演、学术、工艺、影像、成就、文学作品共六大类7个奖项。

10月，《教育部、财政部关于立项建设2009年国家级教学团队的通知》（教高函［2009］18号）下发，我校由关爱和教授牵头的中国现当代文学教学团队获批国家级教学团队。

10月，文学院杨站军主持完成的河南省社科项目研究成果《中国古典诗歌变革的困境——黄遵宪诗歌研究》入选第二批《河南省哲学社会科学规划项目成果文库》。

10月，刘增杰、关爱和教授的著作《中国近现代文学思潮史》（上、下卷）获2008年度河南省社会科学优秀成果奖一等奖。

10月，曹炳建的"《西游记》版本流变研究"、胡全章的"清末民初白话报刊研究"、张先飞的"新文学发生期人道主义观研究"获批2009年度国家社科基金项目。

10月，河南大学获批汉语国际教育硕士专业学位培养单位。汉语国际教育硕士，注重培养具有熟练的语言教学技能和良好的跨文化交际能力，适应汉语国际推广工作，能胜任多种教学任务的高层次、应用型、复合型专门人才。该专业学制两年，通过对该专业规定课程的学习，毕业生不仅可以获得毕业证、学位证，还可以获得从事对外汉语教学的教师资格证。

10月，关爱和教授主持的"中国近代文学史"获批2009年度国家级精品课程。

11月1日，上海师范大学教授陈昌来应邀来院讲学，在文学馆二楼作题为"从'×来'双音词的形成发展谈汉语词汇化的研究"的学术报告。

11月4日，学校公布第三届学术委员会组成人员，关爱和入选顾问，杨国安入选副秘书长，李伟昉入选委员。王立群、张云鹏、张生汉入选人文科学学部委员。

11月6日，学校对2009年河南大学师范教育专业毕业生教学技能比赛获奖单位和个人进行表彰。文学院学生成玉丽、任振静获一等奖，吕曼、贺志晶、曹艳、殷蕾获二等奖，翟智玲获三等奖。胡山林、蔡玉芝获优秀辅导教师称号。

11月，梁工的《圣经叙事艺术研究》和刘进才的《语言运动与中国现代文学》获教育部2009年"高等学校科学研究优秀成果奖（人文社会科学）"著作类三等奖。

11月，文学院在校本科生1513人，其中，一年级321人，二年级347人，三年级435人，四年级410人；博士研究生21人（中国现当代文学一年级4人，二年级4人，三年级4人；中国古典文献学一年级3人，二年级3人，三年级3人）。

12月1日，张云鹏任学校人文科学学部学术委员会副主任。

12月2日，著名作家二月河受文学院之邀在艺术学院音乐厅与我校师生共话"历史与艺术的整合"。报告会由文学院院长李伟昉主持。报告会开始前，我校常务副校长赵国祥为二月河颁发河南大学兼职教授聘书。

12月3日，张国臣《嵩山的流泉》捐赠仪式暨文化丛书出版研讨会在我校举行。活动由河南省社会科学院、河南省社会科学界联合会、河南大学联合举办。《嵩山的流泉》系列文化丛书集哲学、文学、艺术、宗教、法学、天文、地理、医药、武术、摄影等学科于一体，包含《散文卷》《诗词卷》《武术卷》《文学脚本卷》《评论卷》《理论卷》《演讲卷》《箴言卷》《摄影卷》9卷，近四百万字，由河南大学出版社出版发行。

张国臣《嵩山的流泉》捐赠仪式暨文化丛书出版研讨会

12月8日，台湾大学名誉教授、台湾世新大学讲座教授曾永义先生应邀来院讲学。报告会开始前，文学院副院长刘进才教授向曾永义先生颁发了河南大学兼职教授聘书。

12月8日，学校公布2010—2012年校级重点科研机构及负责人名单。文学院语言科学与语言规划研究所、比较文学与比较文化研究所、国学研究所、河南地方戏研究所入选校级重点科研机构。聘任张宝胜为语言科学与语言规划研究所所长，聘任梁工为比较文学与比较文化研究所所长，聘任王立群为国学研究所所长，聘任张大新为河南地方戏研究所所长。研究所建设周期为三年，研究所负责人聘期为三年。

12月12日，受河南省文化厅邀请，在文学院博士生导师、河南地方戏研究所所长张大新教授的带领下，河南大学百余名师生在河南省艺术中心大剧院观赏台湾戏曲学院新编昆曲《李香君》。校长娄源功，校港澳台事务办公室、文学院等部门有关领导也到场观看了演出。昆曲《李香君》取材于清代剧作家孔尚任的《桃花扇》，由台湾著名学者曾永义教授改编而成。这次演出是按照文化部两岸文化交流规划、应省文化厅之邀而进行的，旨在进一步加强两岸文化交流与合作。

12月14日，吕曼获河南大学2008—2009学年冰熊奖学金。河南大学冰熊奖学金是商丘冰熊集团为鼓励我校学生刻苦学习而捐资设立的专项奖学金。

12月29日，河南省非物质文化遗产保护工作专家委员会聘书发放仪式在河南饭店会议室举行。我校张大新教授、高有鹏教授当选为专家委员会委员，并接受了省文化厅副厅长黄东升颁发的聘书。

12月30日，全省高层次优秀人才表彰大会在郑州隆重召开，中共河南省委副书记、省长郭庚茂出席会议并作重要讲话。省优秀专家王立群作为高层次优秀人才受到表彰。

12月31日，文学院在院一楼大教室召开第三届四次双代会，学院全体班子成员及教师代表参加大会。院党委书记胡德岭致开幕辞，院长李伟昉代表院行政作工作报告，工会主席梁遂代表院工会作工会工作报告，会议讨论并通过了院工作报告和工会工作报告。大会由院党委副书记杨彩云主持。

12月，王宏林（文学院，中国语言文学博士后科研流动站）、伍茂国（文学院，中国语言文学博士后科研流动站）、辛永芬（国际汉学院，中国语言文学博士后科研流动站）获批博士后科学基金面上二等资助，各获得3万元资助。

12月，刘增杰的"中国现代文学史料学研究"和杨亮的"元代翰林国史院文士及其诗歌活动研究"分别获批2009年度教育部人文社科项目规划项目（资助7万元）和青年项目（资助5万元）。

2010 年

1月6日，由校学生工作处主办、艺术学院承办的第八届校园短剧大赛暨颁奖晚会在艺术学院三楼排练厅举行。文学院参赛剧目《立木取信》摘得短剧大赛桂冠，《我们成长于天蓝时代》获二等奖。

1月7日，我校教职工"讴歌祖国、增辉河大"演讲比赛总决赛在明伦校区新行政楼一楼第四会议室举行。演讲比赛由校工会主办，文学院工会、校演讲学会承办。

1月7日，文学院在明伦校区科技馆二楼召开学风建设系列活动总结大会。校党委副书记、工会主席王凌，副校长曹奎出席会议，教务处、学生处等部门相关负责人，文学院全体领导班子成员、师生代表参加大会。

1月13日，文学院在明伦校区科技馆二楼召开庆祝河南大学马克思主义研究会成立20周年大会。校党委副书记、工会主席王凌，副校长、马克思主义研究会首任会长邢勇出席，校党委宣传部、学生处、团委、马列德育教研部等部门相关负责人，文学院全体领导班子成员、师生代表参加大会。王凌和邢勇共同揭晓了河南大学马克思主义研究会的会徽。文学院党委书记胡德岭向邢勇颁发了荣誉会长证书。播放了由会员制作的会庆短片《弱冠之忆》。

1月14日，文学院举行"奉献爱心，挽救生命"捐款仪式，共有113位教工为身患白血病的侯吉永博士捐款50900元。侯吉永是文学院教师，南京师大文章学在读博士。

1月15日，学校公布2009年河南大学优秀博士、硕士学位论文评选结果。李勇的《媒介时代的审美问题研究》（指导教师：张云鹏）获优秀博士学位论文，涂琳琳的《"沉醉"与"清醒"：纳博科夫长篇小说研究》（指导教师：李伟昉）获优秀硕士学位论文。

1月，2009年全省研究生优秀博士学位论文、硕士学位论文评选工作揭晓，我校中国现当代文学专业博士李勇的学位论文获得省优秀博士学位论文，比较文学与世界文学专业硕士涂琳琳的学位论文获得省优秀硕士学位论文。

3月1日，李伟昉的"比较文学"入选河南大学2010年校级精品课程。

3月18日，我校第八届道风奖学金颁奖仪式在文学院比较文学与比较文化研究所举行。研究生院、文学院相关负责人，圣经文学研究所、比较文学与世界文学专业的全体师生出席了会议。本届道风奖学金获得者为聂楠、厉盼盼、陈晓飞、庞瑞四位同学，每人获得奖金2400元。

3月25日，黄炳申获河南大学2009年度安全工作先进个人称号。

3月27日，文学院2010年度本科教学工作会议在安阳召开。院党政领导班子、各教研室主任及与会教师一百余人参加了会议。会议公布了文学院新一届教学督导组名单及《文学院教学奖励实施办法》，并向文学院2009年度教学优秀奖获得者颁发了证书和奖金，向在河南大学讲课大赛中获奖的老师颁发了奖金。

3月，《汉语言文学研究》正式创刊。

4月2日，河南省语言文字工作委员会、河南省教育厅公布"首届全国大中小学生规范汉字书写大赛河南赛区"评选结果，文学院马省坡荣获河南赛区高校组一等奖。

4月6日，为纪念"人民诗人"王怀让逝世一周年，由河南日报报业集团、省文联、河南大学、河南电视台主办，省作家协会、省诗歌学会承办的"站在太阳和大地之间——人民诗人王怀让诗歌朗诵演唱会"在河南电视台演播大厅举行。著名朗诵家殷之光、张家声、徐涛和我校百余名师生共同朗诵了诗人的十余首佳作。校党委书记关爱和，党委副书记、工会主席王凌在党委宣传部相关负责人的陪同下一起观看了演出。

王怀让祖籍河南济源，生前曾任河南日报社编委委员、文艺处处长、高级编辑，河南省文联主席团成员、河南省作家协会副主席、河南省诗歌学会会长，享受国务院政府特殊津贴。王怀让 1962 年考入开封师院（今河南大学）中文系，自 1958 年起创作诗歌，生前发表诗作数千首，尤以《我骄傲，我是中国人》《我们光荣的名字：河南人》《中国人：不跪的人》"三人""三作"等诗篇享誉海内外。2009 年 4 月 7 日，王怀让在郑州逝世，享年 67 岁。

4 月 6 日，我校高有鹏教授在"清明文化名家报告会"作首场报告。该活动系由中国文联、河南省人民政府共同主办，中共河南省委宣传部、河南省文联和中共开封市委、开封市人民政府承办的"我们的节日——中国（开封）2010 清明文化节"系列活动之一。

4 月 6 日，河南省教育厅公布了"2010 年度河南省高等学校精品课程"的评审结果。我院"比较文学"被评为河南省高等学校精品课程。

4 月 7 日，比较文学与世界文学教学团队（带头人：李伟昉）入选河南大学 2010 年校级教学团队。

4 月 8 日，学校制定下发《河南大学关于深化与"两院"合作的意见》，强调进一步加强与中国科学院研究生院、中国社会科学院研究生院的合作。

4 月 9 日，我校 2010 年春季田径运动会在明伦校区东操场圆满落幕。校长娄源功，党委常务副书记梁晓夏，常务副校长赵国祥，党委副书记、工会主席王凌，副校长曹奎，以及相关部门负责人出席闭幕式。文学院独占鳌头，包揽男女团体、男子团体和女子团体三项冠军，夺得十八连冠。

4 月 22 日，文学院开展第一届"国际秘书节"活动。活动包括宣传活动与秘书职业技能竞赛活动。

4 月 30 日，学校决定，撤销《中学语文园地》编辑部，成立《汉语言文学研究》编辑部（副处级），挂靠文学院。李伟昉兼任《汉语言文学研究》主编。

5 月 4 日，杨萌芽任《汉语言文学研究》编辑部主任。

5 月 6 日，王建平任马列德育教研部党总支副书记、副主任。

5 月 16 日，由文学院团委、学生会主办的第一届"超级状元"校园选秀比赛决赛在科技馆二楼举行。民生学院的孔祥云摘得"状元"桂冠，文学院的王燕和杨龙飞分别荣获"榜眼""探花"称号。

5月17日，李金松、王建平、张先飞获批教授任职资格，董群智、王宏林、徐飞、元鹏飞获批副教授任职资格。谢玉娥获批研究馆员任职资格。

5月25日，刘溶池教授去世，享年94岁。刘溶池教授是河南淇县人，1917年3月生，1939年9月考入中央大学医学院，后转入文科，1943年7月获文学学士学位。1945年9月考入中央大学文科研究所，并先后在重庆南开中学、淮南淮阳中学、许昌师范、南京一中兼任语文教员，1948年7月获硕士学位，任国立编译馆副编审。新中国成立后，到北京革命大学学习，1950年8月到北京师范大学附中任教，1952年7月调入河南大学。长期从事中文专业的教学与研究工作，曾任写作教研室和文艺理论教研室副主任。

5月27日，文学院在明伦校区综合教学楼209教室举办本科生教学技能大赛。2007级选手刘畅、2008级选手李晶获得一等奖，段妍妍、张双双、冯王玺获得二等奖，其余三位选手获得大赛三等奖。

5月27日，文学院比较文学与世界文学专业举办"第五届研究生学术活动周"，包括英语学术演讲会、学年论文报告会、学术报告会、专家讲课四项内容。

5月，我校文学院马克思主义研究会被团中央评为"大学生思想引导优秀活动案例"。

5月，吴效群入选2009年度河南省教育厅学术技术带头人。

6月8日，由文学院主办，影视协会协办的第三届配音大赛决赛在文学馆举行。

6月13日，中国艺术研究院戏曲研究所所长、博士生导师刘祯教授应邀来校作题为"戏曲的传统与时尚"的报告。报告会由我校文学院博士生导师、河南地方戏研究所所长张大新主持。副校长曹奎为刘祯颁发兼职教授聘书。

6月28日，学校对2009年获得河南省和河南大学优秀博士、硕士学位论文的作者和指导教师进行表彰，并给予河南省优秀博士学位论文作者和指导教师分别 5000 元/篇、河南省优秀硕士学位论文作者和指导教师分别 4000 元/篇、河南大学优秀博士、硕士学位论文作者和指导教师分别 1000 元/篇的奖励。

6月28日，中国现当代文学专业研究生王玲玲、中国古典文献学专业研究生李雪峰获第十一届河南大学侯镜如奖学金。

7月，《教育部财政部关于批准2010年度国家精品课程建设项目的通知》（教高函〔2010〕14号）下发，李伟昉教授主持的"比较文学"获批国家级精品课程。

8月7日，文学院1996级毕业十年座谈会暨感恩图书捐赠仪式在新行政楼第四会议室举行。副校长邢勇、文学院领导及当年的任课教师代表出席会议。陈义代表1996级全体同学，向文学院捐赠了商务印书馆出版的"汉译世界学术名著译丛"精装本一套。这套书共计400种490本，是改革开放以来规模最为宏大、品格高蹈卓拔的一套汉译思想译丛，在学界享有盛誉。文学院院长李伟昉代表学院接受了捐赠。

8月28日，在2010美国圣地亚哥国际儿童电影节上，由我校中文系七七级校友、河南著名作家孟宪明编剧，河南飞鹏文化传媒有限公司拍摄制作的带有浓郁河南乡土气息的儿童电影《新年真好》，一举摘得2010美国圣地亚哥国际儿童电影节"最佳儿童片"大奖，这也是河南儿童影片历史上的第一个国际大奖。

8月，由知名学者龚鹏程教授、王明荪教授带领的海峡两岸国学营来到我校，同我校文学院师生进行国学研究学术交流活动，拉开了海峡两岸第四届国学营"中原文化之旅"的序幕。

9月8日，我校2010级学生开学典礼暨军训动员大会先后在明伦校区大礼堂广场和金明校区明德广场举行。大会由常务副校长赵国祥主持。王立群教授代表全校教职工向2010级新生表示热烈的祝贺。他送给同学们三句话：一，调整好心态；二，规划好目标；三，把握住自己。他希望同学们学会宽容，以诚待人；拒绝诱惑，努力学习；加强锻炼，坚持主见，并祝愿大家走好大学生活的第一步。

9月9日，河南大学2010级研究生开学典礼在明伦校区大礼堂举行。校领导关爱和、娄源功等出席典礼，典礼由常务副校长赵国祥主持。文学院院长、博士生导师李伟昉教授代表全体导师发言。

9月23日，我校校友、国家烟草专卖局副局长张保振再次向校图书馆捐赠图书。

9月30日，在学校举行的教学质量奖表彰大会暨教学工作会议上，文学院五位参赛教师胡山林、王利锁、魏清源、田锐生、蔡玉芝全部荣获特等奖，文学院荣获教学质量奖先进集体称号。

文学院获奖教师在大礼堂前合影

前排：魏清源（左一）、胡山林（左二）；后排：王利锁（左一）、田锐生（左二）、蔡玉芝（左三）

10月9日，著名民俗学家、长篇历史小说作家、我校高有鹏教授在北京中国现代文学馆参加由中国作家协会举办的姚雪垠百年诞辰纪念会。

10月14日，文学院"祖国在我心中"诗歌朗诵大赛总决赛暨征文颁奖会在科技馆二楼举行。朱晓雅、陈爽、朱舒杨等3位同学获得诗歌朗诵总决赛一等奖，韩玉等4位同学荣获二等奖，张全方等6位同学获得三等奖。同时大会又为"祖国在我心中"征文大赛议论文和诗歌作品一、二、三等奖的获奖同学颁发了证书。本次诗歌朗诵大赛由文学院关工委、团委和工会主办，校演讲学会协办。

10月16日，由文学院团委主办的重阳节主题活动——2010名师漫谈会在科技馆一楼举行。文学院副院长刘进才以及硕士生导师魏清源教授、硕士生导师王利锁副教授等应邀出席。

10月17日，文学院张进德教授以"从《金瓶梅》到《红楼梦》"为题，在校教务处主办的名家讲坛作报告。

10月21日晚，应文学院之邀，南非国家桂冠诗人凯奥拉佩策·考斯尔教授，专职作家兼南非电视台编剧菲利帕·维利叶斯和上海外国语大学教授杨剑宇为我校文学院学子作了两场精彩的报告。

凯奥拉佩策·考斯尔，南非诗人，著有《我的名字是非洲》《心印》等多部诗集；菲利帕·维利叶斯女士，专职作家兼南非电视台编剧。

10月22日，我校特聘教授、中国社会科学院研究员金惠敏在我校第五届研究生会换届大会暨首届研究生学术文化节开幕式上，以"全球化视野下的学术研究——学术人生漫漫路"为题作报告。

10月27日，我校文学院教授、博士生导师、《百家讲坛》主讲人之一王立群教授向档案馆捐赠了一批珍贵档案资料。这批捐赠的珍贵档案资料共计6类52件，主要内容有著作（音像）类、杂志刊物类、证件类、函柬类、其他文字材料及实物类，其中《王立群读〈史记〉之秦始皇》《王立群读〈史记〉之汉武帝》著作（音像）和国民党荣誉主席连战、国民党原主席吴伯雄的邀请函显得尤为珍贵。

10月28日，在校关工委、学生处、团委联合举办的"祖国需要我"主题教育读书征文实践活动中，文学院梁遂获一等奖，文学院关工委获优秀组织奖。

10月30—11月1日，河南省教育厅人文社会科学重点研究基地评估专家郭爱民一行6人莅临我校，对我校文艺学研究中心进行评估。专家组对研究中心的资料室、办公室等进行了实地考察，充分肯定了人文社科研究基地建设的成绩。

10月，文学院张先飞著作《"人"的发现——"五四"文学现代人道主义思潮源流》获2009年度河南省社会科学优秀成果奖一等奖。

10月，由中国文联、中国戏剧家协会主办的第三届中国戏剧奖·理论评论奖颁奖仪式暨"戏剧的品格和使命"研讨会在北京举行。文学院教授、博士生导师张大新荣获第三届中国戏剧奖·理论评论奖。中国戏剧奖·理论评论奖评选始于1997年，前身为"中国曹禺戏剧文学奖·评论奖""中国曹禺戏剧奖·评论奖"，2005年改为中国戏剧奖·理论评论奖，成为中国戏剧奖的一个重要子项，是中宣部批准设立的唯一一个戏剧理论评论奖项，也是中国戏剧理论评论方面的最高奖。

11月11日，河南省第六届新锐文学征文大赛开封赛区启动仪式在我校明伦校区新行政楼第四会议室举行。副校长邢勇，校团委、图书馆及文学院相关负责人出席。启动仪式由校团委副书记翟新礼主持。河南省第六届新锐文学征文大赛开封赛区大赛由我校团委、图书馆、文学院主办，我校书评学社、红学研究会承办。大赛自2005年创办以来，已成功举办五届。本届大赛设立郑州、开封、新乡、安阳四个分赛区，涉及省内14所高校的28个文学社团。

11月13日，上海大学影视学院副院长陈犀禾教授应邀来院讲学。副校长邢勇向陈犀禾教授颁发了河南大学兼职教授聘书。

11月17日，文学院张学宇获河南大学2009—2010学年冰熊奖学金。文学院邢海军、杨程翔、王磊、宋江宇4名学生获2009—2010学年华藏奖学金。华藏奖学金是台湾华藏精舍主持净空法师在我校捐资设立的奖学金。

11月20日，"国培计划"河南省农村中小学教师短期集中培训项目初中语文开班典礼在科技馆二楼举行。教育部师范司王炳明博士、我校副校长刘志军、省教育厅师范教育处副处长田少辉，文学院、远程与继续教育学院相关负责人及来自全省各地的农村中小学骨干教师出席典礼。王炳明、文学院院长李伟昉、教师代表胡山林、学员代表李春艳分别致辞。

11月25日，由文学院团委、学生会、青协主办的"魅力校园，点亮青春"素质大赛暨第二届辩论赛决赛在十号楼119教室举行。2009级肖汉被评为"最佳辩手"，叶笑艳成为比赛的"最佳风采奖"得主。

11月25日，中国现代文学馆副馆长吴福辉应邀来校，在文学馆二楼报告厅作题为"中国现代文学发展史的写作问题"的学术报告。

11月26日，中国现代文学研究会副会长、北京师范大学文学院教授、博士生导师、《中国现代文学研究丛刊》（全国中文核心期刊）副主编刘勇应邀来院，在文学馆二楼报告厅作题为"中外文化背景下的五四文学"的学术报告。

11月30日，当代著名诗人樊国新先生《金钱天问》赠书仪式在明伦校区新办公楼三楼会议室举行。樊国新，当代著名新现实主义诗人，河南省新密市人，1980年毕业于开封师专中文系。

11月，文学院张先飞入选2010年度河南省高校科技创新人才支持计划（人文社科类）。

12月4日，文学院第一届文学茶话会暨《试墨·铁塔专刊》首发仪式在科技馆二楼报告厅举行。学生处、校团委及文学院相关负责人出席活动。文学院党委书记胡德岭为三个文学社团的指导老师胡山林、张先飞颁发了聘书。

12月5日，我校宋应离、张如法教授获第二届"中国新闻教育贡献人物奖"。

12月27日，学校对2010年暑期"三下乡"社会实践活动先进集体和先进个人进行表彰。文学院陈邵、王果、王静敏、朱舒杨、杨盼、田孝鹏、郭旭、周思钊、段文欣、王曦若兰10名学生获河南大学2010年暑期社会实践活动先进个人称号，孔令刚获先进工作者称号。杨盼的《完善自我发展，立足三农建功勋》获优秀成果一等奖，周思钊的《世博有我，凝聚点滴爱国热情；马兰花开，绽放拳拳报国之心》、樊瑞凯的《真诚支教，用知识浇灌祖国未来；情系农村，让乡间重焕迷人生机》获二等奖，王静敏的《关于农村问题之讨论》获三等奖。

12月，文学院教授张先飞入选第五届河南省优秀青年社科专家。"河南省优秀青年社科专家"评选由河南省委组织部、省委宣传部、省社科联共同组织。

12月，由中国人民大学主持的国家211工程重点学科建设项目、国家985工程创新基地规划项目《国际儒藏·韩国编》由华夏出版社、中国人民大学出版社共同出版，并在北京举行了首发式。在此项目中，我校作为主要的合作方，承担了全部审校工作、部分的点校和编辑工作。

我校在2008年3月与华夏出版社、中国人民大学签约合作后，组成了以朱绍侯、王立群、佟培基等知名教授为学术顾问，由文学院杨国安、魏清源教授具体负责的审校委员会。

《国际儒藏》是收录海外儒学典籍的一部巨著，按计划，《国际儒藏》将分为《韩国编》《日本编》《越南编》和《欧美编》等几部分。此次出版的是《韩国编》四书部，16开豪华精装，全16册，约一千五百万字，收录了韩国近五百种研究阐释四书的著作。编入的文献按照古籍整理成例进行整理、标点、校勘，并撰写简明提要，对收入著作的作者生平思想、著作内容、版本源流、后世评价及影响作简单介绍。

12月，文学院在校本科生1439人，其中，一年级336人，二年级321人，三年级347人，四年级435人；博士研究生23人（中国现当代文学一年级4人，二年级4人，三年级4人；中国古典文献学一年级5人，二年级3人，三年级3人）。

2011 年

1月12日，学校公布河南大学第十批校级教学改革项目名单。吴河清的"中国古典文献学多媒体教学软件开发利用"、张大新的"中国戏曲史课程体系改革与教材编写"获批重点项目，许卫东的"现代汉语教学内容中史性意识和前沿意识的强化"、史红伟的"'大五'、'大七'人格模型与唐宋文学教学研究"、张丽珍的"普通话口语教学内容与课程体系的改革与实践"、张亚军的"汉魏六朝文学教学团队整合与建设研究"、武新军的"中国现当代文学教学团队整合与建设研究"获批一般项目。

1月17日，胡德岭任远程与继续教育学院院长。

1月，中国语言文学博士后科研流动站获评省优秀博士后科研流动站。

1月，中共河南省委下发了《关于表彰我省全国性文艺新闻出版大奖获得者的决定》，张振犁教授、吴效群教授获得表彰。张振犁受表彰的奖项有：第三届中国民间文艺山花奖·首届学术著作奖一等奖，第八届中国民间文艺山花奖·民间文艺终身成就奖，第九届中国民间文艺山花奖·民间文艺学术著作奖。吴效群受表彰的奖项为第八届中国民间文艺山花奖·民间文艺学术著作奖。

1月，在由中央电视台精品频道《奋斗》栏目主办的2010奋斗中国年会"给力新十年"评选活动中，百家讲坛主讲人王立群教授当选"2010奋斗中国年度人物"。

2月25日—4月13日，由《百家讲坛》栏目录制的"王立群读《史记》之《大风歌》"，共48集，在中央电视台10套连续播出。

2月26日，我校2010级在职硕士专业学位研究生开学典礼在明伦校区科技馆二楼报告厅举行。校长娄源功，常务副校长赵国祥，研究生院及相关学院负责人与会。典礼由赵国祥主持。胡山林教授作为导师代表、2010级文学院教育学硕士研究生曾允作为新生代表分别发言。

3月6日，文学院、《汉语言文学研究》编辑部举办学术研讨会纪念《汉语言文学研究》创刊一周年，国内几家学术期刊的主编，北京大学、清华大学、中国社会科学院、中国人民大学、北京师范大学、四川大学、中山大学、华南师范大学、华中师范大学、中南大学的专家学者，应邀出席研讨会。副校长刘志军出席并致辞，研讨会由文学院院长、《汉语言文学研究》主编李伟昉主持。会议期间，与会的曹顺庆、董学文、党圣元、聂珍钊、耿幼壮、左鹏军、刁晏斌、康保成等八位国内知名学者应邀开办讲座。

《汉语言文学研究》创刊一周年学术研讨会代表合影

3月15日，学校在北京与中国社会科学院研究生院举行共建研究生联合培养基地协议签字暨导师聘任仪式，63名中国社会科学院研究生院专家受聘我校，双方领导为研究生联合培养基地揭牌。

3月31日，文学院召开四届一次教职工暨工会会员大会。校工会主席朱恒宽出席会议。会议由院党委副书记杨彩云主持。院长李伟昉代表学院作院工作报告，学院工会委员会主席梁遂代表上届工会委员会作工会工作报告。大会选举产生了新一届工会委员。

3月，教育部公布《教育部关于公布2010年度高等学校专业设置备案或审批结果的通知》，文学院的对外汉语专业获批设置，可自2011年起开始招生。

3月，国务院学位委员会下达2010年审核增列的博士和硕士学位授权一级学科名单，关爱和教授领衔申报的中国语言文学获批博士学位授权一级学科。

4月6日，王震生将多年珍藏的我校文学院已故教授王梦隐先生的手稿、专著等重要档案资料无偿捐赠给学校档案馆。

4月14日，张润泳、黄炳申获2010年度"河南大学安全稳定工作先进个人"称号。

4月21日，第九届道风奖学金颁奖仪式在河南大学文学院圣经文学研究所举行。研究生院常务副院长孙君健、文学院副院长刘进才、圣经文学研究所所长梁工以及比较文学与世界文学专业的全体师生与会。本届奖学金授予厉盼盼、明敏两位同学，每人获得奖金3500元。获奖代表厉盼盼、研究生代表徐俊分别发言。

4月22日，我校2011年春季田径运动会圆满落幕，文学院夺得男女团体、女子团体和男子团体三项总冠军，取得十九连冠。

4月25日，文学院第二届"秘书周"活动开幕仪式在文学馆二楼举行。文学院相关负责人及秘书学教研室教师出席开幕式。

4月25—27日，中国民间文艺家协会第八次全国代表大会在北京举行，我校高有鹏教授参加并当选为理事会理事。中共中央政治局委员、中共中央书记处书记、中共中央宣传部部长刘云山等党和国家领导人接见了与会代表。

4月27日，应我校河南地方戏研究所之邀，北京师范大学文学院教授李真瑜在黄河文明与可持续发展研究中心报告厅作题为"朱元璋与明初戏剧"的学术报告。

4月，中国现当代文学硕士研究生张明丽（导师：白春超）的学位论文《〈骆驼草〉时期京派文人的潜隐与升腾》、民俗学硕士研究生焦晓君（导师：高有鹏）的学位论文《典籍神话与民间神话互动的魅力——河南灵宝地区夸父民间文化意义》获得2010年省优秀硕士学位论文。

5月5日，蔡玉芝、王利锁、田锐生、燕俊、许兆真、张伟丽、魏清源、周杰林8人获河南大学2010—2011学年优秀实习指导教师称号，周丽萍、杨钦钦、张淑娜、刘畅、王熙文、原涛、钱远权、赵江霞、段妍妍、肖朦、张倩倩、王银平、刘杨、路晨、张中旭、祁发慧、宋瑞丽、宋稼曦、邹瑜、巫真真、梁冬冬、马依钒、祝意如、买琳芳、李节、王璐、闫明辉、王明霞等28名学生获优秀实习生称号。

5月14日，"纪念李嘉言先生百年诞辰学术研讨会"在河南大学金明校区中州金明酒店举行，来自全国各地的李嘉言先生的学生、同行及其家属代表、家乡代表参加了研讨会。研讨会由文学院院长李伟昉主持，中国近代文学学会副会长、河南大学党委书记关爱和教授致辞，深切缅怀著名古典文学研究专家、河南大学原中文系主任李嘉言教授的学术成就和高尚人格。苏州大学文学院教授鲁枢元作为李嘉言先生的学生代表，为其敬献了河大校友许挺撰写的对联"青山万里看，临风一长咏"。

纪念李嘉言先生百年诞辰学术研讨会

5月19日，文学院代表队在学校2011年度教职工男篮、女排联赛中获女排比赛亚军。

5月19日，学校公布2010年河南大学优秀博士、硕士学位论文名单。张明丽的《〈骆驼草〉时期京派文人的沉潜与升腾》（导师：白春超）、陈艳丽的《开封遛鸟民俗流变》（导师：高有鹏）、李海英的《1953—2000年：昌耀诗歌创作综论》（导师：张先飞）、王端的《从小说〈海浪〉看想象与通感在隐喻世界生存中的作用》（导师：耿占春）、焦晓君的《典籍神话与民间神话互动的魅力——以河南灵宝夸父文化为例》（导师：高有鹏）、张永祥的《〈诗经〉德观念源流考论》（导师：耿纪平）、刘妍伟的《二十世纪二十、三十年代中国现代文学本质观研究》（导师：张清民）、李慧的《明代白话短篇小说中的偷情故事研究》（导师：张进德）等8篇学位论文获河南大学优秀硕士学位论文。

5月23日，文学院在科技馆二楼报告厅举办了"百年河大，千年中华"——第二届"超级状元"国学知识大赛。文学院李晶夺得状元，民生学院王雨生与艺术学院张兰赟分别夺得榜眼、探花。

5月26日，文学院比较文学与世界文学专业启动"第六届研究生学术活动周"，包括学年论文报告会、英语学术讲演会、专家学术讲座三项内容。

5月26日，芬兰赫尔辛基大学博士生导师黄保罗教授应邀在文学馆二楼学术报告厅作题为"大国学与问题意识"的学术报告。

5月28日，文学院召开2011年度本科教学工作会议。

5月30日，中国古代文学专业研究生王丽敏获河南大学第十二届侯镜如奖学金。

5月，中国最大的独立第三方教学评价网站——评师网联合搜狐教育频道，发布了2010中国高校最受欢迎教授榜及教学满意度排行榜，我校文学院胡山林和田锐生荣登2010河南省最受欢迎十大教授榜。胡山林还荣登2010评师网通识类课程最受欢迎十大教授榜（非211院校类）。

5月，我校文学院2007级汉语言文学专业本科生刘杨发表在《文艺理论与批评》上的《如何深化十七年文学研究》一文，被《新华文摘》2011年第10期（5月20日出版）在文艺评论板块头条全文转载。

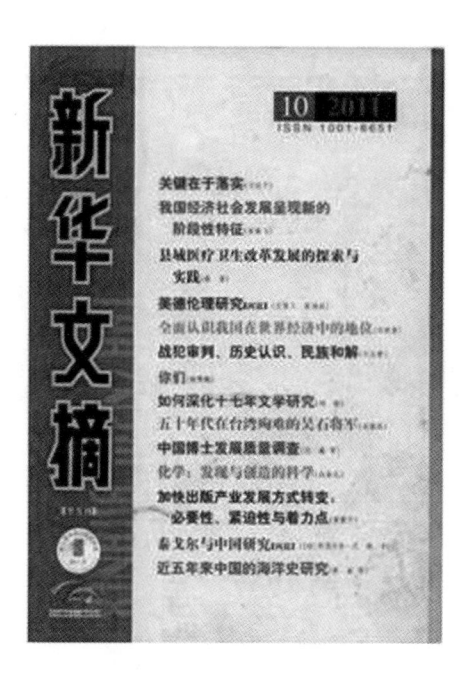

《新华文摘》2011年第10期封面

5月，高有鹏教授"中国民间文学史"系列著作（《中国古代民间文学史》《中国近代民间文学史》《中国现代民间文学史》）获批"十二五"国家重点出版规划项目。

5月，刘涛入选2010年度河南省教育厅学术技术带头人。

6月1日，我校在明伦校区新办公楼第四会议室举行黄河学者和特聘教授聘任仪式，文学院张先飞受聘为中国现当代文学学科特聘教授，张清民受聘为美学学科特聘教授，耿占春受聘为文艺学学科特聘教授。文学院院长李伟昉作为基层单位代表在聘任仪式上发言。

6月1日，学校对2010年获得河南省和河南大学优秀博士、硕士学位论文的作者和指导教师进行表彰，并给予河南省优秀博士学位论文作者和指导教师分别5000元/篇、河南省优秀硕士学位论文作者和指导教师分别4000元/篇、河南大学优秀博士学位论文作者和指导教师分别2000元/篇、硕士学位论文作者和指导教师分别1000元/篇的奖励。文学院张明丽（导师：白春超）、焦晓君（导师：高有鹏）两位2010年河南省优秀硕士学位论文获得者与河南大学优秀硕士学位论文获得者受到表彰。

黄河学者、特聘教授合影

耿占春（前排右二）、张清民（后排右三）、张先飞（前排左一）

6月9日，在我校"百年名校河南大学振兴计划"实施动员暨学科建设与科研工作大会上，文学院中国语言文学博士学位授权一级学科获河南大学为学科建设和科研工作作出突出贡献的先进集体，省财政给予建设经费200万元，学校奖励20万元。

院长李伟昉代表文学院领奖（前排左六）

6月14日，王丽敏的《〈大唐三藏取经诗话〉的宗教观念及作者浅议》（《明清小说研究》2011年第1期）获河南大学2010—2011年度研究生优秀学术论文一等奖，马健中的《巩县石窟寺北朝造像题记考略》（《中国书法》2010年第5期）获二等奖。

6月14日，学校公布新一届学位评定委员会成员，李伟昉入选校学位评定委员会委员。文学院学位评定分委员会组成如下：

主席：李伟昉

副主席：刘进才、付民之

委员：魏清源、张进德、张清民、胡德岭、张俐、周杰林

6月16日，李伟昉被河南省委、省政府命名为第八批河南省优秀专家。

6月21日，白春超、侯运华、王利锁获批教授任职资格，孔漫春、李敏、梁振杰、刘永华、王波、杨亮、郑慧霞获批副教授任职资格。

6月21日，学校自主招生工作领导组召开会议，研究划定自主选拔考试合格分数线，据此确定并公示了合格考生名单。经省招办批准，我校自主招生作家班、新闻发言人班和大学生艺术团，招生计划90人。作家班设在文学院。

6月，王宏林的"乾嘉诗学研究"获批2011年度国家社科基金青年项目。

6月，李伟昉被河南省委高校工委、省教育厅党组授予"优秀共产党员"称号。

6月，河南省青年联合会第十一届委员会第一次全体会议和河南省学生联合会第九次代表大会在郑州开幕。会议选举产生了省青联新一届领导机构。我校特聘教授张先飞当选为省青联常委。

6月，河南省高等学校文学教学指导委员会第二次会议在河南大学出版社新址郑州市郑东新区中华大厦举行。河南省高等学校文学教学指导委员会主任委员、河南师范大学副校长孙先科，副主任委员、洛阳师范学院副院长张宝明，以及来自河南大学、郑州大学、安阳师范学院、平顶山学院、许昌学院、新乡学院等高校的13位委员参加了会议。会议由副主任委员张宝明教授主持。副主任委员、河南大学文学院院长、河南

省普通高等学校"十二五"规划汉语言文学专业教材总主编李伟昉教授就该套教材的编写思路和方法作了进一步的说明。

6月,全国第四十九批博士后科学基金面上资助获得者名单公布,我校李建立(中国语言文学博士后科研流动站)、王鹏(中国语言文学博士后科研流动站)各获得二等3万元资助。

7月,刘进才入选2010年度教育部"新世纪优秀人才支持计划"。

8月16日,由河南大学文学院承办的"国培计划(2011)"——河南省农村中小学教师短期集中培训项目初中语文班开班典礼在明伦校区科技馆二楼报告厅举行。副校长刘志军、省教育厅师范教育处副处长杨永盛等,文学院、远程与继续教育学院有关负责人、授课老师,以及参加培训的学员参加活动。

8月,教育部办公厅颁发《教育部办公厅关于组织实施"国培计划(2011年)"——中小学教师示范性集中培训项目的通知》(教师厅函〔2011〕18号),我校由文学院博士生导师王立群教授担任首席专家的初中语文学科"国培计划(2011)"中小学教师示范性集中培训项目,获教育部审批立项,河南大学正式成为"国培计划(2011年)"——中小学教师示范性集中培训项目的承办单位。

8月,我校戏剧与影视学一级学科硕士授权点获批。

9月6日,张亚军、魏清源、孙书蝶获河南大学教学质量奖特等奖,傅书灵、张新艳获一等奖,董群智、田锐生、蔡玉芝、王利锁、张伟丽、程小娟、刘军政、商艳霞获二等奖。

9月11日,2011年"国培计划"置换研修项目河南大学培训基地开班典礼在我校明伦校区科技馆二楼举行。河南省教育厅师范处副处长杨永盛等、我校副校长刘志军和相关学院负责人、来自省内各地的350名中小学骨干教师与会,大会由远程与继续教育学院院长胡德岭主持。文学院院长李伟昉代表承训单位发言。

9月14日,由河南大学文学院承办的"国培计划(2011)"——中小学教师示范性集中培训项目初中语文班开班典礼在金明校区干部培训中心举行。副校长刘志军,远程与继续教育学院、文学院的有关领导,以来及自全国各地的50名学员参加。

9月16日，学校公布2011年度校级教学质量工程项目。张先飞获河南大学2011年度校级教学名师称号。

9月17日，由中国宋代文学学会与河南大学主办，河南大学文学院、河南大学国学研究所、《汉语言文学研究》编辑部承办的中国宋代文学学会第七届年会暨宋代文学国际学术研讨会在河南大学开幕。校党委书记关爱和、著名学者、中国宋代文学学会会长王水照，南京大学教授莫砺锋，校社科处处长杨国安，文学院院长李伟昉，以及来自中国大陆、中国香港、中国台湾地区和日本、韩国、新加坡、马来西亚等国家和地区研究宋代文学的学者共一百七十多位出席。会议期间，王水照教授、陶文鹏研究员、莫砺锋教授分别作了题为"宋代文学研究回顾与展望""中国古代文学研究的当代态势与论文写作""唐宋诗词的版本问题"的学术报告。

中国宋代文学学会第七届年会暨宋代文学国际学术研讨会

9月19日，南京大学博士生导师莫砺锋教授在文学院为来自全国各地的"国培计划"河南大学初中语文班的学员们作讲座。

9月23日，在文学院二楼学术报告厅，河南大学文学院教授、博士生导师王立群为"国培计划"2011示范性集中培训班和农村置换班作关于"中学语文教学的几个问题"的讲座。

9月27日，"国培计划（2011）"——中小学教师示范性集中培训项目河南大学初中语文班结业典礼在河南大学金明校区干部培训中心401教室举行。

9月28日，文学院"2011名师漫谈会"在十号楼128教室举行。魏清源、耿纪平、李敏及文学院相关领导应邀出席。

9月，我省首批博士后项目启动经费资助获得者名单公布，我校文学院5位博士后研究人员获得资助。其中，焦体检获二等资助（5万元），杨站军、杨萌芽、刘永华、李建立各获三等资助（3万元）。

9月，李伟昉的"比较文学实证与审美批评关系研究"获批2011年度教育部人文社科规划一般项目。

9月，由省教育厅、省教育工会联合举办的"2011年河南省教育系统教学技能竞赛"评选结果揭晓，我校文学院张先飞、蔡玉芝、孙书蝶、王利锁4位教师荣获一等奖，同时被授予"河南省教学标兵"称号；胡全章、张亚军、史红伟、董群智、郑慧霞、孟庆澍6位教师荣获二等奖。

10月9日，文学院2011年秋季田径运动会在我校明伦校区东操场举行。校公共体育教研部主任丁英俊、文学院党委副书记杨彩云等出席开幕式。

10月13日，学校公布第十一批校级教学改革项目。杨彩云的"大学校园文化建设研究"获批重点项目，孔令刚的"高校国学教育课程体系的构建"、张先飞的"改革培养机制，提高研究生培养质量问题研究"、侯吉永的"建设公文写作精品课程的研究与实践"、程小娟的"外国文学史考核方式改革与实践"获批一般项目。

10月15日，由中国高等教育学会外国文学专业委员会主办、河南大学文学院承办的"中国高等教育学会外国文学专业委员会2011年年会暨'回归文本与重温经典'学术研讨会"在我校明伦校区科技馆举行，中国高等教育学会外国文学专业委员会会长杨正润，副会长刘建军、王立新，校党委书记关爱和等出席。开幕式由梁工教授主持。开幕式后，刘建军、王立新、李伟昉等分别作了题为"百年来欧美文学中国化进程与中国特色西方文学新形态建设""以色列民族的历史文化与希伯来智慧文学""梁实秋莎评特色论"的主题报告。

中国高等教育学会外国文学专业委员会 2011 年年会暨
回归文本与重温经典学术研讨会

10 月 21 日，中国社科院文学研究所研究员赵园、哈佛大学东亚系教授王德威、北京大学中文系主任陈平原教授应文学院邀请，在我校明伦校区科技馆二楼报告厅分别为师生作题为"关于明中叶以降知识人""众声喧哗之后：当代小说叙事与伦理""现代中国研究的四重视野"的讲座。

10 月 22—23 日，由河南大学与开封市政府主办，河南大学文学院、河南大学宋文化研究院承办的"开封：都市想象与文化记忆"国际学术研讨会举行。中央党校副校长李书磊，哈佛大学东亚系讲座教授王德威，北京大学中文系主任、香港中文大学讲座教授陈平原，开封市市长吉炳伟，河南大学党委书记关爱和等领导，以及来自海内外的四十余名专家学者参加研讨会。开幕式由文学院院长李伟昉主持。

都市想象与文化记忆国际学术研讨会

10月24日,美国加州大学戴维斯分校奚密教授应邀在文学馆二楼报告厅为师生作题为"当代中国的诗歌场域"的学术报告。

10月26日,学校公布2011年校级教学成果奖获奖名单。关爱和的"发挥专业优势,开发教学资源"(参与完成人:白春超、孙先科、刘增杰、刘思谦)、李伟昉的"中文专业文学课程体系与教学内容改革研究与实践"(参与完成人:孙彩霞、付民之、马征、王利锁、刘进才、张清民)、白春超的"中国现当代文学选修课教学改革与教材建设"(参与完成人:关爱和、郝魁锋、杨站军、武新军、胡全章、刘涛、刘进才)获教学成果奖特等奖。张先飞的"研究型大学本科、研究生教育的贯通——河南省中国现当代文学本科教育与研究生教育协调统一的研究与实践"(参与完成人:孙先科、魏春吉、白春超、刘进才)、张进德的"中国古代文学课程教学体系化、现代化研究与实施"(参与完成人:马予静、刘军政、耿纪平、王利锁)获一等奖。张亚军的"汉魏六朝文学教学新课件研究"(参与完成人:王利锁、马予静、王宏林)获二等奖。

10月30日,关爱和当选中共河南省第九届委员会委员。

10月31日,文学院团委、学生会、青协在大礼堂前发放倡议书,为救助文学院青年教师、白血病患者侯吉永举行募捐活动。

10月，关爱和教授担任首席专家的"期刊史料与20世纪中国文学史"，获批2011年度国家社科基金重大招标项目，填补了我校在国家社科基金重大招标项目领域的空白。

10月，第十九届汉新文学奖于美国新泽西州爱迪生市揭晓，我校美国校友孙彤两部作品同时获奖：《落在深秋的半场雪花》获得散文第二名，《暗房，残留》获得小说佳作奖。汉新文学奖是北美华人文学盛事，于1993年开办，有短篇小说、散文与新诗三大类。孙彤，笔名毛豆豆，是河南大学中文系1990级校友，现居美国加利福尼亚州。赴美之前系《大河报》记者，有十余年新闻从业经历。2008年，中篇小说《城市空空如也》获得第二十二届台湾联合文学小说新人奖中篇小说首奖，并在《世界日报》连载。2009年获得第四届怀恩文学奖。2010年获得第三届福报文学奖。

11月2日，文学院教师再次齐聚院一楼大教室，为侯吉永博士举行捐款仪式，捐款金额达到57100元。

11月4日，南京大学中文系主任、博士生导师赵宪章教授应邀来校，在文学院二楼教室作题为"文字与图像"的学术报告。

11月9日，崔甜获河南大学2010—2011学年冰熊奖学金。郑兆获河南大学2010—2011学年王鸣岐奖学金。

11月19—21日，文学院各教研室负责人在院长李伟昉的带领下，前往浙江大学、浙江工商大学和杭州师范大学考察学习。

11月26日，武汉大学文学院教授、博士生导师、副院长陈国恩应邀来校，在明伦校区文学院二楼作题为"新世纪的文学批评及批评家角色"的学术报告。报告会由副院长刘进才主持。

11月29—12月6日，文学院院长李伟昉随团访问台湾铭传大学、中国文化大学等高校。

11月，孟庆澍入选2011年度河南省高等学校青年骨干教师资助计划资助对象。

11月，赵牧（中国语言文学博士后科研流动站）获得全国第五十批博士后科学基金面上资助二等3万元资助。

11月，文学院在校本科生1539人，其中，一年级355人，二年级407人，三年级407人，四年级279人；博士研究生25人（中国现当代文学一年级5人，二年级4人，三年级4人；中国古典文献学一年级4人，二年级5人，三年级3人）。

12月1日，由文学院主办的"百年河大在我心中暨第二十五届演讲大赛"在十号楼129教室举行。校关工委和文学院相关负责人出席比赛。校演讲学会会长梁遂、蔡玉芝等教师担任大赛评委。朱舒扬、王银宝、李晓荣获比赛一等奖。

12月2日，学校对2011年度师范教育专业毕业生教学技能比赛获奖单位和个人进行表彰。文学院王艺雯获特等奖，张碧博、李丹、王永凯获一等奖，任昊燕获二等奖。田锐生获优秀辅导教师称号。

12月15日，文学院在十号楼128教室举办第十六届毕业生教学技能大赛。张悦、郭莹、赵超荣获比赛一等奖。

12月19日，中国人民大学教授、作家刘震云应邀来院讲学。报告会开始前，我校常务副校长赵国祥为刘震云颁发河南大学兼职教授聘书。

赵国祥（左一）为刘震云（中）颁发河南大学聘书

12月20日，由我校学生工作部主办、艺术学院团委承办的第九届"梦想舞台演绎青春"校园短剧大赛决赛在艺术学院举行。文学院《非你莫属》夺得桂冠，文学院《阿七略传》获二等奖。

2010 级本科生《非你莫属》剧照

12 月 22 日，在河南大学国际交流促进会成立大会上，文学院院长李伟昉当选首届促进会副会长。

12 月 22 日，在河南大学女性/性别研究会换届选举中，文学院刘思谦受聘为名誉会长，沈红芳当选为副会长。

12 月 29 日，张润泳任文学院党委书记。

12 月，校友孙彤以其作品《与外祖母的临终对话》获 2011 年台湾第六届怀恩文学奖优胜奖。

2012 年

1月10日，杨波的《晚清旅西记述研究（1840—1911）》（导师：关爱和）获2011年河南大学优秀博士学位论文。李雪峰的《中秋帖之书法价值比较研究》（导师：孟云飞）、蒋慧的《亚非拉文学与建国后十七年文学——以〈译文〉为考察中心》（导师：武新军）、葛瑞敏的《气积文畅，情深意挚——贾谊散文研究》（导师：王利锁）、杨柏林的《黄滔诗歌研究》（导师：杨国安）、刘广耀的《传统与现代的交融——论契诃夫小说对凌叔华小说创作的影响》（导师：孙先科）获河南大学优秀硕士学位论文。

1月20日，我校博士生导师王立群应邀出席河南省委、省政府在郑州国际会展中心轩辕堂举行的2012年春节团拜会。省委书记、省人大常委会主任卢展工主持团拜会。省委副书记、省长郭庚茂致辞。

2月13日，欧亚学院院长宋战利向校档案馆捐赠著名甲骨学专家朱芳圃教授的《甲骨学》（石印本讲义）等珍贵的档案资料，馆长张德昌代表学校接受捐赠并向其颁发荣誉证书。

朱芳圃（1895—1973），号耘僧，湖南醴陵南阳桥乡（今属株洲）人，著名史学家、古文字学家、民俗学家。早年毕业于湖南高等师范文史专修科（曾与毛泽东在湖南一师同学、同事）。1928年毕业于清华大学国学研究院，是王国维先生在清华的弟子。是他最先在著述中提出"甲骨学"这一学术概念，并获海内外学界认可。1928年至1937年，与董作宾等专家先后参加15次对河南安阳殷墟的发掘，并长期从事甲骨文的研究工作。抗战至新中国成立前，与张长弓、张邃青、任访秋等专家学者在河南大学开展民俗学研究。曾任河南大学国文学系主任，开设文字学、训诂学、甲骨学等课程。新中国成立后历任开封师范学院（今河南大学）教授、河南省历史研究所研究员等职。著有《孙诒让年谱》《殷周文字释丛》《甲骨学商史编》等。

2月18日，我校2011级在职攻读硕士学位研究生开学典礼在明伦校区科技馆二楼报告厅举行。校长娄源功、常务副校长赵国祥、研究生院及有关学院相关负责人与会。典礼由赵国祥主持。文学院张进德教授代表导师发言。

2月21日，2012年河南省博士后工作会议在郑州隆重召开，人力资源和社会保障部、省委组织部、省人力资源和社会保障厅、省教育厅、省科学技术厅、省财政厅等单位有关领导出席会议并讲话。我校人事处、中国语言文学博士后科研流动站负责人及部分博士后研究人员代表参加会议。我校中国语言文学博士后科研流动站获评2011年省"优秀博士后科研流动站"。

2月24日，山东大学副校长兼研究生院院长、山东大学儒学高等研究院常务副院长、山东大学泰山学者岗位特聘教授、博士生导师、中国文艺理论学会副会长陈炎教授应邀来校，为文学院师生作题为"中国与西方文明结构的比较"的学术报告。报告会由院长李伟昉主持。

2月27日，文学院入选学校确定的研究型学院。

2月，我校中文系校友张天福先生将他的散文集《退潮》（50册）捐赠给图书馆。张天福，河南大学中文系研究生毕业。中国作家协会会员，中国法学家协会会员，中国散文学会会员，河南散文学会副会长。1983年开始发表作品，著有《天中啸》《心理宇宙的闪电——语文教育场初论》《社会治安综合治理学》《中国法网——社会治安预警录》《少儿学古诗》《基层法学知识学习问答》《师德建设与素质教育》等。

2月，李伟昉主持（团队成员：孙彩霞、付民之、马征、王利锁、刘进才、张清民）的"中文专业文学课程体系与教学内容改革研究与实践"获河南省教育厅优秀教学成果奖一等奖。

3月21日，文学院获河南大学2011年度安全稳定工作先进单位，黄炳申、焦喜峰获安全稳定工作先进个人。

3月22日，我校"三八"主题活动月系列活动之"女博士论坛"在金明校区行政楼二楼报告厅开讲。文学院赵思奇博士作题为"黑人女性文学传统建构观——以贝尔·胡克斯为例"的报告。论坛由校工会副主席宋菊芳主持。

3月23日，第十届道风奖学金颁奖仪式在河南大学文学院圣经文学研究所举行。研究生院院长孙君健、文学院副院长刘进才和比较文学与世界文学专业的全体师生与会。徐俊、孟令花、曹杏、牛丹4位同学分别获得荣誉证书和奖金2400元。会议由比较文学教研室副主任孙彩霞主持。

3月28日，由文学院马克思主义研究会主办的时政沙龙主题报告会在我校新行政楼第四会议室召开。校党委副书记王凌，党委宣传部、学生处、团委、马克思主义学院有关负责人以及文学院全体领导与会。文学院各年级辅导员、有关社团代表以及学生代表听取了会议报告。会议宣布了2011年度最受学生关注的十大新闻评选结果。

4月7日，由文学院团委、学生会、青协主办，羽帆诗社承办的《诗经》文化主题演出——"永言"在校科技馆二楼举办。校党委宣传部、学生处及文学院相关领导老师出席本次活动。演出开始前，羽帆诗社第十任社长，现任河南日报、大河网《焦点网谈》编辑部主编刘静沙向羽帆诗社转赠了中国诗歌协会会长雷抒雁及河南省诗歌协会会长马新朝的题词。

4月16日，受文学院、新闻与传播学院邀请，中国社会科学院文学研究所研究员、副所长兼文学理论研究室主任，《文学评论》副主编高建平分别在文学馆二楼报告厅和新闻与传播学院132教室作题为"艺术的进步与终结"和"媒介的不同后果与另一种乌托邦"的讲座。

4月18日，黄炳申、焦喜峰获河南大学2000年度收费管理先进个人称号。

4月23日，学校印发《河南大学授予博士硕士学位和培养研究生的二级学科自主设置暂行规定》，在具有博士学位授权一级学科下，自主设置与调整授予博士学位的二级学科；在具有硕士学位授权一级学科下，自主设置与调整授予硕士学位的二级学科。

4月24日,由关爱和教授担任首席专家的国家社科基金重大招标项目"报刊史料与20世纪中国文学史"开题论证会在我校召开。北京大学中文系商金林教授、华东师范大学中文系陈子善教授、中国人民大学中文系程光炜教授、《文艺报》主编阎晶明教授、中国现代文学馆吴福辉研究员出席会议,关爱和、刘增杰、孙先科及全体课题组成员与会。论证会由我校社科处处长杨国安主持。

"报刊史料与20世纪中国文学史"开题论证会

4月26日,为庆祝我校建校100周年暨建团90周年,由校团委主办,校学生会、演讲学会承办的"光辉的历程,火红的青春"第26届演讲大赛决赛暨颁奖典礼在明伦校区科技馆二楼报告厅举行。大赛由中国演讲与口才协会理事、我校演讲协会会长梁遂,我校演讲协会副会长、国家级普通话测试员蔡玉芝等相关教师担任评委。文学院邹秋阳夺得大赛桂冠、李晓获二等奖,文学院获优秀组织奖。

4月28日,周青、张进德、田锐生、周杰林、蔡玉芝、张伟丽、燕俊、张俐等8人获河南大学2011—2012学年优秀实习指导教师称号,张冉、牛琼、庞雅静、王喜洋、郭莹、郭俊岭、杨晓花、张碧博、王志泉、王志茹、刁亚男、陈静、胡珩、鄢凌子、谢新培、赵超、张怡、柴湘露、赵瑞瑞、李晶、刘成良、李海霞、李梅、王艺雯、张悦、麻丽阁等26人获优秀实习生称号。

5月7日，由校工会主办、公共体育教研部承办的2012年教职工排球赛圆满落下帷幕。校工会主席朱恒宽及校工会、公共体育教研部相关负责人出席颁奖仪式，并为获奖单位颁发荣誉证书。文学院获女排亚军。

5月8日，北京师范大学文学院教授、博士生导师郭英德应邀在河南大学黄河文明中心三楼为我校师生作题为"中国古代散文文体研究三题"的学术报告。报告会由文学院院长李伟昉教授主持。报告开始之前，李伟昉向郭英德颁发了河南大学兼职教授的聘书。

5月8日，由中华先进文化促进会、河南大学艺术学院主办的"江山多娇——赵洪山地质风光摄影展"在艺术学院大楼前隆重开幕，中国摄影家协会副主席朱宪民，中华先进文化促进会副会长张泓，河南省省委宣传部原常务副部长葛纪谦，河南省摄影家协会主席于德水、副主席姜健，《地球杂志》社总编姚鹏飞，河南大学党委副书记王凌等出席开幕式。

赵洪山，1955年生于河南范县，河南大学中文系毕业，中国摄影家协会会员、国家一级摄影师，多次参加全国、省摄影赛事，屡获奖励并获河南摄影三十年贡献奖。

5月10日，由校党委学生工作部主办、文学院承办的百年校庆系列活动之"青春河大"演讲比赛在明伦校区科技馆二楼报告厅举行。校党委副书记王凌与相关单位负责人出席。大赛由中国演讲与口才协会理事、我校演讲协会会长梁遂，校演讲协会副会长、国家级普通话测试员蔡玉芝，校演讲学会常务理事、省写作协会副会长许兆真等相关教师担任评委。文学院朱舒扬获得一等奖。

演讲比赛合影

5月17日，曹炳建、张乐林、辛永芬、马惠玲、武新军获批教授任职资格，马征、许卫东、郭伟、焦体检、刘军获批副教授任职资格。

5月24日，文学院第三届"超级状元"国学知识大赛在科技馆二楼举行。欧亚国际学院的仓颉队摘得"状元"桂冠，"榜眼""探花"分别由文学院武之龙队和新闻与传播学院的清风雅韵队获得。欧亚国际学院、数学院、经济学院、文学院、新闻与传播学院五个学院获得优秀组织奖。

5月28日，中国古典文献学专业于兆军的《北宋汴梁版画的刊印及其贡献》（发表于《图书馆情报工作》）获河南大学2011—2012年度研究生优秀学术论文奖一等奖，马健中的《癫狂舞墨写人生——感受杨公亮先生的草书》（发表于《中国书法》）获二等奖，中国古代文学专业李金博的《被阉割的女儿性——从贾府丫鬟们的情感世界的集体失落看〈红楼梦〉的悲剧主题》（发表于《明清小说研究》）获三等奖。

5月28日，中国古典文献学硕士研究生马健中、博士研究生于兆军，中国现当代文学专业博士生李海英分别获得河南大学第十三届侯镜如奖学金。

5月，高有鹏教授撰写的《中国民间文学通史》出版。全书三百多万字，分三册，勾勒出有史以来至新中国成立几千年中国民间文学发展变化的轨迹，是我国第一部关于中国民间文学历史发展的文学史。

《中国民间文学通史》

5月，"第二届黄河戏剧奖·理论评论奖"揭晓。文学院在读博士研究生徐芳芳的《心理与现实错位挤迫下的冤苦人生——窦娥悲剧成因的深度探寻》及张召鹏的《在现实文化语境下实现经典的现代转换》两篇文章获一等奖。黄河戏剧奖由河南省文联和省戏剧家协会联合主办，每两年举办一次。

5月，据"中国人民大学社会科学学术成果评价研究中心""中国人民大学书报资料中心"消息，我校新创刊学术刊物《汉语言文学研究》在"2011年《复印报刊资料》转载学术论文指数排名"中转载率名列"中国语言文学"类第10名。

5月，教育部办公厅关于公布"国培计划"——示范性集中培训项目培训机构的通知（教师〔2012〕6号），我校成功入选为教育部"国培计划"——示范性集中培训项目培训基地。初中语文专业成为我校首批获得示范性集中培训项目。

5月，全国第五十一批博士后科学基金面上资助获得者名单公布，马征（文学院，外国语言文学博士后科研流动站）、刘军政（文学院，中国语言文学博士后科研流动站）各获得二等5万元资助。

6月7日，我校参加教育部主办的全国高校大学生第四届语言文字基本功大赛获奖者颁奖典礼在明伦校区举办。文学院汪璐荣获教育部一等奖，校语委推广普通话领导组组长、本届大赛参赛队辅导教师梁遂荣获河南大学优秀辅导教师特等奖。汪璐同学代表获奖选手作大会发言。本届大赛由教育部和国家语言文字工作委员会联合举办。

全国高校大学生第四届语言文字基本功大赛获奖者颁奖典礼
2010级汉语国际教育专业汪璐（前排左三）

6月7日，2012届研究生毕业典礼暨学位授予仪式在大礼堂举行。校领导关爱和、娄源功等，校学位评定委员会委员，导师代表及1870名研究生出席。中国现当代文学专业硕士研究生李丹丹代表毕业生发言。典礼由常务副校长、校学位评定委员会副主席赵国祥主持。

6月，教育部高教司发布《关于公布2012年度精品视频公开课第二批建设选题名单的通知》（教高司函〔2012〕91号），公布2012年度精品视频公开课第二批建设选题名单。王立群教授主讲的"司马相如与卓文君"入选。

6月，文学院马征被国家留学基金管理委员会录取为2012年"青年骨干教师出国研修项目"第一批留学人员。

6月，李伟昉的"比较文学实证方法与审美批评关系研究"、马征的"阿拉伯裔美国文学研究"、白春超的"现代中国古典主义文学思潮研究"、孟庆澍的"国家主义政治学说与中国现代文学研究"获批国家社科基金项目。

7月，河南省政府下发《河南省人民政府关于聘任王立群等16人为省文史研究馆馆员的通知》（豫政任〔2012〕62号），我校无党派代表人士、文学院教授王立群被聘为河南省文史研究馆馆员。

河南省文史研究馆成立于1953年，我校知名学者嵇文甫、任访秋曾任首任馆长和名誉馆长。

7月，校友吴建设著的反映河南大学在嵩县潭头镇办学的文学作品《烽火河大》一书，作为"百年求索——纪念河南大学建校100周年书系"的一种在河南大学出版社出版。

8月21日，百名书法家百幅作品贺河南大学百年华诞捐赠仪式在我校明伦校区新办公楼三楼会议室举行，副校长刘志军向百名书法家百幅作品征集人、我校校友、《中华书画家》副总编孟云飞颁发捐赠证书，学校有关职能部门和单位的负责同志参加捐赠仪式。孟云飞1991年考入文学院（时称中文系），硕士毕业后留校任教，2001年后，先后入首都师范大学、清华大学学习，书法学博士、艺术学博士后。现任职于国务院参事室，是中央国家机关书法家协会主席团成员、中国书法家协会教育工作委员会委员。

孟云飞（左七）

8月25日，由中国文选学会、河南大学文学院、河南大学文选研究所主办，我校国学研究所、《汉语言文学研究》编辑部协办的中国文选学会第十届年会暨成立二十周年国际学术研讨会开幕式在中州国际金明酒店学术报告厅举行。校党委书记关爱和出席会议并致辞，一百五十多位来自不同国家和地区的文选研究学者与会。开幕式由我校文学院教授、中国古典文献学博士生导师王立群主持。

中国文选学会第十届年会暨成立二十周年国际学术研讨会

8月26—28日，中国比较文学教学研究会第五届年会在我校举行。会议由中国比较文学教学研究会主办，我校文学院和《汉语言文学研究》编辑部承办。校党委书记关爱和、中国比较文学教学研究会会长、北京师范大学文学院陈惇教授分别致辞。来自北京大学、中国人民大学、北京师范大学、同济大学、上海外国语大学等高校的一百余位专家学者参加会议。会议对比较文学教学研究会理事会进行了改选，我校文学院院长李伟昉当选研究会副会长。

中国比较文学教学研究会第五届年会

8月29—31日，由中国唐代文学学会韩愈研究会、河南大学文学院、焦作师专、河南省孟州市人民政府联合发起的"2012中国·孟州韩愈国际学术研讨会"在韩愈故里河南孟州召开，来自全国高校、科研机构的研究人员以及河南孟州、广东潮州、广东阳山、江西宜春的韩愈研究者共百余人参加会议，会议收到论文六十多篇。

9月8日，学校表彰2009—2011年度教学优秀奖等奖项获得者。张先飞、孙书蝶、田锐生、魏清源、白春超、侯运华、张新艳、张亚军获教学优秀奖，毕桂发、王振铎、刘思谦、张先飞、刘增杰、高有鹏、金惠敏、刘恪、伍茂国、梁工、刘进才、张大新、关爱和、杨波、孟庆澍、李伟昉获科研优秀奖，张润泳获管理优秀奖，焦喜峰获思想政治教育工作优秀奖。李伟昉获师德标兵称号，魏清源、王利锁获师德先进个人称号。

9月10日，文学院获河南大学教学质量奖先进集体，张亚军获河南大学教学质量奖特等奖，张进德、孙书蝶、樊柯、孙彩霞、赵思奇获一等奖，杨亮、张乐林、张俐、王宏林、杨站军、张新艳、付国锋、燕俊获二等奖。

9月12日，付民之的"河南省语言教师教学知识能力与策略研究"获批河南大学教师教育课程改革研究重点项目，杨站军的"多元模式培训与中学教师可持续发展研究——以'国培计划'河南大学初中语文学科为例"获批一般项目。

9月18—19日，文学院教师穆海亮荣获由中国文联、中国剧协主办的第四届"中国戏剧奖·理论评论奖"。

9月25日，学校在大礼堂举行庆祝建校100周年大会。会议由党委书记关爱和主持，校长娄源功致辞。王立群教授作为教师代表发言。

9月，文学院院长李伟昉教授入选教育部"国培计划"专家库第二批人选名单。

9月，由李伟昉、张润泳主编的反映学院学人往事的《雅什清歌蕴无穷》由河南大学出版社出版。

9月，我校文学院校友、青岛乐克来实业有限公司董事长魏杰向文学院捐赠现金30万元设立奖学金，为母校百年华诞献礼。文学院院长李伟昉代表学院接受了捐赠。

魏杰曾于1982—1986年就读于河南大学中文系，并于1986—1989年在中文系攻读文章学硕士学位。为回馈母校的培育之恩，魏杰慨然捐赠30万元现金，在文学院设立"英杰学术创新奖"和"英杰创作与评论奖"，以激励立志成才的优秀研究生和本科生。此奖励金自2012年起，连续10年每年捐赠现金3万元。其中"英杰学术创新奖"设一等奖2名，奖金各3000元；二等奖4名，奖金各2000元；三等奖6名，奖金各

1000元。"英杰创作与评论奖"设一等奖1名，奖金2000元；二等奖4名，奖金各1000元；三等奖8名，奖金各500元。

魏杰（右一）向文学院捐赠

9月，李伟昉的著作《梁实秋莎评研究》获2011年度河南省社会科学优秀成果三等奖。

9月，魏清源获开封市优秀教师称号。

10月19日，浙江大学传媒与国际文化学院副院长胡志毅教授、中南大学文学院院长欧阳友权教授、中国社会科学院文学研究所副所长高建平、香港汉语基督教文化研究所出版部主任兼研究员林子淳应邀来校，在科技馆报告厅分别作题为"视觉文化与影视美学""我国网络文学的六大看点""文学与技术的距离""《新约》反映出的一种进入希腊罗马世界的犹太信仰"的学术报告。

10月23日，由文学院主办的重阳节主题活动"把酒话桑麻"名师漫谈会在十号楼129教室举行。许兆真、王利锁、刘军及李敏四位老师畅谈自己对重阳节的理解和感受，并根据自身专业和生活经历为在场大学生在生活和学习方面作出指导。

10月27日，由河南大学文学院承办的"国培计划（2012）"——中小学教师示范性集中培训项目初中语文班开班典礼在河南大学明伦校区文学馆二楼学术报告厅举行。远程与继续教育学院、文学院的有关领导及来自全国各地的50名学员参加典礼。典礼由文学院党委书记张润泳主持。

10月30日，由我校社科处、文学院、历史文化学院、艺术学院，开封市黄庭坚文化研究会共同主办的黄庭坚学术研讨会在我校召开。我校常务副校长赵国祥教授，河南省社科院正院级领导赵保佑研究员，河南省委宣传部原常务副部长、河南省收藏家协会会长葛纪谦，开封市人民政府副秘书长孟献已，来自中国艺术研究院、中央党校、复旦大学、华东师范大学、西北师范大学、开封市黄庭坚文化研究会、修水县人民政府等单位的专家学者，以及我校社科处、文学院、历史文化学院、艺术学院的负责人和有关专家共八十多人参加了会议。

10月，王宏林（中国语言文学博士后科研流动站）、赵牧（中国语言文学博士后科研流动站）获批全国第五批博士后科学基金特别资助，各获15万元资助。

10月，"新媒介与当代文论转向"研讨会暨中国中外文艺理论学会新媒介文论分会成立大会在我校金明校区中州国际金明酒店第一会议室开幕。大会由中国中外文艺理论学会和我校主办，由中国社会科学院文学研究所文艺理论研究室、河南省高校人文重点学科开放研究中心、我校文学院、新闻与传播学院及影视艺术研究所共同承办。中国社会科学院文学研究所副所长、中国中外文艺理论学会秘书长高建平，我校党委书记关爱和，中国人民大学教授金元浦、中国社会科学院外国文学研究所研究员周启超、中国社会科学院文学研究所研究员金惠敏，奥地利著名学者Rainer Winter、我校社科处处长、文学院教授杨国安、文学院院长李伟昉等出席。开幕式由河南省高校人文重点学科开放研究中心执行主任、我校文学院教授张云鹏主持。

"新媒介与当代文论转向"研讨会暨中国中外文艺理论学会新媒介文论分会成立大会

10月，据《河南省教育厅关于公布第八批河南省重点学科名单的通知》（教高〔2012〕186号），在第八批河南省重点学科评审中，我校中国语言文学一级学科获批为省重点学科。

11月8日，文学院苏添、郭慧中、张兆雅卉、仝三洲等4名学生获河南大学2011—2012学年正商奖学金。贾博、张雷、田卓艳、吴勇等4名学生获2011—2012学年华藏奖学金。方真获2011—2012学年冰熊奖学金。河南大学正商奖学金是河南正商置业有限公司为祝贺河南大学百年校庆而捐资设立的河南大学校级专项奖学金。

11月2—4日，"中原戏剧文化国际学术研讨会"在中州国际酒店举行。我校副校长关学增，开封市副市长陈国桢，中山大学中国非物质文化遗产研究中心主任康保成，中国艺术研究院戏曲研究所所长刘桢，中国艺术研究院话剧研究所所长刘彦君，河南省艺术研究院院长李利宏，我校文学院院长李伟昉、副院长刘进才，艺术学院党委书记马骏芳，黄河文明与可持续发展研究中心副主任高有鹏，以及来自海内外的百余名专家学者出席会议。开幕式由河南大学河南地方戏研究所所长张大新主持。会议由河南大学、河南中华豫剧促进会、开封市人民政府、河南省文化厅、河南省文学艺术界联合会、中国艺术研究院戏曲研究所联合主办，由河南大学文学院、河南大学黄河文明与可持续发展研究中心、中山大学中国非物质文化遗产研究中心、河南省文化厅非物质文化遗产处、河南省戏剧家协会、河南大学艺术学院、河南省艺术研究院、河南大学河南地方戏研究所承办。

中原戏剧文化国际学术研讨会

11月15日，学校公布河南大学第十二批校级教学改革项目立项名单。张先飞的"二十世纪中国文学史课程本科教学新体系及人才培养方案的综合改革与实践"获批重点项目，樊柯的"文学概论双语教学中的问题与对策"、赵涛的"《中国文献学》课程改革研究"获批一般项目。

11月22日，文学院学习党的十八大精神时政沙龙主题座谈会在明伦校区文学馆二楼报告厅举行。活动由文学院团委主办，由马克思主义研究会承办。校关工委副主任兼秘书长肖聚银、文学院关工委副主任王中安、马克思主义学院副教授任东景、文学院相关领导老师、马研会会员出席座谈会。

11月28日，学校公布2012年度河南大学师范教育专业毕业生教学技能比赛获奖个人和优秀组织单位名单。文学院学生牛明慧获特等奖，罗景民获一等奖，陈杏、吴勇、周燕霞获二等奖。张伟丽获优秀辅导教师称号。

11月，中国台湾著名戏曲与文化学者曾永义先生应文学院之邀，在河南地方戏研究所作题为"论说戏曲的结构"的学术报告。曾永义先生是台湾大学名誉教授，世新大学讲座教授、博士生导师，我校兼职教授，主要学术著作有《戏曲腔调新探》《戏曲源流新论》《俗文学概论》《明杂剧概论》等22种，被誉为"台湾戏曲研究界的领军人物"。

　　11月，由国务院侨务办公室主办、河南省外事侨务办公室承办的"《文化中国·名家讲坛》欧洲宣讲活动"圆满结束。宣讲活动于2012年11月14—25日在比利时、葡萄牙和西班牙等三国举行。王立群教授作为国侨办指定的主讲专家以"汉高祖刘邦的成功之道"为题，在布鲁塞尔等地作了三场宣讲。

　　11月，文学院在校本科生1591人。其中，汉语言文学1319人（一年级324人，二年级273人，三年级350人，四年级372人），戏剧影视文学156人（一年级35人，二年级29人，三年级57人，四年级35人），对外汉语116人（一年级63人，二年级53人）。博士研究生28人（中国现当代文学一年级3人，二年级5人，三年级4人；中国古典文献学一年级1人，二年级4人，三年级5人；文艺学一年级2人；中国古代文学一年级1人；比较文学与世界文学一年级2人；汉语言文字学一年级1人）。

　　12月8日，在西藏阿里地区措勤县江让乡完全小学举办了"大爱无边际，温暖孩子心——河南大学文学院、诗云书社向江让乡完小捐资"的衣服发放活动。当地派出所所长兼乡长达瓦坚参、校长次仁参加活动。11月7日以来，在文学院教师孟庆澍、刘军，研究生祁发慧的倡议下，文学院在全校范围内开展了"捐出你的旧衣，温暖措勤江让"的献爱心活动。该活动受到全校师生的大力支持，收到捐赠衣物上千件。

　　12月13日，应校国际交流处、国际交流促进会邀请，文学院院长、国际交流促进会副会长李伟昉在科技馆二楼报告厅为来自文学院、历史文化学院、外语学院、新闻与传播学院等共三百余名学生作题为"从剑桥到哈佛"的报告。报告会由国际交流处副处长马国强主持。

　　由全国高等学校教学研究中心、全国高等学校教学研究会、《中国大学教学》杂志主办，我校承办的第三届全国高等学校教学研究会理事大会暨第五届中国大学教学论坛在开封市开元名都酒店隆重举行。来自全国近三百所高校及部分省区教育厅的六百余名代表与会,围绕"国家精品开放课程建设的探索与实践"主题进行深入研究探讨。河南省副省长徐济超,中国高等教育学会会长瞿振元,第二届全国高等学校教学研究会理事长、清华大学原校长顾秉林,教育部高教司司长张大良,河南省教育厅厅长王艳玲,我校党委书记关爱和、校长娄源功出席开幕式。开幕式由全国高等学校教学研究中心常务副主任杨祥主持。12月15—16日,王立群教授对其承担的国家精品开放课程"文学传播的力量"进行了简要演示,通过司马相如与卓文君的故事,总结出历史分为真实的历史、记录的历史、传播的历史和接受的历史四个层次。

12月18日,河南大学文学院首届"英杰奖学金"颁奖仪式在明伦校区新行政楼第四会议室举行。我校校友、青岛乐克来实业有限公司董事长魏杰,我校副校长邢勇及学生处、研究生院、教务处、文学院有关领导和师生代表参加了颁奖仪式。仪式由文学院院长李伟昉主持。

首届"英杰奖学金"获奖人员合影

12月21日,河南省文学院院长、省文联副主席、中国散文家协会副会长郑彦英应文学院邀请,在明伦校区科技馆二楼为全校师生作题为

"从形而下到形而上——谈生活与文学"的学术报告。校党委副书记王凌向郑彦英颁发了兼职教授证书。报告会由文学院院长李伟昉主持。

12月27日，在科技馆二楼报告厅，文学院举办第十七届毕业生教学技能大赛。许兆真、周杰林、蔡玉芝、白春超、张伟丽以及河大附中高级教师徐砚田等教师担任此次大赛评委。陈杏、罗景民摘得大赛桂冠，卢彧、陈旭、秦茂均分别荣获二等奖。

12月，首届"河南杜甫文学奖"在郑州颁奖。我校文学院2005级现当代文学专业博士祝欣的论文《叙述的交响——王蒙的小说创作与音乐》获理论评论奖。"河南杜甫文学奖"是经省委宣传部批准、省作家协会主办的我省最高荣誉的文学奖项，由"河南文学奖"演变而来。

2013 年

1月5日，学校对2012年度国家级教学工程项目和省级教学工程项目获得者进行表彰。王立群的"司马相如与卓文君"获批国家级精品视频公开课、汉语言文学获批国家级专业综合改革试点、王立群领衔的中国古代文学教学团队获批河南省教学团队，受到表彰。

1月3—4日，两院合作导师、中国社会科学院文学研究所研究员、博士生导师、原所长、著名文学史家杨义先生应邀来院为研究生作了两场学术报告。报告会由院长李伟昉主持。

1月7日，两院合作导师、中国社科院文学所所长兼文学系主任、《文学评论》主编陆建德先生应邀来院，为文学院研究生和青年教师分别作了题为"晚清政治与翻译：以林纾为中心""从《史记》人物检讨传统核心价值"的学术报告。报告会由院长李伟昉主持。

1月13日，文学院原资料室馆员于静珞因病去世，享年82岁。

1月29日，关爱和当选第十二届全国人大代表。

1月29日，教育部公布2012年第三轮学科评估结果，河南大学中国语言文学学科排名并列第26位。在中国语言文学一级学科中，全国具有"博士一级"授权的高校共54所，本次有44所参评；还有部分具有"博士二级"授权和硕士授权的高校参加了评估；参评高校共计85所。得分相同的高校按学校代码顺序排列。[①]

---

① 据中国学位与研究生教育信息网 http：//www. chinadegrees. cn/webrms/xww/queryXK-PG. do？flag＝1&xkpgdxselect＝0501。

学校代码	学校名称	学科整体水平得分
10001	北京大学	94
10027	北京师范大学	91
10246	复旦大学	91
10284	南京大学	88
10422	山东大学	86
10511	华中师范大学	86
10269	华东师范大学	84
10335	浙江大学	84
10558	中山大学	84
10055	南开大学	83
10486	武汉大学	82
10002	中国人民大学	81
10200	东北师范大学	75
10384	厦门大学	75
10445	山东师范大学	75
10635	西南大学	75
10126	内蒙古大学	74
10212	黑龙江大学	74
10475	河南大学	74
10574	华南师范大学	74
10697	西北大学	74
11117	扬州大学	74

2月7日，我校博士生导师王立群应邀出席河南省委、省政府在郑州国际会展中心轩辕堂举行的2013年春节团拜会。省委书记、省人大常委会主任卢展工主持团拜会，省委副书记、省长郭庚茂致辞。

2月26日，2013年河南省博士后工作会议暨新设博士后科研流动站和博士后研发基地授牌仪式在郑州召开，省委组织部、省人力资源和社会保障厅、省教育厅、省科学技术厅、省财政厅等单位有关领导出席会议。会议通报表扬一批2012年博士后工作考核成绩优秀的博士后工作单位和个人。我校中国语言文学博士后科研流动站获评省"优秀博士后科研流动站"，王宏林（中国语言文学博士后科研流动站）、赵牧（中国语言文学博士后科研流动站）获"优秀博士后研究人员"称号。

2月，我校文学院申报的"马克思主义研究会时政沙龙系列活动"获2012年度河南省高等学校思想政治工作优秀品牌。

3月21日，文学院马克思主义研究会在文学馆二楼举行"2012年国内十大新闻揭晓"活动。马克思主义学院院长、研究会指导老师赵连文和文学院相关领导出席活动。

4月11日，第十一届道风奖学金颁奖仪式在文学院比较文学与世界文学教研室举行。研究生院常务副院长孙君健，文学院院长李伟昉、副院长刘进才，比较文学与比较文化研究所主任梁工，以及比较文学与比较文化教研室相关教师、研究生参加颁奖典礼。本届奖学金授予孟令花、苟迎迎、水文雯、任婷婷等8位同学。获奖代表苟迎迎、研究生代表孙慧分别发言。

4月19日，我校2013年春季运动会在金明校区志义体育场落幕。文学院荣获男女团体总分第一名，男子团体总分第二名，女子团体总分第一名。文学院成功卫冕，创下二十一连冠的纪录。

4月26日，由文学院主办的2013年国际秘书周系列活动闭幕式暨2010级秘书专业全体师生汇报演出在明伦校区科技馆一楼报告厅举行。在场老师分别为2013年国际秘书周打字速度竞赛、公文写作大赛、演讲比赛以及基础知识竞赛四项活动获奖同学颁发荣誉证书。

4月，我校文学院教授、《百家讲坛》名师王立群担纲第十五届CCTV全国青年歌手电视大奖赛综合素质评委。

王立群在全国青年歌手电视大奖赛点评选手

4月，中国古典文献学硕士研究生马健中（导师：孟云飞）的学位论文《巩县石窟寺北朝造像题记及其书法研究》、中国古代文学硕士研究生王丽敏（导师：曹炳建）的学位论文《〈永乐大典〉征引小说考略》、文艺学硕士研究生彭翠（导师：张清民）的学位论文《保罗·利科的叙事理论研究》获得2012年省优秀硕士学位论文。中国现当代文学博士研究生惠萍（导师：关爱和）的《严复与中国近代文学变革》获2012年河南大学优秀博士学位论文，文艺学硕士研究生彭翠的《保罗·利科的叙事理论研究》、中国古典文献学硕士研究生马健中的《巩县石窟寺北朝造像题记及其书法研究》、中国古代文学硕士研究生温丽虹（导师：元鹏飞）的《明清传奇开场辞研究》、王丽敏的《〈永乐大典〉征引小说考略》、中国现当代文学硕士研究生李思瑾（导师：刘进才）的《知识分子的转型与中国现代域外游记》、王松峰（导师：武新军）的《"通俗"的意义与限度》获得2012年河南大学优秀硕士学位论文。

5月6日，文学院在学校2013年教职工女排比赛中获亚军。

5月6日，周杰林、蔡玉芝、许兆真、白春超、燕俊、张伟丽、焦凡、王宏林等8人获2012—2013学年河南大学优秀实习指导教师称号，秦茂钧等30人获优秀实习生称号。

5月7日，孟庆澍、刘涛、胡全章获教授任职资格，傅书灵、程小娟、张雪平、李国平、燕俊、戴宁淑获副教授任职资格，焦凡获讲师任职资格。

5月9日，张大新教授主持的教育部人文社科重点研究基地重大项目"中国近现代社会转型与河南戏剧的变革"在明伦校区六号楼三楼报告厅举行开题论证会。广东省普通高校人文社会科学重点研究基地"岭南文化研究中心"主任、华南师范大学教授、博士研究生导师左鹏军及项目组成员、相关专业教师和研究生与会。当天下午，左鹏军教授为我校师生作题为"小说到戏曲：《红楼真梦》的文体转换与文化内涵"的学术报告。报告会由张大新教授主持。报告会开始前，副校长关学增向左鹏军颁发河南大学兼职教授聘书。

5月16日，文学院第十八届讲课大赛总决赛在明伦校区综合楼116教室举行。许兆真、蔡玉芝等5位老师担任本次大赛评委。2010级苏添、

2012级刘蕙心获得一等奖。

5月23日，中国古典文献学博士生孔令刚、徐芳芳获河南大学第十四届侯镜如奖学金。

5月24日，张润泳任校纪委副书记，葛本成任文学院党委书记。

5月30日，由文学院主办的"河大梦，我的梦"——第四届"超级状元"国学知识大赛决赛在明伦校区文学馆二楼举行。校学生处、校团委及文学院相关领导出席并观看本次大赛。文学院丛云成夺得"状元"，唐里和张丽丽分获"榜眼""探花"称号。

第四届"超级状元"国学知识大赛决赛合影

5月，《河南大学报》以"李晓华：母校恩难忘"为题，刊登对文学院校友、中国传媒大学研究生院院长李晓华的专访。

6月4日，杨国安的"古代文化与中小学语文教师素养的提高"获批河南大学2013年度教师教育课程改革重点项目。

6月7日，河南大学2013届本科生毕业典礼暨学士学位授予仪式在明伦校区大礼堂广场举行。校领导关爱和、娄源功等及学校各职能部门、各学院主要负责人和教师代表、2013届本科毕业生出席典礼，毕业典礼由校党委常务副书记梁晓夏主持。优秀毕业生代表、文学院朱舒杨同学代表全校毕业生发言。

朱舒杨

6月9日，杨萌芽任研究生院培养办公室副主任。

6月17日，我校85级校友何晓岩向图书馆、文学院、哲学与公共管理学院、历史文化学院各捐赠一套（四册）由其组织出版、刘瑞符所著的《老子章句浅释》线装中文图书。副校长关学增、文学院院长李伟昉以及相关负责人出席捐赠仪式。

6月19日，孔令刚的《〈昭明文选〉六家音注从单刻本到合刻本的演变规律》（发表于《求索》）获河南大学2012—2013年度研究生优秀学术论文一等奖。

6月24日，应文学院邀请，中国当代著名作家、河南大学兼职教授刘震云，纽约大学比较文学系教授、东亚研究系主任张旭东在艺术学院音乐厅与我校师生共同探讨"文学与现实的距离——当代中国文学创作中的语言动机与社会母题"，报告会由文学院院长李伟昉主持。报告会开始前，副校长关学增为张旭东颁发河南大学兼职教授聘书。

6月，文学院戏剧影视文学专业的首批本科生顺利毕业。本届毕业生

"文学与现实的距离"报告会

张旭东（右三）、刘震云（右二）

共有34人，其中16人考取硕士研究生，进入香港城市大学（1人）、香港理工大学（1人）、中国传媒大学（2人）、武汉大学（1人）、苏州大学（1人）、郑州大学（1人）、湖南师范大学（1人）、广西师范大学（1人）、福建师范大学（1人）、四川师范大学（1人）、西华大学（1人）、河南大学（4人）等院校继续深造。戏剧影视文学专业的建设和发展经历了两个阶段：2003—2008年，作为汉语言文学下属的专业方向进行试验性招生。2008年，经教育部批准，作为艺术类专业进行正式招生，并于2009年招收首届34名学生。

6月，文学院学生会荣获学校"2012—2013年度优秀基层学生会"荣誉称号。

6月，吴效群的"中国民间信仰与民间组织关系的田野研究"、梁工的"国外马克思主义《圣经》批判研究"、张雪平的"汉语句子的非现实情态研究"、武新军的"文学期刊与中国当代文学"、赵涛的"古籍目录集部学术源流及其文学影响研究"、董秀英的"基于语料库的汉语假设范畴句法标记模式研究"、杨亮的"元代翰林国史院与元诗风尚研究"、张大新的"豫剧与近现代河南地方戏传承发展研究"获批国家社科基金项目。

6月，武新军入选2013年河南省高校科技创新人才支持计划并获得教育厅资助，张大新入选2013年河南省高等学校哲学社会科学优秀学者。

7月5日，白春超、张清民任文学院副院长。

7月18日，文学院教授胡山林在希腊希奥斯市召开的国际荷马学术年会上，被希奥斯市授予"荣誉市民"称号，以表彰他多年在沟通文学与人生的关系，通过文学寻找灵魂归宿，构筑人类精神家园等方面作出的突出贡献。胡山林受组委会邀请参加会议并作题为"出征与回乡——从西方到东方的奥德赛"的主题演讲。授奖仪式上，希奥斯市市长迪米特里·芒迪卡斯称赞胡山林教授"在永恒的文学与流动的学生之间，接续着古希腊游吟诗人荷马的古老历史，从文学角度探索人类心灵世界，影响着无数特定的学生听众和不定的文字读者，他在遥远的中国从事的是和游吟诗人的古老传统一致的事业，亦即把文学视为关乎人的灵魂的事业"。在接受"荣誉市民"证书的同时，胡山林教授也将自己的《寻找灵魂的归宿》《文学与人生》《文学艺术与终极关怀》等5部专著赠送给希奥斯市图书馆永久收藏。

胡山林发表演讲

7月21日，由中共河南省委宣传部、省文化厅、省文联、中华豫剧文化促进会、河南大学主办的大型戏剧文献《樊粹庭文集》出版座谈会在郑州举行。省政协主席叶冬松，全国政协教科文卫体委员会副主任、中华豫剧文化促进会会长王全书，省政协副主席靳克文，省人大常委会副主任、中华豫剧促进会名誉副会长李志斌，省政府党组成员、省文化体制改革和发展领导小组副组长路国贤，省政府原省长助理、中原文化艺术学院（筹）院长、中华豫剧促进会名誉副会长卢大伟，省政协原秘书长、省社科联副主席、中华豫剧促进会副会长兼秘书长张秉义，省委宣传部副部长王庆，省社科联党组书记李庚香，省文化厅巡视员董文建，省文联副主席何白鸥，我校党委书记关爱和，校党委副书记王凌出席会议。《樊粹庭文集》主编张大新教授及来自省内外的专家学者，我校文学院等单位负责同志与会。会议由张秉义主持。《樊粹庭文集》的筹划和出版历时七年。文集的初步整理工作主要依靠河南大学河南地方戏研究所历届在读研究生接续承担。文集由河南大学出版社出版发行，是河南大学百年校庆学术丛书的重要组成部分。

《樊粹庭文集》出版座谈会

7月，李建立（中国语言文学博士后科研流动站）、元鹏飞（中国语言文学博士后科研流动站）获批全国第六批博士后科学基金特别资助，各获得15万元资助。

7月，教育部下发《关于公布"本科教学工程"地方高校第一批本科专业综合改革试点的通知》（教高司函〔2013〕56号），我校汉语言文学专业入选教育部"本科教学工程"地方高校第一批本科专业综合改革试点。

8月4日，文学院2003届同学毕业十周年座谈会在明伦校区新行政楼一楼会议室举行，文学院相关领导和当年任课老师参加座谈会。

8月16日，我校"国培计划"（2013）——河南省中小学教师短期集中培训项目河南大学初中语文班开班典礼在行政楼第四会议室举行。河南省教育厅师范处副处长田少辉、我校远程与继续教育学院、文学院相关领导和教师代表出席典礼。来自全省各地市的100位初中语文教师及教研员参加培训学习。

8月23—24日，文学院1979级校友毕业三十周年联谊会在明伦校区举行。副校长邢勇出席并讲话，原校长王文金、原中文系领导和教师代表张家顺、刘增杰、刘思谦、苏文魁、关仁训、屈文梅、王芸及文学院现任党政领导班子参加联谊会。

8月，我校成为河南省中原名师培育工程培训基地，文学院申报的高中语文获批开展河南省中小学名师培训。

9月2日，文学院获河南大学教学质量奖先进集体，王利锁获教学质量奖特等奖，付国锋、田锐生、戴宁淑获一等奖，张雪平、张亚军、王宏林、张进德、马予静、穆海亮、樊柯、乔丽获二等奖。

9月9日，付国锋、樊柯、孙彩霞、张亚军、张进德、张先飞、徐丽君、许卫东获河南大学2011—2013年度教学优秀奖。王宏林、杨亮、张大新、武新军、孟庆澍、王立群、郭宝军、邓小红、段亚广、张进德、刘涛、伍茂国、杨萌芽、穆海亮、白春超、张先飞、梁工、元鹏飞、毕桂发、王振铎、胡山林、邹同庆、赵宁获河南大学科研优秀奖。杨彩云获河南大学管理优秀奖。李国平获河南大学思想政治教育工作奖。李伟昉、燕俊、蔡玉芝获河南大学师德先进个人称号。

9月13日，苏州大学文学院教授、博士生导师方汉文应邀来院，在文学院二楼会议室为比较文学与世界文学专业全体教师和研究生作题为"世界文学史新建构的中国声腔"的学术讲座。

9月14日，《任访秋文集》首发式暨任访秋学术思想研讨会在金明校区图书馆三楼会议室举行。

《任访秋文集》首发式暨任访秋学术思想研讨会

9月16日，参与"院士专家中原行"活动的专家组成员、北京大学中文系教授、博士生导师、教育部长江学者特聘教授陈平原和夏晓虹等专家学者来校参观考察，校党委常务副书记梁晓夏热情接待专家组一行。陈平原应邀在科技馆报告厅作题为"学术史视野中的'大学故事'"的报告。

陈平原（左二）学术报告会

9月20—23日，中国近代文学学会小说分会第四届年会暨中国近代小说学术研讨会在河南大学召开。中国近代文学学会原会长黄霖、会长王飚、副会长关爱和、副会长兼小说分会会长袁进、副会长马卫中和孙之梅，小说分会副会长赵利民、刘琦、左鹏军、郭浩帆、侯运华及来自中国社科院、复旦大学、山东大学、台湾嘉义大学、台湾中正大学、香港浸会大学、香港珠海学院等科研单位和高等院校的五十多位代表参加会议。开幕式由文学院院长李伟昉主持。

9月23日，我校初中语文等专业2013年"国培计划"置换研修项目顶岗实习生赴地市、县中小学进行顶岗支教实习活动。

9月26日，"国培计划"农村中小学幼儿教师置换项目河南大学班开班典礼在金明校区图书馆一楼报告厅举行，刘志军副校长出席会议。文学院等8个培训院系的相关领导和来自全省各市县的550名参训学员参加典礼，开班典礼由远程与继续教育学院院长胡德岭主持。

9月，台湾世新大学教授、博士生导师曾永义，台湾中正大学教授、博士生导师王琼玲应邀来院，分别作题为"戏曲之内外在结构""小说、戏剧、电影一家亲——谈台湾豫剧《美人尖》《梅山春》"的学术报告。文学院副院长张清民出席。讲座由河南地方戏研究所所长、博士生导师张大新主持。

10月10日，"把酒话桑麻——河南大学文学院名师漫谈会"在明伦校区综合楼509教室举行。文学院相关领导与张大新、张清民、王鹏、许卫东、郑慧霞等老师应邀出席漫谈会。

10月16日，张大新的"中国戏曲史课程体系改革与教材编写"获河南大学2013年校级教学成果奖一等奖，张亚军的"汉魏六朝文学教学团队整合与建设研究"（参与者：王利锁、马予静、王宏林、郭宝军）、程小娟的"外国文学史考核方式改革与实践"（参与者：梁工、孙彩霞）获二等奖。

10月16日，学校公布河南大学第十三批校级教学改革项目名单。张亚军的"中国古代文学课程体系与教学内容改革研究"获批重点项目，许卫东的"现代汉语教学内容更新过程中的优化与整合"、史红伟的"衔接视野下的中高等语文教育——以大学古代文学诗词教学为例"、陈丽丽的"开放组合式论文指导模式的研究与实践"、李荷蓉的"现代汉语和写作的'脑语'文化整合"获批一般项目。

10月24日，北京大学杜珣教授应邀来院讲学。

10月25日，李晓靖获河南大学2012—2013学年冰熊奖学金，方书培获河南大学2012—2013学年王鸣岐奖学金，周翔、贾博、刘文青、司仕磊获河南大学2012—2013学年华藏奖学金。

10月，李伟昉入选国家百千万人才工程，被授予"有突出贡献中青年专家"荣誉称号。

10月，高有鹏教授的《中国民间文学通史（全三卷）》获2012年度河南省社科优秀成果一等奖。

10月，赵奉蓉（中国语言文学博士后科研流动站）获得全国第五十四批博士后科学基金面上资助二等5万元资助。

10月，文学院刘进才入选"2012年度河南省学术技术带头人"。

11月2日，由文学院爱心俱乐部承办的"善行100"活动举行。"善行100"活动是由中国扶贫基金会发起的一项全民公益活动，主要呼吁社会各界通过购买并捐赠爱心包裹的形式一对一关爱贫困地区小学生。

11月9日，在校工会主办、公共体育教研部承办的2013年教职工乒乓球比赛中，文学院荣获团体二等奖；丁喜霞获女子单打第二名。

11月19日，河南大学出版社和河南省作家协会、河南省文学院、河南法制报社、河南省诗歌学会共同主办的"吴元成诗歌创作研讨会"在河南省文学院举行。

11月21日，文学院党委换届选举，葛本成、杨彩云、李伟昉、付民之、王利锁、焦喜峰、武新军当选党委委员。

11月21日，中国国民党革命委员会河南大学支部第六次党员大会在明伦校区新办公楼第一会议室召开。文学院张先飞当选民革河南大学支部第六届委员会副主委。

11月21日，文学院演讲比赛在我校明伦校区综合楼209教室举办，文学院关工委副主任王中安、大学语文教研室主任孙书蝶等老师莅临活动现场并担任评委。李紫璇荣获一等奖和最具人气奖。

11月28日，中国民主同盟河南大学委员会第十三次代表大会在我校明伦校区行政楼第四会议室召开。文学院侯运华当选中国民主同盟河南大学第十三届委员会副主委，辛永芬当选秘书长。

12月7日，中国现代小说理论暨刘恪学术研讨会在我校金明校区图书馆二楼会议室举行。副校长关学增，福建省社会科学院院长南帆，中国现代文学馆常务副馆长吴义勤，中国作家协会创研部副主任何向阳，北京大学艺术学院院长王一川，北京大学文化研究所所长张颐武，北京师范大学文艺学研究中心主任李春青，湖南理工学院院长余三定，河南省文联副主席、作协主席李佩甫，河南省文学院院长何弘，岳阳市党委宣传部、岳阳市文联代表潘刚强，我校文学院院长李伟昉、文艺学研究中心主任耿占春等与会。河南省高等学校人文重点学科开放研究中心执行主任、我校文学院教授张云鹏主持开幕式。研讨会由文学院、河南省高校人文社科重点研究基地文艺学研究中心和河南省高校人文重点学科开放研究中心共同举办。

12月7日，由中国文联、中国民间文艺家协会《民间文化论坛》，河南省文联、河南民间文艺家协会及河南大学联合举办的"首届中国民间文学基本理论研讨会"在我校金明校区召开。中国民间文艺家协会《民间文化论坛》杂志社社长兼总编辑刘德伟，中国民间文艺家协会国际部主任李亚沙，张振犁先生，河南省民间文艺家协会副主席陈江风、程健君，我校社科处处长杨国安，黄河文明与可持续发展研究中心副主任高有鹏等三十多位专家学者与会。

12月10日，文学院刘礼凯、王雯婷、郑婷、郭昊天获河南大学2012—2013学年正商奖学金，周梦旎、曹冰、叶冉、管梨杉、刘慧芳、吕乾坤、黄桢桢、王英哲、曹琰等9人获河南大学2012—2013学年蓝天奖学金。

12月11日，原写作教研室副教授张锡智因病去世，享年89岁。

12月12日，文学院2013年度教学工作会议在科技馆一楼报告厅召开。

12月13日，谢励武因病去世，享年87岁。

12月18—20日，河南省社科联第八次代表大会在郑州隆重召开，我校党委书记关爱和出席会议并当选为兼职副主席。

12月22日，由教务处和校团委联合举办的"河南大学名家讲坛"在大礼堂举行，王立群教授应邀为三千多名学生作"从宋太祖到宋太宗"专题讲座。

12月25日，文学院2014届本科毕业生教学技能与说课大赛在院二楼阶梯教室举行。孙熹熙、曹广赛荣获大赛一等奖。

12月26日下午，文学院2014年"文韬舞略"元旦联欢会在科技馆一楼报告厅举行。

12月26日晚，文学院研究生2014年元旦联欢晚会在科技馆一楼报告厅举行。

12月29日，"纪念羽帆诗社成立三十周年暨《羽帆诗选》出版新闻发布会"在我校金明校区召开，河南省文联前副主席、作协主席田中禾，河南省文联副主席、省文学院院长、著名诗人及评论家何弘，河南省诗歌学会会长马新朝，我校党委副书记王凌等四十余位领导、学者、作家和诗人出席会议，发布会由文学院院长李伟昉主持。羽帆诗社成立三十周年研讨会由河南文艺出版社副总编辑、省诗词学会常务副会长、羽帆诗社首任社长王国钦主持。十卷本《羽帆诗选》，共收录了105位"羽帆人"共计971篇作品和两卷诗评及理论性文章。封面设计选取了一颗种子成长为大树的过程，体现了羽帆诗社的发展历程，同时也展现了诗人对自由精神世界的追求。

纪念羽帆诗社成立三十周年暨《羽帆诗选》出版新闻发布会

12月30日，文学院第二届"英杰奖学金"颁奖大会在明伦校区新行政楼第四会议室举行。校党委副书记王凌出席会议并讲话，有关职能部门负责同志、文学院全体领导及师生代表参加会议。

12月，黄河文明与可持续发展研究中心副主任高有鹏教授应邀至新加坡南洋理工大学讲学，解读"大国学"。

12月，文学院党委书记葛本成、院长李伟昉等院领导和辅导员、任课教师一起，分组前往信阳、南阳等地区看望"国培计划（2013）"河南省农村中小学教师置换脱产研修项目顶岗实习的学生。

12月，文学院杨亮入选2013年度河南省高等学校青年骨干教师资助计划。

12月，文学院孟庆澍入选2013年度省教育厅学术技术带头人。

12月，河南省教育厅印发《关于公布2013年度河南省高等学校精品视频公开课名单的通知》，李伟昉教授主讲的"莎士比亚在近现代中国的接受"入选2013年河南省"精品视频公开课"建设项目。

本年度，张先飞的著作《"人"的发现——"五四"文学现代人道主义思潮源流》，获教育部高等学校科学研究优秀成果奖（人文社会科学）文学类著作三等奖。

2014 年

1月8日,文学院第五届教职工暨工会会员代表大会召开,校工会副主席罗莉到会祝贺。会议由副院长付民之主持。大会审议并通过《院长工作报告》《工会工作报告》《文学院本科生教学管理暂行规定》。选举杨彩云、黄炳申、史红伟、付国锋、许卫东、周青、孟庆澍为文学院第五届工会委员会委员。

1月21日,开封市市长吉炳伟、副市长陈国桢以及市文联一行看望我校著名文化学者、央视《百家讲坛》主讲人王立群教授。

1月,任访秋的《中国近代文学史》(河南大学出版社)入选河南省第一批"十二五"普通高等教育规划教材。

1月,教育部办公厅《关于公布第三批国家级精品资源共享课立项项目名单及有关事项的通知》(教高司函〔2013〕132号)下发,李伟昉教授的"比较文学"获得国家级精品资源共享课立项。教育部给予课程10万元经费补贴。

1月,王立群入选《汴梁晚报》评选的开封市"2013十大文化新闻人物"。

1月,《圣经文学研究》被列入南京大学中国社会科学研究评价中心2014—2015年度CSSCI收录来源集刊,是外国文学学科收录集刊的一种。《圣经文学研究》是国内唯一以圣经文学和文化为研究对象的专业性学术集刊,也是国际华人学术界唯一用汉语出版的圣经文学研究刊物。

1月,文学院在校本科生1573人。其中,汉语言文学1247人(一年级300人,二年级324人,三年级273人,四年级350人),戏剧影视文学150人（一年级29人，二年级35人，三年级29人，四年级57人），汉语国际教育176人（一年级60人，二年级63人，三年级53人）。博士研究生29人（中国现当代文学一年级3人，二年级3人，三年级5人；中国古典文献学一年级1人，二年级1人，三年级4人；文艺学一年级2人，二年级2人；中国古代文学一年级1人，二年级1人；比较文学与世界文学一年级2人，二年级2人；汉语言文字学一年级1人，二年级1人）。

2月26日，河南省博士后工作会议在郑州召开，省委组织部、省人力资源和社会保障厅、省教育厅、省科学技术厅、省财政厅等单位有关领导出席会议。李建立（中国语言文学博士后科研流动站）获2013年省"优秀博士后研究人员"荣誉称号。

3月13日，文学院工会组织全院女教职工在东操场参加"走在春风里"健步走比赛。

3月19日，学校公布河南大学2014年度教师教育课程改革项目立项名单。张先飞的"基于中小学语文教师培训的中国现当代文学史课程教学体系及人才培养方案综合改革"获批重点项目，付民之的"中小学教师美育观念与素养研究"、史红伟的"衔接视野下的中高等语文教育——以古代诗词教学为例"、潘国美的"小学影视教育及教学建设研究"获批一般项目。

3月22日，我校2013级在职攻读硕士学位研究生开学典礼在金明校区图书馆一楼报告厅举行。副校长刘志军、研究生院及有关学院相关负责人与会。典礼由研究生院常务副院长孙君健主持。文学院王利锁教授代表导师发言。

3月27日，文学院在院一楼教室召开党的群众路线教育实践活动动员大会。常务副校长赵国祥，校督导组成员、文学院班子成员、全体教职工党员、非中共党员教师代表、学生党员代表参加会议。会议由文学院院长李伟昉主持。

3月31日，中国作家协会副主席、研究员、博士生导师廖奔，中国艺术研究院话剧研究所所长、博士生导师刘彦君应邀来院讲学。报告会开始前，廖奔、刘彦君接受了河南大学讲座教授聘书。廖奔和刘彦君系我校七七级校友，1981年年底，两人毕业于河南大学中文系。

3月，文学院刘军等青年教师发起"捐助贫困乡村小学图书馆"爱心公益活动。刘军等青年教师长期参与社会公益活动，"捐助贫困乡村小学图书馆"是在对安徽一乡村小学及河南商城县小学之后第三次发起的爱心公益活动。此次活动主要向贫困乡村小学——兰考县城关乡李寨村小学捐助书包、文具、小学阶段教辅和课外读物等学习用品。

4月10日，学校公布新一届学位评定委员会成员名单，李伟昉入选学校新一届学位评定委员会成员，同时入选学校教育硕士专业学位评定分委员会副主席。文学院学位评定分委员会组成如下：

主席：李伟昉

副主席：张清民、白春超

成员：葛本成、张生汉、张进德、张先飞

汉语国际教育硕士专业学位评定分委员会组成如下：

主席：李伟昉

副主席：李卫国、张清民

成员：张俐、张雪平、董秀英、辛永芬、徐恒震（校外）、端木庆一（校外）

4月10日，华东师范大学教授陈勤建应邀来院讲学。

4月11日，文学院获河南大学2013年度收费管理先进单位，周青、焦喜峰获收费管理先进个人称号。

4月11日，古代汉语教研室副教授傅书灵因病去世，享年49岁。

4月18日，学校2014年春季运动会落幕。文学院获得女子团体第一名、男子团体第三名，男女团体总分第一名，实现二十二连冠。文学院杨格以22秒84的成绩打破男子200米纪录。

4月21日，在第59届国际秘书周来临之际，文学院第五届"秘书文化节"在院一楼教室开幕。

4月24日，文学院讲座教授、著名汉学家、德国波恩大学教授顾彬应邀来院，在明伦校区行政楼第四会议室作题为"论孔子思想中'和'的观念"的主题演讲。副校长邢勇出席并为顾彬颁发讲座教授聘书。讲座由院长李伟昉主持。

顾彬

4月28日，河南大学第四届学术委员会成立暨第一次全体会议在明伦校区新行政楼第四会议室召开。校党委书记关爱和入选校学术委员会顾问，张生汉、张云鹏、杨国安入选校学术委员会委员，张生汉、梁工入选人文科学学部学术委员会委员，张生汉入选学风建设委员会委员。

4月，文学院张先飞入选河南省百名优秀青年社科理论人才培养工程。

4月，中国古典文献学硕士宋福利（导师：杨亮）的学位论文《王恽年谱》、中国古代文学硕士李金博（导师：张进德）的学位论文《明清经典章回小说人物出场研究》获得2013年省优秀硕士学位论文。中国现当代文学博士王银辉（导师：张云鹏）的《穿越"晦霾"走向新生——卢卡奇文艺理论在中国（1928—2011）》、中国古典文献学博士白金（导师：佟培基）的《北宋目录学研究》获得2013年河南大学优秀博士学位论文。宋福利的《王恽年谱》、李金博的《明清经典章回小说人物出场研究》、刘朝霞（导师：伍茂国）的《作为"人学"的美学——徐岱"诗学美学"思想研究》、曹艳（导师：王利锁）的《葛洪〈抱朴子外篇〉文学研究》、张利杰（导师：李国平）的《从冰点到沸点——浅析1989年以来中国的穿越剧》获得2013年河南大学优秀硕士学位论文。

5月5日，作为2014河南大学读书月系列活动之一，文学院教授王利锁应邀在明伦校区科技馆二楼报告厅作学术讲座。

5月6日，第十二届道风奖学金颁奖仪式在河南大学文学院圣经文学研究所举行。文学院副院长张清民和比较文学与世界文学专业的全体师生参加会议。侯春林等4人获一等奖学金各1500元，张艳等3人获二等奖学金各1200元。

5月7日，我校在大礼堂举行学习身边的先进典型人物事迹报告会。吴河清代表文学院在大会上以"佟培基：用奋斗与奉献书写的人生"为题宣讲佟培基先进事迹。在党的群众路线教育实践活动中，佟培基等10位教师被确定为河南大学"身边的先进典型人物"。

5月11日，校学生社团工作会议暨第十五届学生社团文化节开幕式在金明校区计算机大楼二楼报告厅举行。文学院团委获得河南大学学生社团工作先进单位。

5月14日，北京语言大学汉语学院的67名留学生和7位领导老师来校，与文学院师生开展联谊活动。北京语言大学67位同学主要来自俄罗斯、西班牙、法国、意大利、韩国、日本、泰国、哈萨克斯坦、印尼、捷克和苏丹。文学院组织67名汉语国际教育专业的研究生和本科生参加交流。当天晚上，文学院在教职工活动中心举行中外学生联谊晚会。文学院院长李伟昉和北京语言大学汉语学院院长曹文分别致辞。

北京语言大学留学生在河南大学合影

5月20日，河南省教育系统张伟同志先进事迹巡回报告活动首场报告会在我校金明校区计算机大楼报告厅举行。省教育厅副巡视员赵国河、省教育厅师范教育处处长朱自锋、《教育时报》总编辑刘肖等出席报告会。校领导关爱和、梁晓夏、王凌、雷霆、朱恒宽,全体中层干部,师生代表以及第三十三期全省高校中青年干部培训班的学员一起参加报告会。

张伟生前是周口市郸城县秋渠一中校长,二十年如一日辛勤工作在农村教育第一线。2014年3月17日晚,在工作岗位上因过度劳累引起突发脑干出血,经全力抢救无效,不幸去世,年仅42岁。4月4日,教育部党组下发通知,决定在教育系统深入开展向"践行焦裕禄精神的好校长"张伟同志学习活动。张伟2003年河南大学汉语言文学专业自学考试本科毕业。

5月21日,付国锋、刘永华、乔丽、郑慧霞、杨站军、孙彩霞、徐丽君、周青获河南大学2013—2014学年优秀实习指导教师称号,王雪敏、刘亚平、王育飞、李思楚、李颖星、岑利园、聂宏志、樊雅欣、邓畅、郑丽、曹广赛、郭佳、游慧慧、牛彩云、董苗、薛若男、郭宁博、李凤凤、李莎莎、韩卓、李婧琳、李姗姗、齐翔鹏、马学力、高春韵、孔巧玲、刘晴、陈金瑞等28人获优秀实习生称号。

5月21日,伍茂国、元鹏飞、岳淑珍获教授任职资格,邓小红、郭宝军、孔令刚、穆海亮、潘国美、邱业祥、朱秀梅获副教授任职资格。

5月25日,文学院魔术社主办的"开封高校魔术联盟第五届校园魔术大赛"在教职工活动中心举行。河南大学、黄河水利职业技术学院、开封大学的魔术爱好者参加此次比赛。

5月29日,由文学院主办的第五届"超级状元"国学知识大赛决赛在科技馆二楼举行。文学院侯佳明拔得"状元"头筹。

5月29日,在校图书馆主办、书评学社承办的第二届国学知识竞赛总决赛中,文学院2011级本科生代海鹏、2012级研究生王辰荣获比赛一等奖。

5月31日,文学院第六届教工子女"明星杯"作文大赛颁奖大会在院一楼阶梯教室举行。

5月,我校在中国人民大学人文社会科学学术成果评价研究中心和中国人民大学书报资料中心2013年度"复印报刊资料"转载学术论文指数排名中成绩突出。在高等院校"中国语言文学"转载排名中,我校转载量位列第17名。

6月4日，文艺学博士生梁小静、中国古代文学研究生刘鹏、比较文学与世界文学研究生侯春林获河南大学第十五届侯镜如奖学金。

6月5日，文学院本科生第二十届讲课大赛总决赛在十号楼128教室举办，刘蕙心、姬玉侠两位选手以优异的成绩拔得头筹。

6月15日，原开封师专中文系副教授杨英侯因病去世，享年77岁。

6月16日，周青获第二届河南大学辅导员职业能力大赛二等奖。

6月20日，由校工会、校文明办主办，新闻与传播学院协办的"立德树人、明德至善"教职工演讲比赛在金明校区计算机大楼二楼报告厅举行，文学院教师赵思奇获一等奖。

6月20—25日，文学院院长李伟昉参加由国家人社部主办、中国延安干部学院承办的2014年"百千万人才工程"国家级人选专题研修班，经过一周紧张有序的课程顺利结业。在结业典礼上，李伟昉作为学员代表作题为"延安精神的当代价值"的大会发言，受到国家人社部及中国延安干部学院领导和学员的高度评价。

6月，2014年国家社科基金年度项目评审结果揭晓，文学院获批7项。其中，邱业祥、元鹏飞、程小娟、张清民、李金松、刘进才、刘永华各获批一项。

7月17日，"美丽园丁教育基金洛阳市农村语文教师培训项目"开班典礼在河南大学明伦校区科技馆二楼报告厅举行。我校远程与继续教育学院、文学院相关负责人以及150名参训学员出席。

7月17日，《人民日报》、人民网刊发"王立群：传统文化热，别只停留在荧屏"的专访文章。

7月19日，文学院2000级一百二十多名毕业生返校参加毕业十周年聚会。文学院领导班子及教师代表张生汉，河南师范大学副校长孙先科，任课教师郑慧霞，时任辅导员涂刚、苗朋朋等出席。

7月29日，全国高校社科信息资料研究会第七次会员代表大会暨第十五次理论研讨会在我校艺术学院音乐厅举行。会议由河南大学文学院承办，艺术学院、环境与规划学院协办。来自中国人民大学、清华大学、武汉大学等高校的七十多名专家学者与会。我校原副校长关学增、文学院副院长张清民、图书馆馆长李景文等出席会议，关学增致会议开幕辞。

与会代表在会议期间参观了河南大学文学院资料室。会议完成了理事换届工作，河南大学文学院当选学会理事单位，文学院资料室仝小改、李菊红当选为学会新一届理事。

7月，我校申报的初中语文学科获批教育部"国培计划"示范性综合性改革项目。

8月4—7日，2014年"APEC未来之声"中国区选拔活动全国总决赛在北京举行，由我校选派的文学院卢一志同学荣获三等奖。

受中国外交部委托，中国国际贸易促进委员会（CCPIT）负责选拔中国青少年代表参加"APEC未来之声"的系列活动，并由中国贸促会国际联络部和中国贸易报社共同组织承办。2014年APEC领导人峰会于10月在北京举行，为了给在校学生提供与APEC政商界人士正面交流的机会，APEC大会同期举办"APEC未来之声"（Voice of the Future）活动，邀请约一百名来自各成员国的学生代表和指导老师与APEC的政府首脑、高级政府官员和工商界领袖展开非正式的采访与对话。本届活动以"机遇成就梦想，实践创造未来"为主题，以英语为语言沟通工具，从APEC相关知识、国际政治、国际经济、国际文化、外交谈判、新闻采访、商海实战、中华文化、国际礼仪等全面衡量、择优遴选优秀的中国青年参加2014年在北京举办的"APEC未来之声"活动和APEC峰会志愿者活动。

卢一志（左三）在"APEC未来之声"中国区选拔活动全国总决赛

8月16日，由中国中外文艺理论学会、中国社会科学院文学研究所、国际美学协会、河南大学文学院联合举办的中国中外文艺理论学会第十一届年会暨"面向时代的文学理论与批评"国际学术研讨会在我校金明校区计算机大楼二楼报告厅开幕。中国社会科学院副院长张江，国际美学学会主席、中国中外文艺理论学会会长、中华全国美学学会副会长、中国社会科学院文学研究所副所长高建平，中国社会科学院文学研究所所长陆建德，河南省委宣传部副部长李宏伟，我校校长娄源功，前国际美学学会主席、美国教授卡特，文学院相关负责人等领导及嘉宾出席开幕式。来自中国社会科学院、北京大学、清华大学等全国科研院所和高校的近五百名专家、学者与会。开幕式由河南大学出版社社长张云鹏主持。

中外文艺理论学会第十一届年会暨学术研讨会

8月18—20日，第四届国际华裔圣经学术会议在香港中文大学召开，会议组委会向长期工作于东亚地区且成绩显著的10位华裔圣经学者颁发"前辈"证书和奖章，以表彰他们在圣经研究领域的杰出贡献。我校梁工教授是中国内地获此殊荣的唯一学者，颁奖证书称之为"当今中国圣经文学研究的首席学者","对圣经文学研究作出了极大贡献"。

8月23日,由文学院及历史文化学院共同承办的"国培计划(2014)"——新疆建设兵团短期集中培训项目(初中语文、初中历史)开班典礼在明伦校区行政楼第四会议室举行。远程与继续教育学院院长胡德岭、文学院党委书记葛本成出席开班典礼。

8月23—24日,由中国民俗学会和河南大学联合主办的"民俗学:学科属性与研究范式"研讨会在我校召开,来自文化部、中国社科院、北京大学、中山大学、北京师范大学等科研院所和中国社会科学出版社、《中国社会科学报》等新闻出版单位的六十余位专家学者参加会议。

8月,我校获批教育部与财政部组织实施的"国培计划(2014)"中西部项目,首次承担新疆建设兵团初中语文等短期集中培训项目。

9月5日,学校举行新生开学典礼,李伟昉作为教师代表致辞。

9月9日,文学院获河南大学教学质量奖先进集体,张进德获教学质量奖特等奖,段亚广、陈丽丽、孙彩霞、朱秀梅获一等奖,蔡玉芝、张亚军、田锐生、王鹏、孙芳、史红伟、乔丽获二等奖。

9月14日,2014年"国培计划"河南省短期培训项目河南大学初中语文班开班典礼在文学院举行。

9月16日,文学院2014级新生开学典礼在科技馆二楼报告厅举行。文学院相关领导老师及全体2014级新生参加开学典礼。院学生会主席司仕磊、新生代表于佳佳分别发言。

9月25日,文学院"把酒话桑麻"名师漫谈会在十号楼128教室举行。文学院古代文学教研室马予静,现当代文学教研室刘涛、李敏等应邀出席,与2014级全体新生举行座谈。

9月25日,由河南省人民政府办公厅主办、河南大学与省华夏历史文明传承创新基金会承办的"嵩山论坛"专题讲座第九期在我校科技馆二楼报告厅举行,著名作家阎连科作题为"我读家乡"的专题报告。报告会由苏州大学文学院院长王尧教授主持,我校文学院部分师生参加报告会。

阎连科为读者签名

9月25日，"国培计划"农村中小学幼儿教师置换项目河南大学班开班典礼在金明校区计算机学院二楼报告厅举行，副校长刘志军、省教育厅师范处副处长杨永盛出席会议。文学院等8个培训院系的院长、书记和来自全省各市县的550名参训学员参加典礼，开班典礼由远程与继续教育学院院长胡德岭主持。

9月28日，罗姣（指导教师：陈丽丽）的《满怀忧世情，意深贵妃诗——杜甫贵妃题材诗歌研究》、苏添（指导教师：董秀英）的《电影对白背后的性别建构和语词分析——以电影作品〈西游降魔篇〉为例》、崔菡笑（指导教师：侯运华）的《论中国现当代小说中"牛"之意象》、耿婧（指导教师：乔丽）的《以〈一个梦的戏剧〉为例浅析斯特林堡象征主义剧作的具体意象》、王银宝（指导教师：元鹏飞）的《〈西游记〉政治意蕴探微》、董琳钰（指导教师：张乐林）的《论冯小刚电影的"媚俗"与"脱俗"》获河南大学2014届本科优秀毕业论文。

9月，文学院孙彩霞、乔丽在省教育厅、省教育工会联合举办的"河南省教育系统2014年度教学技能竞赛"中获得一等奖，并被授予"河南省教学标兵"称号。

10月10日，文学院团委举办"我的青春我做主"微博大赛。

10月10日，"国培计划（2014）"示范性综合改革项目初中语文班在河南大学文学院一楼教室举行。远程与继续教育学院院长胡德岭，文学院党委书记葛本成、院长李伟昉出席开班典礼。

10月14日，文学院郑音妙、马臻朕、李雅坤、梁缓4名2013级硕士研究生赴台湾静宜大学学习（一学期），获学校赴国（境）外学术交流学生助学金每人2500元资助。

10月16日，台湾大学教授彭镜禧、台湾师范大学教授陈芳应邀来院，在黄河文明与可持续发展研究中心三楼报告厅作题为"背叛之必要：管窥跨文化戏剧改编"的学术报告。文学院副院长张清民致辞，张大新教授主持报告会。

10月21日，由我校体育运动委员会和公共体育教研部共同举办的2014年学生男排女篮比赛决赛暨颁奖典礼在金明校区东篮球场举行。文学院获得女篮第二名。

10月26日，王立群教授做客"河南大学名家讲坛"，在学校大礼堂为三千多名学子主讲"成语中的中国古代礼仪"。

10月28日，副校长宋纯鹏带领研究生院有关同志到文学院，就如何提高研究生培养质量问题进行调研。

10月29日，清华大学教授解志熙应邀来院讲学。

10月，第六届鲁迅文学奖评选结果揭晓，我校校友鲁枢元凭借《陶渊明的幽灵》一书荣获第六届鲁迅文学理论评论奖。鲁枢元，1967年毕业于我校中文系，现任苏州大学文学院教授、博士生导师，苏州大学生态批评研究中心主任。

11月1日，中文系1990级学生返校纪念毕业20周年。该年级166名同学决定，共同捐资并动员社会资源，设立"河南大学中文系一九九○文学奖"奖励基金，旨在激发河南大学师生的文学创作热情，促进文学发展，提高创作品质，打造知名品牌，提升河南大学的地位和影响力。在纪念仪式上，中文系1990级校友代表与基金会签署《捐赠协议》，完成起始基金50万元捐赠。

11月5日，由校工会主办、公共体育教研部承办的河南大学2014年教职工排球赛在明伦校区排球场落下帷幕。文学院获女子排球比赛亚军。

11月6日，文学院学生刘蕙心获河南大学2013—2014学年冰熊奖学金。曹琰获河南大学2013—2014学年王鸣岐奖学金。

11月11日，文学院学生贾丽、康富强获河南大学2013—2014学年道兴奖学金。河南大学道兴奖学金是兴亚集团控股有限公司为祝贺河南大学百年校庆而捐资设立的河南大学校级专项奖学金。

11月12日,学校公布第十四批校级教学改革项目立项名单。王鹏的"东方文学课数字化资源建设与授课模式改革"、杨彩云的"高校社团文化建设研究"获批重点项目。白金的"中文专业中国古代文化史课程改革研究"、郭华的"美国体验教学法在跨文化交际课堂的应用"、孔漫春的"论语出土文献课程建设研究"、乔丽的"外国戏剧史教学内容与课程体系的改革"、王银辉的"《美学》教学实践中的问题及对策研究"、赵思奇的"女性主义批评在我校中文专业本科课程中的设置与建设"获批一般项目。

11月12日,张先飞的"人的文学与五四文学思潮的发生"获批2014年度河南大学校级教学质量工程精品资源共享课程立项。

11月29日,王立群教授主持国家社科基金重大招标项目"《文选》汇校汇注"开题会在金明校区中州国际金明酒店举行。副校长张宝明应邀出席,开题会由文学院院长李伟昉教授主持。开题会邀请6位专家莅临指导。专家组组长由国家图书馆馆长詹福瑞教授担任,专家组成员包括中国社会科学院文学所张国星研究员、河北师范大学副校长王长华教授、中国人民大学文学院朱万曙教授、北京大学中文系廖可斌教授、武汉大学文学院尚永亮教授。

国家社科基金重大招标项目"《文选》汇校汇注"开题会

11月29日，以"魔幻之夜，见证奇迹"为主题的河南大学魔术社五周年庆主题晚会，在金明校区创业中心举行。河南大学魔术社和民生学院SH魔术社负责人，河南财经政法大学魔术社、河南师范大学魔术社代表及河南大学有关社团成员出席晚会。河南大学魔术社是挂靠在文学院的明星社团之一。

11月，在李白凤先生诞辰一百周年之际，河南大学出版社整理出版《李白凤新诗集》《李白凤小说集》《李白凤诗词集》。

12月4日，文学院"青春·梦想·价值观"演讲比赛决赛在明伦校区十号楼128教室举行。李佼阳获得最佳人气奖，张晴获得一等奖，其余选手分别获得二、三等奖。

12月16日，我校在明伦校区新办公楼一楼会议室举行2014年省（校）特聘教授、黄河学者聘任仪式，李伟昉被聘为河南大学比较文学与世界文学学科省级特聘教授。省教育厅高教处正处级调研员李培俊，校长娄源功、常务副校长赵国祥出席聘任仪式。聘任仪式由我校人事处处长尚富德主持。

省校特聘教授、黄河学者合影

12月18日，文学院学生刘津羽、王千平、彭丹丹、陈雪琦、郭秉楠、汪飞虎等6人获河南大学2013—2014学年蓝天奖学金，郭点点、周含露、张霄、李晓亚等4人获河南大学2013—2014学年正商奖学金,李若琳、马欢、许楠、李宁等4人获河南大学2013—2014学年华藏奖学金。

12月24日,文学院2015年元旦晚会在明伦校区科技馆一楼报告厅举行。校学工部、校团委、文学院的领导老师与同学们一起出席晚会。

12月28日,李伟昉当选中共河南大学第十届委员会委员。

12月28日,文学院研究生2015年元旦晚会在科技馆一楼举行。文学院副院长张清民、研究生导师吴河清、李国平、王鹏等出席晚会。

2015 年

1月15日，河南大学文学院第三届"英杰奖学金"颁奖仪式在明伦校区新行政楼第四会议室举行。副校长刘先省应邀出席颁奖仪式。仪式由文学院院长李伟昉主持。

1月29日，我校王立群、李伟昉被批准享受2014年度国务院颁发的政府特殊津贴。

1月，程小娟入选2014年度河南省高等学校青年骨干教师资助计划资助对象。

3月22日，第20届中国日报社"21世纪·可口可乐杯"全国英语演讲比赛和第13届中国日报社"21世纪·联想杯"全国中小学英语演讲比赛总决赛在我校大礼堂举行。中国日报社社长朱灵，全国人大常委会委员、外事委员会副主任委员赵白鸽，全国政协外事委员会副主任王国庆，中国宋庆龄基金会副主席、中国翻译协会常务副会长唐闻生，省委常委、宣传部长赵素萍，副省长王艳玲，省教育厅厅长朱清孟，校领导娄源功、赵国祥、刘志军等出席颁奖典礼。文学院卢一志同学荣获三等奖。

3月31日，我校校友石璋如先生家属石磊向校图书馆捐赠图书83种87册。石璋如先生是我校著名校友，1932年毕业于河南大学文学院，是中国著名的考古学家、历史学家、甲骨文研究专家。其主要学术贡献，是对当年安阳发掘及中国西北、西南地区调查所得庞大资料的整理与研究。其最大的成就，是依据殷墟建筑遗存及墓葬的研究，复原了地上的建筑物，并将复杂的考古现象加以关联，以探求殷代的营造仪式、兵马战车的组织及宗法礼制等，重建当时的制度。此次捐赠的图书主要包括殷墟墓葬的挖掘、殷代兵器研究等，对甲骨文研究有很大的参考价值。

3月31日，由中国人民大学人文社会科学学术成果评价研究中心联合书报资料中心研制的2014年度"复印报刊资料"转载学术论文指数排名及《研究报告》正式发布。《汉语言文学研究》全文转载量8篇，位列第22名；转载率12.12%，位列第15名；综合指数0.60801，位列第18名，保持良好发展态势。

3月，中国语言文学博士后科研流动站获评2014年河南省"优秀博士后科研流动站"。

4月7日，原《中学语文》编辑部编辑张琳因病去世，享年86岁。

4月8日，学院决定古代汉语教研室与现代汉语教研室合并，成立语言教研室。

4月9日，文学院获河南大学2014年度收费管理先进单位称号，郭子豪、周青获收费管理先进个人称号。

4月11日，文学院讲座教授、美国南卡莱罗纳大学教授、知名汉学家韩嵩文（Micheal Gibbs Hill）在文学院二楼会议室举行学术座谈会。

4月14日，学校印发《拔尖创新人才培养"明德计划"实施管理办法》。

4月17日，我校2015年春季运动会在金明校区志义体育场圆满落幕。文学院荣获男女团体总分第一名，男子团体总分第二名，女子团体总分第一名。文学院成功卫冕，创下二十三连冠的记录。

4月20日，由文学院举办的河南大学第六届"秘书文化节"开幕式在明伦校区文学馆二楼报告厅举行。

4月23日，作家娄曲静在文学馆二楼报告厅与文学院四大学生社团——羽帆诗社、红学研究会、大平原文学社、书评学社举行交流会，同在场人员分享了自己整理《秘书日记》的心理历程。娄曲静，河南通许人，2004年毕业于河南大学中文系。

4月，中国现当代文学博士李海英（导师：耿占春）的学位论文《地方性知识与现代抒情精神——河南新诗史论》获2014年省优秀博士论文，中国古代文学硕士孙佩（导师：王宏林）的学位论文《〈古诗归〉

诗选与评点研究》获得 2014 年省优秀硕士学位论文。李海英的《地方性知识与现代抒情精神——河南新诗史论》、陈学芬（导师：李伟昉）的《自我与他者：当代美华移民小说中的中美形象》获 2014 年河南大学优秀博士学位论文，孙佩的《〈古诗归〉诗选与评点研究》、于倩（导师：孙先科）的《毕淑敏小说中的疾病书写》、苏龙沛（导师：张清民）的《福柯的作者理论》、祝庆科（导师：张进德）的《〈金瓶梅〉中时间与事件设置研究》、张盼盼（导师：郭宝军）的《孙鑛〈左传〉评点研究》、张苏芹（导师：胡全章）的《晚清〈大公报〉诗歌研究》、任亭亭（导师：梁工）的《〈启示录〉作为启示文学的独特性探讨》获河南大学优秀硕士学位论文。

5月4日，学校印发《推荐优秀应届本科毕业生免试攻读硕士学位研究生工作实施细则》。

5月4日，中南大学外国语学院教授、博士生导师何云波应邀，在文学院二楼会议室作题为"比较文学跨学科研究新论"的讲座，讲座由院长李伟昉主持。

5月7日，在研究生院主办、公共体育教研部承办的我校第二届研究生太极拳展演中，文学院荣获优秀奖。

5月8日，"美丽园丁工程（2015）"——洛阳市农村骨干教师培训项目开班典礼在河南大学明伦校区第四会议室举行。洛阳市教育局、我校远程与继续教育学院、文学院有关负责人以及 150 名参训学员出席典礼。

5月8日，原中文系现代汉语教研室主任程仪因病去世，享年 91 岁。

5月8—9日，由中国高等教育学会外国文学专业委员会、高等教育出版社主办的《精编外国文学史》统稿会在我校召开。来自东北师范大学、华中师范大学、天津师范大学、山东师范大学、首都师范大学、高等教育出版社的数十位专家学者应邀参会，对该教材的章节体例、通识性、实用性、规范性等诸多方面进行讨论。统稿会由该教材副主编、文学院院长李伟昉教授主持。《精编外国文学史》是教育部重点教材，该教材以经典作品精读为中心，且在每一节都附上了经典作品选文，使教材的经典性与知识性、学术性与实用性得以有效结合。

5月15日，王鹏获副教授任职资格。

5月16日，由文学院羽帆诗社自编自演的话剧《扶苏》在教职工活动中心上演。

5月16日，河南大学出版社原总编管金麟因病去世，享年78岁。

5月18日，文学院女排在校工会主办、公共体育教研部承办的我校2015年教职工女排比赛中荣获亚军。

5月20日，应文学院之邀，第七届茅盾文学奖得主周大新在明伦校区新行政楼会议室为全校师生作题为"小说与欲望"的学术报告。

5月28日，文学院在十号楼128教室举办第二十二届本科生讲课大赛。康富强荣获一等奖，石丹莹、李佼阳荣获二等奖，刘蕙心等5位同学荣获三等奖。

5月30日，由河南省吟诵学会主办、文学院承办的河南省吟诵学会2015年年会暨吟诵研究与交流大会在开封市举行。校党委书记关爱和、原校长王文金、省文化厅代表沈国忠、中华吟诵学会秘书长徐健顺、江苏师范大学教授李昌集，以及省内各兄弟院校领导、吟诵专家等七十余人与会，共同探讨吟诵文化的传承与发展。开幕式由河南省吟诵学会常务副会长、郑州轻工业学院副校长陈江风主持。

河南省吟诵学会2015年年会暨吟诵交流大会

5月31日，文学院在院二楼报告厅举办"书香家庭"亲子悦读暨第七届教职工子女"明星杯"作文大赛颁奖活动。校工会主席朱恒宽、副主席罗莉及文学院相关领导老师出席活动。颁奖活动由文学院党委副书记杨彩云主持。

第七届教职工子女"明星杯"作文大赛获奖人员合影

5月，我校收到教育部函件，对河南大学积极参与"中华经典资源库"项目建设和对语言文字工作的支持表示感谢，对我校王立群教授的热情参与和鼎力支持表示感谢。王立群教授承担了"中华经典资源库"一期项目中10篇经典诗文讲解部分的视频录制工作。

6月2日，周杰林、王利锁、张进德、蔡玉芝、段亚广、王宏林、张伟丽、穆海亮等8人获2014—2015学年优秀实习指导教师称号，代海鹏等27人获优秀实习生称号。

6月3日，学校印发《教授为本科生上课暂行规定》。

6月4日，河南大学第六届"超级状元"国学知识大赛在文学院二楼报告厅举行。文学院戚安琪荣获本次国学知识大赛"状元"，文学院李强和王凡达分别获得"榜眼""探花"称号。

6月5日，文学院王昕南（指导教师：乔丽）的《动漫本体论》、宋新亚（指导教师：孟庆澍）的《1979—1999时期台湾女性文学叙事——以李昂为中心》、崔静（指导教师：孙彩霞）的《浅析〈看不见的人〉的互文性》、侯喜利（指导教师：张先飞）的《离乡与归乡——论〈耶路撒冷〉中的"精神救赎"意识》、郭慧中（指导教师：王宏林）的

《论三国至元代对曹操诗文的接受》、万瑾（指导教师：耿纪平）的《论扬雄大赋与屈原辞赋的关系》获河南大学2015届本科生优秀毕业论文。

6月8日，河南大学文学院2015届本科生毕业典礼暨学位授予仪式在河南大学科技馆二楼报告厅举行。党委书记葛本成，院长李伟昉，副院长付民之、白春超、张清民，院学位委员会副主席张生汉，学位委员会委员张进德、张先飞出席仪式。白春超宣读《河南大学文学院2015届本科毕业生学士学位授予决定》，授予322名毕业生文学学士学位。院长李伟昉受娄源功校长的委托为获得学士学位的毕业生一一援正流苏，颁发证书，合影留念。教师代表张进德，2015届毕业生代表郭点点，在校生代表、2012级学生刘文功分别致辞。毕业典礼由党委副书记杨彩云主持。

6月8日，第十三届道风奖学金颁奖仪式在文学院比较文学与世界文学教研室举行。文学院院长李伟昉、副院长白春超、比较文学与比较文化研究所所长梁工教授，以及比较文学与世界文学教研室相关教师、研究生参加颁奖典礼。获奖者代表郭华敏和研究生代表刘玉分别发言。

6月8日，学校公布2015年度校级教师教育课程改革研究项目立项名单。杨亮的"河南省师范生见习、实习基地有效性个案研究"、张伟丽的"传统语文教育经验与中文师范生教师教育课程教学内容改革研究"获批一般项目。

6月17日，学校公布河南大学2014—2015年度研究生优秀成果奖获奖名单。文学院鹿义霞的《张爱玲政治书写的复调性》、刘军的《乔叶小说：小叙事与女性成长》、谢丽的《反传统与被传统：从两份女子世界看近代女子世界的艰难建构》、钱振宇的《李善"出为经城令"若干问题新论》、张轻洋的《"有（无）/N/P+者"结构中"N/P+者"的语义和语法关系》、厉盼盼的《致力于马克思主义圣经批评的罗兰·博尔》获研究生优秀学术论文一等奖。张松林的《福斯塔夫的邪恶游戏》、孟芳的《苌弘化碧望帝啼鹃——谈窦娥英雄主义形象的形成轨迹》、钱振宇的《党争背景下的君子群体政治和君子个体政治》、王晴阳的《论以斯帖记的戏剧性特征》、厉盼盼的《民国时期雅歌汉语三议本初探——兼论雅歌汉译的文化特征》、张松林的《莎剧中的神义论思想》、鹿义霞的《中国式乡愁——海派赴港作家的原乡书写》、厉盼盼的《雅歌对中国现代诗歌的影响》获二等奖。张宁的《从王祥孝行看魏晋易代之际的忠孝分途》、冯王玺的《中西方女性的爱恨抉择之比较——以美狄亚和李千金为例》、乔一航的《王琦瑶的"繁华一梦"——浅析王琦瑶形象的叙事美》、刘鹏的《金瓶梅中游戏研究》、饶海虹的《多维空间的历史叙述——评叶广岑的青木川》获三等奖。

6月30日，文学院2013级博士研究生厉盼盼，2013级硕士研究生王辰、巫文广、王才俊、牛廷顺、饶海虹获河南大学第十六届侯镜如奖学金。

7月6日，学校成立新一届本科教学指导委员会，李伟昉入选委员。

7月19日，由北京师范大学中国文化国际传播研究院和会林文化基金主办、河南大学文学院承办的"2015看中国·外国青年影像计划·开封行"启动仪式在河南大学明伦校区小礼堂举行。北京师范大学中国文化国际传播研究院副院长罗军、加拿大约克大学教授Barbara，我校党委宣传部、文学院等有关单位负责人出席仪式。外方学生、二十余名中方志愿者以及多家媒体参与活动。参加本次"看中国·外国青年影像计划·开封行"活动的十名外国学生分别来自加拿大约克大学、加纳国立影视艺术学院。这10名外国学生将在志愿者的协助下，各自独立拍摄完成一部展现开封韵味的记录短片。此次纪录片的主题为"人·家·国"。

2015年"看中国·外国青年影像计划·开封行"在河南大学合影

8月，中国外国文学教学研究会2015年年会在我校召开。会议由中国外国文学教学研究会主办，河南大学文学院承办，河南大学出版社与洛阳师范学院文学院协办，来自国内74所高校的140位专家学者参加会议。河南省社科联主席李庚香，中国外国文学教学研究会会长、浙江省社科联主席、浙江工商大学党委书记蒋承勇，河南大学党委副书记王凌出席会议并致辞。本届年会对中国外国文学教学研究会理事会进行了改选，李伟昉教授再次当选为研究会副会长。

8月21日，由中国词学研究会主办，河南大学文学院承办、洛阳师范学院协办的"2015·词学国际学术研讨会"在我校明伦校区科技馆二楼报告厅召开。我校副校长张宝明教授、中国词学研究会会长王兆鹏教授、中山大学彭玉平教授、台湾成功大学王伟勇教授、南京师范大学曹辛华教授、武汉大学陈水云教授、华东师范大学朱惠国教授、南开大学孙克强教授、中国韵文学会常务副会长雷磊教授，以及文学院院长李伟昉、党委书记葛本成等出席开幕式。

词学国际学术研讨会
王伟勇（左二）、张宝明（左三）、王兆鹏（左四）、郑炜明（左五）

9月2日,"国培计划(2015)"——新疆建设兵团短期集中培训项目河南大学班开班典礼在我校明伦校区举行。

9月2日,文学院获河南大学教学质量奖先进集体。孙芳、王鹏、张亚军获教学质量奖特等奖,白金、李安光、李伟昉、乔丽、王宏林、王利锁、张进德、张先飞获一等奖,白春超、蔡玉芝、董秀英、段亚广、付国锋、郭华、李敏、刘进才、刘永华、孙书蝶、田锐生、张俐、张清民、张生汉、张伟丽、张新艳、赵思奇、郑慧霞获二等奖。

9月9日,王宏林、王鹏、段亚广、张先飞、李秋香、杨亮、邱业祥、程小娟、李金松、梁工、李伟昉、张霁月、张大新、王振铎、胡山林、赵宁、华锋、毕桂发、刘恪获河南大学2013—2015年科研优秀奖,葛本成获管理优秀奖,周青获思想政治教育工作优秀奖。刘涛、张伟丽获河南大学师德先进个人称号。

9月19—20日,2015年中国影视人类学学会奖评审暨研讨会在河南大学金明校区举行。会议由中国影视人类学学会主办,我校文学院与新闻与传播学院协办。副校长刘志军出席会议并致辞。文学院吴效群教授的作品《河南灵宝"骂社火"》从四十多部入围影片中胜出,荣获二等奖第一名。

10月9日,校工会在明伦校区新办公楼第四会议室召开工会工作创新项目评选活动总结表彰会。文学院工会"书香家庭"亲子悦读暨"明星杯"教职工子女作文大赛项目获一等奖。

10月15日,文学院"把酒话桑麻"名师漫谈会在明伦校区十号楼128教室举行。王银辉博士、李敏博士、史红伟博士等与2015级新生进行了精彩对话。

11月2日上午,文学院顶岗实习动员大会在院二楼教室召开。

11月4日,文学院学生会获河南大学优秀学生会称号,马克思主义研究会获河南大学优秀学生社团称号。

11月5日,美国华文文艺界协会会长、《红杉林》美洲华人文艺总编吕红博士应邀来校,作题为"北美跨文化中的人文对话"的学术报告。报告会前,副校长张宝明为其颁发河南大学客座教授聘书。

11月6日,"国培计划"河南省乡村教师培训团队置换项目河南大学班开班典礼在我校金明校区图书馆一楼报告厅举行，远程与继续教育学院、文学院等10个培训院系的院长、书记和来自全省各市县的600名参训学员参加了典礼，开班典礼由远程与继续教育学院副院长刘玉振主持。文学院院长李伟昉代表培训院系发言。

11月10日，学校公布2016年度校级教师教育课程改革研究项目立项名单。王银辉的"师范生师德教育和养成教育培养研究"获批一般项目。

11月14—15日，文学院召开2015年教学工作会。校教务处领导、校教学督导以及学院全体教职工参加会议。会议由副院长付民之主持。

11月19日，文学院在科技馆二楼报告厅举办2015年"博芸盛宴，以心连新"迎新联欢会。

11月28日，中文系1981级同学毕业30年联谊会在明伦校区新行政楼第四会议室举行。校党委书记关爱和出席联谊会并讲话。1981级校友、河南财经政法大学会计学院党委书记刘慧韬主持联谊会。王立群教授、张豫林教授、副院长白春超以及中文系1981级一百三十多名校友参加联谊会。

中文系1981级同学毕业30年联谊会合影

11月，河南省教育厅办公室发布《关于公布河南省教师教育专家暨省级中小学教师培训团队的通知》（教师［2015］890号），张进德、白春超、杨站军入选河南省中小学幼儿园教师教育专家库成员。

11月，全国第五十八批博士后科学基金面上资助获得者名单公布，文学院朱志远（中国语言文学博士后科研流动站）获得二等5万元资助。

11月，邱业祥入选2015年度河南省高等学校青年骨干教师资助计划资助对象。

12月1日，在教育部、国家发展和改革委员会、工业和信息化部、人力资源和社会保障部、共青团中央和吉林省人民政府于2015年5月至10月举办的首届中国"互联网＋"大学生创新创业大赛中，文学院2014届毕业生周光普团队的参赛项目"创客电影网——创客综合服务平台"获大赛银奖。

周光普（中）

12月4日，文学院羽帆诗社第三届"《子不语·殇四时》但为君兮"情诗大赛作品展在明伦校区大礼堂广场举行。文学院那晓颖和新闻与传播学院王鹤猛《庄稼人·给父亲》荣获一等奖，宋小芳《漫思无涯》和曹书嘉《白发之恋》等5篇作品获得二等奖，杜江《你在远方弹着吉他》

和杨磊《梦中的雨》等 11 部作品获得三等奖。

12 月 4 日，文学院王千平、王少帅、陈静静获河南大学 2014—2015 学年道兴奖学金。

12 月 10 日，文学院刘蕙心、刘文功、朱兆斌、徐梦娴、董姝君、乐妍等 6 名学生获河南大学 2014—2015 学年蓝天奖学金，司皓哲、沈婷、程海东等 3 名学生获河南大学 2014—2015 学年正商奖学金。

12 月 22 日，学校公布河南大学第十五批校级教学改革项目立项名单。陈会亮的"经典研读、通识教育与高素质人才培养"获批重点项目，董秀英的"《语言学概论》教学中问题导入研究"、张霁月的"《中国电影史》教学内容改革研究"、张伟丽的"学科教学能力视域下的《语文教师职业技能训练》课程建设研究"获批一般项目。

12 月 25 日，原现当代文学教研室主任赵明教授因病去世，享年 88 岁。

12 月，河南省教育厅、河南省财政厅公布河南省优势特色学科建设工程一期建设学科名单，我校生物学、地理学确定为河南省优势学科重点建设学科，教育学、"黄河文明"学科群、"纳米材料与器件"学科群确定为河南省特色学科重点建设学科，应用经济学确定为河南省特色学科重点培育学科。中国语言文学属"黄河文明"学科群组成部分。

2016 年

1月5日，文学院第五届二次教职工暨工会会员代表大会在院二楼报告厅召开。大会由副院长付民之主持。表决通过《院长工作报告》《工会工作报告》和《文学院关于加强教学工作的若干规定》。

1月15日，我院校友、河南省人民检察院党组副书记、常务副检察长张国臣向学院赠送其撰写的《嵩泉的回响》和《嵩山诗词一百首》等文学著作。赠书仪式在我校金明校区图书馆三楼会议室举行。

1月，中国语言文学博士后流动站王金志获我省2015年度博士后科研项目资助一等资助10万元，王保中获三等资助5万元。

3月19日，当代著名作家、文化部原部长、中国作家协会名誉主席王蒙偕夫人到河南大学参观。我院部分师生参加了在小礼堂举行的座谈。

3月24日，第十九届"外研社杯"全国大学生英语辩论赛河南大学选拔赛暨河南大学第二届英语辩论赛总决赛在外语学院北楼二楼多功能报告厅举办。文学院卢一志同学被评为最佳辩手，外语学院2013级的李可欣、刘钞等同学组成的反方团队被评为最佳团队。

3月25日，文学院硕士研究生王越通过雅思考试，获学校资助。

3月29日，由中国人民大学人文社会科学学术成果评价研究中心联合书报资料中心研制的2015年度"复印报刊资料"转载学术论文指数排名及《研究报告》正式发布。《汉语言文学研究》全文转载量6篇，转载率8.11%，位列第19名；综合指数0.387724，位列第29名。

3月29日，河南大学省优势特色学科建设工程建设规划专家评审论证会在我校金明校区图书馆三楼会议室召开。教育厅高教处副处长岳德胜，校长娄源功，校党委常委、常务副校长赵国祥，校党委常委、副校长刘志军，各学科（群）的负责人和专家，以及我校相关职能部门负责人与会。会议邀请6位专家到会指导，中国社会科学院研究生院原院长、刘迎秋研究员担任专家组组长。专家评审论证会由刘迎秋主持。我校入选的生物学、地理学、教育学、"黄河文明"学科群、"纳米材料与器件"学科群、应用经济学等6个优势特色学科（群）相关负责人分别从整体建设目标、师资队伍与资源建设目标、科学研究建设目标、人才培养建设目标、社会贡献建设目标等方面汇报建设规划。专家组认真听取汇报并进行现场咨询。会上，形成了专家组书面意见，并反馈给相关学科。

3月31日，文学院2016届毕业生讲课大赛在文学院一楼阶梯教室举行。大赛特邀河南大学附属中学高级教师、文学院硕士生导师徐砚田，文学院教师许兆真、蔡玉芝、郑慧霞、王银辉等担任大赛评委。姜翰煜荣获一等奖，杨婧、魏文宁获得二等奖，石丹莹、孙欣、董春颖、段志鹏获得三等奖。

3月，文学院党委组织学生党员及马克思主义研究会骨干成员赴兰考开展焦裕禄精神学习教育活动。

4月8日，文学院获河南大学2015年度收费管理先进单位，李国平、尤海佩获收费管理先进个人称号。

4月12日，学校印发《河南大学杰出人才特区支持计划》。

4月12日，文学院第四届"英杰奖学金"及第二届"1990文学奖"颁奖仪式在明伦校区行政楼第四会议室举行。"1990文学奖"获得者、文学院2012级汉语言文学专业学生康富强发表感言。

文学院第四届"英杰奖学金"及第二届"中文系1990文学奖"颁奖仪式

4月15日，河南大学2016年春季运动会闭幕式在金明校区志义体育场举行。文学院获学生团体总分第一、男子团体总分第一、女子团体总分第一的冠军奖杯，夺得二十四连冠。

4月22日，我校1977级中文系校友、河南省人大常委会办公厅主任夏林在金明校区图书馆二楼阅览室向文学院等单位捐赠新著《阅世录》。校党委书记关爱和出席捐赠仪式。校党政办、校党委宣传部、校团委、图书馆、文学院等相关部门和学院负责人及学生代表参加仪式。

4月25日，由文学院举办的河南大学第七届"秘书文化节"开幕式在明伦校区文学馆二楼报告厅举行。

4月26日，王宏林获批教授任职资格，段亚广、郝魁锋、孙振涛获批副教授任职资格。

4月30日，文学院第二届研究生讲课大赛决赛在院二楼大教室举行。王利锁、郑慧霞、刘永华、张新俊、王银辉等老师担任评委。姜鹏、任杰等八名同学分获一、二、三等奖。

4月，我校王立群教授被国务院侨务办公室聘为第一届华文教育工作专家指导委员会委员。

4月，中国古代文学硕士郭强（导师：赵奉蓉）的学位论文《〈尸子〉研究》获得2015年河南省优秀硕士学位论文。郭强的《〈尸子〉研究》、杜颜璞（导师：李景文）的《明代周藩著述、刻书研究》、左玉玮

（导师：武新军）的《文学奖励与当代文学——以〈小说月报〉"百花奖"为例》获得2015年河南大学优秀硕士学位论文。

5月1日，由团中央学校部、全国学联、北京外国语大学主办，外语教学与研究出版社承办的第十九届"外研社杯"英语辩论赛华西赛区总决赛在古城西安落下帷幕，我院学生卢一志、我校外语学院2013级学生李可欣在林天羽老师的指导下荣获赛区总冠军。

5月6日，清华大学外语系教授、人文学院学术委员会副主任兼外语系学术委员会主任王宁应邀来校，在文学院二楼会议室作题为"中国现当代文学在西方的传播与接受"的讲座。讲座由副院长白春超主持。

5月8日，中国人民大学教授、博士生导师刘小枫应邀来校，在文学院一楼阶梯教室作题为"柏拉图《普罗泰戈拉》中的神话"的讲座。讲座由梁工教授主持。

5月15日，北京师范大学文学院教授、博士生导师张清华应邀来校，在文学院二楼会议室作"当代文学的潜叙事与潜结构"的讲座。讲座由副院长白春超主持。

5月15日，原开封师专中文系现当代文学教研室主任、副教授周志宏因病去世，享年81岁。

5月17日，王立群教授应邀参加习近平主持召开的哲学社会科学工作座谈会。

王立群参加哲学社会科学工作座谈会

5月17日，同济大学国际文化交流学院副院长、教授、博士生导师孙宜学，应邀在文学馆二楼作题为"跨文化视域下的汉语与中华文化国际传播"的讲座。讲座由邱业祥主持。

5月17日，"国培计划（2016）"新疆生产建设兵团初中语文、初中历史乡村教师访名校项目的开班典礼在我校明伦校区第四会议室举行。远程与继续教育学院院长胡德岭、授课教师代表郑慧霞分别致辞。

5月19日，著名作家虹影受聘仪式暨学术报告会在我校明伦校区新行政楼第四会议室举行。校人事处处长尚富德受校领导委托向虹影女士颁发河南大学兼职教授聘书。活动由副院长白春超主持。

5月19日，文学院在十号楼103教室举办第二十三届本科生讲课大赛。许兆真、周杰林、郑慧霞、张伟丽、王银辉担任评委。徐一凡、沈航获得一等奖，马宁、查梦晓、郭璐璐获得二等奖，李一鸣、姜汉西、胡月、李文辉、赵冰涵获得三等奖。

5月20日，张亚军的"乱世长歌——建安文人与文学"、张霁月的"电影概论"获批河南大学2016年度校级慕课课程立项。

5月20日，张亚军的"中国古代文学课程体系与教学内容改革研究"（参与者：王利锁、马予静、王宏林、郭宝军、毋军保）获河南大学2016年校级教学成果特等奖，张先飞的"二十世纪中国文学史专业本科教学人才培养模式的综合改革与实践"（参与者：关爱和、刘佳明、张润泳、陈扣珠、王娴）获一等奖。

5月20—22日，德国著名汉学家顾彬（Wolfgang Kubin）应邀来院举办德国文化系列讲座。

5月23日，我院在学校举办的2016年大学生女子篮球决赛中荣获亚军。

5月28日，文学院在学院一楼大教室举办第八届"明星杯"教职工子女作文大赛颁奖活动。刘思齐、刘煦堃等9名选手荣获特等奖，王若馨、焦一桐等9名选手获得一等奖。

5月31日，南京大学中文系教授黄发有在现当代文学教研室作题为"中国当代文学传媒研究的方法"的讲座。

5月31日，南开大学孙克强教授应邀在文学馆二楼报告厅作题为

"词学史上的南北宋之争"的讲座。讲座由张进德教授主持。

5月,全国第五十九批博士后科学基金面上资助获得者名单公布,裴萱(中国语言文学博士后科研流动站)获得二等5万元资助。

5月,院长李伟昉随学校代表团访问澳大利亚维多利亚大学、科廷大学(Curtin University)和柬埔寨王家研究院(Royal Academy of Cambodia)。

关爱和(前排右一)、李伟昉(后排右三)在澳大利亚维多利亚大学

5月,中共河南省委高校工委、河南省教育厅下发《关于公布全省教育系统学雷锋活动优秀群体和岗位标兵的通知》(豫教思政〔2016〕52号),文学院教师刘军荣获"河南省教育系统学雷锋活动岗位标兵"称号。

6月2日,中国社会科学院文学所研究员孙少华应邀在古代文学教研室作题为"汉魏六朝文学与文本研究的方法与存在的问题"的学术报告。

6月2日,由河南大学学生工作部主办、文学院承办的第七届"超级状元"国学知识大赛在明伦校区科技馆一楼报告厅举行。大赛由校教学督导员魏源清老师,文学院张进德、马予静、郑慧霞、张亚军老师担任评委。文学院马浩琼夺得"超级状元"称号。

6月3日,中国人民大学外国语学院教授、博士生导师郭英剑应邀来院,在文学院二楼会议室作题为"走进赛珍珠的文学世界"的学术报告。

6月3日,江苏师范大学教授魏本亚应邀来院,在文学院二楼阶梯教室作题为"硕士学位论文选题与写作"的讲座。讲座由付民之副院长主持。

6月6日，黔南民族师范学院党委书记梁水华教授应邀在文学馆二楼作题为"水书与水族文化习俗研究"的学术讲座。我校常务副校长赵国祥等领导老师参加讲座，讲座由文学院院长李伟昉主持。

6月7日，文学院2016届本科生毕业典礼暨学位授予仪式在科技馆二楼报告厅举行。副院长白春超宣读《河南大学文学院2016届本科毕业生学士学位授予决定》，授予康富强等345名毕业生文学学士学位。院长李伟昉受娄源功校长委托为文学院获得学士学位的毕业生援正流苏，颁发学位证书。院党委书记葛本成，教师代表付国锋，2016届毕业生代表康富强，在校生代表、2013级杨洋分别致辞。毕业典礼由院党委副书记杨彩云主持。

6月8日，中国社会科学院文学研究所理论室主任、研究员、博士生导师金惠敏，应邀在我院二楼会议室作题为"差异即对话"的学术讲座。讲座由张云鹏教授主持。

金惠敏（中）

6月8日，中国社会科学院社会文化人类学研究中心主任、研究员罗红光应邀来校，在文学院三楼现当代文学教研室作题为"定性与定量研究在围绕客观性问题上的差异"的讲座。讲座由吴效群教授主持。

6月，我校申报的初中语文学科获批教育部2016年"国培计划"示范性综合性改革项目青年教师成长助力研修（3年期）资助。

6月，2016年国家社科基金年度项目评审结果揭晓。我院白金的"唐宋社会文化转型与目录学演进研究"、丁喜霞的"乾嘉时期游幕学者的生存境域与学术生态研究"、段亚广的"汴洛方言语音的共时特征与历时音变研究"、李敏的"期刊视野中的新意识形态与1990年代小说现场研究"获得课题立项资助。

7月10日，文学院戏剧影视文学专业本科生岳妍赴台湾静宜大学、汉语国际教育专业本科生石冰玉赴台湾中国文化大学学习，分别获学校资助2500元。

7月16日，文学院在明伦校区科技馆一楼举办1996届本科校友毕业20周年座谈会。校党委书记关爱和、文学院有关负责人、十几位当年授课教师及近百位1996届中文系校友参加座谈会。新闻与传播学院学生对座谈会进行网易直播。

7月26日，文学院2014级硕士研究生王宗辉、唐诗诗、胡艳平、陈光远、童坦、刘玉等6人获河南大学第十七届侯镜如奖学金。

7月31日，文学院在明伦校区行政楼第四会议室举办2006届本科生毕业10周年座谈会。文学院有关负责人、2006届辅导员、十几位当年授课教师及近百位2006届校友参加座谈会。2006届校友向文学院贫困生捐赠一万元。

7月，为了回馈母校，遵其父意愿，路百占先生的长子和次子将其父著作及遗稿捐献给我校图书馆。路百占（1913—1991），字梅村，河南长葛人。1939年毕业于河南大学中文系，一生致力于《楚辞》和《诗品》研究，尤其是对《楚辞》的研究，颇有新见。此次捐赠资料有国家图书馆出版社出版的《路梅村遗稿》上下册一套，手稿6种7册，抄本2种4册，未发表书稿3种3册，未发表论文6篇。

8月20日，文学院1982级一百多位校友从全国各地荣归母校参加毕业30周年座谈会，学校领导、文学院有关负责人、当年的辅导员和部分任课教师应邀出席会议。1982级校友向文学院捐赠他们出版的学术著作、文学作品百余部。

中文系 1982 级毕业三十年座谈会合影

9月3日，河南省高等学校2016—2020年戏剧与影视学类专业教学指导委员会第一次会议在我校文学院召开。河南大学党委常委、副校长张宝明教授出席会议并致辞。教学指导委员会主任委员、河南大学文学院院长李伟昉教授，副主任委员兼秘书长、河南大学新闻与传播学院强海峰副教授等16位来自全省各高校的委员及文学院相关领导参加会议。

河南省高等学校2016—2020年戏剧与影视学类
专业教学指导委员会第一次会议合影

张宝明（前排左四）

9月4日，文学院2016级本科生新生开学典礼在科技馆二楼报告厅举行。文学院党委书记葛本成，院长李伟昉，副院长付民之、白春超、王宏林等莅临现场，教务办公室主任白金，团委书记周青，党委办公室主任郭子豪，各教研室主任、教师代表，2016级辅导员郭点点及2016级全体新生参加开学典礼。教师代表、古代文学研究室主任王利锁教授，在校生代表、院团委副书记苏杭，新生代表孙仲伯分别发言。典礼由党委副书记杨彩云主持。

9月8日，河南财经政法大学文化与传播学院党委书记岳益一行7人就大学生思想政治教育、学生管理工作等来文学院考察交流。院党委书记葛本成、院长李伟昉、党委副书记杨彩云及学院相关职能部门负责人在我院二楼会议室接待了来访客人。

9月8日，中国国民党革命委员会河南大学支部六届七次党员大会在金明校区办公楼426会议室召开，本次会议对民革河南大学支部委员会进行了届中调整。大会选举产生民革河南大学支部新的支部委员会，张先飞任主委。

9月10日，文学院张锦华的《梁启超的文学出版观》获河南大学2015—2016年度研究生优秀学术论文一等奖，陈文婷的《对路遥长篇小说〈人生〉的再解读和文化思考》获二等奖。

9月11日，原资料室馆员万宁因病去世，享年69岁。

9月14日，在明伦校区2016级新生军训歌咏比赛中，文学院二连荣获一等奖，一连荣获三等奖。

9月27日，由河南大学文学院团委主办、河南大学影视协会承办的斯皮尔伯格电影展活动在明伦校区科技馆二楼河大影院举行。

9月28日，华中师范大学语言研究所教授、博士生导师汪国胜应邀来校，在文学馆二楼报告厅作题为"方言语法研究的对象与要求"的讲座。讲座由张生汉教授主持。

9月28日，暨南大学华文学院院长、教授、博士生导师郭熙应邀来校，在文学馆二楼报告厅作题为"语言生活研究的理论和实践"的报告。

9月，在2017年河南大学推荐免试研究生中，文学院2013级本科生朱兆斌被北京大学中文系文艺学专业作为唯一一位直博生录取。朱兆斌获得三年综合排名第一的优异成绩。多次在《大河报》《唐山文学》等刊物上发表文学作品,获 2014 年"全国当代文艺名家高峰论坛"征文大赛一等奖、第十届"中华颂"全国文学艺术大赛二等奖、2015 年"中华情"全国诗歌散文联赛银奖、首届河南大学"1990 文学奖"等奖项。主持完成河南大学大学生创新创业训练计划项目"当代大学生'电子读写'的现状研究",出版文艺学专著《想象世界的方法》(28 万字,黄河出版社 2016 年版),创建并主持学术类微信公众号"文艺学与思想史",将自己的学术兴趣连接上了网络平台。

9 月,全国教育专业学位研究生教育指导委员会下发《关于表彰全国第五届教育硕士专业学位优秀教师和教学管理工作者的决定》[教指委发(2016)09 号],文学院杨亮获评教育硕士专业学位优秀教师。

10 月 11 日,文学院"国培计划(2016)"置换研修项目顶岗实习生动员大会在院一楼大教室召开。文学院在本次国培计划中选派学科教学专业研究生 50 名、2013 级师范专业本科生 50 名,分别前往新乡、中牟各乡镇中小学进行顶岗实习,本次实习活动为期 50 天。

10 月 13 日,我院"把酒话桑麻"名师漫谈会在十号楼 128 教室举行。副院长王宏林,古代文学教研室马予静、郑慧霞,唐诗研究室杨亮,文艺理论教研室王银辉等老师受邀出席本次活动。

10 月 20 日,我校第七届教学质量奖表彰大会在金明校区计算机大楼二楼报告厅召开。校领导娄源功、刘志军、刘先省、许绍康、孙君健出席会议。会议由校党委常委、副校长刘先省主持。张进德、蔡玉芝、王银辉、杜智芳获特等奖,戴宁淑、董群智、耿纪平、李敏、马予静、田锐生获一等奖,陈会亮、邓晓红、丁喜霞、董秀英、付国锋、侯运华、焦体检、李安光、李秋香、刘进才、刘军政、穆海亮、孙彩霞、孙书蝶、王鹏、吴效群、张伟丽、张新艳、赵思奇、庄鹏涛获二等奖。张亚军累计三届获得特等奖,按学校规定继续享受特等奖待遇。

10 月 28 日,清华大学中文系教授、博士生导师解志熙应邀来校,在文学馆二楼报告厅作题为"现代文学研究的史料与理论"的学术讲座,讲座由副院长白春超与刘进才教授共同主持。

10 月 28 日,中央戏剧学院教授王晓凡应邀来校,在文学馆二楼报告

第七届教学质量奖表彰大会颁奖现场
王银辉（前排左五）、张进德（前排左六）、蔡玉芝（前排左七）

厅作题为"剧本的文学性"的讲座。讲座由燕俊主持。

10月29日，羽帆诗社成员在社长宋小芳的带领下赴中国翰园碑林进行诗歌采风活动。

10月，河南省教育厅印发《关于公布首批河南省中小学学科教育教学研究基地名单》（教基二［2016］807号），文学院申报的中小学语文教育教学研究基地成功入选。

10月，根据河南省社会科学优秀成果评奖委员会发布的《关于表彰2015年度河南省社会科学优秀成果的决定》（豫社科奖［2016］2号），刘永华的著作《〈广雅疏义〉校注》、刘军政的著作《中国古代词学批评方法》获河南省社会科学优秀成果一等奖，李伟昉的论文《关于东方文学比较研究的思考》获三等奖。

11月3日，西南大学教授罗益民应邀来院，在文学馆二楼报告厅作题为"莎士比亚的身份考辩"的学术讲座。讲座由院长李伟昉主持。

11月5日，文学院1990届毕业生林红霞（笔名兰月川）重返母校，在文学院二楼大教室举办了一场以"征战职场，创新人生"为主题的分享会。胡山林教授、1990级毕业生李睿等应邀出席本次分享会。兰月川，原名林红霞。著有文章《二人世界，自驾游，走起》《跟着草原看草原》，小说《五七祭》《泡桐花开》等。

11月6日，由文学院承办的"国培计划（2016）"——河南省乡村教师访名校项目河南大学初中语文班开班典礼在我院二楼大教室举行。

11月10日，山东大学文艺美学研究中心主任、教授、博士生导师谭好哲应邀来校，在文学馆二楼作题为"学术争鸣与文艺理论的发展"的讲座。讲座由院长李伟昉主持。

11月12—13日，中国社会科学院编审、《中国社会科学》杂志社文学部主任、博士生导师王兆胜应邀来校，在文学院二楼会议室分别作题为"中国文学研究的创新性问题"和"当代中国散文的局限性问题"的讲座。讲座由现当代文学教研室主任武新军教授主持。

11月13日，2016年河南大学文学院赛区秋季运动会开幕式在明伦校区东操场举行。校公共体育教研部副主任张强、文学院党委书记葛本成、党委副书记杨彩云、副院长王宏林等应邀出席开幕式。开幕式由院团委书记周青主持。

文学院秋季运动会现场

11月13日，由河南省报业集团、河南省文学院、河南大学文学院联合主办，河南大学文艺学中心承办的先锋文学暨张鲜明作品研讨会在新东苑大酒店召开。文学院院长李伟昉教授主持开幕仪式，河南省委宣传部副部长、河南日报报业集团党委书记、董事长、社长赵铁军，河南大学党委副书记王凌出席并分别致辞。张鲜明，河南省著名诗人，1979年进入河南大学学习，1983年毕业于河南大学中文系，现任河南日报报业集团新闻媒体专家委员会委员，系河南省作家协会副主席、河南省诗歌学会副会长。

11月19日，由河南大学文学院主办的纪念华锺彦先生诞辰110周年暨古代文学高端论坛在我校金明校区中州国际酒店第四会议室召开。六十多位国内著名学者应邀出席会议。会议由文学院院长李伟昉教授主持，校党委书记关爱和教授和原校长王文金教授致辞，张宝明副校长看望了与会代表。

纪念华锺彦先生诞辰110周年暨古代文学高端论坛

11月27日，国内著名翻译家、中国海洋大学外国语学院教授林少华应邀来校，在文学院一楼大教室作题为"村上春树为何没获诺贝尔文学奖"的讲座。讲座由外国文学教研室副主任王鹏主持。

11月29日，复旦大学中文系教授、博士生导师郜元宝应邀来校，在文学馆二楼报告厅作题为"鲁迅为何没多写"的学术讲座。讲座由刘进才教授主持。

11月29日，四川外国语大学李伟民教授应邀来校，在文学院二楼会议室作题为"用中国戏曲语言讲述世界的莎士比亚"的学术讲座。

11月，在国务院深化教育督导改革暨第十届国家督学聘任工作会议上，我校党委书记关爱和被国务院教育督导委员会聘为第十届国家督学。

中共中央政治局委员、国务院副总理、国务院教育督导委员会主任刘延东出席会议，并为国家督学代表颁发了国家督学、特约国家督学聘书。本次国家督学换届，全国共有243名教育专家被聘为新一届国家督学。

12月8日晚，我院举办2016年"文心倾新，悦舞青春"迎新联欢会。院党委书记葛本成，党委副书记杨彩云，副院长付民之、白春超、王宏林，教师代表张召鹏，以及各年级辅导员等出席。

12月8日，文学院赵晓阳、孟颖、冯蕊蕊、王晓娴等4名学生获河南大学赴国（境）外学术交流学生奖学金资助。

12月10日，由河南大学文学院举办的"颍河镇的地域性与世界性——墨白研究现状研讨会"在河南大学金明校区中州国际酒店第四会议室举行。河南大学党委常委、副校长张宝明，来自全国的四十多位著名评论家、作家以及《中华读书报》《文艺报》《中州学刊》等省内外媒体的领导、记者共同参加。墨白（1956—），河南淮阳人，河南省文学院副院长、河南省作协副主席，当代著名小说家、剧作家、文学豫军的代表性人物。主要作品有《梦游症患者》《欲望与恐惧》《来访的陌生人》《映在镜子里的时光》《裸奔的年代》《手的十种语言》《欲望三部曲》等。

墨白研究现状研讨会

12月14日，学校印发《河南大学学生出国（境）管理暂行规定》。

12月24—25日，文学院召开2016年教学工作会议。校教务处处长李捷教授、校教学督导组程凯教授、学院全体教职工参加会议。

12月27日，在我校研究生院、党委研究生工作部主办的第十一届硕士生英语演讲比赛决赛中，我院2015级学科教学（语文）专业杜秋霞同学荣获一等奖，2015级中国现当代文学专业兰奂铮、2016级学科教学（语文）专业赵三培、王欢、陈璐等4位同学获二等奖。

12月27日，封丘县城关乡孟庄小学给河南大学发来一封表扬信，表达了对文学院本科顶岗实习生王萌的感谢之情。王萌，文学院2013级戏剧影视文学专业班长，作为河南大学2016年顶岗实习生，在封丘县城关乡孟庄小学圆满完成各项工作，充分展示了吃苦耐劳、踏实稳重的工作作风，以及良好的专业素养，深受所在实习学校师生的好评。

12月28日，文学院田晓获河南大学2016年学生雅思托福考试资助。

12月29日，文学院何漫漫、王千平、吴浩然、于佳佳、李佳艺、魏铭辰等6名学生获河南大学2015—2016学年蓝天奖学金，赵行、姚湘依、李威等3名学生获河南大学2015—2016学年正商奖学金，司皓哲、邓茹梦等3名学生获河南大学2015—2016学年道兴奖学金。

12月30日，文学院2005届校友奖助学金颁奖仪式在院二楼会议室举行。院党委书记葛本成，院长李伟昉，副院长白春超、王宏林等参加颁奖仪式，活动由院党委副书记杨彩云主持。买热旦·阿不都热西提、杨苗苗、美合日古丽·图拉普、白云、努尔阿丽耶·艾麦提、郭永洁、甘友静、侯思璐、蔡尧、孟重庆等10位学生获奖。

12月31日，学校印发《百年名校河南大学振兴计划（2011—2020）》8个专项规划（2016—2020）。

12月，在中共河南省委高校工委、河南省教育厅组织开展的全省首届大学生创新创业标兵评选活动中，我院2010级优秀毕业生周光普荣获"河南省首届大学生创新创业标兵"称号。

2017 年

1月16日，文学院第五届三次教代会暨工会会员代表大会在学院二楼教室召开。大会由副院长白春超主持。通过《院长工作报告》《工会工作报告》和《河南大学文学院教研室活动管理暂行规定》《河南大学文学院本科教学质量奖评选暂行办法》《河南大学文学院教学督导工作暂行办法》。

1月23日，首届中原大学生微电影节启动仪式在郑州郑东新区举行。河南大学党委常委、副校长张宝明，河南省高等学校戏剧与影视学类专业教学指导委员会主任李伟昉，河南大学出版社党支部书记袁凯强出席仪式并致辞，省内18所高校代表出席活动。中原大学生微电影节由河南省高等学校戏剧与影视学类专业教学指导委员会和河南大学出版社主办，省内17所高校协办。

2月20日，台湾师范大学副校长郑志富一行3人访问我校，校长娄源功会见了客人，副校长孙君健参加座谈，校港澳台事务办公室、文学院、外语学院、计算机与信息工程学院、艺术学院与体育学院相关负责同志陪同接待。

2月28日，文学院皇甫孟倩、何震寰、王贺韬、胡锦羚、周安易、顾醒航、张悦等7名学生获河南大学赴国（境）外学术交流奖学金资助。

2月，文学院张振犁教授历经近四十年的资料收集、整理和编著完成的《中原神话通鉴》（全四册）一书由河南大学出版社出版。该书是河南大学出版社的国家出版基金项目图书，为中原神话学的奠基之作，不仅填补了中原神话领域出版的空白，丰富了中国乃至世界神话学，而且为神话学、民俗学、社会学、民间文艺学、文化人类学等学科增添了新文献、新典籍。《中原神话通鉴》（全四册）计174万字，393幅图片，八百多篇民间神话故事。

《中原神话通鉴》

3月3日，原古代汉语教研室主任董希谦教授因病在苏州去世，享年86岁。

3月3日，2017届本科毕业生讲课大赛在文学院一楼大教室举行。许艳杰、刘心媛荣获一等奖；苗瑞香、蔡睿、李一楠荣获二等奖；王妍林、李世颖、马怡馨荣获三等奖。

3月6日，学校印发《河南大学基层教学组织建设工作实施办法》。

3月11日，文学院2014届优秀毕业生、河南寻美视觉文化传播有限公司董事长周光普应邀回校，在文学院一楼大教室作以"从影视社团到创业团队"为主题的讲座。

3月15日，学校公布河南大学第十六批校级教学改革项目立项名单。张先飞的"以中小学语文师资培养为目的的高校中国现代文学本科培养方案改革研究"获批重点项目，郑慧霞的"中国古代文学教学与本科生文化自信培育研究"、裴萱的"美学理论在戏剧影视文学本科教学中的构建与价值"、庄鹏涛的"文学实验教学示范中心建设研究"获批一般项目。

3月17日，湖南师范大学文学院教授、博士生导师周仁政应邀来校，在文学院三楼现当代文学教研室作题为"文学流派研究的方法——以京派文学为例"的学术报告。报告会由现代文学教研室武新军教授主持。

3月，李伟昉被学校聘为河南大学"杰出人才特区支持计划"特聘教授。

4月5日，学校公布调整后的学位评定委员会组成人员，李伟昉入选校学位评定委员会委员。

4月13日，副院长付民之因病医治无效在长垣去世，享年52岁。

4月14日，河南大学2017年春季运动会闭幕式在金明校区志义体育场举行。文学院取得女子团体总分第一名，男子团体总分第四名，团体总分第一名的优异成绩，实现校春运会二十五连冠。

谢庆阳（中，2014级本科生，院学生会主席）上台领取团体总分冠军奖杯

4月17日，西南大学期刊社编审、文学院教授韩云波应邀来校，在文学院二楼教室作题为"武侠小说，国家/人民主流意识形态的确立"的学术讲座。讲座由武新军教授主持。

4月18日，刘永华获批教授任职资格，樊柯、张新俊、白金、张霁月获批副教授任职资格。

4月19日，由河南大学文学院、档案馆，开封市文联、汴梁晚报，邓州市姚雪垠文学馆共同主办的"追求·奋斗·文学马拉松——姚雪垠文学生涯70周年图片展"在我校校史馆举行。副校长孙君健，姚雪垠之子姚海天，河北大学阎浩岗教授，开封市文联主席、作家协会主席樊城，河南省作家协会会员金聚泰，以及我校党委宣传部、党委学工部、校团委、图书馆、档案馆、文学院等单位主要领导出席开幕式。文学院、历史文化学院、法学院师生计四百余人参加了开幕式。副院长白春超、文学院2014级苏杭同学先后在开幕式上发言。姚海天分别向文学院、档案馆和图书馆捐赠了姚雪垠著作近百本。

姚雪垠文学生涯70周年图片展

4月20日，文学院在院二楼报告厅举办了青年马克思主义者培养工程暨团校第一期培训班开班仪式。校团委副书记沙莎、文学院相关领导老师出席活动。开班仪式由院团委书记周青主持。

4月20日，第五届"英杰奖学金"颁奖仪式在院二楼报告厅举行。

4月24日，第八届"秘书文化节"开幕式在院二楼大教室举行。

4月24—25日，由文学院组成的小学语文和初中语文学科送教下县活动专家组，赴辉县市进行送教下县活动。

4月27日，文学院首届"知言"杯研究生学术论文大赛颁奖仪式暨"知言论坛"首场学术报告在院二楼教室举行。校党委书记、博士生导师关爱和教授以"中国近代今文经学与进化论的传播对文学转型的影响"为题作首场学术报告。"知言论坛"是文学院针对研究生所创办的一个高端学术论坛，包含研究生学术论文大赛、学术报告等系列活动，旨在培养研究生的学术素养，提高学术科研水平，扩大学术交流。

关爱和学术报告会

4月27日，河南省首届大学生创新创业标兵巡回报告启动仪式暨首场报告会在明伦校区大礼堂举行。河南省教育厅副巡视员张涛，教育厅学生处处长王继东、调研员杨占军，河南大学党委常委、副校长许绍康出席报告会。来自河南大学、河南大学民生学院、黄河水利职业技术学院、开封大学、开封文化艺术职业学院5所高校的一千二百余名大学生代表聆听了报告。文学院毕业生、河南寻美视觉文化传播有限公司总经理周光普作为河南省首届大学生创新创业标兵，分享了在创业过程中的心得体会和宝贵经验。

4月27日，中国现当代文学教研室获批2017年度校级优秀基层教学组织。

4月，《河南大学报》、校园网分别以"青年学人——张亚军：蕙质兰心育桃李，温淳儒雅亦吾师"为题，发表介绍我院教师张亚军事迹的通讯。

4月，开封市文联主席甘桂芬来校挂职，任文学院副院长。

5月3日，在由我校学生处和学生资助管理中心主办的第二届"我与资助"微故事大赛中，文学院获先进集体称号。

5月4日，河南大学纪念建团95周年暨2017年五四表彰大会在金明校区计算机大楼报告厅举行。文学院荣获第十一届"挑战杯"河南大学大学生课外学术科技作品竞赛"优秀组织奖"，其中2015级张玉的《城管执法困境再还原及其启示——基于开封市顺河回族区的田野调查》荣获校级一等奖，2014级朱金成的《河南影视基地调查及文化产业发展研究——以中原影视城为例》获得校级优秀奖。文学院苏杭、关梦婷等13人被评为河南大学2016年度优秀共青团干部，王仪、王静雅等34人被评为河南大学2016年度优秀共青团员，2015级1班团支部、2016级4班团支部等被评为河南大学2016年度先进团支部。2016级9班团支部在河南大学2017年度"风展团旗"最佳团日活动竞赛中被评为优胜团支部。文学院团委被评为河南大学2016年度五四红旗团委、河南大学2016年十佳团属官方微博，团委书记周青被评为2016年度十佳团属新媒体工作者，刘雨洁、乐妍等人被评为河南大学2016年度优秀网络文明志愿者。

5月4日，文学院在二楼会议室召开青年教师座谈会。

5月4日，文学院女排获得我校2017年教职工女排比赛冠军。

文学院女排赛后合影

5月5日，河南大学中国语言文学博士后流动站文艺学方向任瑜、陈丽丽博士后报告会在文学院会议室举行。张云鹏教授、王宏林教授、胡全章教授、刘涛教授、李勇教授担任评审专家。会议由任瑜、陈丽丽博士后的合作导师张云鹏教授主持。

5月6日，由孙先科教授主持的博士后出站学术报告会在学院二楼会议室举行。孔会侠、原小平、李敏三位博士分别陈述各自的博士后报告，胡全章教授、刘进才教授、刘涛教授、武新军教授出席活动。

5月9日，文学院周青、李淑敏、杨站军、王鹏、张伟丽、董秀英、刘军政等7人获河南大学优秀实习指导教师称号。

5月11日，文学院第三届研究生讲课大赛决赛在文学馆二楼举行。张进德、张乐林、史红伟、邱业祥、王银辉等5位老师受邀担任决赛评委。

5月14日，陕西师范大学教授、博士生导师李继凯应邀来校，在文学院现当代文学教研室作题为"现代作家与书法文化"的学术讲座。讲座由副院长白春超主持。

5月15日，同济大学人文学院教授、博士生导师刘强应邀来校，在我院二楼会议室作题为"《世说新语》与魏晋风度"的讲座。讲座由王利锁教授主持。

5月16日，上海师范大学教授、博士研究生导师宗守云应邀来校，在文学馆二楼报告厅作题为"方言语法问题的发现和研究"的学术讲座。讲座由段亚广副教授主持。

5月18日，第二十四届本科生讲课大赛在院一楼大教室举行。沈航、徐一凡获一等奖，翟静雯、孙仲伯、李佳艺获二等奖，张晓贞、张叶、程海东、黄寄洪获三等奖。

第二十四届本科生讲课大赛获奖人员合影

5月18日，由河南省委宣传部主办，河南大学党委宣传部承办的"大豫讲坛"报告会在文学院二楼教室举行。我校哲学与公共管理学院杨红玉副教授向文学院学生党员代表和入党积极分子作以"学习和弘扬焦裕禄精神，做合格党员"为主题的讲座。

5月22日，澳大利亚纽卡斯尔大学罗兰·博尔教授应邀在文学院二楼会议室作以"基督教与共产主义之比较研究"为主题的讲座。罗兰·博尔，澳大利亚纽卡斯尔大学教授，中国人民大学"海外人才"特聘教授，主要致力于宗教与政治、马克思主义圣经批评、宗教批评理论。出版学术性著作《天国的批判：论马克思主义与神学》《马克思主义圣经批评》《宗教批判：论马克思主义与神学》等。

5月27日，开封市"俊采星驰、璀璨古城——首届开封文化奖章颁奖典礼"在东京艺术中心歌舞剧院举行，王立群教授被授予"2017开封首届文化奖章"。组委会对王立群的颁奖辞为"三尺案头读青史，百家讲坛唱《大风》；十一年，400集。人前翩然回首桑田沧海，人后夜以继日案牍劳形。你在，讲台在，薪火在。曾经沧海难为水，除去梁园总是村。开封，是您生命中最美的邂逅，也是先生久恋之乡"。

5月，文学院博士后孔会侠的"论现代作家的'文革'后创作——以杨绛等的创作为例"，获河南省2016年度博士后科研项目二等资助（8万元）。

5月，李伟昉教授出席在美国维斯利安大学举办的"第四届中美高层学术论坛"，作大会发言"The Mission of Research on Globalization and Comparative Literature"。

6月1日，河南大学第八届"超级状元"国学知识大赛决赛在明伦校区科技馆一楼报告厅举行。马予静、张亚军、张新俊、张新艳等四位老师担任大赛评委。文学院2014级孙丰震夺得本届"超级状元"。文学院崔诗梦和崔雨莹分别获得"榜眼"与"探花"。大赛由校党委学生工作部主办，文学院承办。

6月3日，复旦大学中文系教授、博士生导师查屏球应邀来校，在文学馆二楼报告厅作题为"家国一体，君亲一身——安史之乱初杜甫行踪与心迹考述"的学术讲座。

6月4日，南方科技大学党委副书记、博士生导师李凤亮教授应邀来校，在文学馆二楼作题为"重绘中国现代文学批评地图——海外华人学者对中国大陆的影响与启示"的学术讲座。讲座由文学院院长李伟昉教授主持。

6月7日，文学院2017届本科生毕业典礼暨学位授予仪式在明伦校区科技馆二楼报告厅举行。文学院相关负责人，院学位委员会委员张进德、张清民、张先飞及教师代表田锐生等出席典礼。毕业典礼由党委副书记杨彩云主持。副院长王宏林宣读《河南大学文学院2017届本科毕业生学士学位授予决定》，授予朱兆斌等343名毕业生学士学位，院长李伟昉受娄源功校长委托，为文学院获得学士学位的毕业生援正流苏，颁发证书，并合影留念。党委书记葛本成代表学院致辞。田锐生作为教师代表、朱兆斌作为毕业生代表、2014级苏杭作为在校生代表分别致辞。

李伟昉与获授学位毕业生合影

6月8日，南京大学文学院教授、博士生导师许结应邀来校，在文学馆二楼报告厅作题为"经典阅读与人文情境"的学术讲座。讲座由李金松教授主持。

6月19日，中文系1957级王钦韶、刘长华、马全智三位校友向母校捐赠图书。捐赠仪式在明伦校区行政楼二楼会议室举行，原校长王文金、图书馆及校友办工作人员出席。捐赠图书有《文化视窗》特刊20册、《同窗晚情集》和《追寻》各2册、《马全智诗文集》3册。王钦韶，1957年考入我校中文系，1961年毕业后留校任教，教授文艺理论；1980年调入河南教育学院，从事美学文艺学教学与研究，兼任学报编辑；河南省优秀专家，国内知名教授。刘长华，1957年考入我校中文系，原郑州铁路局教育局局长，河南先进文化研究会会长。马全智，1957年考入我校中文系，曾在新密县工作，1980年调回我校任教，河南大学教授，从事逻辑学的教学与研究。

6月21日，文学院姬宁（导师：张云鹏）的《舞蹈批评新起点——兼论〈舞蹈艺术价值论——中国当代舞蹈价值分析〉》、谢俊涛（导师：张生汉）的《说"蹑手蹑脚"》获河南大学2016—2017年度研究生优秀学术论文一等奖，高云霄（导师：王鹏）的《赐地之约与古希伯来人的集体无意识》、刘玉（导师：王鹏）的《〈以斯帖记〉与中东神话传统》、祁发慧（导师：耿占春）的《当代藏族汉语诗歌之边界性考察——以多康地区诗人为例》、姚萌萌（导师：李伟昉）的《〈修道士〉与〈百年孤独〉的可比性研究》、张悦（导师：王宏林）的《千载之下，谁为知音？——论〈古诗归〉〈采菽堂古诗选〉〈古诗评选〉对陶诗的选评》获二等奖。

6月27日，中文系1961级校友赵国文图书捐赠仪式在明伦校区文学院二楼会议室举行，原校长王文金，档案馆、文学院、图书馆负责人及校友办工作人员参加捐赠仪式。赵国文向校图书馆、档案馆（校史馆）、文学院等单位捐赠《砥砺前行——我的大学日记》20册。

6月29日，文学院2017届研究生毕业典礼暨学位授予仪式在明伦校区文学院二楼大教室举行。文学院全体领导、院学位委员会委员及部分教授代表出席典礼，典礼由院党委副书记杨彩云主持。副院长白春超宣读《河南大学文学院2017届研究生博士硕士学位授予决定》，授予梁小静等10位研究生博士学位，李静等3位研究生法学硕士学位，石午强等69位研究生文学硕士学位，王一博等15位研究生艺术学硕士学位，张鹏等30位研究生汉语国际教育硕士学位；陈爽等95位研究生教育硕士学位。院长李伟昉受娄源功校长委托为文学院获得博士、硕士学位的毕业生援正流苏，颁发证书，并合影留念。党委书记葛本成代表学院致辞。刘进才作为导师代表、省优秀毕业生杨志娟作为毕业生代表、2015级现当代硕士研究生姬玉霞作为在校生代表分别致辞。

6月，我校"华调吟诵"入选为第五批开封市市级非物质文化遗产项目，华调吟诵代表性传承人文学院华锋教授获颁传承人证书。华调是河南大学文学院已故教授华锺彦先生传承的吟诵调，主要传播者华锋是华锺彦先生之子、河南大学文学院教授。

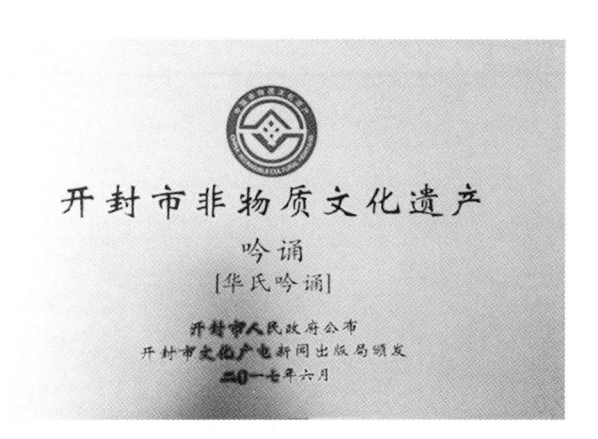

开封市非物质文化遗产牌匾

7月2日，光明日报品牌栏目"光明讲坛"在我校明伦校区文学馆开讲。光明日报社教育部领导郭扶庚、记者陈鹏，我校党委常委、副校长张宝明，校党委宣传部、文学院、历史文化学院等单位负责人及部分师生代表出席。报告会由文学院院长李伟昉主持。历史文化学院教授程民生、文学院兼职教授高培华分别作报告。

7月4日，全国哲学社会科学规划办公室公布了2017年国家社科基金年度项目和青年项目立项名单。李伟昉的"比较视域中的哥特小说创作传统及其文化意蕴研究"获批重点项目，陈会亮的"犹太思想家哈列维著作汉译与研究"、张先飞的"20世纪20年代中期至30年代初期现代文学'整体转型'现象研究"、赵奉蓉的"清代《左传》评点文献整理与研究"、张新俊的"基于组类差异的甲骨文字词关系研究"获批一般项目。

7月5日，由会林文化基金和北京师范大学中国文化国际传播研究院主办、河南大学协办的2017年"看中国·外国青年影像计划（河南行）"启动仪式在我校明伦校区小礼堂举行。北京师范大学中国国际文化传播研究院院长、"看中国"项目发起人黄会林，以色列特拉维夫大学教授Amir Arye Tausinger，我校副校长孙君健出席会议，校国际交流处、文学院、外语学院等相关单位负责人参加启动仪式，会议由文学院院长李伟昉主持。

2017年"看中国·外国青年影像计划(河南行)"在河南大学合影

后排:孙君健(左十)、黄会林(左十一)、Amir Arye Tausinger(左十二)

7月5日,文学院举办第九届"明星杯"教职工子女作文大赛颁奖活动。党委书记葛本成等相关领导老师,大赛评委王中安、魏清源、许兆真等出席颁奖仪式。活动由院党委副书记、工会主席杨彩云主持。王若馨、刘思齐等8名选手获得特等奖,郑翔元、樊季葳等8名选手获得一等奖。

7月5日,文学院马克思主义研究会理论宣讲团走进封丘县李庄新区,集中开展以"丝路连心,携手同行"为主题的系列宣讲活动。

7月10日,原中文系现当代文学教研室教授黄平权因病去世,享年93岁。

7月23—25日,文学院党委组织全体教职工党员赴信阳开展党员"两学一做"学习教育活动。参观考察河南大学流亡办学旧址鸡公山姊妹楼和学生宿舍127、128号楼,新县鄂豫皖苏区首府革命博物馆,许世友将军故里,箭厂河革命旧址群等。

7月29日,河南大学文学院、河南大学中国现当代文学研究中心与《汉语言文学研究》编辑部联合举办"报刊史料与中国现当代文学"学术研讨会,来自中山大学、首都师范大学、郑州大学的近三十名专家学者出席会议。

7月30日，中文系1993级师生在科技馆一楼报告厅举办"归来，仍是少年——中文系93级师生座谈会"。校党委书记、时任授业老师关爱和出席座谈会并发表讲话，校友工作办公室主任刘书印，文学院党政领导葛本成、李伟昉、杨彩云、王宏林，当年授课老师王振铎、宋应离、张如法、胡山林、袁若娟、李建伟、张大新、李一平、张进德、王宛磐、朱建伟、蔡玉芝等，校机关党委书记、时任1993级辅导员王成喜出席。中文系1993级全体学生，向文学院捐赠一万元，用以鼓励需要帮助的在校学生。

8月17—20日，中国比较文学学会第十二届年会暨国际学术研讨会在河南大学举行。大会由中国比较文学学会主办，河南大学文学院和《汉语言文学研究》编辑部共同承办。会议主题为"比较文学视野中的世界文学"。来自中国社会科学院、北京大学、清华大学、中国人民大学、北京师范大学、北京外国语大学、复旦大学、上海交通大学、上海外国语大学、浙江大学、南京大学、四川大学、武汉大学、山东大学、厦门大学、香港中文大学、香港城市大学、澳门大学、辅仁大学、美国纽约大学、普渡大学、夏威夷大学、法国巴黎第四大学、以色列特拉维夫大学、墨西哥墨西哥学院、韩国崇实大学等168所海内外高校与科研机构以及北京大学出版社、中国人民大学出版社、科学出版社、福建教育出版社、河南大学出版社等5家出版机构的五百余位专家学者出席会议。在学会理事会换届选举中，李伟昉教授当选为常务理事。

关爱和在中国比较文学学会第十二届年会暨国际学术研讨会致辞

8月22日，2017上海书展暨"书香中国"上海周落下帷幕。在书展结束之际，上海市书刊发行行业协会举办了"2017上海书展8月好书大推荐"活动，邀请100位出版人推出了"2017上海书展8月好书大推荐TOP100书单"。《王立群文史名著书系》（套装17册）登上榜单。全书包括《千古一帝秦始皇（全二册）》《文景之治》《汉武大帝》《无冕女皇吕后》《宋太祖（全二册）》《宋太宗（全二册）》《中国脊梁》《历史从未走远》和《智解成语》系列1—6册。

8月26日，"人生自有诗意暨《中国诗词大会》（第二季）新书发布会"在北京中国国际展览中心召开，《中国诗词大会》（第二季）同名栏目书首次与读者见面。文学院王立群教授受邀出席。

8月，裴萱、赵牧获批中国博士后科学基金第十批特别资助，资助金额15万元。

8月，河南省社会科学优秀成果评奖委员会发布《关于表彰2016年度河南省社会科学优秀成果的决定》（豫社科奖〔2017〕2号），张先飞著作《"人的文学"："五四"现代人道主义与新文学的发生》获省社科优秀成果一等奖，李伟昉论文"论林纾对莎士比亚的接受及其文化意义"获省社科优秀成果二等奖。

9月1日，我院在二楼大教室举办了2017级新生家长见面会。院长李伟昉、院党委副书记杨彩云、副院长王宏林、辅导员周青、郭子豪、尤海佩出席。

9月3日，文学院2017级研究生新生开学典礼在文学院二楼教室举行，院长李伟昉、院党委副书记杨彩云、副院长白春超、副院长王宏林，各教研室导师代表，2017级辅导员庄鹏涛及2017级全体研究生新生参加开学典礼。院长李伟昉代表文学院对各位新生表示热烈欢迎。教师代表孙彩霞、在校生代表曹琰、新生代表姜汉西分别发言。典礼由副院长白春超主持。

9月7日，张进德、董秀英、王利锁获河南大学教学质量奖特等奖，蔡玉芝、陈会亮、李敏、孙书蝶、田锐生、张新艳、马予静获一等奖，戴宁淑、丁喜霞、杜智芳、樊柯、侯佳、侯运华、梁振杰、裴萱、穆海亮、孙彩霞、孙芳、王银辉、许卫东、薛蕾、杨亮、张霁月、张雪平、赵奉蓉、赵思奇、郑慧霞获二等奖。张亚军累计三届获得特等奖，按学校规定继续享受特等奖待遇。

9月7日，王立群、王银辉、毕桂发、刘永华、刘军政、刘涛、李伟昉、李敏、张大新、张先飞、张清民、张新俊、胡山林、梁工、魏清源获河南大学2015—2017年度科研优秀奖，焦喜峰获管理优秀奖，葛本成获思想政治教育工作优秀奖。邱业祥、许兆真、杜智芳获河南大学师德先进个人称号。

9月10日，开封高中语文学科教研组组长何春生应邀在学院一楼阶梯教室作题为"实习指导与教学观摩"的讲座。

9月12日，"国培计划2017"新疆生产建设兵团教师短期集中培训初中语文班开班仪式在文学院一楼教室举行。

9月15日，北京语言大学语言研究所副所长、博士生导师赵日新教授应邀来校，在文学馆二楼作题为"汉语方言音变问题的思考与探讨"的学术讲座。讲座由张生汉教授主持。

9月20日，经国务院批准，教育部等三部委正式公布"双一流"建设高校及建设学科名单，我校进入一流学科建设高校行列。

9月20日，文学院与长垣县第一初级中学教育教学实习基地签约仪式在长垣县第一初级中学举行。文学院副院长王宏林、长垣县第一初级中学校长蔡瑞昌及"河南大学国培计划（2017）"——新疆生产建设兵团初中语文培训班学员等50余人参加签约仪式。

9月21日，学校对2016年优秀博士硕士学位论文获得者进行表彰。中国古典文献学硕士张婉霜（导师：杨亮）的学位论文《宋元之际临安文士群研究》获得2016年河南省优秀硕士学位论文。张婉霜的《宋元之际临安文士群研究》、王辰（导师：史红伟）的《〈杜臆〉研究》、李春燕（导师：杨亮）的《孙奇逢交游研究》、张松婷（导师：李伟昉）的《莎士比亚喜剧的戏曲改编研究——以〈威尼斯商人〉为例》获得2016年河南大学优秀硕士学位论文。

9月25日晚，河南大学建校105周年纪念日，"感动河大"颁奖典礼在大礼堂举行。文学院任访秋、佟培基、王立群入选"感动河大人物"。

组委会给任访秋先生的颁奖词：立足五四，上溯明清，下联近现；传道解惑，持之以恒，矢志不渝。从同适斋到不舍斋，他文史兼治，学问淹博。风雅渐远，清歌长存，他是传灯人，是不灭的薪火，是永远的先生。

组委会给佟培基先生的颁奖词：从司机到博士生导师，他将人生演绎成一段传奇。潜心唐诗，自学成才，终成唐诗研究的权威；自我砥砺，严于律己，凭着毅力战胜病魔。精诚所至，金石为开；朴素为人，莫能争美。

组委会给王立群先生的颁奖词：一座小城，让他魂牵梦绕；一所大学，让他终生结缘。从小学教师到大学教授，从河南大学到百家讲坛。谦谦君子，纵横文史。他是蜚声国内的文化学者，他是享誉荧屏的河大名片。

佟培基（右一）

王立群（左三）

9月28日，由共青团河南大学委员会主办的林清玄现场讲座暨"素心四书"读者见面会在我校金明校区图书馆报告厅举行。林清玄，1953年出生，中国台湾省高雄人，当代著名作家、散文家和诗人，其代表文章《和时间赛跑》《桃花心木》选入人教版、北师大版小学语文课本。

9月，在河南省教育厅、河南省教育工会举办的2017年度全省教学技能竞赛中，张亚军获得2017年度全省教学技能竞赛一等奖，同时被教育厅、省教育工会授予"河南省教学标兵"称号并颁发奖章。

9月，文学院团委、学生会荣获河南大学2016—2017年度"优秀基层学生会"荣誉称号。在2017年暑期三下乡社会实践活动表彰大会中，文学院荣获河南大学2017年暑期三下乡社会实践活动"宣传先进单位"称号。文学院陈翱翔、郝亚茹等25名学生荣获河南大学2017年暑期三下乡社会实践活动"先进个人"称号，赵一帆荣获河南大学2017年暑期三下乡社会实践活动"新闻宣传先进个人"称号，白雪的《丝路连心携手同行》、郝铭的《我的21天》荣获河南大学2017年暑期三下乡社会实践活动优秀新闻作品三等奖。

10月9日，第二届中国民族志纪录片学术展入围作品正式揭晓，文学院教授吴效群的纪录片《河南灵宝"骂社火"》成功入选。第二届"中国民族志纪录片学术展"由中国民族博物馆、中国人类学民族学研究会民族和影视与影视人类学专业委员会主办。

10月9—11日，我校中文系七七届校友返校举行毕业四十周年庆典。当年的任课老师、河南大学原校长王文金，副校长张宝明，河南大学校友工作办公室主任刘书印，文学院党委书记葛本成，副院长白春超、王宏林，以及宋应离、王振铎、张予林、张永江、王中安等任课老师出席。郭学军、魏清源、李天章、郑泽中、郭立建、李晓燕、王现召、黄云竹等校友分别发言。中文系七七届当年入校学生209人，有113人从美国及全国各地赶回母校。

10月12日，厦门理工学院林祁教授应邀来校，在文学馆二楼报告厅作题为"风华与物哀之间——日华文学三十年"的讲座。讲座由王鹏主持。

10月13日，日本国立筑波大学王海蓝博士应邀在文学馆二楼报告厅作题为"村上春树笔下的中国形象"的讲座。讲座由王鹏主持。

10月15日，河南大学"喜迎十九大·爱国知校"校史校情知识竞赛决赛在金明校区计算机大楼二楼报告厅举办。文学院由党委办公室主任郭子豪、2015级学生郝聪慧、2016级学生苗诗雨、李璇组成的代表队荣获团队三等奖，苗诗雨获得优秀个人奖。

10月15日，"国培计划（2017）"河南省乡村教师置换脱产研修项目小学语文开班典礼在文学院二楼会议室举行。

10月21—23日，由我校与中国唐代文学学会韩愈研究会主办，文学院、黄河文明传承与现代文明建设河南省协同创新中心承办的"2017中国·开封韩愈国际学术研讨会"在中州金明国际酒店举行。来自中国大陆、中国台湾、新加坡、澳大利亚等国家和地区的一百二十余位学者与会，提交论文六十余篇。我校党委常委、副校长张宝明教授出席会议并致辞，文学院党委书记葛本成，中国唐代文学学会会长、复旦大学陈尚君教授，中国唐代文学学会韩愈研究会第五届理事会会长张清华研究员分别致欢迎辞与开幕辞。开幕式由我校社科处处长杨国安主持。会议期间，研究会进行了新一届理事会选举，杨国安教授当选第六届理事会会长。

韩愈国际学术研讨会

10月22日，复旦大学教授、博士生导师陈尚君应邀来校，在文学馆二楼报告厅作题为"唐诗研究之日新月异"的学术讲座。讲座由杨国安教授主持。

10月26日，文学院"把酒话桑麻"名师漫谈会在明伦校区十号楼128教室举行。学院相关领导和王利锁、刘进才、穆海亮受邀出席活动。

10月26日，文学院在河南大学第五届研究生太极拳比赛中荣获一等奖。

10月26日，文学院学生符茗媛获河南大学赴国（境）外学术交流学生奖学金资助。

10月28日，中国人民大学国学院副院长、教授、博士生导师诸葛忆兵应邀，在文学馆二楼报告厅作题为"科举制度与唐诗创作"的讲座。讲座由刘军政主持。

10月，文学院的"价值引领，知行合一"系列活动获中共河南省委高校工委、省教育厅组织的全省高校精神文明建设优秀工作案例一等奖。

序号	项目名称	负责人	获奖
	教育实践类：		
1	价值引领 知行合———河南大学马克思主义研究会系列活动	杨彩云	一等奖
	简介：马克思主义研究会成立于1989年6月，是河南大学成立最早的理论型学生社团。近三十年来，该社团始终紧跟党和时代的步伐，将理论学习与实践育人活动紧密结合，组织开展以弘扬社会主义核心价值观为主题的"时政沙龙"特色活动，每年成立理论宣讲团积极参加暑期"三下乡"社会实践活动，将党和国家的政策和理论成果带到基层，2009年，习近平视察我校期间曾参加马克思主义研究会研讨活动，2010年被共青团中央评为"大学生思想引导优秀活动案例"。		

11月2日，校长宋纯鹏在党政办公室、教务处、社科处、人事处、研究生院有关负责同志陪同下，到文学院调研指导工作。文学院党政领导班子成员参加座谈会。

11月3日，《光明日报》在"以十九大精神引领'双一流'建设——河南大学在学懂弄通习近平新时代中国特色社会主义思想上下功夫"通讯中，报道了我校马克思主义研究会学习研讨会场景。

11月3—5日，由河南省语言学会主办、我校语言科学与语言规划研究所承办的"河南省语言学会第十六届年会暨学术研讨会"在开封举行。来自全省二十余所高校的84位专家学者与会，提交论文六十余篇。开幕式由河南省政协常委、河南省语言学会副会长陈伟琳主持。河南省语言学会会长张生汉、学会党支部书记姚锡远、我校社科处处长杨国安出席会议。

河南省语言学会第十六届年会暨学术研讨会

11月6日，中文系六七届校友荣归母校，参加毕业五十年庆典活动。校党委书记卢克平、校长宋纯鹏来到校友下榻处，亲切看望大家。11月7日上午，庆典活动在校小礼堂举行。卢克平出席座谈会，党政办、党委宣传部、校友办等单位负责人及文学院党政领导班子成员和教师代表与会。座谈会由校友孙登高、崔利花主持。时任教师代表宋应离、王文金、王宗堂先后发言，卢克平代表学校对六七届校友回家表示热烈欢迎。六七届校友向母校和文学院赠送了精心准备的书法作品和学术专著。为表达对母校入选"双一流"高校的祝贺，校友王全书特意创作了《沁园春·百年河大》。

中文系六七届校友毕业五十周年合影

11月10日，赵丹珺将其父亲（原文学院教授赵明）的藏书全部捐赠给我校图书馆。此次捐赠的图书数量多，种类全，其中图书587册，期刊682册，资料汇编41册。内容涉及近现代文学、外国文学、文学史，特别是鲁迅研究方面的书刊，具有重要的学术价值。

11月13日，长篇小说《梁光正的光》对谈会在文学院举行。中国人民大学文学院梁鸿教授携新作《梁光正的光》来校，与文学院师生分享其长篇新作的艺术得失。河南省文联主席、作协主席、鲁迅文学奖获得者邵丽女士作为特别嘉宾出席，文学院副院长白春超教授主持对谈会。对谈会由人民文学出版社、河南大学、河南省作家协会主办。

《梁光正的光》对谈会

邵丽（左二）、梁鸿（左三）、刘军（右一）

11月19上午，"国培计划（2017）"河南省乡村教师访名校项目初中语文班开班典礼在文学院一楼教室举行。

11月22日，首届中原大学生微电影节校园巡展暨大学生创客微影视孵化基地成立仪式在河南大学明伦校区科技馆二楼报告厅举行。文学院、河南大学出版社相关领导老师出席活动。中原大学生微电影节由河南省高等学校戏剧与影视学类专业教学指导委员会、河南大学文化产业基地及河南大学出版社共同主办，校园巡展活动由河南大学文学院和中原大学生微电影节组委会共同主办。

11月23日，文学院1997届、2006届校友奖助学金颁奖仪式在文学院二楼会议室举行。于佳佳等5位同学获"河南大学文学院1997届校友奖助学金"，郭丛丛等5位同学获"河南大学文学院2006届校友奖助学金"。河南大学文学院1997届、2006届校友奖助学金由文学院1997届、2006届两届校友自发捐赠，金额共计两万元整，用于资助鼓励文学院经济困难、热爱学习的学子们。

11月23日，在校团委主办、法学院承办的"把握时代精神，坚定理想信念"学习十九大精神主题演讲比赛中，文学院翟静雯获一等奖，李璇获优秀奖。

11月30日，文学院"青春献礼十九大，不忘初心跟党走"迎新晚会在明伦校区教职工活动中心举行。院长李伟昉出席晚会并致辞。

11月，在河南省教育厅2017年"心系中国梦，做好引路人"师德主题教育征文和优秀案例评选中，文学院张霁月的"绿叶对根的情义"、穆海亮的"履行教师使命，完善学生人格"获征文一等奖，周青的"情系学生成长，播撒爱的阳光"获得征文二等奖。

12月1日，上海师范大学人文与传播学院中文系主任、教授、博士生导师宋莉华应邀，在文学院二楼会议室作题为"近代西人所编汉语读本与中国古典小说的传播"的讲座。讲座由文学院院长李伟昉教授主持。

12月4日，校十九大精神宣讲团成员、哲学与公共管理学院庞洪铸教授应邀到文学院二楼大教室宣讲十九大精神。

12月5日，中国社会科学院世界宗教研究所研究员、博士生导师叶涛应邀来校，在文学院二楼会议室作题为"泰山信仰与中国传统文化"的讲座。讲座由吴效群教授主持。讲座开始前，吴效群代表学校向叶涛教授颁发聘书，聘请叶涛教授担任我校民俗学专业研究生指导教师、"两院合作教授"。

12月13日，中国现代文学馆研究员、博士生导师吴福辉应邀，在文学院现当代文学教研室作题为"加强阅读：怎样使用文学史"的学术讲座。讲座由刘涛教授主持。

12月13日，西班牙卡米亚斯大学国际处赵晶丽女士、Sole老师、刘柳女士一行3人访问文学院，双方就国际合作办学事宜进行交流。

12月13日，付国锋任《汉语言文学研究》编辑部主任。

12月13日，文学院中国语言文学博士后流动站文艺学专业裴萱博士后出站报告会在文学院二楼会议室举行。李伟昉教授、梁工教授、张清民教授、孙彩霞副教授、邱业祥副教授担任评审专家。会议由裴萱博士后的合作导师李伟昉教授主持。

12月13—22日，文学院讲座教授、美国汉学家、哥伦比亚大学东亚语言文化系博士、威廉与玛丽学院现代语言与文化系教授、中文项目主任韩嵩文（Michael Gibbs Hill）应邀来校，在文学馆二楼报告厅分别作"美国高等教育与文科的未来""清末文学与《一千零一夜》的翻译""晚清文学与世界文学的关系——以林纾和曼法卢提为例""马俊武、塔哈·侯赛因和比较文学""西学为体，中学为用：英文语境下中国当代思想的译介"等五场讲座，文学院、新闻与传播学院、国际教育学院部分师生参加活动。讲座由文学院副院长王宏林等主持。

韩嵩文

12月17日，文学院在二楼会议室举行优秀教研室评选活动。古代文学教研室、语言教研室被评为文学院2017年度优秀教研室。

12月18日上午，澳门大学中国语言文学系主任、教育部长江学者徐杰教授应邀来校，在文学馆二楼作题为"句子成分漂移的性质和条件"的学术报告，报告由副院长白春超教授主持。下午，徐杰教授在文学院会议室与我院青年教师及语言学专业的学术型研究生举行题为"学术研究中的创新能力与工匠精神"座谈会，与师生交流自己数十年的学术研究经验和研究心得。

12月21日，2016年度、2017年度"1990文学奖"颁奖仪式在文学院二楼大教室举行。2015级戏剧影视文学专业本科生葛佩瑶获得2016年

徐杰

度1990文学奖提名奖，2016级戏剧影视文学专业硕士研究生邱雪惠荣获2017年度1990文学奖，2016级戏剧影视文学专业本科生郭逸飞获得2017年度1990文学奖提名奖。

获奖人员合影

12月22日，文学院2015级研究生侯春林、高云霄、张慧真、李娜、崔金巧，2016级研究生宋登安分别获得河南大学第十八届侯镜如奖学金。

12月23—24日，文学院召开由全体教职工参加的2017年度教学工作会议。校教务处处长李捷、医学院副院长王强和校教学督导组成员魏清源应邀参加会议。30 名教学质量奖获得者、10 名最受学生喜爱的老师和 2 个优秀教研室受到表彰。

12 月 25 日，文学院学生王焱、刘雨洁等 2 人获河南大学 2016—2017 学年道兴奖学金，袁丛政、周欣宁、李明轩、郝聪慧、姚湘依、朱金成、吴浩然等 7 人获河南大学 2016—2017 学年蓝天奖学金。

12 月 27 日，第五届河南大学学术委员会成立。关爱和入选校学术委员会顾问，武新军入选学术委员会委员、人文科学学部副主任。

12 月 28 日，上海师范大学古籍研究所教授、博士生导师赵维国应邀来校，在文学院二楼会议室作题为"中国古代小说东传与东亚汉文小说的发展——以韩国汉文小说为中心"的讲座。讲座由副院长王宏林教授主持。

12 月 28 日，教育部学位与研究生教育发展中心公布全国第四轮学科评估结果。评估结果按照"精准计算、分档呈现"的原则，根据"学科整体水平得分"的位次百分位，将前 70% 的学科分为 9 档公布。河南大学中国语言文学学科评估结果为 B +。在第四轮学科评估中，河南大学中国语言文学、地理学、教育学三个学科入选 B +。

网页截图

B+	10285 苏州大学
	10345 浙江师范大学
	10394 福建师范大学
	10445 山东师范大学
	10475 河南大学
	10511 华中师范大学
	10559 暨南大学

12月，全国第六十二批博士后科学基金面上资助获得者名单公布，梁帅、刘万华（中国语言文学博士后科研流动站）各获得二等5万元资助。

12月，李伟昉入选中宣部文化名家暨"四个一批"人才。

2018 年

1月5日，中国社会科学院王兆胜研究员应邀来校，在文学馆二楼报告厅作题为"文学研究的主体性与创新性"的讲座。讲座由副院长白春超教授主持。

1月5日，两院合作导师、中国社会科学院外国文学研究所党委书记兼副所长、研究员、博士生导师党圣元应邀来校，在文学馆二楼报告厅作题为"选本与古代文论教学"的讲座。讲座由张清民教授主持。

1月9日，李伟昉入选"河南省杰出专业技术人才"。

1月11日，文学院学术委员会换届工作圆满完成。王利锁、白春超、刘进才、李伟昉、李金松、张清民、武新军当选新一届学术委员会委员，李伟昉为学术委员会主任，武新军为学术委员会副主任。

1月19日，学院第五届四次教职工暨工会会员代表大会在学院二楼教室召开。学院党委书记葛本成致辞，院长李伟昉作题为《推进科学管理，建设"一流学科"》的工作报告，院党委副书记、工会主席杨彩云作工会工作报告。会议表决通过《学院工作报告》《工会工作报告》《文学院本科生导师制实施办法》。

1月，刘军的"多元叙事与中原写作"获河南省第六届文学艺术优秀成果奖优秀作品奖。

2月8日，河南省教育厅公布2017年度河南省高等学校青年骨干教师培养计划人选名单，我校15名教师入选，文学院张霁月名列其中。

2月，李伟昉入选第三批国家"万人计划"哲学社会科学领军人才。

3月21日，学院2018届本科毕业生讲课大赛举行。徐一凡、谢盈欣、孟颖、石玉春、张莹获得一等奖，李文辉、张江彦、杨蕊、陈思锡、王立达、马忠民、刘聪儿获得二等奖。

3月26日，安徽师范大学胡传志教授应邀来校，在文学馆二楼报告厅作题为"金代文学批评形式的演进"的讲座。讲座由院长李伟昉教授主持。

3月27日，中国人民大学人文社会科学学术成果评价研究中心暨中国人民大学书报资料中心发布2017年度《复印报刊资料转载指数排名研究报告》，《汉语言文学研究》在2017年度"中国语言文学学科期刊排名"中全文转载率（7.14%）排名第27名，综合指数（0.410741）排名第28名。

3月，梁帅获河南省2017年度下半年博士后科研项目二等资助（8万元）。

4月2日，华中师范大学文学院教授、博士生导师、教育部长江学者特聘教授王泽龙应邀来校，在文学院二楼会议室作题为"人文社会科学学术创新的几个问题"的讲座。讲座由副院长白春超教授主持。

4月3日，河南大学召开2018年精神文明创建工作会议，对获奖集体和个人进行表彰。文学院被评为2017年度文明单位，学院2016级四班被评为2017年度文明班级，焦喜峰、周青被评为文明教工，邵光展、魏铭辰、李文斌被评为文明学生。

4月4日，东吴大学中文系教授、博士生导师鹿忆鹿应邀来校，在文学院二楼会议室作题为"火种与粟种——台湾原住民神话的比较研究"的讲座，讲座由吴效群教授主持。

4月8日，河南大学本科生招生工作会议在金明校区行政楼二楼报告厅举行。文学院荣获2017年度招生工作先进集体称号。

4月7日，原外国文学教研室教授严铮因病去世，享年88岁。

4月8日，在河南大学中华经典美文诵读大赛中，文学院梁宇璇、宋辰、毛文康获得二等奖。

4月9日，文学院召开中国语言文学一级学科博士学位授权点、民俗学二级学科硕士学位授权点自我评估专家评议会，评估结果合格。国务院学科评议组成员、国家社科基金评委、教育部长江学者特聘教授、四川大学文科杰出教授、博士生导师曹顺庆，国务院学科评议组成员、国家社科基金评委、教育部长江学者特聘教授、复旦大学教授、博士生导师陈引驰，国务院学科评议组成员、国家社科基金评委、教育部长江学者特聘教授、北京师范大学教授、博士生导师杜桂萍，国务院学科评议组成员、国家社科基金评委、教育部长江学者特聘教授、陕西师范大学教授、博士生导师张新科，国家社科基金评委、教育部跨世纪人才、东北师范大学教授、博士生导师刘建军受邀参加评估会议，曹顺庆教授任评估组组长。校党委副书记张宝明，河南大学原党委书记、学科带头人关爱和教授出席会议。会议由研究生院常务副院长、校学位办主任苗琛主持。

评估专家合影
前排自右至左：张宝明、张新科、刘建军、关爱和、曹顺庆、陈引驰、杜桂萍、李伟昉

4月9日，四川大学文学与新闻学院教授、北京师范大学文学院教授、博士生导师、教育部长江学者特聘教授曹顺庆应邀在文学院二楼会议室作题为"变异性——比较文学研究的新阶段"的讲座。讲座由院长

李伟昉教授主持。

4月9日，河南大学2018年体育工作会议在明伦校区第四会议室召开。文学院荣获河南大学2017年度"学生体育工作十佳单位"，郭子豪荣获"体育先进工作者"，刘舒曼、李连辉荣获"体育新闻宣传先进个人"。

4月13日，河南大学2018年春季运动会闭幕，文学院取得男子团体总分第一名、女子团体总分第一名，连续第二十六次获得团体总分第一名。

4月23日，"文学阅青春·书香满校园"暨河南作家进校园系列活动启动仪式在河南大学明伦校区科技馆二楼报告厅举行。河南省委高校工委专职委员高治军，河南省文联主席、省作协主席邵丽，河南省委宣传部文艺处处长杨彦玲，河南省教育厅社科处处长王亚洲，省作协副主席乔叶，开封市委常委、宣传部部长王载飞，校党委副书记张宝明，开封市文联党组书记程崇正，开封市文联副主席甘桂芬，开封市作协主席樊城等出席活动。活动由河南省作家协会主办，河南大学图书馆、河南大学文学院、开封市文学艺术界联合会、开封市作家协会联合承办，文学院院长李伟昉教授主持。

"文学阅青春·书香满校园"暨河南作家进校园活动启动仪式

4月23日，文学院第九届"秘书文化"节开幕式在文学院二楼大教室举行。

4月23日晚，2017年度"中国好书"颁奖盛典在央视一套播出，揭晓了"主题出版类""科普生活类""文学艺术类""人文社科类""少儿类"及"年度荣誉"上榜好书共计29本。我校校友、著名作家孟宪明的《花儿与歌声》入选"中国好书"榜单。

孟宪明（左）出席2017年度"中国好书"颁奖盛典

4月25日，我院女排获2018年教职工排球比赛亚军。

4月26日，南开大学文学院教授、博士生导师孙克强教授应我院之邀，在文学馆二楼报告厅作题为"唐宋词本色特征论"的讲座，讲座由副院长王宏林教授主持。

4月，文学院工会荣获河南大学2016—2017年度工会工作先进单位，以及2016—2017年度工会新闻宣传工作优秀奖，女工委员周青被评为优秀工会女工干部并荣获工会新闻宣传工作先进个人，邱业祥荣获五好家庭荣誉称号，丁喜霞、刘进才、戴宁淑、陈丽丽、李敏、尤海佩被评为优秀工会会员。

5月3日，河南大学纪念五四运动99周年暨2018年五四表彰大会在金明校区行政楼二楼报告厅举行。文学院团委荣获2017年度河南大学五四红旗团委。邱业祥副教授荣获2017年度河南大学青年五四奖章。院团委书记周青荣获2017年度河南大学青年岗位标兵。文学院黄远稳、周俊兰等35人被评为2017年度河南大学优秀共青团员；袁丛政、魏雯等15人荣获2017年度河南大学优秀共青团干部；文学院2017级1班、4班等7个团支部荣获2017年度河南大学五四红旗团支部。在河南大学2018年"风展团旗"最佳团日活动竞赛中，文学院2017级8班团支部被评为优胜团支部。在2018年"创青春"创业大赛中，文学院朱若愚、文章等人的作品"迅影快剪"荣获创业实践挑战赛二等奖，指导老师周青被评为优秀指导老师。

5月5日，首都师范大学二级教授、博士生导师、校学术委员会副主任、教育部长江学者特聘教授左东岭应我院之邀，在文学馆二楼报告厅作题为"易代之际诗学研究的文献问题"的讲座。讲座由副院长王宏林教授主持。

5月10日，文学院第四届研究生讲课大赛举行。于欢、陈怡旋获得一等奖，李银萍等3位同学获得二等奖，罗璐璐等3位同学获得三等奖。

第四届研究生讲课大赛获奖人员合影

5月12—13日，文学院在中州国际金明酒店举办以"汉语言文学研究创新"为主题的河南大学博士后学术论坛暨中国语言文学高端研讨会。李伟昉教授、王宏林教授、中山大学张均教授、陕西师范大学袁盛勇教授、复旦大学杨俊蕾教授、福建师范大学葛桂录教授、中国人民大学韩陈其教授、山东大学孙微教授分别作报告。

河南大学博士后学术论坛暨中国语言文学高端研讨会

5月14日，李淑敏、尤海佩、杨亮、孙彩霞、郑慧霞、杨站军等6人获河南大学2017—2018学年优秀实习指导教师称号，石莹、王静雅、张莹、许梦瑜、甘友静、周聪、吴浩然、赵远、姚湘依、王子豪、谢庆阳、于佳佳、师昕妤、邱梦婷、张栋威、乐妍、陈亚玲、张晢栋、郁万强、秦潇、马雨田、郭金萍、张媛媛、潘鲁煜、朱金成、崔悦、楚雨婷、杨牧原等28人获优秀实习生称号。

5月14日，学校公布具备专业技术职务任职资格人员名单。王焕然获批教授任职资格，陈会亮、董秀英、赵思奇获批副教授任职资格。

5月17日，开封市文联主席甘桂芬应邀来院，作题为"地域文化与文学创作"的讲座。

5月19日，文学院在二楼会议室举行中国民间文学二级博士点自主设置专家论证会，北京大学陈连山教授、复旦大学郑土有教授、北京师范大学杨利慧教授、中国社会科学院安德明研究员、中央民族大学林继富教授、山东大学刘宗迪教授和山西大学段友文教授等受邀参加论证会。评议专家通过论证，同意河南大学文学院设置"中国民间文学"二级学科博士点。论证会由文学院副院长白春超教授主持，研究生院学位办主任刘百陆、文学院院长李伟昉教授以及中国民间文学学科的吴效群教授、王利锁教授、李秋香副教授、梅东伟副教授等参加会议。

5月24日，由校党委学生工作部主办、文学院承办的第九届"承根寻梦，印记中华"超级状元国学知识大赛决赛在明伦校区科技馆一楼报告厅举行。文学院王庆涛摘得本届大赛"状元"称号，文学院雷相儒和新闻与传播学院宋梦雪分获"榜眼"和"探花"。

5月25日，在河南大学第十四届英语演讲比赛中，我院丁斯佳、张雨婷获得演讲比赛非专业组特等奖，赵航、周欣宁获得演讲比赛非专业组一等奖，丁斯佳荣获演讲比赛非专业组单项奖"最佳风采奖"。李卓怡、吕启盼荣获写作大赛特等奖。张叶团队、赵航团队分获英语微课大赛特等奖、一等奖。我院荣获英语文化节"优秀组织奖"。

5月27日，中国社会科学院语言研究所研究员、《方言》杂志主编麦耘应我院之邀，在文学馆二楼报告厅作题为"从止摄开口知照精组看官话各方言的关系"的讲座。讲座由张生汉教授主持。

5月27日，文学院第十届"明星杯"教职工子女作文大赛颁奖仪式在院一楼大教室举行。文学院相关领导，王中安、魏清源、许兆真等评委老师出席颁奖仪式。活动由文学院党委副书记、工会主席杨彩云主持。程璞、王云鹤等8名选手获得特等奖，刘子畅、刘亦乐等8名选手获得一等奖。

5月31日，学院第二十五届本科生讲课大赛在院一楼大教室举行。唐鑫荣获本届讲课大赛一等奖，李佳艺、翁梅洁、张凯潞获得二等奖，李明轩、冯朝阳、文婧如、张清获得三等奖。

5月31日，中国社会科学院研究员、中国社会科学院外国文学研究所党委书记兼副所长、中国社会科学院研究生院文学系教授、博士生导师党圣元应我院之邀，在文学馆二楼报告厅作题为"'气'与建安文学"的讲座。讲座由张云鹏教授主持。

5月31日，中国人民大学文学院教授、博士生导师张永清应我院之邀，在文学馆二楼报告厅作题为"青年恩格斯与青年德意志"的讲座。讲座由张云鹏教授主持，杜智芳担任点评嘉宾。

5月，文学院获批教育部"双名工程"中小学名师领航工程（初中语文）培养基地。贵州省安顺市平坝区二中的台桂莲和青海省西宁一中的张晓慧，成为文学院名师培养基地的首批学员。

6月1日，张先飞入选2017年度教育部"长江学者奖励计划"青年学者项目。

6月1日，河南师范大学教授周相录应我院之邀，在文学馆二楼报告厅作题为"中国古代文人的仕宦隐逸"的讲座，讲座由杨国安教授主持。

6月2日，上海戏剧学院教授、博士生导师、《戏剧艺术》副主编李伟应我院之邀，在文学馆二楼报告厅作题为"20世纪中国戏剧的民族化与现代化"的讲座。讲座由副院长王宏林教授主持，张大新教授、穆海亮副教授担任点评嘉宾。

6月2日，河南师范大学文学院教授赵黎波应我院之邀，在文学院中国现当代文学教研室作题为"文学史研究视野中的'重返八十年代'"的讲座。讲座由武新军教授主持。

6月3日，中国传媒大学传播研究院教授、编辑出版研究中心常务副主任、《现代出版》杂志副主编李频应邀来校，在文学院二楼会议室作题为"中国期刊史的认知与书写"的讲座。讲座由副院长白春超教授主持。

6月3—8日，李伟昉教授在北京京西宾馆参加中共中央宣传部"宣传思想文化领域高层次人才学习贯彻习近平新时代中国特色社会主义思想和党的十九大精神专题研修班"。

6月4—6日，学校开展本科教学工作诊断评估。5日下午，评估专家组组长、华中师范大学原副校长李向农到文学院与领导班子成员、教师代表进行座谈。

6月6日，刘永华入选2018年度河南省教育厅学术技术带头人。

6月6日，同济大学中文系教授马原应邀来校，在文学院二楼大教室作关于"文学与当代生活"的讲座。讲座由副院长白春超教授主持。

6月6日，文学院2018届本科生毕业典礼暨学位授予仪式在明伦校区科技馆二楼报告厅举行。学院全体领导、学位委员会成员、教师代表及全体毕业生参加典礼。副院长王宏林宣读《河南大学文学院2018届本科毕业生学士学位授予决定》，授予乐妍等333名毕业生学士学位。院长李伟昉为文学院获得学士学位的毕业生援正流苏，颁发学位证书，并合影留念。院党委书记葛本成、教师代表张先飞教授、毕业生代表乐妍、在校生代表2015级刘雨洁分别发言。典礼仪式由院党委副书记杨彩云主持。

6月7日，南开大学教授、博士生导师、教育部长江学者特聘教授查洪德应邀来校，在文学馆二楼报告厅作题为"元代散曲的野逸之趣"的讲座，讲座由副院长白春超教授主持。

6月19日，经校学位评定委员会2018年5月31日会议审议，校长办公会议2018年第8次会议研究，决定自2019级博士研究生起，将河南大学博士研究生基本学制由3年调整为4年。

6月21日，张丽珍在河南大学"学习身边黄大年"教职工演讲比赛中荣获二等奖。

6月22日，苏州大学文学院教授、博士生导师王建军应邀来校，在文学馆二楼报告厅作题为"汉语重叠现象的历时考察及发展探因"的讲座，讲座由副院长白春超教授主持。

6月25日，根据学校机构设置方案（校党发2018〔48〕号），成立《圣经文学研究》编辑部，挂靠文学院。

6月26日，中国现当代文学专业王杰的《文学叙事与电影叙事的缝合与裂隙——以〈青春之歌〉电影改编、小说修改为考察中心》（《文学评论》2018年第11期）获河南大学2017—2018学年研究生优秀学术论文一等奖，中国古代文学专业李铁青的《叶燮诗学的两个理论支点》（《中州学刊》2017年第10期）、比较文学与世界文学专业侯春林的《神圣与世俗之间——"卡理斯玛"一词的演变》（《基督宗教研究》2017年第12期）获二等奖。

6月28日，丁斯佳的《创伤下的罪与无法完成的救赎——论莫言〈蛙〉中主要女性形象》（指导教师：李敏）、金洪源的《汉初黄老思想与文学现象》（指导教师：王利锁）、马凯的《经典叙事学视域下〈包法利夫人〉的客观性解读》（指导教师：杜智芳）、沈婷的《脱衣求真——试论戈尔丁〈蝇王〉中女性形象的缺席》（指导教师：李安光）、邓梦茹的《"尬X"构成分析》（指导教师：许卫东）获河南大学2018届本科生优秀毕业论文。

6月，全国哲学社会科学规划办公室公布了2018年国家社科基金年度项目立项名单。梁工、刘军政、杨波各获批一项。其中，梁工的"《新编剑桥圣经史》翻译和研究"获批重点项目。

7月11日，李伟昉任《河南大学学报》编辑部主任、主编。

7月12日，上海理工大学尚理之心暑期实践团队在学生工作部心理健康教育中心陈峰带领下来我院就大学生心理健康教育工作进行考察交流。院党委副书记杨彩云，王利锁、陈丽丽及文学院心理工作站工作人员参加座谈会。

7月27日，杨彩云任河南大学迈阿密学院党总支书记。王宏林任文学院常务副院长。

7月27—30日，"第八届文学伦理学批评国际学术研讨会"在日本北九州国际会议中心召开。此次会议由国际文学伦理学批评研究会、浙江大学世界文学跨学科研究中心、华中师范大学国际文学伦理学批评研究中心、华中师范大学《外国文学研究》编辑部和日本北九州大学联合主办。来自中国、日本、美国、俄罗斯、德国、法国、加拿大、西班牙、丹麦、巴西、韩国、菲律宾、印度尼西亚等十多个国家的二百六十余位学者齐聚一堂，共同探讨文学伦理学批评理论的核心命题及其批评实践。李伟昉教授受邀参加会议，并在研讨会上作了题为"文学伦理学批评视野中的《高老头》"的报告。

7月，李伟昉主持主讲的"莎士比亚在近现代中国"获省级精品在线开放课程。

8月2日，穆海亮副教授的论文《论戏曲批评的"非戏曲化"倾向》荣获第五届黄河戏剧奖·理论评论奖一等奖。

8月4日，高冬东任文学院党委副书记，武新军任文学院副院长。

8月18—19日，文学院2004级毕业十周年纪念活动举行。文学院党委书记葛本成、常务副院长王宏林、党委副书记高冬东、副院长武新军、2004级辅导员焦喜峰，魏清源、田锐生、张进德、耿纪平等教师代表参加座谈会。文学院2004级学子孙虎、侯欣立代表全年级学子向文学院赠送纪念品。书法纪念品的内容是："巍巍河大，泱泱学堂。其花灼灼，其叶蓁蓁。满园桃李，满树芬芳。红烛闪耀，师恩绵长！"

文学院2004级毕业十周年座谈会合影

8月31日，焦喜峰任文学院副院长。张先飞任《河南大学学报》编辑部副主编。

9月1日，文学院2018级新生家长见面会在院二楼大教室举行。

9月2日，学校对在教学质量竞赛活动中取得优异成绩的先进个人进行表彰。张霁月获河南大学教学质量奖特等奖，杜智芳、蔡玉芝、田锐生、李敏、张新艳、郑慧霞、穆海亮、侯佳获一等奖，丁喜霞、马予静、邓晓红、付国锋、庄鹏涛、刘军政、许卫东、孙芳、杨亮、邱业祥、张伟丽、陈会亮、陈丽丽、侯运华、董群智、戴宁淑、薛蕾、姚云获二等奖。王利锁、张进德、张亚军三人累计三届获得特等奖，按学校规定继续享受特等奖待遇。

9月11日，我校"国培计划·中小学名师领航工程"开班典礼在文学院二楼会议室举行。校党委常委、副校长刘志军出席典礼并讲话，远程与继续教育学院、文学院领导及师生代表、"名师领航工程"学员张晓慧、台桂莲参加开班典礼，开班典礼由文学院党委书记葛本成主持。

名师领航工程开班典礼

9月12日，"国培计划（2018）"新疆建设兵团短期集中培训项目——河南大学初中语文班在文学院二楼举行开班典礼。

9月15日，文学院2018级新生开学典礼在学院小广场举行。常务副院长王宏林代表学院全体师生对来自全国各地的新生表示热烈欢迎。教师代表、外国文学教研室主任孙彩霞，学生代表、2016级中国现当代文学专业硕士研究生刘蕙心，新生代表、2018级中国语言文学专业本科生金佳圆分别发言。典礼由院党委副书记高冬东主持。

9月17日，山西大学文学院教授、博士生导师乔全生应我院之邀，在文学馆二楼报告厅作题为"再论晋语语音研究在汉语音韵学中的重要价值"的讲座。讲座由段亚广副教授主持。

9月17日，南开大学中文系教授马庆株应我院之邀，在文学馆二楼报告厅作题为"一带一路背景下汉语国际传播的当务之急"的讲座，讲座由段亚广副教授主持。

9月19日，河南大学2018年新疆籍预科生开班典礼在文学院二楼会议室举行。河南大学教务处处长李捷、学生处处长王友成、学生处副处长王林、文学院副院长武新军、新疆内派教师陈昌铭等领导老师莅临现场，新疆籍预科班全体新生参加开班典礼。典礼由李捷处长主持。15名新疆籍预科生由文学院集中培养。

9月21—23日，由中国外国文学学会莎士比亚研究分会主办、河南大学文学院承办的中国外国文学学会莎士比亚研究分会2018年年会暨学术研讨会在我校举行。会议的主题为"新时代的莎士比亚研究",来自北京大学、清华大学、浙江大学、上海外国语大学、中国人民大学、南京大学、武汉大学、西南大学、四川大学、上海大学、四川外国语大学、西北大学、东北师范大学、天津师范大学、中国传媒大学、台湾大叶大学、日本摄南大学等国内外45所高校的百余位专家学者出席会议。校党委副书记张宝明出席开幕式,中国外国文学学会莎士比亚研究分会秘书长、清华大学刘昊教授代学会会长、北京大学辜正坤教授致开幕辞。开幕式由河南大学学报编辑部主任、主编李伟昉教授主持。

9月26日,中小学语文教学研讨会在金明校区中州国际酒店举行。河大附中、杞县高中、中牟县一高、柘城县二高、开封二十五中、田家炳实验中学、开封十四中、开封十七中、长垣县第一初级中学、河大附小等十余所中小学语文学科带头人应邀参加。文学院党委书记葛本成、副院长武新军出席会议。会议由副院长白春超主持。

9月30日,中共河南省委宣传部下发《关于印发2018年度全省"四个一批"人才项目资助入选名单的通知》(豫宣干〔2018〕35号),公布全省宣传思想文化战线第七批"四个一批"人才的评选结果和2018年度全省"四个一批"人才项目入选名单。我校共有5人入选,其中文学院张先飞、刘进才入选理论类人才。

9月,在省教育厅、省教育工会联合举办的"河南省教育系统2018年度教学技能竞赛"中,河南大学文学院杜智芳获高校文科组一等奖,并被授予"河南省教学标兵"称号。

杜智芳获奖证书

10月8日，学校决定对获得2017年河南省和河南大学优秀博士、硕士学位论文的作者和指导教师予以表彰，并给予河南省优秀博士学位论文作者和指导教师分别5000元/篇、河南省优秀硕士学位论文作者和指导教师分别4000元/篇、河南大学优秀博士学位论文作者和指导教师分别2000元/篇、河南大学优秀硕士学位论文作者和指导教师分别1000元/篇的奖励。比较文学与世界文学专业厉盼盼的《诺曼·哥特瓦尔德的马克思主义圣经批评研究》（指导教师：梁工）获河南省优秀博士学位论文，中国语言文学专业刘玉的《芥川龙之介历史小说研究》（指导教师：王鹏）获河南省优秀硕士学位论文。比较文学与世界文学专业赵晓芳的《艾丽丝·门罗小说的伦理思想研究》（指导教师：李伟昉）、厉盼盼的《诺曼·哥特瓦尔德的马克思主义圣经批评研究》（指导教师：梁工）获河南大学优秀博士学位论文。中国语言文学专业刘玉的《芥川龙之介历史小说研究》（指导教师：王鹏）、陈扣珠的《朱自清语文教育观研究》（指导教师：李伟昉），中国古典文献学专业梁建功的《刘因年谱》（指导教师：杨亮）、王桢的《郝经、王恽诗学及创作研究》（指导教师：杨亮）获河南大学优秀硕士学位论文。

10月10日，"省培计划"（2018）省级骨干教师培训项目河南大学初中语文班开班典礼在文学院二楼教室举行。文学院党委书记葛本成、常务副院长王宏林及授课专家代表参加开班典礼，开班典礼由副院长焦喜峰主持。教师代表李敏、学员代表夏雪峰分别发言。

10月11日，原文艺理论教研室副教授何甦因病去世，享年87岁。

10月13日，复旦大学中国语言文学研究所所长、教授、博士生导师黄霖应我院之邀，在文学馆二楼报告厅作题为"谈谈《金瓶梅词话》中的'镶嵌'问题"的讲座，讲座由常务副院长王宏林教授主持。

10月13日，台湾师范大学国文系林保淳教授应邀来我院，在文学馆二楼报告厅作题为"武侠小说与中国传统文化"的讲座。讲座由副院长白春超教授主持。

10月13—14日，第十四届（开封）《金瓶梅》国际学术研讨会在中州国际金明酒店举行。河南大学党委副书记张宝明、文学院党委书记葛本成、文学院常务副院长王宏林等出席开幕式。中国《金瓶梅》研究会会长、复旦大学中国古代文学研究中心黄霖教授，中国《金瓶梅》研究会副会长兼秘书长、江苏师范大学吴敢教授，中国《金瓶梅》研究会顾问、南开大学东方艺术系宁宗一教授，中国《金瓶梅》研究会顾问、吉林大学文学院王汝梅教授，以及来自全国六十多所高校、部分科研机构、出版机构的专家学者以及其他行业的一百多名金学爱好者参加了此次会议。开幕式由中国《金瓶梅》研究会副会长、河南大学文学院张进德教授主持。研讨会由河南大学、中国《金瓶梅》研究会主办，河南大学文学院、《汉语言文学研究》编辑部承办，《明清小说研究》编辑部、中州古籍出版社协办。

第十四届《金瓶梅》国际学术研讨会

10月14—18日，我校接受教育部本科教学工作审核评估。16日下午，评估专家组成员、浙江工业大学原党委副书记肖瑞峰到文学院与领导班子成员、教师代表进行座谈。

10月15日，《人民日报》海外版刊发王立群教授文章"典故的意义"。

2018年10月15日《人民日报》海外版

10月18日，太湖世界文化论坛第五届年会在北京钓鱼台国宾馆开幕。我校李伟昉教授应邀出席太湖世界文化论坛，并以比较文学研究视角为中心作了题为"人类命运共同体的价值理念与全球视野的结构转向"的报告。本届年会由中国文化和旅游部、中国文学艺术界联合会、国务院参事室作为支持单位；由太湖世界文化论坛、中国人民外交学会、故宫博物院、中央文史研究馆、中国社科院大学作为主办单位。国家主席习近平向论坛年会致贺信。

10月20日，河南大学2018年秋季运动会文学院赛区开幕式在明伦校区东操场举行。河南大学体育学院院长张大超、副院长牛云杰，我院党委书记葛本成、常务副院长王宏林、副院长白春超、武新军、焦喜峰，以及各年级辅导员出席开幕式，开幕式由我院党委副书记高冬东主持。

10月23日，2018年中牟县社区矫正骨干综合素养提升培训班在河南大学文学馆二楼报告厅举行开班典礼。中牟县司法局副局长陶宝明，河南大学文学院党委书记葛本成、常务副院长王宏林、副院长焦喜峰、成教办李国平、杨站军等参加开班典礼。

10月25日，文学院"把酒话桑麻"名师漫谈会在明伦校区综合楼509教室举办。郑慧霞、刘永华、杜智芳等三位老师应邀参加活动。

10月25日，北京鲁迅博物馆常务副馆长黄乔生研究员应我院之邀，在文学馆二楼报告厅作题为"周作人信札琐谈"的讲座。讲座由副院长武新军教授主持。

10月26日，暨南大学文学院教授、博士生导师魏中林应我院之邀，在文学院中国现当代文学教研室作题为"中国古典诗学的学问化问题"的讲座。讲座由副院长武新军教授主持。

10月27—28日，"中国近代文学学会第十九届学术年会"在开封举行。中国近代文学学会会长关爱和教授、山东大学郭延礼教授、复旦大学黄霖教授、苏州大学马卫中教授、山东大学孙之梅教授、中国社会科学院王达敏研究员、暨南大学魏中林教授、河南社会科学院袁凯声教授、北京师范大学杜桂萍教授、南开大学孙克强教授等，以及来自全国百余所高校、部分科研机构、出版机构的专家学者参加会议。开幕式由中国近代文学学会副会长马卫中教授主持。

10月27日，复旦大学黄霖教授应我院之邀，在文学馆二楼报告厅作题为"谈谈'五四'前后的几个'旧派'文学家"的讲座。讲座由副院长武新军教授主持。

10月27日，我院在文学馆二楼报告厅举办"近代文学研究四十年回顾与总结"学术沙龙。苏州大学文学院博士生导师马卫中教授、山东大学文学院博士生导师孙之梅教授、中国社科院文学研究所博士生导师王达敏教授以及华南师范大学文学院博士生导师左鹏军教授出席活动。

10月28日，河南大学马克思主义研究会在文学院一楼大教室举办"好好学习，平语近人"风华正茂谈青年活动。校党委宣传部、党委学生工作部、校团委、文学院相关负责人出席活动。文学院王利锁教授和刘永华教授担任特邀嘉宾。

10月28—30日，第四届许慎文化国际研讨会在漯河召开。文学院张生汉教授、张新艳副教授、张新俊副教授、刘云副教授等应邀参加会议。

10月30日，中山大学教授、博士生导师、教育部青年长江学者谢有顺应邀来校，在文学馆二楼报告厅作题为"文学研究的'当代'视角"

的讲座，讲座由副院长武新军教授主持。

10月30日，苏州大学教授、博士生导师、中文系主任汤哲声应邀来校，在文学馆二楼报告厅作题为"中国现当代文学的另一只翅膀：通俗文学"的讲座。讲座由《河南大学学报》主编李伟昉教授主持。

10月，2018年度河南省高层次人才特殊支持"中原千人计划"入选人员名单公布，我校13名专家入选。关爱和入选中原文化名家，李伟昉入选中原教学名师。

10月，李伟昉被教育部聘为2018—2022年教育部高等学校中国语言文学类专业教学指导委员会委员。

李伟昉（右二）出席教育部高等学校中国语言文学类专业教学指导委员会

11月1日，河南大学2018年"河大杯"学生女子排球比赛在明伦校区排球场落幕。文学院女排荣膺河南大学2018年"河大杯"学生女子排球比赛总冠军。

11月1日，河南大学第六届研究生太极拳比赛在金明校区和明伦校区同时举行。文学院参赛队荣获一等奖。

11月1日，文学院党委换届选举大会在文学院一楼、二楼大教室举行。葛本成、高冬东、白春超、武新军、焦喜峰、周青、郭子豪等7人当选为新一届党委委员。

11月3日，香港中文大学教授、博士生导师黄根春应邀来校，在文学院比较文学与世界文学教研室作题为"古希腊经典原文解释的困境与突围"的讲座，讲座由程小娟副教授主持。

11月3日，2018年度国家社科基金重点项目"《新编剑桥圣经史》翻译与研究"启动仪式在中州国际金明酒店第四会议室举行。香港中文大学著名专家黄根春教授、商务印书馆上海分馆总经理贺圣遂、商务印书馆上海分馆编辑李彦岑、我校圣经文学研究所所长梁工教授、圣经文学研究所程小娟副教授及其他执笔译者参加启动仪式。启动仪式由译著副主编、河南师范大学外国语学院侯林梅副教授主持。

出席"《新编剑桥圣经史》翻译与研究"启动仪式专家合影

黄根春（前排左三）、贺圣遂（前排左四）、梁工（前排右二）

11月4日，文学院语文教学暨教育硕士学位点建设论坛在开封市举行。文学院党委书记葛本成、常务副院长王宏林及相关学业导师出席会议，河南省基础教研室研究员张琳、开封市基础教研室主任张海英、郑州一中党委书记吴建财、开封二十五中校长宋立虎、河南大学附属中学副校长陈怀鹤、开封市高级中学副校长宋全会、荣海洋及来自新乡、济源、长垣等相关实习基地领导、职业导师与会。教育部名师领航基地学员台桂莲、张晓慧应邀参加会议。会议由文学院副院长白春超主持。

语文教学暨教育硕士学位点建设论坛

11月7日，河南大学第十五届校学位评定委员会2018年第一次会议在金明校区图书馆三楼会议室召开。第十五届学位评定委员会由校学位评定委员会和学位评定分委员会两级构成，按培养单位和专业学位类别设置28个学位评定分委员会和19个专业学位评定分委员会。校长宋纯鹏向第十五届学位评定委员会委员颁发了聘书。

11月8日，开封二十五中正高级教师宋立虎校长应邀来我院讲学。

11月10日，著名作家卢新华应邀来校，在文学馆二楼报告厅作题为"人生要读三本书"的讲座。讲座由副院长武新军教授主持。

卢新华，江苏如皋人，硕士研究生、教授，美籍华裔著名作家，中国作家协会会员，郑州成功财经学院客座教授。1982年毕业于上海复旦大学中文系，曾任职于《文汇报》，后赴美留学。代表作品有《伤痕》《紫禁女》《财富如水》等。其"三本书"哲思被引入2017年浙江高考作文题目。新近出版《三本书主义》等。

11月16日，中国社会科学评价研究院在"第五届全国人文社科高峰论坛暨期刊评价会"上发布《中国人文社会科学期刊AMI综合评价报告（2018年）》。《汉语言文学研究》入选中国社会科学院期刊评价体系中的A刊扩展期刊。

11月16—19日，第十八届中国高等教育学会语文教育专业委员会年会暨第三届全国全日制教育硕士学科教学（语文）专业教学技能大赛决赛在江西师范大学举行。我院学科教学（语文）专业硕士研究生陈怡璇获得优秀教学设计奖。

11月23日，浙江大学人文学院中文系教授黄笑山应邀来校，在文学馆二楼作题为"中古反切构造的几个问题及其启示"的讲座，讲座由张生汉教授主持。

黄笑山

11月23日，文学院张浩宇、包婷婷、程姣姣、李雨卉、陈璐、曹琰、王丽敏、刘蕙心、毕研文等9名学生获河南大学赴国（境）外学术交流学生奖学金资助。

11月24—25日，由文学院主办，语言科学与语言规划研究所承办，人文社科研究院协办的河南大学语言学学科建设与发展高端论坛在开封举行。文学院有关负责人出席开幕式。来自浙江大学、复旦大学、北京语言大学、暨南大学以及其他三十多所高校的六十多位相关领域专家学者参加会议。开幕式由张生汉教授主持。

河南大学语言学学科建设与发展高端论坛代表合影

前排自左至右：王宏林、高顺全、杨永龙、郭熙、李宇明、张生汉、黄笑山、徐杰、葛本成、白春超

11月28日，文学院刘伟利、苗梦颖、梁雅阁、李铁青、杨超、王杰等6名研究生获第十九届侯镜如奖学金。

11月，河南省2018年度博士后科研项目资助获得者名单公布，陈会亮获得二等资助（8万元），鲁冰获得三等资助（5万元）。

12月2日，"国培计划（2018）"——河南省乡村教师访名校短期集中培训项目初中语文班在文学院一楼大教室举行开班典礼。远程与继续教育学院、文学院相关负责人，教师代表杨亮，班主任李国平参加了开班典礼，开班典礼由文学院副院长焦喜峰主持。

12月5日，由文学院戏剧影视文学教研室副教授张霁月主持，文学院常务副院长王宏林教授加盟支持，河南师范大学戏剧影视文学系副教授李钦彤，河南大学文学院戏剧影视文学教研室副教授燕俊、裴萱博士参与的省级在线开放课程《电影概论》在教育部所属的"中国大学

MOOC"（https：//www.icourse163.org/）平台上线。

网页截图

12月6日，文学院在教职工活动中心举办"新时代，心同在"迎新晚会。文学院相关负责人、教师代表出席晚会。迎新晚会由文学院本科生新生、研究生新生、新疆预科生联袂演绎呈现。

12月14日，我校著名校友李蕤之女宋致新研究员从武汉向河南大学校史馆寄来其父李蕤的著作等8册。这批捐赠的图书有：《李蕤文集》（1—4）、《1942：河南大饥荒》、《李蕤评传》等。

捐赠书籍

12月16日，"学而思，政能量"河南大学第二届弘扬社会主义核心价值观短剧大赛决赛暨成果展演在金明校区计算机大楼二楼报告厅举行。文学院参赛作品《柔与刚》获二等奖。

12月17日，中山大学中文系教授、博士生导师庄初升应邀来校，在文学馆二楼作题为"汉语方言的田野调查与语音描写"的讲座，讲座由段亚广副教授主持。

12月26日，中山大学哲学系教授、博士生导师吴重庆应邀来校，在明伦校区综合教学楼509教室题为"乡土社会的小写历史——《孙村的路》及其写作缘起"的讲座。讲座由副院长白春超教授主持。

12月27日，我院在院二楼大教室召开文学院第六届教职工代表大会暨工会会员代表大会第一次会议。会议由副院长白春超主持。选举产生文学院参加河南大学第十八届教职工代表大会暨工会会员代表大会代表和新一届文学院工会委员会委员。张宝明、葛本成、王宏林、高冬东、李国平、段亚广、孙彩霞、杜智芳等8人当选校"双代会"代表，高冬东、李国平、段亚广、孙彩霞、杜智芳、周青、卡哈尔·吾买尔等7人当选院工会委员会委员。高冬东当选院工会主席，李国平当选院工会副主席。

12月，中共河南省委高校工委、河南省教育厅公布了2018年度全省高校思想政治工作优秀品牌名单。文学院"但为君兮——羽帆诗社情诗大赛"项目入选2018年度"河南省高等学校思想政治工作优秀品牌"。

8	河南大学	但为君兮——羽帆诗社情诗大赛
9	河南大学	大学生"软实力"提升工程
10	河南大学	"灯塔寻红"系列实践活动
11	河南大学	礼别——毕业生文明离校教育"十个一"工程
12	河南大学	"微阵地"开展"微思政"活动

12月，河南省社会科学优秀成果评奖委员会发布《关于表彰2017年度河南省社会科学优秀成果的决定》（豫社科奖[2018]2号），李伟昉等著《比较文学实证方法与审美批评关系研究》获一等奖，王宏林、刘

永华分别获得二等奖,武新军获三等奖。

  2018年第1期《文学评论》,2018年第5期《文学评论》,分别刊登了文学院在读博士研究生王杰和谭蜀峰的论文。王杰的研究方向为中国现当代文学,师从武新军教授。2018年第1期《文学评论》刊发了她的论文《文学叙事与电影叙事的缝合与裂隙——以〈青春之歌〉电影改编、小说修改为考察中心》。谭蜀峰师从杨国安教授,致力于唐宋文学研究。她的论文《当代小说语境中古典诗歌的回归与新变——论王安忆〈长恨歌〉与古典诗歌之关系》发表于2018年第5期《文学评论》。

2019 年

1月2日，白金作为中央组织部、团中央组织的博士服务团成员，赴新疆伊犁察布查尔锡伯自治县挂职锻炼，任该县副县长。

1月3日，因专业发展需要，公共语文教研室与教材教法教研室合并为语文教育教研室。

1月5日，中国社会科学院王兆胜研究员应邀来校，在文学馆二楼报告厅作题为"中国现当代文学研究的思维变革与增值"的讲座。讲座由副院长武新军教授主持。

1月5日，中国社会科学院党圣元研究员应邀来校，在文学馆二楼报告厅作题为"论选本的文体批评功能"的讲座。讲座由张云鹏教授主持。

党圣元

1月5日，原开封师专讲师冉德服因病去世，享年87岁。

1月10日，我校在金明校区图书馆二楼会议室召开B+类学科建设工作推进会。校党委副书记张宝明，学科建设处、文学院、教育科学学院、环境与规划学院相关负责人及三个学科高层次人才代表与会。会议由学科建设处副处长王刚主持。

1月18日，文学院2018年教学工作会议在院二楼大教室举行。文学院领导班子和全体教师出席会议，校教务处、校教学督导组有关负责人应邀参加会议。会议讨论了《河南大学文学院拔尖学生实验班培养计划〈草案〉》，对张霁月、张进德、王利锁等30名荣获学校教学质量奖的教师，外国文学教研室、秘书学教研室2个优秀教研室进行了表彰。

3月7日，文学院拔尖学生实验班开班仪式在院二楼会议室举行。仪式由副院长武新军主持。学院开设拔尖学生实验班，旨在培养具有国际视野、创新思维和实践能力的文学人才。

文学院拔尖学生实验班开班仪式

3月14日，孙先科、李伟昉、张先飞入选河南省委宣传部、河南省社科联组织评选的首批"河南省社科名家"。

3月19日，中国社会科学院语言研究所所长、博士生导师、《中国语文》主编刘丹青研究员应邀来校，在文学馆二楼报告厅作题为"汉语研究中的库藏裂变及聚变问题"的讲座，讲座由辛永芬教授主持。下午，刘丹青研究员在文学院二楼会议室与文学院师生举行了学术座谈会。

刘丹青

3月22日，河南大学2019年本科招生工作会议在金明校区行政楼二楼报告厅召开。校长宋纯鹏，校党委常委、副校长刘志军等领导出席会议。文学院获河南大学本科招生宣传工作先进集体，许兆真、周青获招生宣传工作先进个人。

4月1日，安徽大学文学院教授、博士生导师杨军应邀来校，在文学馆二楼报告厅作题为"古汉语学习的思考与方向"的讲座。讲座由段亚广副教授主持。

4月1日，"知行合一、报效祖国"理论研讨会在河南大学美术学院一楼会议室召开，校长宋纯鹏、副书记张宝明、相关部门和文学院负责人、教师代表、马克思主义研究会成员等参加会议。

宋纯鹏

4月4日,文学院2019届本科毕业生讲课大赛在学院二楼大教室举行。学院党委副书记高冬东出席,王利锁、马予静、许兆真、程小娟、张伟丽等五位老师担任评委。翁梅洁荣获一等奖,佘梦柯、王琰荣获二等奖,王珂、赵辰和赵冰涵荣获三等奖。

4月9日,学校公布第十五届学位评定委员会组成人员名单,王宏林入选校学位评定委员会委员。文学院学位评定分委员会由以下人员组成:

主席:王宏林

副主席:白春超、武新军

委员:葛本成、张清民、段亚广、孙彩霞

汉语国际教育硕士专业学位评定分委员会:

主席:王宏林

副主席:白春超、马惠玲

委员:刘永华、董秀英、张雪平、辛永芬、徐恒振(校外专家)、连晓霞(校外专家)

4月18日,湖南师范大学文学院教授、博士生导师彭泽润应邀来院,作题为"湖南神秘女书和中国语言现代化"的讲座。讲座由美学研究室主任伍茂国教授主持。

4月19日，文学院第十届秘书文化节开幕式在学院一楼大教室举行。党委副书记高冬东、副院长武新军、秘书学教研室全体教师出席活动。

4月21日，文学院知言论坛·研究生学术沙龙在文学院一楼教室举行，文学院2017级全体学术型研究生参加。本次学术沙龙以"跨学科研究能力的培养与实践"为主题，是文学院研究生学术活动月系列活动之一。副院长白春超教授、研究生辅导员庄鹏涛出席活动。

4月23日，我校与杭州师范大学联合举办的第二届"宋城之约"教学技能交流赛在河南大学金明校区教育科学学院举行。文学院教育硕士徐照航、宋筱晓分别获得二等奖、三等奖。

4月24日，文学院举办"知言论坛·研究生学术沙龙暨中外文化交流会"。来自韩国、泰国、吉尔吉斯斯坦、柬埔寨、越南、老挝等6个国家的20名留学生和2018级汉语国际教育专业的硕士研究生参加活动。

4月26—28日，文学院教职工党员和研究生、本科生党员及入党积极分子代表一行四十余人，赴栾川、嵩县举行重走文学院烽火办学路党员教育活动。考察期间，师生参观了国立河南大学抗战时期潭头办学纪念馆、看花岭、石门村文学院的办学旧址、嵩县"两程故里"和"两程故里家风教育基地"。

文学院师生在河南大学抗战时期潭头办学纪念馆合影

4月26日，为期三天的学校春季运动会闭幕。文学院分别获得学生男子团体总分第一、女子团体总分第一、团体总分第一，第二十七次荣膺桂冠。

张双双（左三，2016级，院团委副书记）在领奖台上

4月27日，学校公布2018年职称评审通过人员名单。李秋香、李萱、刘军政、裴萱、王银辉获批副教授任职资格（2019年1月29日评审通过），刘焱获批副研究馆员任职资格（2018年12月14日评审通过）。

4月28日，原现当代文学教研室副教授石发亮因病去世，享年86岁。

4月29日，河南大学纪念五四运动100周年暨2019年五四表彰大会在金明校区行政楼二楼报告厅举行。白金荣获2018年河南大学青年五四奖章，裴萱被评为2018年度河南大学青年岗位标兵。文学院2017级6班、9班等8个团支部被评为2018年度河南大学五四红旗团支部；2018级8班被评为河南大学2019年"青春心向党·建功新时代"特别主题团日活动优秀团支部。文学院陈翱翔、张双双等16人被评为河南大学优秀共青团干部；郭怡妮、金子等35人被评为2018年度河南大学优秀共青团员。在第十二届"挑战杯"河南大学大学生课外学术科技作品竞赛中，我院王雪、周欣宁等人的作品《转型中的阵痛："过渡期"拆迁群体心理嬗变及行为应对的调查研究——以新郑新农村改造为例》荣获哲学科学类社会调查报告三等奖。

5月4—8日，为做好中组部第19批博士服务团服务工作，文学院党委书记葛本成、常务副院长王宏林赴新疆维吾尔自治区伊犁哈萨克自治州察布查尔锡伯自治县，就文学院与察布查尔锡伯自治县教育合作进行洽谈，双方签订合作协议并举行河南大学文学院教育教学科研实践基地及实习基地挂牌仪式。河南大学党委副书记雷霆与察布查尔锡伯自治县县委常委、宣传部长关晓军共同为"河南大学文学院教育教学科研实践基地"揭牌。双方确定将该县孙扎齐镇中心校设为文学院定点帮扶学校与实习基地，雷霆与察布查尔锡伯自治县副县长安玉荣共同为"河南大学文学院实习基地"揭牌。

雷霆（左二）、安玉荣（左一）为实习基地揭牌

5月10—12日，文学院"明德计划"实验班全体同学在院党委副书记高冬东教授、副院长武新军教授、班主任杨亮副教授的带领下，赴上海复旦大学、华东师范大学、上海大学开展为期三天的访学交流活动。

明德计划实验班合影

5月11日，河南教育时报社总编辑、河南教育新闻中心副主任刘肖应邀来院，在学院一楼大教室作题为"将文学作为一生的底色"的讲座。讲座由副院长白春超主持。讲座开始前，白春超副院长代表学校向刘肖颁发兼职教授聘书。

5月17日，武新军的"'文学院拔尖学生实验班'建设与本科教学质量提升研究"获批2018年度本科教学改革研究与实践重点项目，丁喜霞的"新课改环境下古代汉语教材建设研究与实践"、杨亮的"汉语言文学专业师范生教学实践能力提升策略"、赵思奇的"文学欣赏类课程多媒体资源应用研究"、姚云的"以专业发展为导向的《对外汉语教学概论》课程改革研究"、李敏的"当代文学史教学中实施'大班授课，小班研讨'方法的研究与实践"获批一般项目。

5月22日，1973级中文系校友代表余颂东等8人在明伦校区校史馆接待室向文学院捐赠由河南大学出版社出版的《塔畔雅韵》《闪光的岁月》等14种图书。原校长王文金、文学院副院长焦喜峰出席捐赠仪式。

5月22—23日，河南大学第十五届英语演讲比赛总决赛在金明校区计算机大楼二楼报告厅举行。我院张雨婷和周湘怡荣获本届英语演讲比赛非专业组一等奖。

5月23日，暨南大学文学院教授、博士生导师闫华应我院邀请，在文学馆二楼报告厅作题为"秘书学要义与时空艺术"的讲座。讲座由美学研究室主任伍茂国教授主持。

5月24—27日，由全国高校文科学报研究会主办，我校《河南大学学报》编辑部、文学院、《汉语言文学研究》编辑部承办的"数字人文时代的文学研究"学术研讨会暨第五届学术期刊文学编辑论坛在开封市举行。开幕式由《河南大学学报》主编、《汉语言文学研究》主编李伟昉教授主持。来自《文艺研究》等五十多家学术刊物和《新华文摘》《高等学校文科学术文摘》、中国人民大学书报资料中心等文摘单位的百余位专家出席会议。校党委常委、副校长刘先省出席开幕式并致欢迎辞。会议主论坛围绕"数字人文时代的文学研究"展开深入讨论，分论坛为"《汉语言文学研究》创刊十周年纪念座谈"。

"数字人文时代的文学研究"学术研讨会暨第五届学术
期刊文学编辑论坛与会专家合影

5月24日，河南省委书记、省人大常委会主任王国生莅临我校，看望河南大学师生，考察我校"双一流"建设情况，就学校思政课开展情况及全省教育大会精神贯彻落实情况进行调研指导。省委常委、秘书长穆为民，开封市委书记侯红等陪同调研。当天下午，王国生一行在金明校区召开座谈会，深入了解我校整体建设发展情况、"双一流"建设推进情况以及思想政治教育工作开展情况。省教育厅厅长、党组书记郑邦山，省教育厅副厅长刁玉华、河南大学领导班子成员、师生代表与会。座谈会由侯红主持。教师代表、文学院党委副书记高冬东，学生代表文学院陈翱翔、王钧鹤、邵光展、刘易书、魏永康等在座谈会上先后发言。他们汇报了我校学生社团马克思主义研究会以习近平总书记重要讲话精神为指导取得的可喜成绩，分享了青年学子的心路历程，以及对母校"双一流"建设事业，对中原更加出彩、中华民族伟大复兴中国梦的期许等。

5月24日，中国艺术研究院李松睿副研究员应邀来院，在文学院二楼会议室作题为"脱域、形式与地方性——以赵树理为中心"的讲座。讲座由副院长武新军教授主持。

5月25日，华东师范大学中文系教授、博士生导师黄平应我院之邀，在文学院二楼会议室作题为"中国当代文学研究：未来的学术热点问题展望"的讲座。讲座由副院长武新军教授主持。

5月30日，华中师范大学教授、博士生导师、语言研究所所长、《汉语学报》副主编汪国胜应邀来校，在文学馆二楼报告厅作题为"语法与邻里之间"的讲座。讲座由国际汉学院辛永芬教授主持。

5月30日，文学院李伟昉教授领衔开设的《莎士比亚在近现代中国》课程在中国大学MOOC（www.icourse163.org）上线。孙彩霞、王鹏、陈会亮等作为团队成员参与该课程。

李伟昉《莎士比亚在近现代中国》课程视频截图

5月30日，文学院第五届研究生讲课技能大赛决赛在文学院二楼教室举行。文学院党委副书记高冬东，许兆真、王利锁、郑慧霞、王银辉、台桂莲等老师担任决赛评委。徐照航、郭晗获得一等奖，张蓓蕾、马艺铭、苗顺芳获得二等奖，席华瑛、周瑜琳、罗玉香获得三等奖。

5月31日，北京师范大学文学院语文教育研究所教授、博士生导师张秋玲应我院之邀，在文学馆二楼报告厅作题为"学位论文撰写的几个问题"的讲座。讲座由杨亮副教授主持。

5月31日，四川师范大学教育科学学院教授、博士生导师靳彤应邀来校，在文学院二楼大教室作题为"整本书阅读：从课程设计到教学设计"的讲座。讲座由副院长白春超教授主持。

6月1日，文学院第十一届"明星杯"教职工子女作文大赛颁奖仪式在学院一楼大教室举行。文学院党委书记、关工委主任葛本成，常务副院长王宏林等相关负责人出席。活动由文学院党委副书记、工会主席高冬东主持。杨奕暄等获初小组特等奖，蒋洲旸等获初小组一等奖，高英城等获高小组特等奖，刘煦堃等获初中组特等奖，刘豫文等获高中组特等奖。

6月6日，文学院2019届本科生毕业典礼暨学位授予仪式在明伦校区音乐厅举行。学院全体领导、学位评定分委员会成员、中层干部、教师代表、家长代表、观礼嘉宾、全体毕业生参加毕业典礼暨学位授予仪式。毕业典礼由文学院党委副书记高冬东主持。副院长武新军宣读了《河南大学文学院2019届本科生学士学位授予决定》，授予罗志南等324名同学学士学位。常务副院长王宏林为文学院获得学士学位的同学援正流苏，授予学位证书，并合影留念。教师代表张亚军、毕业生代表刘雨洁、在校生代表2017级吕钰琪分别发言。

6月6日，文学院2018—2019学年学生表彰大会在文学院广场举行，大会由党委副书记高冬东主持。党委书记葛本成、常务副院长王宏林、副院长白春超、武新军出席。会议表彰了2018年"河南大学中文系1990文学奖"获奖者，研究生第三届学术论文比赛获奖者、研究生学术沙龙先进个人和先进集体获奖者、研究生第五届讲课技能大赛获奖者、"微视频·我讲文学课"获奖者、"微视频·我讲河大故事"获奖者、"致家长的一封信"获奖者、文学院"学习习近平中国特色社会主义思想知识竞赛"获奖者、文学院羽帆诗社第六届"但为君兮"情诗大赛获奖者。"河南大学中文系1990文学奖"获得者王瑜聪获奖金一万元,"河南大学中文系1990文学奖"提名奖获得者姜汉西、孙菲菲分别获奖金两千元。2018级本科生王瑜聪、2018级研究生徐照航分别代表受表彰者发言。

6月6日,南开大学文学院教授、博士生导师孙克强应邀来校,在学院二楼大教室作题为"民国词坛新旧两派分野析论"的讲座。讲座由常务副院长王宏林教授主持。

6月6日,安徽大学文学院教授、博士生导师杨军应邀来校,在文学馆二楼报告厅作题为"从中古语音演变论慧琳'熊'字的注音"的讲座。讲座由丁喜霞教授主持。

6月6日,"新时代·新梦想"第二届河南省大学生创新创业优秀项目现场选拔赛在河南省大学生就业创业综合服务基地开幕。我院戏剧影视文学专业李桂淼的项目《"文韬影略"视频文案精准定制服务提供商》获得省级三等奖。

6月7日,河南师范大学教授周相录应邀来院,在古代文学教研室作"一场学术公案与一个诗学命题——崔颢《黄鹤楼》与相关诗歌综述"的讲座。讲座由杨国安教授主持。

6月8日,陕西师范大学文学院教授、博士生导师、陕西师范大学"曲江学者"特聘教授袁盛勇应邀来校,在文学馆二楼报告厅作题为"'我歌唱延安':快乐而自由的延安文人"的讲座。讲座由副院长武新军教授主持。

6月8日,北京师范大学文学院教授、国际写作中心执行主任张清华应邀来校,在文学院二楼会议室作题为"诗与探戈,以及文学的伦理"的讲座。讲座由孙先科教授主持。

6月9日,中国戏曲学院教授、《戏曲艺术》编审赵建新应邀来校,在文学馆二楼报告厅作题为"国家艺术基金资助戏曲大型剧目成效及问题分析"的讲座。讲座由穆海亮副教授主持。

6月13日,文学院第二十六届本科生讲课大赛在学院一楼大教室举行。文学院教师杜智芳、张伟丽、卢美丹担任评委。金佳圆荣获一等奖,苗诗雨、王顺航、王欣、张英姿荣获二等奖，文婧如、马怡妃、李晓凡荣获三等奖。

6月15日，全国政协常委、河南省政协副主席、农工党河南省委主委高体健，在省教育厅党组书记、厅长郑邦山，省招办党委副书记、副主任刘刚等领导陪同下，莅临语文学科评卷现场视察指导高考评卷工作。校长宋纯鹏，校党委常委、副校长孙功奇陪同。

6月16日，由校党委学生工作部主办，文学院承办的"辉煌七十载·奋进新时代"朗诵会决赛暨河南大学"书香·追梦——跟着习总书记学读书"系列活动颁奖典礼在金明校区计算机大楼二楼报告厅举行。校党委宣传部、校长办公室、教务处、校团委、学生工作部等相关职能部门负责同志、各学院党委副书记和师生代表五百余人出席。文学院常务副院长王宏林致辞。

"辉煌七十载·奋进新时代"朗诵会决赛暨河南大学
"书香·追梦——跟着习总书记学读书"系列活动颁奖典礼

6月17日，华东师范大学古籍研究所研究员、博士生导师顾宏义应邀，在文学院二楼大教室作题为"'琐事丛谈'与志怪志异——宋人笔记价值琐谈"的讲座。讲座由副院长白春超教授和杨亮副教授主持。

6月18日，河南省委常委、省委高校工委书记、宣传部长江凌在省教育厅党组书记、厅长郑邦山，省招办主任朱玉山等领导陪同下，莅临语文学科评卷现场视察指导高考评卷工作。

江凌（右一）在指导高考评卷工作

6月19—21日，由北京师范大学继续教育与教师培训学院承办的教育部首期中小学名师领航班2019年度集中学习交流研讨会在北京师范大学举行。我校作为14家培养基地之一，杨亮副教授、"名师领航"学员、青海西宁一中的初中语文正高级名师张晓慧，在会上作典型发言。教育部教师工作司司长任友群出席开班式并作主题演讲，北京师范大学副校长周作宇在开班式上致辞。开班式由教育部教师工作司教师发展处处长王薇主持，来自全国14个名师培养基地的负责人和全体名师学员等一百四十余人参加交流研讨。

6月21日，陕西师范大学文学院教授、博士生导师邢向东应邀，在文学馆二楼报告厅作题为"语言研究中的问题导向"的讲座。讲座由张生汉教授和辛永芬教授共同主持。

6月21日，山东大学一级教授、博士生导师李炽昌应我院邀请，在文学院二楼会议室作题为"究天人之际：圣经与西亚文明之人文关怀"的讲座。讲座由梁工教授主持。

6月25日，学院宣传片上线推出。该宣传片文稿由张召鹏执笔，周光普团队拍摄。①

文学院宣传片片头

6月28日，《光明日报》（第14版）刊发武新军教授题为"《光明日报》青春之歌，回荡在几代中国人的青春记忆里"的文章。

6月29—30日，中国殷商文化学会与山东省政协、山东省大舜文化研究会、烟台市福山区王懿荣纪念馆、威海市甲骨文研究会共同举办了"纪念王懿荣发现甲骨文120周年国际甲骨学研究经验交流会暨大美中国古文字国际展览"。我校王蕴智教授荣获"王懿荣甲骨学奖"。该奖由山东省大舜文化研究会、烟台市福山区王懿荣甲骨学研究会共同设立，每届评出3位在甲骨文字识读和甲骨学研究领域具有突出贡献的专家、学者和科研团队，此次颁奖是王懿荣甲骨学奖自设立以来的首次颁奖。

6月，亓晴获得全国第十二批博士后科学基金资助。

6月，河南省教育厅公布2020年度河南省高校科技创新人才（人文

---

① 文学院宣传片视频网址 http://wxy.henu.edu.cn/info/1033/5264.htm。

社科类）支持计划评审结果，陈会亮获得资助，资助科研经费6万元。

6月，文学院2017级中国古代文学研究生班获共青团河南省委、河南省教育厅授予的"2018年度河南省先进班集体"称号。

7月6日，华南师范大学教授、博士生导师、审美文化与批判理论研究中心主任、教育部青年长江学者段吉方应我院邀请，在文学院二楼会议室作题为"当代批判理论的现代困境与理论问题"的讲座。讲座由常务副院长王宏林教授主持。

7月10日，文学院马克思主义研究会理论宣讲团走进河南省濮阳市南乐县杨村乡，以"学'习'三部曲"——跟着习总书记学读书、跟着习总书记学用典和跟着习总书记学诗词为主题，充分发挥文学院学科特色与优势，宣讲十九大精神和习近平新时代中国特色社会主义思想，助力新时代农村的精神文化建设。

7月13—15日，"不忘初心、牢记使命——河南大学文学院教学工作暨一流专业建设推进会"在济源市愚公移山干部学院举行。文学院全体教师、学生干部代表、"明德计划"实验班全体学生参加会议。首都师范大学文学院副院长孙士聪教授应邀为大家作了一场关于师范类专业认证的讲座。

"不忘初心、牢记使命——河南大学文学院教学
工作暨一流专业建设推进会"与会者合影

7月15—24日，常务副院长王宏林随学校代表团访问波兰罗兹大学、热舒夫大学、雅盖隆大学和捷克生命科学大学、匈牙利罗兰大学。

孙君健（左六）、王宏林（右二）在波兰罗兹大学

7月20—21日，文学院1995级汉语言文学专业部分同学返校举行毕业二十年聚会。胡山林、蔡玉芝、马予静、张进德、王利锁、刘进才等当年的任课教师受邀出席座谈会。文学院党委书记葛本成、党委副书记高冬东、副院长焦喜峰参加座谈会。

7月22—28日，白春超副院长率3名教师、10名本科生和研究生组成的海外教学实践团，赴西班牙卡米亚斯大学、Logos、Mirabal、Casvi等学校进行为期一周的访学及教学实践活动。卡米亚斯大学国际交流学院中国地区总负责人Pepe先生、卡米亚斯大学汉语教学硕士教研主任Sole女士以及Macma公司董事长Gloria女士出席座谈会，并为10名学生颁发实习证书。

文学院汉语国际教育海外教学实践团合影

7月，2018年度河南省社会科学优秀成果奖公布，丁喜霞与段亚广分别获二、三等奖。

7月，全国哲学社会科学工作办公室公布2019年国家社科基金年度项目立项名单。我校32个项目获批立项，位居全国第18名。其中文学院王宏林的"清代诗学关键词的衍变与价值研究"、杜智芳的"形式问题与20世纪西方马克思主义的文论话语建构研究"、李安光的"英语世界明清戏曲的译介与研究"、杨亮的"元代文士活动编年史"、刘永华的"近代河洛方言语法研究"获批立项，学院获批项目数位居全校前列。

8月4日，"省培计划"（2019）一般性项目省级名师培育对象——河南大学高中语文班开班典礼在文学院二楼报告厅举行。学院党委书记葛本成、常务副院长王宏林、副院长焦喜峰、国培办主任李国平参加典礼。

8月10—11日，文学院2005级本科生部分同学返校举行毕业十周年聚会。时任文学院院长李伟昉、任课教师代表胡山林、魏清源、张进德、刘进才、辅导员梅东伟等教师受邀出席座谈会。文学院常务副院长王宏林、副院长焦喜峰参加座谈会。该届毕业生为学院捐款一万元作为奖助学金。

8月17日，由我校文学院主办的吴福辉先生学术思想研讨会在开封召开。来自全国十余所高等院校和研究机构的三十余位专家学者参加会议。会议由文学院副院长白春超教授主持。关爱和教授、清华大学解志熙教授、郑州师范学院校长孙先科教授、广西师范大学刘铁群教授、文学院刘涛教授、侯运华教授、胡全章教授，《河南大学学报》副主编、文学院教授张先飞，我校新闻与传播学院院长杨萌芽，以及学生代表尹诗、阎开振、刘骥鹏、陈啸、鹿义霞、李雪梅等人从不同角度研讨了吴福辉先生的学术思想和学术贡献。《河南大学学报》主编李伟昉，文学院常务副院长王宏林分别致辞。

吴福辉先生学术思想研讨会与会专家合影（前排左四为吴福辉先生）

8月17日，由文学院举办的"教育部名师领航工程"基地建设暨第二届语文教学论坛在开封举行。河南大学党委常委、副校长刘志军，河南大学"名师领航工程"首席专家、《河南大学学报》主编李伟昉、北京师范大学文学院博士生导师张秋玲教授，以及远程与继续教育学院、文学院有关负责人出席开幕式。开幕式由文学院党委书记葛本成主持。来自中国教育政策研究院、北京师范大学、陕西师范大学、江苏师范大学、河北师范大学、河南省社会科学院、河南师范大学、兰州市教育科学研究所、广州市花都区教学研究室、河南省基础教研室、北京十一学校、河南省实验中学等48个单位的百余名学者参加论坛。

8月19日,由中国近代文学学会主办,河南大学文学院、黄河文明省部共建协同创新中心承办的中国近代文学第一届暑期青年讲习班在金明校区开班。中国现代文学馆吴福辉研究员、河南大学关爱和教授、苏州大学马卫中教授、清华大学解志熙教授、山东大学孙之梅教授等十余位知名专家学者参加开班仪式。来自全国数十所高等院校和研究单位的七十余位正式学员与三十余位旁听学员参加开班式。开班式由中国近代文学学会副会长、苏州大学教授马卫中主持。本次暑期青年讲习班为期五天,是中国近代文学学会1988年成立以来首次组织举办暑期青年讲习班。该讲习班是一项以青年学者为对象,致力于近代文学研究学术传承、培养锻炼近代文学研究新生力量的学术活动。[①]

中国近代文学第一届暑期青年讲习班合影

前排:解志熙(左五)、吴福辉(左六)、关爱和(左七)、孙之梅(左八)、马卫中(左九)

8月19日,周青任文学院党办主任,郭子豪任文学院行政办公室主任,庄鹏涛任研究生与科研办公室主任,李荷荣任教务办公室副主任。

8月22—24日,李伟昉教授在扬州大学参加教育部高等学校中国语

---

① 该期青年讲习班详细情况见 http://wxy.henu.edu.cn/info/1033/5239.htm。

言文学类专业教学指导委员会2019年工作会议。

8月31日，文学院在学院一楼大教室举行2019级本科生家长见面会，学院常务副院长王宏林、党委副书记高冬东出席。

8月，我校党委学生工作部主办、文学院承办的"书香·追梦——跟着习总书记学读书"系列活动荣获河南省第三届高校校园文化建设优秀成果二等奖。

"书香·追梦——跟着习总书记学读书"系列活动所获荣誉证书

8月，2016级本科生郭逸飞的《此处安放》一书由河南大学出版社出版。

9月1日，河南大学学科教学（语文）专业4位研究生以及2位本科生在文学院教授张乐林的带领下，奔赴新疆伊犁哈萨克自治州察布查尔锡伯自治县进行支教活动。9月2日下午，河南大学新疆支教老师与察布查尔老师的结对仪式在察布查尔锡伯自治县高级中学会议室举行。

9月2日，"河南大学教育硕士培养方案研讨会"在文学院二楼会议室召开。学科教学（语文）学业导师王宏林、白春超、高冬东、武新军、王利锁、杨站军、史红伟、许卫东、李国平、李萱、庄鹏涛、邓小红等与会。会议由学科语文负责人杨亮副教授主持。

9月3日，胡全章任黄河文明省部共建协同创新中心副主任。

9月3日，河南大学2019级研究生开学典礼在金明校区明德广场举行。校领导卢克平、宋纯鹏等出席开学典礼。典礼由校党委常委、副校长刘志军主持。王立群教授、文学院中国现当代文学专业 2019 级硕士研究生赵婧分别作为导师代表和新生代表发言。

9 月 7 日，王立群教授入选"新中国成立 70 周年'河南省突出贡献教育人物'"，嵇文甫入选"特别奖"。

参加新中国成立 70 周年河南省第 35 个教师节表彰大会

李润田（前排左二）、王立群（前排左三）

9 月 8 日，文学院在学院门口举办"跨越千里的心灵互助"捐书活动，为新疆察布查尔锡伯族自治县图书馆募捐书籍。

9 月 8 日，我校在明伦校区大礼堂举行"河南大学庆祝第 35 个教师节暨表彰大会"。文学院杜智芳、孙彩霞、张霁月、郑慧霞、杨亮、陈会亮、史红伟获学校教学优秀奖；王宏林、胡全章、杜智芳、邱业祥、丁喜霞、杨亮、李伟昉、陈会亮、张先飞、梁工、刘永华获学校科研优秀奖；葛本成、庄鹏涛获学校管理优秀奖；周青获学校思想政治工作优秀奖；张清民、孙彩霞获学校师德先进个人。

9 月 9 日，由河南大学党委学生工作部主办的"明德讲坛"在明伦校区大礼堂举行。文学院教授王立群应邀为师生作题为"浅谈古诗词阅读"的讲座。

9 月 11 日，文学院 2018 级菁英班开班仪式在文学院二楼会议室举行。研究生院、文学院有关负责人及教师代表出席开班仪式。菁英班是依据学生的学业成绩和面试成绩,从2018级本科生中选拔15名优秀学生,实行"菁英计划"重点培养。该计划旨在建立"4+3"本硕一体化联合培养体系,提升研究生生源质量。

9月12日,文学院2018级明德实验班开班仪式暨2017级明德实验班优秀论文颁奖仪式在学院一楼会议室举行。文学院相关负责人及2017级明德实验班班主任杨亮、2018级明德实验班班主任许卫东出席仪式。

9月15日,"省培计划"(2019)一般性项目省级骨干教师培育对象——河南大学小学语文班开班典礼在文学院二楼报告厅举行。

9月15日,在郑州举行的第十一届全国少数民族传统体育运动会上,文学院明德班白熙智同学所在河南大学石锁队表演的《锁武天下,追梦中国》获得表演项目二等奖,荣获银牌。

9月16日,文学院2019级新生开学典礼在新艺术楼音乐厅举行。文学院党政领导、各教研室主任、教师代表、各年级辅导员及全体2019级新生参加开学典礼。文学院原院长、博士生导师张生汉教授作为教师代表致辞。①

文学院2019级新生开学典礼

---

① 张生汉教授致辞见 http://wxy.henu.edu.cn/info/1033/5219.htm。

9月19日，文学院"不忘初心、牢记使命"主题教育动员会在学院二楼大教室举行。

9月21日，河南大学首届校友返校日文学院校友座谈会在学院二楼会议室召开。

9月22日，文学院知名校友吴建设应邀来院讲学。

9月24日，文学院在二楼会议室举办1979级校友返校暨汉语言文学专业培养方案修订座谈会。

9月24日，王宏林任《汉语言文学研究》主编、编辑部主任，付国锋任《汉语言文学研究》编辑部执行主任。梁工任《圣经文学研究》主编、编辑部主任，程小娟任《圣经文学研究》编辑部执行主任。陈会亮任河南大学高等人文研究院副院长。

9月25日，"省培计划"（2019）省级骨干教师培育对象小学语文班在文学院国培办主任李国平的带领下，到新乡市世青国际小学交流学习。

9月26日，河南省教育科学研究所高培华研究员应邀来校，在文学院二楼大教室作题为"'君子儒'与'小人儒'新诠"的讲座。讲座由常务副院长王宏林教授主持。

9月27日，华中师范大学文学院教授、博士生导师李遇春应邀来校，在文学院二楼大教室作题为"漫谈中国文体传统的现代转换问题"的讲座。讲座由副院长武新军教授主持。

9月28日，文学院"明德计划"实验班第一届读书论坛在文学院三楼B306教室召开。2017级、2018级"明德计划"实验班班主任杨亮、许卫东出席论坛。明德论坛是实验班自主开设的品牌活动之一，由武新军副院长担任总指导，是以学生主讲、导师评讲、双向互动为主要模式，强调回归原典、深入研读的学术沙龙。

9月29日，文学院马克思主义研究会在学院二楼大教室举办"礼赞新中国，奋进新时代"主题演讲比赛。王顺航、郭帆获得一等奖，张成军、刘振云、周玥获得二等奖，金佳圆、周俊兰、杨皓杰获得三等奖。此次演讲比赛是马克思主义研究会"七十奋进，曙光征程"系列活动的重要组成部分。

9月30日，学校决定对获得2018年河南省和河南大学优秀博士、硕士学位论文的作者和指导教师予以表彰。中国语言文学专业祁发慧的《当代藏族汉语诗歌论》（指导教师：耿占春）获河南省优秀博士学位论文，李沛的《梅尧臣论诗诗研究》（指导教师：史红伟）获河南省优秀硕士学位论文。中国语言文学专业祁发慧的《当代藏族汉语诗歌论》获河南大学优秀博士学位论文。中国语言文学专业高云霄的《〈亨利四世〉中的王权世俗化问题研究》（指导教师：王鹏）、崔金巧的《启蒙视域下古代文学经典再生产研究——以20世纪上半叶〈孔雀东南飞〉戏剧改编为例》（指导教师：李国平）、李沛的《梅尧臣论诗诗研究》，学科教学（语文）专业张一寒的《中学语文阅读教学引入大众文化研究》（指导教师：王宏林）获河南大学优秀硕士学位论文。

9月30日，原副校长陈信春教授因病在海南去世，享年89岁。

9月，文学院2017级本科生分别获批2019年度大学生创新创业训练计划项目国家级项目2项、省级项目2项、校级项目6项。其中，王宇浩团队的"中小学语文课堂文字教学创新性研究"与张雨婷团队的"基于中原文化对留学生的教学实践活动设计"获批国家级项目。李思捷团队的"'汴梁文化'公众号建设方案与实践"、戏剧影视文学专业郭晨晖团队的"视频图文创作与自媒体运营的发展研究"获批省级项目。赵嘉怡团队的"方言配音动画及方言保护"、宋旭兰团队的"探索新时代儿童识字启蒙新途径之听歌识字——以300个基本字为例"、陈婷婷团队的"'和诗以歌'对小学生诗词综合能力提升的策略研究"、齐玥团队的"中学语文教学中文本过度阐释现象研究"、文秘专业魏永康团队的"红色文化在特色县城文化产业中的发展研究——基于开封市兰考县焦裕禄精神"、戏剧影视文学专业龙爱玲团队的"基于微信小程序的'宿回收'大学生捐助预约程序研发"获批校级项目。

10月1日，河南大学文学院1979级优秀校友李家勤少将作为长剑—100巡航导弹方队领队参加庆祝中华人民共和国成立70周年阅兵。

10月2日，《光明日报》在第14版"国家庆典"版块刊登《各地干部群众为伟大祖国复兴高歌》一文，其中以"青春未央，我与祖国共筑梦"为题报道了我院马克思主义研究会举行中华人民共和国成立七十周年庆祝活动的情况。

李家勤

10月9日,"国培计划"(2019)中西部项目乡村中小学教师专业能力建设青年教师助力培训初中语文班开班典礼在文学院一楼报告厅举行。

10月10日,范晓利博士在文学院现当代文学教研室作题为"美术实践与现代文学创作"的博士后出站学术报告。范晓利博士自2016年进入河南大学文学院中国语言文学博士后流动站以来,跟随合作导师刘进才教授就该课题进行深入研究。文学院副院长武新军教授、侯运华教授、刘进才教授、刘涛教授、胡全章教授、李敏副教授组成评议专家组出席报告会。

10月11日,校党委常委、副校长杨中华到文学院调研。校人事处负责同志、院领导班子参加调研座谈会。

10月12日,中国语言文学博士后流动站冯珊珊的博士后开题报告会在文学院二楼会议室举行。河南大学出版社总编辑杨国安教授、文学院李金松教授、王利锁教授、侯运华教授与冯珊珊博士后的合作导师王宏林教授共同担任评审委员。

10月12日,民革河南大学支部换届大会在明伦校区小礼堂召开。教育部青年长江学者、《河南大学学报》副主编张先飞教授当选民革河南大学支部第七届委员会主任委员。

10月15日，刘军政的"唐宋名家词"、郭伟的"直观与省察：'看'懂西方现代名画"获批学校2019年度精品在线开放课程立项。

10月15日，孙彩霞（主讲课程：外国文学、比较文学）获河南大学2019年度校级教学名师。

10月16—17日，芬兰赫尔辛基大学黄保罗教授应邀来院，在文学馆二楼报告厅作系列讲座。黄保罗教授的讲座共有三场，分别为"空心病与学以成人""经与经学"和"现代化与现代性"三个主题。讲座由梁工老师和邱业祥老师共同主持。

黄保罗

10月17日，文学院第六届教职工代表暨工会会员代表2019—2020学年工作会议在学院二楼会议室举行。会议表决通过《文学院职称评审推荐排序暂行办法》。

10月19—20日，文学院2017级"明德计划实验班"与2018级"菁英班"学生在院党委副书记高冬东教授、副院长武新军教授、实验班班主任杨亮副教授、菁英班班主任许卫东副教授、院团委负责人卡哈尔·吾买尔等带领下赴潭头与嵩县开展为期两天的"不忘初心、爱国爱校、重走烽火育才路"活动。

"不忘初心、爱国爱校、重走烽火路"活动合影

10月25日，西班牙卡米亚斯大学教育学院对外汉语教学教研室主任Sole女士和卡米亚斯大学国际处代表赵晶丽女士一行应邀来院，就汉语教学研究和趣味儿童汉语教学问题给我院学子作讲座。

10月25日，北京大学中文系副主任、副教授宋亚云应邀来院，在学院二楼大教室作题为"古汉语语义类推现象及相关问题研究"的讲座。

10月26日至11月2日，李伟昉教授在中央党校"宣传思想文化领域高层次人才国情研修班"学习。

10月27日，在文学院二楼会议室，中国语言文学博士后流动站的梁帅、王魁星分别作题为"清代北京旗人戏曲活动编年"与"杨维祯诗集的整理与研究"的博士后出站学术报告。梁帅博士于2017年7月进入河南大学中国语言文学博士后流动站，合作导师王宏林教授；王魁星博士于2016年7月入站，合作导师杨国安教授。王宏林教授、杨国安教授、岳淑珍教授、王利锁教授、李金松教授组成评议专家组出席报告会，会议由王宏林教授主持。

10月28日，德国特里尔大学教授、著名汉学家卜松山（Karl-Heinz Pohl）应邀来院，在文学院二楼大教室作题为"中国山水画：陶渊明诗歌阐释"的讲座。

卜松山

10月28号，美国迪士尼公司剧作家、研究员，耶鲁大学教授本尼特·科恩应邀来院，在文学院二楼大教室作题为"从小说到舞台：关于剧本改编的思考"的英语讲座。河南省外国语协会主席高继海教授，河南大学文学院副院长武新军教授，文学院"明德计划"实验班班主任杨亮副教授出席讲座。讲座由上海外国语大学博士生导师周敏教授担任同声传译。

本尼特·科恩

10月28日，白金任文学院副院长。

10月30日，江苏师范大学教授汪化云应邀来院，在文学馆二楼报告厅作题为"汉语方言语法研究的几个问题"的讲座。

10月31日，文学院"把酒话桑麻"名师漫谈会在十号楼129教室举行。文学院孙彩霞、李敏、鲁冰作为活动嘉宾出席。

10月31日，文学院在第七届研究生太极拳比赛中荣获明伦校区一等奖。

10月，赵思奇入选2019年度河南省高等学校青年骨干教师培养计划人选。

11月4日，"国培计划"（2019）中西部项目乡村中小学教师专业能力建设骨干教师提升培训小学语文班开班典礼在文学院一楼报告厅举行。远程与继续教育学院、文学院有关负责人参加开班典礼。

11月7日，巴基斯坦拉合尔政府大学Khalid Manzoor Butt教授应邀来院，在二楼大教室作题为"CPEC视角下的中国语言文化展望"的讲座。

Khalid Manzoor Butt

11月8—10日，文学院2018级"明德计划"实验班全体同学在常务副院长王宏林教授的带领下赴北京大学、清华大学、中国人民大学开展为期三天的访学交流之旅。北京大学中文系副主任、古代文学教研室教授、中国古代诗歌研究中心副主任杜晓勤，北京大学中文系副主任、副教授宋亚云，清华大学人文学院中文系教授解志熙，中国人民大学文学院副院长杨庆祥教授分别为学生作报告并与学生进行交流。

2018 级明德班访学活动合影

11月9日,由文学院主办的"共商·研讨·展望——中小学语文教师教育实习基地建设研讨会"在开封市新东苑大酒店举行。河南省基础教研室课题办主任贾天仓、研究员张琳,开封市基础教研室主任宋立虎,安阳市第六十三中学校长莫俊峰,项城市第二高级中学校长杨帆,兰考县第三高级中学校长刘雷飞,以及来自河南省实验中学、郑州市第一中学、郑州外国语中学、河南大学附属中学、河南师范大学附属中学、开封高级中学、新乡市第一中学、开封市二十五中、开封市第十四中学、河南大学附属小学、长垣市第一初级中学、杞县高级中学、柘城县第二高级中学等学校的五十余位优秀骨干教师参会。

共商·研讨·展望——中小学语文教师教育实习基地建设研讨会与会代表合影

11月10日，王鹏在河南省教育厅组织的河南省本科高校青年教师课堂教学创新大赛中荣获二等奖。

11月13日，美国王朝文化传播公司负责人陈瑞琳应邀来院，在院二楼会议室题为"北美华文文学"的讲座。陈瑞琳，北美散文名家，海外文学资深评论家。美国王朝文化传播公司负责人，北美中文作家协会副会长。著有《走天涯》等多部散文集及评论专著。

陈瑞琳

11月13日，《光明日报》第14版文艺评论版刊发刘军的文章《如何给散文一个确切的"定义"》。

11月17日，文学院第一届"铁塔杯"朗诵比赛决赛在学院二楼大教室举办。2017级本科生汤梦瑶、吕钰琪、王顺航、梁宇旋的多人组，2019级本科生肖汀鹏获本科生组一等奖，2019级学科教学（语文）专业研究生张明月和郭姗姗分获研究生组一等奖，其余参赛选手分别获得二等奖和三等奖。

11月21日，文学院在学院二楼大教室举办学生通讯员培训暨应用文体写作培训开班仪式，对全体学生通讯员进行集中培训。院党委书记葛本成、党委副书记高冬东、党办主任周青、团委负责人卡哈尔·吾买尔出席本次活动。校党委宣传部网页编辑部主任刘旭阳老师应邀担任主讲人。

11月24日，文学院"跟着习总书记学诗词比赛"决赛暨颁奖典礼在明伦校区科技馆二楼举办。院党委书记葛本成、党委副书记高冬东、外国文学教研室孙彩霞、古代文学教研室陈丽丽、党委办公室主任周青出席本次比赛并担任评委。师晴摘得本次决赛桂冠，王庆涛、杨争获二等奖，刘丽思、周格兰、郭雯获三等奖。

11月24日，文学院在科技馆二楼报告厅举办"学生干部能力提升培训班"开班仪式。

11月22—24日，河南大学博士后学术论坛暨第二届中国语言文学高端研讨会在河南大学金明校区中州颐和酒店举行。论坛以"汉语言文学研究创新"为主题，从多个角度进行深入研讨。文学院副院长白春超、武新军等出席论坛开幕式。上海外国语大学宋炳辉教授以"中外文学关系视域中的汉语翻译文学"为题、中国社会科学院党圣元研究员以"向现实主义致敬：新中国70年马克思主义现实主义文艺观念的发展与走向"为题、北京大学陈泳超教授以"田野中的古典与今典"为题、南开大学陶慕宁教授以"清代闺秀诗话所记述的婚姻关系与女性心曲"为题、中国传媒大学张鸿声教授以"现代文学史的几种叙述"为题、澳门大学侍建国教授以"由区域分化形成的语音层次"为题、中国人民大学李今教授以"汉译文学改写的理论与研究"为题、北京鲁迅博物馆黄乔生教授以"鲁迅在1919：冷对热风——百年五四回眸之一"为题分别作报告。

河南大学博士后学术论坛暨第二届中国语言文学高端研讨会与会代表合影

11月24日，在南阳师范学院举行的河南省第十七届高等学校师范类专业毕业生教学技能比赛中，我院学生游慕宇、陈欣媛、王雅娴获三等奖。

11月25日，南开大学文学院教授、河南大学文学院讲座教授孙克强在文学院二楼会议室作"中国古代文学与文化专题研究（词学研究）"讲座。此次系列讲座为期三周，每周两次。

孙克强在作讲座

11月29日，校党委副书记张宝明，学科建设处、教务处、人事处、财务处、总务处、人文社科研究院、研究生院、招标工作办公室等相关职能部门负责人到文学院调研B+学科建设情况。调研座谈会在文学院二楼会议室举行，会议由学科建设处处长苗雨晨主持。

11月29日，文学院1964届毕业生张友仁回校，向文学院捐赠其主编的《新安县地情文化概览》（13卷）。

11月30日，首都师范大学文学院陶礼天教授应邀在文学院二楼大教室作题为"《王官谷集》与明代司空图研究的兴盛——兼及司空图作《二十四诗品》问题"的学术报告，报告会由文学院常务副院长王宏林教授主持。

11月，侯春林获批国家博士后基金面上二等资助8万元，亓晴的"《诗经》书写模式考论"获批河南省2019年度博士后科研项目三等资助5万元。

12月1日，文学院在明伦校区音乐厅举办2019年"青春向党，扬帆起航"迎新晚会。文学院全体院领导、学生家长代表、文学院国培班学员代表等和同学们一起参加晚会。晚会由文学院2019级本科生、2019级研究生以及2019级新疆籍预科生联合出演。

12月4日，全国哲学社会科学工作办公室公布2019年国家社科基金重大项目立项名单，李伟昉的"莎士比亚戏剧本源系统整理与传承比较研究"（项目编号：19ZDA294）获批立项。

12月18—19日，2019年度"活力杯"河南学校共青团基层基础工作大赛决赛在河南科技学院举行。河南大学文学院2017级本科生魏永康同学的微团课《牢记总书记谆谆嘱托，争做新时代向上青年》获特等奖。大赛由共青团河南省委主办，河南科技学院承办。

魏永康（2017级本科生）在颁奖典礼上

12月18日，郭伟的"高校通识教育《"看"懂西方现代艺术》系列课程教学内容与课程体系建设研究"获学校2019年度本科教学改革研究与实践重点项目，李萱的"语文教师教育课程'线上学习+线下学习'混合式教学研究与实践"、孙振虎的"西方戏剧史课程教材建设的研究与实践"、许卫东的"明德班语言教学多维衔接融合策略研究"获批一般项目。

12月19日，张先飞教授被民革河南省委授予"河南民革榜样人物"荣誉称号。

12月19日，白春超兼任中国现当代文学研究中心主任，张清民任文艺学研究中心主任，王银辉任文艺学研究中心副主任。

12月20日，谭蜀峰、姜汉西、李聪聪、叶飞、金洪源等5名研究生获第二十届侯镜如奖学金。

12月21日，河南大学"诚信校园行"校园短剧大赛决赛暨颁奖典礼在明伦校区音乐厅举行。文学院代表队以"被贷走的青春"荣获此次短剧大赛的二等奖，院团委负责人卡哈尔·吾买尔获得优秀指导老师奖。

12月22日，韩国全北大学国际交流处处长陈明镐一行访问文学院。双方就互派师生交流、召开国际学术会议、联合培养博士生等方面达成共识。

陈明镐（左）

12月26日，高冬东入选省委宣传部组织评选的第三批"河南省青年理论宣讲专家"。

12月28日，第九批河南省重点学科中国语言文学建设中期自评会议在学院二楼会议室举行。会议邀请武汉大学文学院院长涂险峰教授、浙江师范大学学术委员会专职副主任高玉教授担任校外同行评审专家。文学院领导班子、中国语言文学学科带头人及学术骨干二十多人参加会议。学科带头人李伟昉教授从学科基本情况、平台建设、创新团队建设、人才培养、科研成果、学术交流与合作等六个方面，对中国语言文学近三年来的学科建设情况进行了汇报。会议由文学院常务副院长王宏林教授主持。

评审专家涂险峰（前排左四）、高玉（前排左五）与文学院与会代表合影

2019年12月30日至2020年1月3日，教育部"国培计划"名师领航工程"台桂莲工作室""张晓慧工作室"授牌仪式分别在贵州省安顺市平坝区第二中学、青海省西宁市第一中学举行。教育部国培项目办主任夏澜、我校远程与继续教育学院院长徐书耀、名师领航项目首席专家李伟昉、文学院党委书记葛本成以及两地教育部门领导参加授牌活动。

12月31日，由李伟昉教授领衔申报的汉语言文学专业入选首批国家级一流本科专业建设点。

河南大学入选 2019 年度国家级一流本科专业建设点名单
（排名不分先后）

序号	专业名称	专业代码	专业类名称
1	生物科学	071001	生物科学类
2	历史学	060101	历史学类
3	教育学	040101	教育学类
4	地理科学	070501	地理科学类
5	汉语言文学	050101	中国语言文学类
6	英语	050201	外国语言文学类

12月，高冬东的论文《新时代高校思想政治工作模式探析》，获2019年度全省高校思想政治工作优秀论文三等奖。

2020 年

1月2日，文学院获河南大学招生宣传工作先进集体，高冬东、周青获招生宣传工作先进个人。

1月7日，文学院在二楼会议室召开2019年度党支部书记述职评议考核会议。

1月8日，河南大学2020年招生工作会议在金明校区行政楼二楼报告厅召开。文学院获2019年本科招生宣传工作先进集体，党委副书记高冬东、院党办主任周青获2019年本科招生宣传工作先进个人。高冬东代表全校受表彰的7个先进集体发言。

1月9日，文学院在二楼会议室召开荣休教师座谈会，黄炳申、李淑敏、郭瑞霞三位2019年荣休教师，院班子成员，部分教师代表参会。

1月10日，文学院第六届第二次教职工暨工会会员代表大会在学院二楼大教室召开。

1月11日，张先飞的"以中小学语文师资培养为目的的高校中国现代文学本科培养方案改革研究"获2019年校级教学成果奖一等奖，张霁月的"中国电影史教学内容与课程改革研究"获二等奖。

1月13日，学院召开统战工作座谈会，民盟、民进、九三学社三个民主党派成员以及少数民族教师代表参加座谈。

1月19日，文学院工会在会议室举行教职工子女学习经验交流会。

1月22日，张先飞教授作为专家学者代表应邀出席中共河南省委、河南省人民政府在郑东新区国际会展中心举办的2020年春节团拜会。

1月24日，张振犁教授因病去世，享年97岁。

2月15日，《教育时报》以"河南大学文学院明德班战'疫'记"为题，报道了2017级明德实验班学生抗击疫情的活动。

2月17日，在省教育厅组织的河南高校"开学第一课"上，王立群教授为全省高校大学生作题为"历史视角看瘟疫"的讲座。

2月，胡全章获批河南省特聘教授，美国纽约州立大学法明代尔分校陈丹丹（现代文学）、韩国全北大学陈明镐（古代文学）获批河南省讲座教授。

3月13日，为迎接文学院建院一百周年，院微信公众号开设"我在河大读中文"栏目，开始推出校友回忆文章。

3月18日，张如法教授因病去世，享年83岁。

3月20日，教育部2020年度人文社会科学项目评选结果公布，孙建杰的"近代河南地方戏曲演剧史研究（1840—1949）"、张雨薇的"基于梵汉平行语料库的《无量寿经》同经异译词汇研究"获批青年基金项目。

3月26日，教育部、国家语委联合发文表彰"中国语言资源保护奖"先进集体和先进个人，辛永芬教授、段亚广副教授荣获"中国语言资源保护奖先进个人"。

3月31日，学校原党委副书记贾华锋因病在郑州去世，享年81岁。

3月，张先飞教授入选中宣部2019年文化名家暨"四个一批"人才（理论界）。

4月24日，在河南省教科文卫体工会一届三次会议上，高冬东教授当选河南省教科文卫体工会委员。

4月29日，山东师范大学文学院院长、博士生导师孙书文教授应邀通过腾讯会议形式在线为我院师生作题为"论深入生活"的讲座。

4月30日，复旦大学中文系副主任、博士生导师段怀清教授，复旦大学博士生导师张业松教授应邀分别通过在线形式为我院师生作题为"'中西两不似'：'西学东渐'与晚清翻译的'第三条道路'"和"编撰现代性与'大哥'的悲喜剧——试论鲁迅对兄弟关系议题的处理"的讲座。

4月，经教育部人事司审批同意，我校成为河南省第一所具有接受一般国内访问学者资格的高校。国内访问学者的培养工作实行指导教师负责制。王宏林、武新军、张先飞、李景文、丁喜霞、吴效群、邱业祥、李勇获得指导教师资格。

4月,比较文学与世界文学博士侯春林(导师:梁工)的学位论文《天国与尘世之间:对话视野中的马克思主义新约批评研究》获2019年河南省优秀博士论文。

4月,张清民教授学术论文《两个文艺"讲话"的话语意义分析》在《文学评论》2020年第1期作为首栏首篇刊出后,被《新华文摘》2020年第8期作为封面文章全文转载。

5月3日,文学院团委获2019年度"河南大学五四红旗团委",2017级"明德计划"实验班团支部、2018级9班团支部、2019级3班团支部、2018级研究生团支部、2019级新疆籍预科班团支部获2019年度"河南大学五四红旗团支部",庄鹏涛获2019年度"河南大学青年岗位标兵"称号。

5月7日,原中文系办公室主任罗忠义因病去世,享年92岁。

5月7日,文学院"高水平海外云课堂"项目:美国汉密尔顿学院副教授王卓异博士的"华语电影与好莱坞"系列讲座,韩国外国语大学博士生导师、资深教授朴宰雨的"韩中现当代文化文学关系与互动"系列讲座,UCLA(美国加州大学洛杉矶分校)英语系博士生导师张敬珏的"跨国际文学研究"系列讲座获批。该项目获得学校资助。

5月12日,中国艺术研究院副研究员、中国现代文学馆客座研究员李松睿应邀通过腾讯会议形式,在线为我院师生作题为"谍战片与中国当代文化变迁"的讲座。

5月12日,美国汉密尔顿学院副教授王卓异博士应邀通过腾讯会议形式,在线为我院师生作"华语电影与好莱坞"系列讲座第一讲:"如何理解电影艺术的形式与风格"。该系列讲座系文学院海外云课堂项目,分十讲,以十四部华语电影与好莱坞电影的细读为纲,讨论华语电影与好莱坞电影之间的双向互动。

5月15日,山东大学文化传播学院院长、博士生导师张红军教授,四川大学文学与新闻学院博士生导师、教育部长江学者特聘教授、国家"万人计划"教学名师、国家社科基金重大项目"东欧马克思主义美学文

王卓异"华语电影与好莱坞"系列讲座海报

献整理与研究"首席专家傅其林教授，应邀通过腾讯会议形式，在线为我院师生分别作题为"叙事的寓言性与汉语文学叙事的语义生成""东欧新马克思主义小说理论"的讲座。

5月22日，南京大学文学院教授、博士生导师张光芒应邀通过腾讯会议形式，在线为我院师生作题为"当下文学创作中的'流俗化'现象"的讲座。

5月27日，"文学概论"（张清民、杜智芳、王银辉、王中原）、"古代文学"（王宏林、刘军政、郑学、张亚军、王利锁）两门课程获批河南省一流本科课程。

河南大学首批认定为河南省一流本科课程名单

（共40门，排名不分先后）

序号	单位名称	课程名称	课程负责人	课程团队主要成员	课程类别
1	教育科学学院	现代教育技术应用	汪基德	郝兆杰、张炳林、朱书慧、曾巍、冯水华、梁林梅、赵慧臣、李五洲、刘亚同	线上一流课程
2	历史文化学院	秦汉考古	张玲	刘春迎、臧德清、滕亚秋、徐蕊、金锐	线上一流课程
3	教育科学学院	德育原理	刘济良	刘志军、王振存、魏宏聚、李世平、杜静	线上一流课程
4	大学外语教研部	大学英语创新写作	施兆莉	张蔚、王水冰、李冬青、王子略、穆春玲、李瑞光、黄春睿	线上一流课程
5	化学化工学院	走近化学	牛景杨	王敬军、马新起、杨立荣、郭泉辉、王玉霞、胡卫平、郭建辉、张磊、付记业、刘保英、金郁潼	线上一流课程
6	商学院	财务管理	王性玉	杜建华、宋魏、李田田、段曼丽	线下一流课程
7	经济学院	财政学	宋丙涛	徐全红、张胜民、陈少克、邵明伟	线下一流课程
8	文学院	文学概论	张清民	杜智芳、王银辉、王中原	线下一流课程
9	文学院	古代文学	王宏林	刘军政、郑学、张亚军、王利锁	线下一流课程
10	物理与电子学院	大学物理	康娜	李新营、孙建敏、李若平、任风竹	线下一流课程

文学院课程入选河南省一流本科课程名单情况

5月28日，山西大学文学院教授、博士生导师段友文应邀通过腾讯会议形式，为我院师生作题为"黄河流域山陕豫民间文化资源谱系建构与乡村价值发现"的讲座。

5月30日，文学院举办第十二届"明星杯"教职工子女作文大赛颁奖仪式。

6月1日，韩国外国语大学资深教授、博士生导师朴宰雨应邀在线为我院师生作"韩中现当代文化文学关系与互动"系列讲座第一讲："东亚现代文化新经验两甲子：韩中文化文学互动的历史脉络"。该系列讲座属于国际合作与交流处、文学院共同举办的"河南大学文学院海外云课堂"项目。

朴宰雨"韩中现当代文化文学关系与互动"系列讲座海报

6月5日，文学院利用"腾讯会议"平台，举行"秘书学与应用写作学"自设二级学科硕士点专家论证会。本次线上论证专家组专家分别来自郑州大学、暨南大学、浙江大学、湘潭大学、中国社会科学院和苏州大学等相关学科，组长由教育部"长江学者"、北京师范大学教授、郑州大学特聘教授、文学院院长李运富担任。河南大学研究生院常务副院长苗琛教授，副院长、学位办主任刘百陆，文学院党委书记葛本成、常务副院长王宏林、副院长白春超，文学院学位分委员会委员张清民、孙彩霞，"秘书学与应用写作学"学位点申报负责人伍茂国教授及导师组成员参加会议。专家组一致同意河南大学文学院设置"秘书学与应用写作学"二级学科硕士点。

6月5日，朱香岩、毋彤获2018—2019学年道兴奖学金，陈婷婷、赵嘉怡、李翔兰获2018—2019学年向阳奖学金。道兴奖学金是由兴亚集团控股有限公司董事局主席程道兴先生捐资设立的河南大学校级专项奖学金。向阳奖学金是河南大学校友、居易国际集团董事局主席刘向阳先生为促进河南大学教育事业发展，而捐资设立的校级专项奖学金。

6月9日，中国人民大学文学院教授、博士生导师王燕应邀在线为文学院师生作题为"十九世纪中国古典小说的海外传播"的讲座。

6月10日，文学院2020届本科生毕业典礼暨学位授予仪式在明伦校区大礼堂广场举行。河南大学党委副书记张宝明、文学院全体领导、学位委员会成员、教师代表及全体毕业生参加了典礼。典礼由院党委书记葛本成主持。

6月11日，李伟昉教授作为主讲人，通过腾讯平台在线直播"河南大学王牌专业：中国语言文学"，在线观众达到698万。[1]

李伟昉直播截图

---

[1] 视频见 https://view.inews.qq.com/a/20200615V05NLG00?sharer=o04IBAODEJHEA-LBpfJTMgLXaqAs&uid=&shareto=&from=singlemessage。

6月12日，扬州大学文学院教授、博士生导师姚文放与北京师范大学教授、博士生导师刘成纪应邀在线分别为文学院师生作题为"'文化工业'与'文化产业'之辨""中国美学史研究：照着讲与新道路"的讲座。苏州大学文学院教授、博士生导师、中国近代文学学会副会长、苏州大学敬文书院院长马卫中应邀在线作题为"钱仲联先生的近代诗歌研究"的讲座。

6月15日，北京师范大学教授、博士生导师董晓萍应邀在线为文学院师生作题为"华北水利社会研究的特殊性：理论与方法"的讲座。

6月18日，宁夏大学人文学院院长、教授、博士生导师胡玉冰应邀在线为文学院师生作题为"条分缕析，精耕细作——谈谈'文献综述'写作问题"的讲座。

6月20日，中国人民大学教授、博士生导师徐正英应邀在线为文学院师生作题为"出土文献与诗学公案"的讲座。

6月22日，文学院获学校2019年度"新闻宣传先进集体"称号，文学院网站获"优秀网站"称号，@河南大学文学院获"优秀官方微博"称号，周青获"新闻宣传工作先进个人"称号。

6月20日，杨亮获批教授任职资格，杜智芳、王中原获批副教授任职资格。

6月28日，教育部长江学者特聘教授、"万人计划"领军人才、吉林大学教授张福贵，应邀在线通过腾讯会议形式为文学院师生作题为"人类命运共同体意识与中国文学的文化自信"的讲座。

6月30日，中国人民大学文学院教授、博士生导师程光炜，应邀在线通过腾讯会议形式为文学院师生作题为"抢救当代文学资料"的讲座。

7月3日，省教育厅公布河南省本科教育线上教学优秀课程评选结果，文学院古代文学（负责人：郑学，团队成员：刘军政、张亚军、王宏林、王利锁）、比较文学（负责人：王鹏，团队成员：李伟昉、李安光）获得一等奖。

7月5日，文学院采用"线上线下"结合的方式举办2019级新疆籍预科生结业典礼。校学生处处长王友成、校本科教学评估工作办公室副主任任新会、新疆内派服务管理教师陈昌铭、文学院领导班子成员、文学院教师代表、2019级新疆籍预科班全体学生出席典礼。典礼由文学院党委副书记高冬东主持。

7月6日，文学院2020届研究生毕业典礼暨学位授予仪式在文学院门前广场举行。校党委副书记张宝明、文学院全体领导、学位委员会成员、导师代表及全体毕业生参加典礼。校党委副书记张宝明致辞，院学位评定委员会副主席、副院长白春超宣读《关于授予毕业研究生博士学位和硕士学位的决定》。受校长宋纯鹏委托，文学院常务副院长王宏林为获得博士学位和硕士学位的研究生拨正流苏，颁发学位证书，同大家合影留念。导师代表王利锁教授、2020届研究生代表姜汉西分别发言。典礼由院党委书记葛本成主持。

文学院2020届研究生毕业典礼暨学位授予仪式

7月6日，根据《教育部办公厅关于公布2020年普通高等学校第二学士学位专业备案结果的通知》（教高厅函〔2020〕13号），文学院汉语言文学专业获批开展第二学士学位教育，学制二年。

7月7日，首都师范大学文学院教授、博士生导师马自力，应邀在线通过腾讯会议形式为文学院师生作题为"关于制度、文体与中国古代文章学研究"的讲座。

7月7日，中国博士后科学基金会公布了第六十七批面上项目资助名单，我院中国语言文学博士后科研流动站刘启涛、刘振涛、张敏、张雨薇、郑学等5名博士后科研人员获得资助。

7月21日，周青入选第七届全省高校辅导员年度人物。

8月1日，文学院"研究生学前第一课"系列讲座开讲。院党委副书记高冬东为讲座开幕式致辞。活动由文学院研究生辅导员卢美丹主持。文学院青年教师、新加坡国立大学语言学博士王昕开启第一讲——"我的'铁塔牌'养成记"。

8月3日，原中文系办公室刘瑛因病去世，享年96岁。

8月6日，武新军的"我在河大读中文——激活河大文科传统"获批2020年全省高校网络文化建设精品项目。

8月15—16日，文学院在兰考焦裕禄干部学院召开一流学科和专业建设工作会议。校党委副书记张宝明、人文社科研究院、校教学督导组有关负责人应邀参加会议。会议对张清民、王鹏等在教学工作中取得优秀成果的教师和梁工、许兆真等从教三十年的教师进行了表彰。

8月19日，原现当代文学教研室副教授任光因病在郑州去世，享年81岁。

8月20—25日，"河南大学中国近现代文学博士后讲习班"在开封铂禧酒店举办。北京大学陈平原教授、夏晓虹教授，中国社会科学院王达敏研究员，中国传媒大学李频教授，首都师范大学孟庆澍教授，中国艺术研究院陈斐研究员，中国大百科全书出版社胡春玲副编审、曾辉副编审，人民文学出版社宋强副编审应邀为在站博士后和博士研究生作专题讲座。河南大学关爱和教授、李伟昉教授、刘涛教授、张先飞教授、刘进才教授、侯运华教授、胡全章教授、梁振杰副教授为讲习班学员讲授学术方法和前沿问题。

8月21—24日，由黄河文明省部共建协同创新中心、河南大学黄河文明与可持续发展研究中心、河南大学文学院联合主办的"《期刊史料与20世纪中国文学史》《梁启超与文学界革命》审稿统稿会"在河南大学举办。北京大学陈平原教授和夏晓虹教授、清华大学解志熙教授、中国社会科学院文学研究所王达敏研究员、中国传媒大学李频教授、中国艺术研究院陈斐研究员、中国大百科全书出版社于淑敏编审、中国大百科全书出版社总编室胡春玲主任、中国大百科全书出版社社科学术分社曾辉副社长、人民文学出版社社长助理宋强等十余位审稿专家学者和出版社同仁联袂出席,两部书稿的撰写者二十余人与会,部分中国语言文学流动站博士后、中国现当代文学专业博士研究生参加会议。黄河文明省部共建协同创新中心副主任、河南大学文学院博士生导师胡全章教授主持开幕式,中国近代文学学会会长、河南大学中国现当代文学学科学术带头人关爱和教授致辞。

8月24日,北京大学中文系夏晓虹教授被聘为文学院讲座教授。

8月26日,2019年12月新冠肺炎疫情暴发以来,文学院在校本科生返校报到注册。

8月29—30日,在校研究生报到注册。

8月,张清民获"河南省文明教师"称号。

8月,2017级"明德计划"实验班获"河南省文明班级"称号,周青获"河南省文明班主任"称号。

9月5日,2020级研究生报到注册。

9月8日,文学院在二楼会议室举办2020级本科生新生家长云端见面会。常务副院长王宏林、院党委办公室主任周青、2020级本科生辅导员苏亚丽出席会议。会议由院党委副书记高冬东主持。

9月10日,河南省庆祝第36个教师节表彰大会在河南省人民会堂召开,我校优秀辅导员代表、第七届全省高校辅导员年度人物周青接受表彰。会前,周青作为全省优秀教师代表,受到了省委书记王国生、省长尹弘等河南省四大班子领导同志的接见。

9月11—12日,2020级本科生报到注册。

9月13日,文学院2020级学生开学典礼在文学院小广场举行。院党委书记葛本成、常务副院长王宏林、院党委副书记高冬东、副院长白春超、武新军、焦喜峰、白金、教师代表、各年级辅导员、2020级全体本科生、硕士博士研究生参加开学典礼。典礼由高冬东主持。

9月19—20日，由文学院主办的"辐射共生·引领跨越——河南大学文学院师范教育实习基地建设暨学科教学（语文）教育教学论坛"举行。来自省内多所师范院校的语文教育研究专家、文学院在省内外各实习基地的代表近百人参加会议。河南大学副校长阚云超、河南省基础教研室教育信息中心主任贾天仓等出席开幕式并致辞。开幕式由文学院党委书记葛本成主持。会议为2020年新增学科教学（语文）专业教育硕士研究生职业导师与汉语言文学（师范）专业本科实习指导老师颁发了聘书。文学院常务副院长王宏林分别与新乡市世青国际学校、项城市第二高级中学、卫辉市高级中学、郑州市第六十二高级中学、河南大学附属小学签订共建实习基地合作协议。

9月23日，关爱和教授主持的国家社会科学基金重大项目"报刊史料与20世纪中国文学史"的最终成果《报刊史料与20世纪中国文学史》入选2019年国家哲学社会科学成果文库，是河南省中国文学领域迄今唯一入选成果。《报刊史料与20世纪中国文学史》分为近代、现代、当代三卷，全书116万余字。

9月25日，《中国社会科学》2020年第9期刊登李伟昉教授文章《文化自信与比较文学中国学派的创建》。

9月26日，中国社会科学院语言研究所二级教授、博士生导师、历史语言学二室主任、中国社会科学院重点学科历史语法词汇学带头人、《历史语言学研究》主编杨永龙应邀来校，在文学馆一楼报告厅为师生分别作题为"汉语史上接触引起的语法演变""西北地区正在发生的语言接触及语法变异"的讲座。

9月27日，孙彩霞的"西方现代主义文学身体书写及其隐喻的跨学科研究"、张清民的"中国现代文学理论学科形成机制研究"、郭伟的"唐代本事文图迁移考"、邱业祥的"传教士圣经注解文献整理与研究"获批2020年国家社科基金一般项目，卢美丹的"延安文艺传播与'人民文学'建构研究"获批2020年国家社科基金青年项目。

9月29日，姚云的"汉语普通话立体声道研究"获批2020年国家社科基金后期资助项目。

9月30日，学校下发通知，文学院不再设置常务副院长岗位，王宏林任文学院院长。

9月30日，由校党委学生工作部主办，文学院承办的"勇挑重担·'疫'路同行"演讲比赛决赛暨第二届"书香·追梦——跟着习总书记学读书"系列活动颁奖典礼在明伦校区科技馆二楼报告厅举行。

10月2日，原现代汉语教研室主任丁恒顺教授因病去世，享年89岁。

10月3日，文学院2018级明德班、菁英班优秀论文颁奖仪式在文学院二楼举行。院党委书记葛本成，院长王宏林，院党委副书记高冬东，副院长白春超、武新军、焦喜峰，2018级明德班、菁英班班主任许卫东出席颁奖仪式。仪式由副院长武新军主持。论文一等奖获得者魏培月同学作为学生代表，分享了自己在疫情期间的学习心得。

10月9日，为感谢文学院辛永芬教授对当地村委会编写《村志》时的帮助，来自河南大学老校长张仲鲁先生的家乡——巩义市回郭镇干沟村党支部、村委会魏建庄一行5人，为文学院以及辛永芬教授送来感谢信和锦旗，锦旗上书"传承方言文化，彰显河大风采"。

魏建庄（前排右三）与辛永芬（前排中）等人合影

10月10日,"国培计划(2020)"乡村中小学教师专业能力建设项目青年教师助力培训——小学语文班开班典礼在文学院举行。

10月10日,河南大学2020年度师范专业毕业生教学技能比赛在明伦校区综合楼举行。我院2017级覃彦霖同学荣获一等奖,王欣欣、屈朔龙、毛琳琳、纪鹏等4人获二等奖,谭真真、胡可可、钱致贝、扎西曲珍等4人获三等奖,李萱老师被评为优秀辅导教师。

10月13日,院长王宏林、副院长白金、语文教育教研室主任杨亮,同12名2017级本科师范专业实习生,12名2017级学科教学(语文)专业硕士研究生,一同赴开封市铁路中学参加"河南大学文学院实习基地开封市铁路中学挂牌仪式暨拜师结对活动"。

10月13日,学校成立"莎士比亚与跨文化研究中心",李伟昉任中心主任,挂靠文学院。

10月14日,张清民教授应邀参加中国知网举办的"研究生涯第一课:论文阅读写作与学术规范讲座"系列公益讲座。在该系列公益讲座中,张清民讲座题目为"人文社科学术研究方法"。

10月16日,文学院2020级新疆籍预科生开学典礼在文学院二楼会议室举行。

10月17日,文学院2018级"明德计划"实验班、2018级"菁英计划"实验班、各年级学生干部与马克思主义研究会成员代表在院党委副书记高冬东、副院长白金、实验班班主任许卫东、党委办公室主任周青与各年级辅导员的带领下,赴开封市兰考县开展社会实践活动。

10月19日,南京大学教授、博士生导师沈卫威应邀在文学院现当代文学教研室作题为"民国文学研究的历史路向"的讲座。

10月19日,河南大学中国语言文学学科建设与发展规划论证会在河南大学文学院二楼会议室举行,教育部长江学者特聘教授、国家"万人计划"哲学社会科学领军人才、北京师范大学杜桂萍教授,南京大学博士生导师沈卫威教授,河南师范大学社科处处长李永贤教授出席会议。我校副校长王学路与会指导,学科建设处副处长李恒应邀参加论证会。

河南大学中国语言文学学科建设与发展规划论证会与会代表合影

（前排右三为杜桂萍、前排右四为沈卫威）

10月21日，2020年赴新疆支教团送行仪式在文学院门口举行。文学院党委书记葛本成、院长王宏林、党委副书记高冬东、副院长白春超、焦喜峰、白金出席送行仪式，为启程赴新疆支教的13名支教团成员送行。

10月24日，学院领导葛本成、王宏林、高冬东、白春超、焦喜峰一行分别走访看望佟培基教授和王立群教授。

10月25日，由《河南大学学报》编辑部主任、主编、文学院教授李伟昉主持的国家社科基金重大项目"莎士比亚戏剧本源系统整理与传承比较研究"开题报告会暨学术研讨会在开封市开元名都酒店举行。会议由我校人文社科研究院、文学院共同主办，《河南大学学报》编辑部承办，采用线上、线下相结合的方式进行。

中国外国文学学会副会长、浙江大学聂珍钊教授，中国高等教育学会外国文学专业委员会会长、上海交通大学刘建军教授，中国中外语言文化比较学会会长、浙江大学吴笛教授，中国高等教育学会外国文学专业委员会副会长、南开大学汉语言文化学院院长王立新教授，英国剑桥大学克莱尔学院终身研究员、中国人民大学耿幼壮教授，教育部长江学者特聘教授、南京大学艺术学院院长何成洲教授，教育部长江学者特聘教授、北京师范大学张哲俊教授，河南大学校长宋纯鹏教授，河南省社科规划办主任刘辉，我校人文社科研究院院长展龙教授，项目组部分专家成员、文学院等其他相关人员共五十余人线下与会。宋纯鹏代表学校对各位专家表示欢迎和感谢，并为"河南大学莎士比亚与跨文化研究中心"授牌。开幕式由展龙主持。项目开题报告会暨学术研讨会由刘建军教授主持。

国家社科基金重大项目"莎士比亚戏剧本源系统整理与传承比较研究"开题报告会暨学术研讨会与会代表合影

10月27日，安徽大学丁放教授与江苏师范大学沙先一教授应邀在文学院古代文学教研室分别作题为"李林甫与盛唐诗坛新论""周济声律观的转变及其词学史意义"的讲座。讲座由院长王宏林教授主持。

10月28日，北京大学教授陈平原应邀在科技馆二楼报告厅为师生作题为"冷战背景下的文学史建构——以王瑶、普实克、夏志清为中心"的讲座。讲座由关爱和教授主持。

10月28—29日，北京大学中文系教授夏晓虹应邀在文学馆一楼教室为师生分别作题为"《新中国未来记》第三回的两种读法""柳亚子与晚清'女界革命'"的讲座。两场讲座分别由关爱和教授与胡全章教授主持。讲座结束后，文学院院长王宏林为夏晓虹教授颁发了讲座教授聘书。

10月30日，王宏林（主讲课程：古代文论）获河南大学2020年度校级教学名师。

10月30日，杨亮的《中学语文学科教学设计》（团队成员：李萱、张丽珍、张伟丽、程桂荣）、郭华的《跨文化交际》（团队成员：董秀英、辛永芬、戴宁淑、姚云）、王鹏的《比较文学》（团队成员：李伟昉、李安光）获2020年度河南大学线上线下混合式本科课程立项。

10月31日，中国古文字研究会第二十三届学术年会以线上线下相结合的方式在开封市开元名都会议中心举行。论坛由中国古文字研究会主办，河南大学甲骨学与汉字文明传承发展研究中心、河南大学黄河文明与可持续发展研究中心、黄河文明省部共建协同创新中心、河南大学文学院共同承办。来自中国社会科学院、北京大学、清华大学、浙江大学、复旦大学、南开大学、中山大学、吉林大学、上海交通大学、武汉大学、四川大学、南京大学、湖南大学、山东大学、中国人民大学、西南大学、安徽大学、首都师范大学、华南师范大学、郑州大学、河南大学、中华书局、语文出版社、上海古籍出版社、故宫博物院、上海博物馆、山东博物馆、中国文字博物馆以及地方政府、企事业单位、相关媒体等约一百家单位近二百位代表和嘉宾现场参会。河南大学副校长谭贞教授、河南省教育厅社会科学研究与语言文字应用管理处处长韩冰、河南大学黄河文明与可持续发展研究中心主任苗长虹教授出席开幕式。开幕式由河南大学甲骨学与汉字文明传承发展研究中心主任王蕴智教授主持。

10月31日，文学院2019级"明德计划"实验班、菁英班开班仪式在文学院二楼大教室举行。

10月，在河南省总工会、河南省教育厅全省教育系统开展的"2020年度教学技能竞赛"中，赵思奇获得二等奖，王鹏获得三等奖。

10月，"黄河文学文献整理与文化研究"获批河南省哲学社会科学创新团队。

11月1日，"国培计划（2020）"中西部项目培训者团队研修小学语文班开班典礼在文学院一楼教室举行。

11月5日，"国培计划"中小学骨干教师培训项目执行办公室印发了《关于公布"国培计划"十周年优秀典型案例的通知》（国培办〔2020〕10号），我校申报的《"T-UPW"培养模式下的河南大学名师领航工程》

入选"国培计划"优秀培训实践案例。

11月5、12、19日，德国海德堡大学哲学博士、北京师范大学文学院比较文学与世界文学研究所助理教授经敏华，应邀在线为我院学生作以"公元1世纪前后'两希文学'的交流与融合"为主题的三场学术讲座。

11月6日，苏州大学特聘教授、博士生导师、苏州大学古典文献研究所所长、《苏州大学学报》常务副主编罗时进应邀来校，在文学院二楼教室作题为"近代自然灾难诗歌书写及其人文精神"的学术讲座。讲座由院长王宏林教授主持。

11月7日，上海师范大学人文与传播学院教授、博士生导师、上海师范大学汉语言文字学博士点学科负责人宗守云应邀来校，在文学馆一楼报告厅作题为"方言语法研究：语料、方法、体系"的讲座。讲座由丁喜霞教授主持。

陕西师范大学文学院教授、博士生导师黑维强应邀来校，在文学馆一楼报告厅作题为"明代以来西北地区契约文书语言文字研究价值"的讲座。讲座由辛永芬教授主持。

11月12日，文学院"把酒话桑麻"名师漫谈会在明伦校区十号楼117教室举办。语言教研室蔡玉芝、文学理论教研室主任王银辉和语言学博士鲁冰应邀出席。

11月13日，文学院研究生教学技能比赛决赛在明伦校区文学馆二楼报告厅举行。

11月13、16、18日，芬兰赫尔辛基大学教授、文学院讲座教授黄保罗，应邀在线为我院师生分别作题为"比较视域中的先秦文化本质""如何避免成为空心人""人工智能对人之本质的挑战"的三场学术讲座。

11月14—16日，中国人民大学文学院教授、博士生导师、中国现当代文学研究会副会长程光炜教授应邀，在文学馆二楼报告厅分别以"文学年谱框架中的《路遥创作年表》""路遥1971年春的招工问题""路遥兄弟失和原因初探"为题，作了三场关于路遥史料研究的系列讲座。讲座由副院长武新军教授主持。

程光炜

11月15日，文学院青年教师座谈会在文学馆一楼教室举行，校人事处处长吴建伟及文学院领导班子全体成员、学院中层代表以及三十余名青年教师参加座谈会。

11月17日，"国培计划（2020）"中西部项目——骨干教师提升培训初中语文班开班典礼在文学院一楼教室举行。

11月24日，张清民、杜智芳、王银辉、王中原的《文学概论》（线下）、张霁月、王宏林、李钦彤、裴萱、燕俊的《电影概论》（线上线下混合式）获批首批国家一流本科课程。

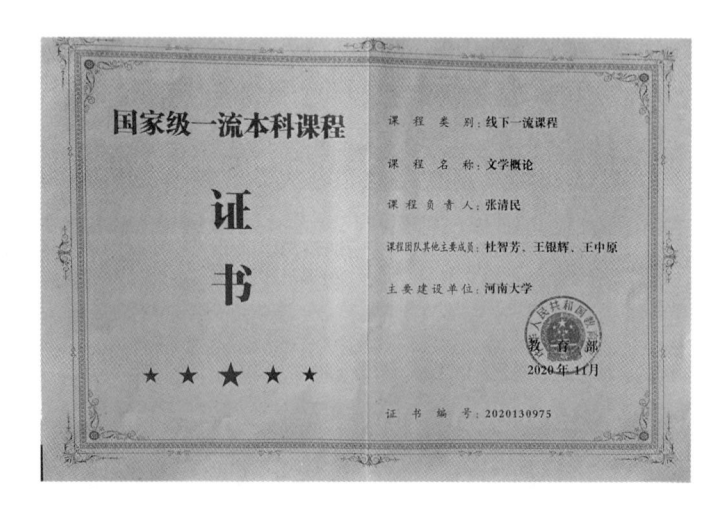

《文学概论》所获国家级一流本科课程证书

11月20日，原文艺理论教研室副教授拜宝轩因病去世，享年84岁。

11月26日、12月3日，浙江大学外语学院副教授朱振宇应邀在线为我院师生分别作题为"贝雅特丽齐：从《新生》到《神曲》""格列翁：地狱第八环与但丁的'喜剧'"的学术讲座。

11月26日，河南大学马克思主义研究会部分成员代表在文学院党委副书记、马克思主义研究会指导老师高冬东和文学院团委负责人卡哈尔·吾买尔的带领下，赴通许县竖岗镇前付村开展社会实践活动。

河南大学马克思主义研究会在通许县开展社会实践活动合影

11月29日，云南省社会科学院研究员、云南大学博士生导师、云南省文史馆馆员杨福泉应邀来校，在文学馆二楼报告厅为我院师生作题为"云南文化的特色及其国际交流"的讲座。讲座由副院长武新军教授主持。

11月，河南省教育厅、河南省学位委员会下发《关于公布2021年河南省研究生教育改革与质量提升工程项目立项名单的通知》（豫学位〔2020〕440号），杨亮教授主持的"教育硕士案例库"获批省教育厅研究生教育改革项目立项资助。

11月，河南省社会科学优秀成果评奖委员会发布《关于表彰2019年度河南省社会科学优秀成果的决定》（豫社科奖［2020］2号），辛永芬的论文《汉语方言Z变音的类型分布及历史流变》获一等奖，李伟昉的论文《朱东润〈莎氏乐府谈〉价值论》、张先飞的论文《极度敏感的"人间爱"信徒，"人的文学"时期朱自清"人间感"的发现与塑型》、杨国安的论文《韩愈的传统文化观》、郭宝军的论文《1930年代"施鲁之争"的文选学史意义》、陈丽丽的著作《南宋孝宗时期词风嬗变研究》获二等奖，李萱的论文《"洞见"：当代中国女性文学书写"历史"的方法》、赵奉蓉的论文"民国《文选》传播侧论——以1917—1936年〈申报〉图书广告为中心》获三等奖。

12月3日，武新军的"中国当代文学跨媒介传播史（1949—2009）"获批2020年度国家社科基金重大项目。辛永芬的"中原官话语料库建设"获批国家社科基金重点项目。

12月4日，在华北水利水电大学举办的2020年河南省大学生职业生涯规划大赛总决赛中，河南大学文学院2018级"明德计划"实验班本科生白熙智以全省第一名的优异成绩斩获金奖。

白熙智

12月8日，中国作家协会会员、河南大学教授、中国少林文化研究院院长、硕士研究生导师张国臣应文学院邀请，在文学院二楼教室为师生作题为"浅谈治学的成功之道"的讲座。讲座由副院长武新军教授主持。

12月10日，张先飞的《"人的文学"："五四"现代人道主义与新文学的发生》、胡全章的《近代报刊与诗界革命的渊源流变》分别获得教育部第八届高等学校科学研究优秀成果奖（人文社会科学）著作论文奖三等奖。

12月10日，2020年"河南省义务教育师资薄弱环节改善暨中小学教师素质提升工程·乡村骨干教师培育项目·初中语文班"开班典礼在文学院举行。

12月14日，北京师范大学教授、博士生导师、文艺学研究中心专职研究员、教育部长江学者特聘教授方维规应邀来校，在文学院二楼会议室作题为"普遍、自由的'精神贸易'——歌德'世界文学'概念的历史语义"的讲座。讲座由《河南大学学报》主编李伟昉教授主持。

12月17、19日，复旦大学德语语言文学系副教授、硕士生导师姜林静应邀在线为文学院师生分别作题为"莎士比亚：第三位德国古典主义巨匠？"、"卡尔·施米特与陀思妥耶夫斯基"的学术讲座。该讲座系"国外文学经典研读系列讲座"第六讲、第七讲。

12月18日，中国社会科学院文学研究所研究员、中国社会科学院研究生院教授陈才智应邀来校，在文学院二楼教室作题为"白居易——走向世界的广大教化主"的讲座。讲座由院长王宏林教授主持。

12月20日，中国文艺理论学会副会长、中国作家协会理论批评委员会委员、联合国教科文组织"人与生物圈"计划中国委员会委员、河南大学讲座教授鲁枢元应邀，在文学院二楼教室作题为"浅谈生态哲学"的讲座。讲座由副院长武新军教授主持。

12月23日，2020年度"活力杯"河南学校共青团基层基础工作大赛（高校组）决赛在黄河水利水电学院举行。文学院2018级本科生刘新阳获河南省大中专学校十佳"魅力团支书"。

12月29日，澳门大学人文学院代院长、孔子学院代院长、中国语言文学系特聘教授兼系主任徐杰应邀来校，在文学院二楼教室作题为"语言学研究中的创新能力与工匠精神"的讲座。

12月，张先飞获批"万人计划"哲学社会科学领军人才。

2021 年

1月4日，焦晓宇、丁子钧、李三卫、王艳欣、耿丹青、周轩冰等6名研究生获河南大学第二十一届侯镜如奖学金。

1月7日，文学院第六届第三次教职工暨工会会员代表大会在学院二楼大教室召开。会议由院党委副书记、工会主席高冬东主持。会议审议通过了《文学院2020年工作报告》《文学院2020年经费使用情况报告》《文学院2020年工会工作报告》《文学院2020年提案工作报告》《文学院2020年工会会费收缴使用情况报告》《文学院教师工作室分配与管理暂行办法》和《文学院教师职业行为准则》。

1月9日，文学院统战工作与新入职青年教师座谈会在学院二楼会议室召开。

1月14日，吕钰琪、白熙智、唐辉、朱香岩、刘新阳、刘易书、蔡可儿、谢昊获2019—2020学年河南大学蓝天奖学金。冀雅朴、肖嘉敏获2019—2020学年河南大学道兴奖学金。蓝天奖学金是由河南蓝天集团有限公司捐资设立的校级专项奖学金。

1月26日，刘绍亭因病在郑州去世，享年94岁。

1月，李伟昉主编的《比较文学》获批河南省首批教材建设奖（高等教育类）二等奖。

2月5日，张清民的线下一流课程《文学概论》（团队成员：杜智芳、王银辉、王中原）、张霁月的线上一流课程《电影概论》（团队成员：王宏林、裴萱、李钦彤、燕俊）获河南大学教学质量奖优秀课程特等奖，王宏林的线下一流课程《古代文学》（团队成员：刘军政、郑学、张亚军、王利锁）获一等奖，杨亮的线上线下混合式一流课程《中学语文学科教学设计》（团队成员：李萱、张丽珍、张伟丽、程桂荣）、郭华的线上线下混合式一流课程《跨文化交际》（团队成员：董秀英、辛永芬、戴宁淑、姚云）、王鹏的线上线下混合式一流课程《比较文学》（团队成员：李伟昉、李安光）获二等奖。史红伟的《古代文学》（三）、孙彩霞的《外国文学》（二）获批河南大学教学质量奖课程思政示范课。王鹏、赵思奇获学校教师教学技能竞赛一等奖。

2月26日，李文山任文学院党委书记，王志国任文学院党委副书记。

3月13—14日，鲁枢元教授应邀来校，在文学院二楼教室作题为"自在的自然美—瓦雷利的贝壳"的讲座，之后参加与青年学者谈治学座谈会。讲座与座谈会由副院长武新军教授主持。

3月22日，中华诗词学会副会长、上海大学特聘教授、博士生导师曹辛华应邀来校，在文学院为师生作题为"现代旧体文学研究的路径与文献问题"的讲座。讲座由副院长武新军教授主持。

3月23日，北京三联书店副总编辑舒炜在文学院二楼学术报告厅作题为"数字时代的阅读、聆听与书写：书籍史与文化史的变迁"的讲座。院长王宏林教授主持讲座。

3月30日，学校公布2020年度本科教学改革研究与实践项目立项名单。王宏林的"中文专业核心课程深度融入思政元素的创新与实践"获批重大项目，杜智芳的"新媒介语境下一流本科课程'文学概论'的教学方法研究"、王鹏的"中文专业外国文学类课程思政教学策略与设计"、白金的"新文科与专业认证双重背景下汉语言文学专业课程体系改革研究"、张丽珍的"基于师范认证需要的语文教师职业口语训练课程设计与实践"、邓小红的"《侦探小说鉴赏》教学改革与课程建设研究"获批一般项目。

3月31日，河南省博士后管理委员会办公室印发《关于公布2020年度河南省博士后工作考核评估结果的通报》（豫博管办〔2021〕10号），我校获评为河南省优秀博士后工作单位，在参评的15个博士后科研流动站中，中国语言文学被评为良好等级。

3月，汉语国际教育专业获批国家级一流本科专业建设点。

4月1日，上海交通大学媒体与传播学院教授、博士生导师、上海交通大学马克思主义民间文艺学与文化传播研究中心主任、我校校友高有鹏来到母校,把自己集30年心血独立完成的500万字的学术著作《中国民间文学发展史》2套20卷,捐赠给学校图书馆。《中国民间文学发展史》是"十二五"国家重点图书出版规划项目,2015年度国家出版基金资助项目,由线装书局出版。

《中国民间文学发展史》(2套)

4月8日,文学院、新闻与传播学院合作共建签约仪式在明伦校区小礼堂举行。校党委常委、副校长阚云超,发展规划处处长宋战利,人事处处长吴建伟,教务处副处长朱显峰,人文社科研究院副院长孔令刚,文学院、新闻与传播学院党政领导班子、师生代表出席签约仪式。仪式由新闻与传播学院党委书记王文科主持。文学院院长王宏林、新闻与传播学院院长杨萌芽分别代表两院签署合作共建协议书。

4月9日,南开大学文学院中文系教授、博士生导师,河南大学讲座教授孙克强应邀来校,在文学院古代文学教研室作题目分别为"词体的本色与演变""唐宋词兴盛原因析论"的两场讲座。

4月9日晚,现当代文学专业博士生导师刘进才教授与武新军教授在文学院二楼教室举行关于文学与图像研究互动问题的对话。

4月16—18日,由河南省外国文学与比较文学学会主办、安阳师范学院外国语学院承办的河南省外国文学与比较文学学会2021年会在安阳师范学院举行。河南省外国文学与比较文学学会会长李伟昉教授，常务副会长兼秘书长邱业祥教授，应邀出席会议。

4月19日，河南省委书记王国生来到我校，在明伦校区小礼堂与我校师生代表座谈交流。省委常委、省委秘书长穆为民，省委常委、省委宣传部部长江凌，省教育厅党组书记、厅长郑邦山，校党委书记卢克平、校长宋纯鹏、校党委副书记张宝明，学校相关部门和学院负责同志以及教师和学生代表参加座谈。座谈会议由江凌主持。在座谈会上，文学院2018级学生、学校马克思主义研究会学生代表王钧鹤谈了参加党史学习教育的收获与体会。

4月19日晚，美国汉密尔顿学院东亚语言文学系副教授及中文项目负责人王卓异应文学院邀请，在线上作以"华语电影与好莱坞"为题的系列讲座第一讲："如何理解电影艺术的形式与风格"。本次讲座由副院长武新军教授主持。

4月21日晚，韩国外国语大学资深教授、博士生导师朴宰雨，在腾讯会议平台作以"韩中现当代文化文学关系与互动"为题的海外云课堂系列讲座第一讲。第一讲主题为"中日甲午战争以来的东亚文化格局的剧变与韩中文学的互动最近一百年"。讲座由河南大学国际合作与交流处、河南大学文学院联合主办，文学院副院长武新军教授主持。

朴宰雨

4月24日，河南大学2021年春季运动会闭幕式在金明校区志义体育场举行。文学院获得学生团体总分第一名、学生女子团体总分第一名、学生男子团体总分第五名、教工团体总分第七名的优异成绩。

4月24日，新加坡南洋理工大学中文系教授、博士生导师张松建应邀通过腾讯会议为我院师生作题为"新华文学一百年：十个历史时刻"的线上讲座。讲座由副院长武新军教授主持。

4月24日，文学院2018级"明德计划"实验班、2019级"明德计划"实验班与生态文化队共20名成员组成联合考察团，在孙建杰老师的带领下，赴开封市兰考县开展"寻访焦裕禄，参观现代化工厂"实践活动。

4月24日晚，文学院第十一届秘书文化节闭幕式暨汇报演出在科技馆二楼报告厅举行。院长王宏林、副院长白春超、秘书与写作教研室主任徐丽君、薛蕾老师、张胜波老师及各年级辅导员应邀出席。

4月25日，河南大学生态文化研究所揭牌仪式在河南大学明伦校区小礼堂举行。黄河科技学院董事长、中国民办教育协会监事会主席胡大白，中国光大集团扶贫办公室主任赵保富，河南师范大学副校长马治军，河南省文学院院长冯杰，河南日报专家委员会委员、河南省诗歌协会会长张鲜明，郑州大学文学院副院长刘志伟等校外来宾应邀出席揭牌仪式。文学院教授王文金、关爱和，校党委常委、副校长孙君健，校生态文化研究所所长鲁枢元，文学院党政领导班子以及文学院师生代表近五十人参加仪式。孙君健副校长、鲁枢元教授共同为河南大学生态文化研究所揭牌。揭牌仪式后，与会嘉宾在六号楼前合影留念，随后进行了生态文化座谈。

4月25日，河南大学文学院教授、博士生导师、中国近代文学学会会长关爱和在文学院二楼教室为师生作题为"中国现代学术百年"的讲座。讲座由文学院院长王宏林教授主持。

4月26日，复旦大学古籍所汉语言文字学二级教授、博士生导师、古籍所汉语言文字学学术带头人刘晓南应邀来校，在文学馆一楼报告厅作题为"历史音韵与传统文化"的讲座。讲座由院长王宏林教授主持。

4月29日，南开大学文学院孙克强教授应邀在文学馆二楼报告厅作

孙君健（右）、鲁枢元为河南大学生态文化研究所揭牌

题为"民国词坛新旧两派的分野及意义"的讲座。讲座由副院长白金主持。

4月29日，我校在金明校区召开河南大学纪念五四运动102周年暨2021年五四表彰大会。文学院团委获2020年度"河南大学五四红旗团委"称号，我院2018级研究生团支部、戏剧影视文学2019级7班团支部、中国语言文学2019级明德班团支部和中国语言文学2020级2班团支部荣获2020年度"河南大学五四红旗团支部"称号；卢美丹老师被评为2020年度"河南大学青年岗位标兵"；周轩冰、唐辉、梁甜等15名同学被评为2020年度"河南大学优秀共青团干部"；闪飘、蔡可儿、任书奇等37名同学被评为2020年度"河南大学优秀共青团员"。文学院2018级本科生刘新阳同学代表优秀共青团员作大会发言。

4月，张清民教授的论文《中国共产党领导文艺百年发展与成功经验》在《中国社会科学》2021年第4期"中国共产党100年的理论与实践"学术专栏发表，全文两万两千余字。

刘新阳（2018级本科生）在表彰大会上

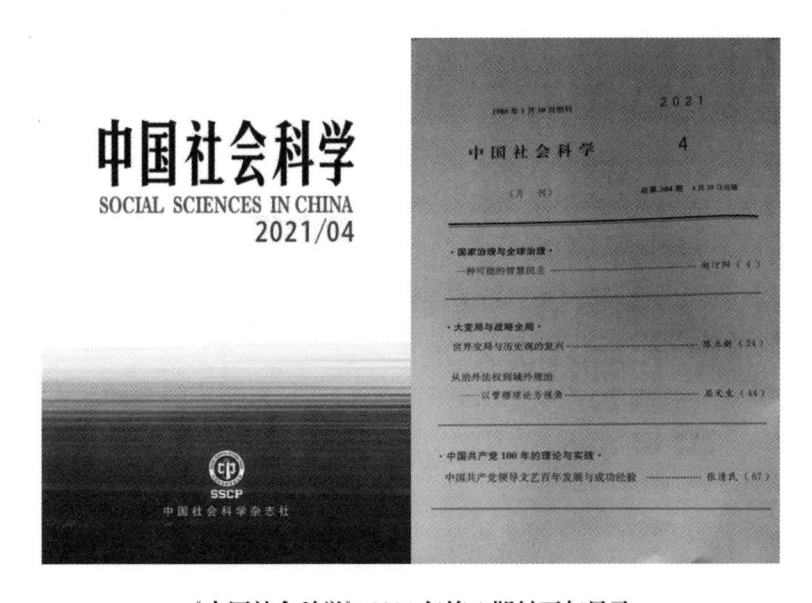

《中国社会科学》2021年第4期封面与目录

4月，我校文学院圣经文学研究所主办的《圣经文学研究》集刊入选南京大学中国社会科学研究评价中心 CSSCI（2021—2022）收录集刊。

《圣经文学研究》所获 CSSCI 收录证书

5月7日，复旦大学影视美学教授杨俊蕾应邀来校，在文学院二楼教室作题为"朝向未知的一跃：辩证思考科幻影像中的技术支持与人文先导价值"的讲座。讲座由副院长武新军教授主持。

5月9日，原文艺理论教研室副教授田连波因病在郑州去世，享年85岁。

5月11—12日，由河南省教育厅主办，河南师范大学、河南省师德建设宣传中心承办的河南省2021年"礼赞建党百年，矢志为党育人"师德主题教育诗歌朗诵比赛复赛在新乡市举办。我院2017级汉语言文学（师范）专业本科生汤梦瑶获学生组二等奖。

5月14日，武汉大学外语学院教授、博士生导师罗国祥应邀在文学馆二楼报告厅作题为"两希思想与法国文学"的讲座。

5月14日，博士生导师、文学院副院长武新军教授应邀在新闻与传播学院二楼会议室作题为"跨媒介传播研究的逻辑起点"讲座。

5月16日，河南大学一对一帮扶兰考县集中培训项目初中语文班在文学院一楼教室举行开班典礼。文学院院长王宏林、继续教育办公室主任李国平出席开班典礼，典礼由李国平主持。

5月19日下午，北京大学博雅讲席教授、教育部"长江学者"特聘教授、中央文史研究馆馆员、国务院学位委员会第六、第七届中国语言文学学科评议组成员陈平原，北京大学中文系教授、河南大学讲座教授夏晓虹应邀，在文学院二楼大教室作题为"手稿研究的视野、方法及策略"的讲座。讲座由关爱和教授主持。

陈平原

夏晓虹

5月19日，河北师范大学教授、博士生导师吴继章应邀来校，在文学馆一楼报告厅为文学院师生作题为"汉语方言调查的技巧与细节"的报告。

5月20日上午，北京大学博雅讲席教授、教育部"长江学者"特聘教授、中央文史研究馆馆员陈平原，应邀在科技馆二楼报告厅作题为"小说史学面面观"的讲座。讲座由关爱和教授主持。

5月20日上午，北京大学中文系教授、河南大学讲座教授夏晓虹应邀在文学院二楼大教室作题为"秋瑾在二十世纪中国"的讲座。讲座由关爱和教授主持。

5月20日，陕西师范大学文学院教授、博士生导师黑维强应邀来校，在文学馆一楼报告厅作题为"论契约文书时空特征词及其形成原因与研究价值"的讲座。

5月20日晚，教育部长江学者、南京大学文学院教授、博士生导师、江苏省中国现代文学学会会长王彬彬应邀来校，在我院现当代文学教研室作题为"严复、鲁迅、周作人与清末军事学堂"的讲座。讲座由文学院院长王宏林教授主持。

5月21日，华东师范大学国际汉语文化学院副教授、硕士研究生导师马国彦，应邀在文学馆一楼报告厅作题为"国际中文教育的现代史维度：教师和教材"的讲座。

5月22日，在明伦校区科技馆二楼报告厅，全国道德模范、全国优秀教师、感动中国2018年度人物、河南省南阳市镇平县高丘镇黑虎庙小学校长张玉滚同志为文学院和新闻与传播学院师生作题为"用青春之火照亮山村教育未来"的讲座。讲座由文学院党委副书记王志国主持。

5月22日，教育部全国高校教师培训中心特聘教授、江苏省艺术评论学会戏剧专业委员会副主任、南京大学文学院教授、博士生导师孙书磊应邀来校，在我院古代文学教研室作题为"文献学与古典戏曲研究"的讲座。讲座由文学院院长王宏林教授主持。

5月23日，中国社会科学院语言研究所历史语言学二室主任、中国社会科学院大学特聘教授、博士生导师杨永龙应邀，在腾讯会议平台为我院师生作题为"青海甘沟话的情态表达与相关形式的来源"的讲座。

5月22—23日，2021年河南大学教师教学技能竞赛在金明校区举行，卢美丹、王鹏获文科组二等奖。

5月23日，在开封市清明上河园附近的七盛角举办的开封首届大学生戏剧节,河南大学文学院2020级7班戏剧影视文学专业全体学生共同呈现了一场先锋戏剧《海上夫人·离魂记》。

5月24日,天津师范大学突出贡献教授、博士生导师孟昭毅,山西师范大学文学院教授、西安翻译学院特聘终南学者、文学与传媒学院院长亢西民应邀来校,在文学馆二楼报告厅分别作题为"后理论时代比较文学研究的视域和方法""西方小说的空间问题"的讲座。

5月24日,首都师范大学文学院教授、博士生导师黄树先,中南民族大学文学与新闻传播学院教授、硕士生导师、语言学教研室主任邵则遂应邀来校,在文学馆一楼报告厅为文学院师生分别作题为"《螽斯》解诂""古楚方言词的接触与演变"的讲座。讲座由文学院张生汉教授主持。

5月24日,北京大学中文系教授、长江学者特聘教授、新世纪百千万人才工程国家级人选、中国俗文学学会会长廖可斌应邀在文学院二楼大教室作题为"四位一体:解读古代文学作品的方法"的讲座。讲座由文学院院长王宏林教授主持。

5月25日,应文学院邀请,中国作家协会会员、中国报告文学学会常务理事、河南省报告文学学会常务副会长兼秘书长、时代报告杂志社常务副总编郑旺盛应邀来校,在文学院二楼大教室作题为"文学的精彩,家国的情怀——报告文学的采访创作与时代意义"的讲座。

5月27日,文学院与金明中小学教育实习基地共建协议签约和揭牌仪式在金明中小学本部会议室举行。文学院院长王宏林、副院长白金、语文教育教研室主任杨亮,金明中小学校长吕中伟、党委书记买宁、副校长陈振玉、教科室主任陈芬、语文组组长拜冉和语文组老师胡慧出席仪式。

5月28日,北京大学中文系教授、博士生导师张剑应邀来校,在文学院古代文学教研室作题为"唐宋诗词鉴赏方法略谈"的讲座。讲座由王利锁教授主持。

5月29日,陕西师范大学国学研究院院长、教授、博士生导师曹胜高应邀来校,在文学院古代文学教研室作"社而赋事的制度与歌诗"的讲座。讲座由王利锁教授主持。

5月29日,中国传媒大学文学院教授、博士研究生导师、国学研究所所长姚小鸥应邀来校，在明伦校区新行政楼308会议室作题为"出土文献与《诗经》研究的材料和方法"的讲座。

5月29日，河南大学江苏校友会文学院分会成立大会在南京举行，校党委常委、统战部部长、文学院党委书记李文山，校友工作与教育发展基金会办公室副主任、校友总会秘书处副秘书长刘群，文学院院长王宏林，副院长白春超、焦喜峰等到会祝贺，河南大学江苏校友会会长冯宝善、常务副会长兼秘书长郭伟平，部分南京校友参加了成立大会。2001级校友李新凯主持成立仪式。河南大学校友工作与教育发展基金会办公室副主任、校友总会秘书处副秘书长刘群宣布河南大学江苏校友会文学院分会成立，1982级校友孔庆茂任会长、宋祖华任副会长、李新凯任副会长兼秘书长、黄启源任副秘书长。

5月30日，文学院在学院一楼大教室举办师范教育专业毕业生技能比赛经验分享会。副院长白金、语文教育教研室主任杨亮出席，文学院本科生刘雪宁、河南大学民生学院本科生王时物作为河南省第十八届高等学校师范类专业毕业生教学技能比赛一等奖获得者进行了说课展示与经验分享，近百名经过选拔的2018级本科生与会。

刘雪宁（2017级本科生）在进行说课展示

5月30日，文学院第十三届"明星杯"教职工子女作文大赛颁奖仪式在学院二楼会议室举行。

5月30日，宁夏大学人文学院教授、院长、博士生导师，"万人计划"哲学社会科学领军人才胡玉冰应邀来校，在文学馆一楼报告厅作题为"碎金散玉，切磋琢磨——古典文献视阈下西夏文学文献的整理与研究问题"的讲座。讲座由李景文教授主持。

5月30日，西北大学文学院教授、中国古典文献学专业博士生导师、古典文献研究所所长、全国韩愈研究会副会长郝润华应邀来校，在文学馆一楼报告厅作题为"《五百家注韩昌黎集》整理研究漫谈"的讲座。讲座由杨国安教授主持。

5月31日，郑州大学特聘教授、博士生导师刘志伟，河南师范大学文学院教授、博士生导师张富春应邀来校，在文学馆一楼报告厅分别作题为"活体文献与曹魏文化研究""碑刻所见河南地区之妈祖文化"的讲座。讲座由李景文教授主持。

6月1日，南京师范大学文学院教授、博士生导师陈吉德应邀来校，在文学馆一楼会议室作题为"中国当代先锋戏剧漫谈"的讲座。讲座由副院长武新军教授主持。

6月2日，扬州大学中国语文教育所所长、文学院教授、博士生导师徐林祥应邀为我院学科语文教育硕士作题为"关于语文学习任务群的几个问题"的讲座。讲座由杨亮教授主持。

6月3日，江苏师范大学魏本亚教授应邀在文学院二楼大教室作题为"语文课堂教学的第四次革命"的讲座。讲座由副院长白春超教授主持。

6月4日，郑州大学高军峰教授应邀在我院二楼教室作"高考岁月：普通高校招生考试40年述要（1977—2017）"专题讲座。讲座由文学院杨亮教授主持。

6月4日，北京师范大学跨文化学研究院院长、教授、博士生导师董晓萍应邀作题为"工匠故事研究的理论特殊性"的线上讲座，讲座由吴效群教授主持。

6月4日，中国近代文学研究会常务理事、河南省文学学会副会长袁凯声研究员应邀在我院现当代文学教研室作题为"文化反省运动下的文学变革——观察十九至二十世纪之交文学的一个视角"的讲座，讲座由副院长武新军教授主持。

6月4日，河南师范大学文学院教授、博士生导师曹书文应邀在文学院现当代文学教研室作题为"漫谈新时期家族小说创作的泛化现象"的讲座，讲座由副院长白春超教授主持。

6月5日上午，文学院2021届本科生毕业典礼暨学位授予仪式在明伦校区音乐学院音乐厅举行。河南大学校友工作与教育发展基金会办公室主任刘波，文学院1977级校友、河南省文学院一级作家、文学院兼职教授孟宪明，文学院全体领导，学位分委员会成员，教师代表以及文学院2021届全体毕业生参加典礼。2021届优秀毕业生代表吕钰琪、在校生代表2018级王钧鹤、教师代表邱业祥、校友孟宪明分别发言，典礼由院党委副书记王志国主持。

6月5日，中国人民大学文学院教授、博士生导师，中国中外文学理论学会副会长，中国创意产业国际论坛秘书长金元浦，清华大学人文学院教授、博士生导师汪民安应邀在文学院二楼会议室分别作题为"我国当代文艺学的文化转向与文化研究的发展""何为作者"的讲座。讲座由张云鹏教授主持。

6月5日，中国社会科学院文学研究所陈才智研究员，海南大学人文传播学院海滨教授、中国人民大学国学院原特聘教授、新疆师范大学教授薛天纬应邀来校，在古代文学教研室分别作题为"唐诗之路上的醉白景观""乐趣与真趣间的太白遗风""丝绸之路上的唐诗悬案"的讲座。讲座由古代文学教研室主任郑慧霞主持。

6月6日，兰州大学"萃英学者"、教授、博士生导师，国家社科基金重大项目首席专家张进应邀在文学院二楼会议室作题为"丝路审美共同体及其当代意义"的讲座，讲座由河南大学文学院省级重点研究基地文艺学研究中心副主任王银辉主持。

6月8日，河南大学2021届本科毕业生代表座谈会在金明校区图书馆三楼会议室召开。校长宋纯鹏，党委常委、副校长谭贞、阚云超、杨中华，以及校长办公室、教务处、学生处等相关部门负责同志与四十余名本科毕业生代表出席。文学院应届毕业生吕钰琪参加座谈会并发言。

6月11日，玉林师范学院院长、博士生导师，上海大学中华诗词创作研究院特聘教授，广西壮族自治区特聘专家王卓华教授应邀来校，在文学院二楼会议室作题为"康熙博学鸿儒与清初诗风蜕变"的讲座。讲座由副院长武新军教授主持。王卓华教授系河南大学文学院1985届毕业生。

6月11日，浙江工业大学人文学院教授、浙江大学中文系博士生导师、中国宋代文学学会副会长肖瑞峰教授应邀在文学院古代文学教研室作题为"唐诗演进史视域中的刘禹锡"的讲座，讲座由院长王宏林教授主持。

6月18日，河南省省长王凯来我校指导开展党史学习教育，调研大学生就业创业工作。在明伦校区，王凯走进大礼堂、校史馆、学生公寓、教学楼等场所，了解学校历史及发展，询问学生生活学习情况等。随后，王凯主持召开座谈会，围绕党史学习教育开展和学生就业创业，与学校领导及师生代表亲切交流。文学院2018级本科生朱香岩作为学生代表参加座谈。

6月23日，文学院在二楼会议室举行2020级新疆籍预科生结业典礼。校教务处副处长樊小勇，校党委学生工作部副部长、学生处副处长王林，预科班班主任陈昌铭，院党委委员、党委办公室主任、2018级辅导员周青，团委负责人、2020级辅导员苏亚丽，2019级辅导员赵婧出席典礼，2020级新疆籍全体预科生与会。典礼由文学院党委副书记王志国主持。

6月25日，河南省高校社科界庆祝建党100周年交流会召开。省委教育工作领导小组秘书组组长、教育厅党组书记、厅长郑邦山出席会议并讲话。我校党委常委、副校长孙君健，河南大学学报主编李伟昉及人文社科研究院负责人应邀参加会议。李伟昉作题为"以习近平总书记给《文史哲》编辑部的回信精神，引领哲学社会科学工作再上新台阶"的发言。

6月29日，文学院在二楼大教室举行"河南大学2021年师范教育专业毕业生教学技能大赛"表彰大会。孙佳仪荣获特等奖，张艳翠、贾倩获得一等奖，韩冰、周家琦、胡夏倩、杨嘉仪获得二等奖。孙佳仪作为获奖学生代表上台发言。

6月30日，河南大学庆祝中国共产党成立100周年大会在金明校区计算机大楼二楼报告厅举行。文学院退休教师张豫林获得"光荣在党50年"纪念章并作为代表发言。武新军、裴萱、魏清源，2018级本科生王钧鹤被授予河南大学"优秀共产党员"称号，周青被授予"优秀党务工作者"称号，教工第二党支部和本科生第二党支部被授予"先进基层党组织"称号。

6月，同济大学教授、博士生导师朱静宇，浙江大学教授、博士生导师何辉斌应邀在文学馆分别作题为"留学生与中国比较文学学科之建构""基于认知科学的新典型论"的讲座。讲座由文学院李伟昉教授主持。

6月，武汉大学外语学院教授、武汉大学欧洲研究中心副主任、法国研究所所长、《法国研究》杂志主编、国家哲学社会科学基金项目评审专家罗国祥莅临我院文学馆二楼报告厅作"'两希'思想与法国文学"讲座。讲座由文学院教授、《河南大学学报》编辑部主任、主编李伟昉主持。

6月，邬非非获中国博士后基金面上资助（二等）。

7月3日，当代著名作家、中国作协主席团委员、海南省文联名誉主席韩少功应邀在科技馆二楼报告厅作题为"文学经典的形成与阅读"的讲座。讲座由文学院副院长武新军教授主持。文学院、其他学院以及来自郑州、洛阳、新乡的近三百名师生参加。

韩少功

7月4日，青海省西宁一中教育集团"基于核心素养的教学改革"开班典礼在文学院一楼教室举行。文学院院长王宏林、副院长白金，西宁一中副校长张俊、西宁一中教育集团海子沟中心校校长李军、西宁市第一中学教育集团办公室主任赵有录出席开班典礼，典礼由白金主持。

7月7日，杨萌芽任文学院党委书记。

7月12日，杨亮、李萱、周青、王银辉、杨曙亮获河南大学2020—2021学年优秀实习指导教师。

7月23—26日，文学跨媒介传播研究学术论坛在河南大学召开。来自河南大学、信阳师范学院、周口师范学院、河南师范大学、河南科技学院、华东政法大学、洛阳师范学院、商丘师范学院、中山大学等高校的三十多位学者，以线上线下相结合的方式，围绕文学的跨媒介传播话题进行研讨。论坛由副院长武新军教授主持。

文学跨媒介传播研究学术论坛与会代表合影

7月24—25日，由中国武侠文学学会和河南大学文学院主办的现当代通俗文学暨武侠小说学术研讨会在河南大学召开。来自北京、上海、江苏、浙江、广东、湖北、湖南、安徽、山西等地的近二十位专家学者，对现当代通俗文学研究的相关问题以及武侠小说从古典到现代的转型等问题展开研讨。文学院党委书记杨萌芽和中国武侠文学学会副会长、中国电影艺术研究中心陈墨研究员分别代表会议主办方致辞。

7月28日，原《中学语文》编辑部馆员全允菊因病去世，享年80岁。

7月，文学院马克思主义研究会开展的暑期"三下乡"社会实践项目，被评为河南省暑期社会实践活动优秀品牌项目。

7月，由全国学联秘书处指导、中国青年报社主办的"寻找全国高校百强学生社团"活动正式落下帷幕，经过高校推荐、社团展示、网络投票、专家评审等环节，我院的马克思主义研究会荣获"2020全国高校百强学生社团"荣誉称号。

河南大学马克思主义研究会所获全国高校百强学生社团获奖证书

8月18日，武新军任文学院院长、党委副书记，焦喜峰任郑州校区综合管理办公室副主任，涂钢任文学院党委副书记。

8月20日，李伟昉教授主持的国家社科基金重大项目"莎士比亚戏剧本源系统整理与传承比较研究"获得滚动资助经费60万元。

8月26日，在河南省第七届文学艺术优秀成果奖评选结果揭晓，张清民教授的《两个文艺"讲话"的话语意义分析》获文艺评论类优秀作品奖。

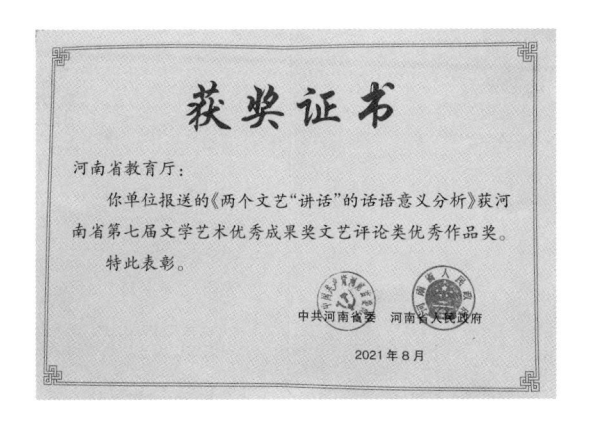

《两个文艺"讲话"的话语意义分析》
所获河南省第七届文学艺术优秀成果奖获奖证书

9月8日，河南省教育厅公布2020年度河南省高校哲学社会科学研究成果奖获奖名单，李伟昉的论文《文化自信与比较文学中国学派的创建》获中国文学特等奖，王中原的论文《生态美学的合法性困境与自然美的启示》获中国文学一等奖，董秀英的著作《跨语言视角下的汉语假设句研究》获语言学一等奖，庄鹏涛的论文《少数文学与结舌：德勒兹的语言褶皱论》获中国文学二等奖。

9月16日，原文学院教授、博士生导师佟培基先生因病去世，享年78岁。佟培基，满族，1944年3月生，河南开封人。曾任河南大学中文系唐诗研究室主任、古籍整理研究所所长，中国唐代文学学会理事，中国孟浩然研究会副会长，国务院政府特殊津贴专家，河南省政府决策咨询专家。

佟培基教授主要从事中国古代文学、古典文献学教学与研究工作，是河南大学古典文献学学科的奠基者之一，在唐诗整理与辨伪上取得突破性成果，是唐代文学研究的一面旗帜，多次获得国家和省部级优秀成果奖。曾担任国家重点规划项目《全唐五代诗》主编，著有《全唐诗重出误收考》《孟浩然诗集笺注》《全唐诗精华》《辛弃疾选集》《全唐诗简编》；创作有《萤雪吟草》《论书绝句》等作品。佟先生精通诗词与书法，工篆书、隶书，作品雄浑古朴，凝重典雅，享有盛誉，其书法作品曾多次入选全国书法展。

9月17日，张霁月（主讲课程：电影概论、中国电影史）入选学校

2021 年度校级教学名师。

9 月 23 日，中国社会科学院语言研究所研究员、深圳大学人文学院教授刘丹青，应邀在文学馆一楼报告厅作题为"汉语话题系统更新版暨主语话题关系新探"的讲座。讲座由辛永芬教授主持。

9 月 24 日，国家哲学社会科学工作办公室公布 2021 年国家社科基金年度项目立项名单，齐文榜的"唐别集续考"、段亚广的"河南方言地图编写与研究"获批重点项目，程小娟的"基督教中国化视域下圣经的比较文学研究"、岳淑珍的"历代《草堂诗余》的篆刻及其词学影响研究"、孙建杰的"晚清民国河南戏曲的传承与变革研究"、李萱的"'社会大讨论'与 1980 年代文学发展研究"、丁喜霞的"乾嘉学者文集中训诂资料的整理与研究"获批一般项目，周飞的"西方文学虚构的概念史研究"获批青年项目。

9 月 25—26 日，第十届汉语方言语法学术研讨会在开封召开。会议由河南大学文学院、全国汉语方言学会、《方言》编辑部主办，河南大学文学院、语言科学与语言规划研究所承办。校党委常委、副校长孙君健，河南大学文学院院长武新军，全国汉语方言学会副会长刘祥柏分别致辞。大会共进行了两场大会报告、十二场分组报告，57 位学者宣读了自己的论文。来自高校和科研机构的 67 位专家学者出席会议。开幕式由河南大学文学院语言科学与语言规划研究所所长段亚广主持。

第十届汉语方言语法学术研讨会开幕式

9月28日，河南省文艺评论家协会第三次代表大会在郑州举行，我院院长武新军教授当选副主席。此外，郑州师范学院院长、我院博士生导师孙先科教授当选河南省文艺评论家协会主席，信阳师范学院传媒学院院长、我院校友吕东亮当选河南省文艺评论家协会副主席。河南师范大学文学院院长、我院校友赵黎波当选河南省作家协会副主席。彭恒礼当选河南省民间文艺家协会主席，我院校友汪振军当选河南省民间文艺家协会副主席。

9月30日，文学院2020级"明德计划"实验班全体学生在学院二楼会议室举行开班仪式。院党委书记杨萌芽、院长武新军、副院长白春超、明德班班主任裴萱、教务办负责人杨曙亮出席仪式。活动由副院长白金主持。

2020级明德班开班仪式合影

10月9日，"国培计划（2021）"中西部项目市级骨干教师提升培训小学语文班在文学院一楼教室举行开班典礼。河南大学教育学部副书记、基础教育研究院院长、博士生导师蔡建东教授，文学院院长、博士生导师武新军教授出席开班典礼，典礼由文学院继续教育办公室主任李国平主持。周口市淮阳区实验小学闫苏醒作为学员代表发言。

10月12日，由河南省社科联举办的2021年（第十届）河南社会科学学术年会主会场活动在郑州举行。河南大学学报主编李伟昉教授受邀参加会议，并代表省文学学会围绕文学学科的发展情况进行交流发言。

10月14日，中国词学学会副会长、中国韵文学会副会长、中国宋代文学学会理事、南开大学文学院孙克强教授，应邀在文学院三楼古代文学教研室作题为"柳永词的艺术特色及其在词史上的意义"的讲座。讲座由古代文学教研室副主任刘军政主持。

10月15日，文学院教育教学实习基地签约仪式在开封市第三十三中学举行。文学院副院长白金、语文教育教研室主任杨亮、教务办负责人杨曙亮及开封市第三十三中学校长黄小文等相关负责人一同参加签约仪式。

10月19日，李伟昉、张霁月、王鹏、赵思奇、刘军政、卢美丹获河南大学2019—2021年度教学优秀奖。

10月19日，上海社会科学院思想文化研究中心研究员、全国马列文论研究副会长、全国毛泽东文艺思想研究会副会长马驰教授，应邀在文学院二楼会议室作题为"我们怎样阅读经典"的讲座。讲座由张云鹏教授主持。

10月20日，教育部青年长江学者、国家哲学社会科学"万人计划"领军人才张先飞教授参加中宣部在北京召开的宣传思想文化领域高层次人才代表座谈会。

10月20日，中国词学研究会会长、中南民族大学教授王兆鹏应文学院邀请，在文学馆二楼报告厅作题为"怎样运用GIS、VR、AI等数字技术研究古代文学"讲座。讲座由文学院古代文学教研室副主任刘军政主持。

10月21日，中国人民大学文学院教授、博士生导师金元浦应文学院邀请，在学院二楼会议室作题为"国潮汹涌：从中国风到世界范"的讲座。

金元浦（中）

10月21日，文学院在院二楼会议室召开马克思主义研究会发展座谈会。院党委书记杨萌芽，院长、院党委副书记武新军，党委副书记涂钢，党委办公室主任周青，团委负责人苏亚丽与马克思主义研究会会员代表参与座谈会。

10月22日，焦凡任文学院副院长，周青任美术学院党委副书记。

10月22日，文学院与开封市第五中学教育实习基地签约授牌仪式在开封市第五中学办公楼二楼会议室举行。文学院副院长白金、语文教育教研室主任杨亮、教务办负责人杨曙亮、开封市第五中学校长房建云、副校长王征、副校长刘波、教务处主任崔炳蔚以及初高中语文教师代表等出席签约仪式。签约仪式由开封市第五中学副校长尚志伟主持。

10月24日，文学院在明伦校区西操场举办2021年秋季运动会。文学院党委副书记涂钢、党委办公室主任周青、团委负责人苏亚丽、2019级本科生辅导员袁丛政和2021级本科生辅导员梁建功出席开幕式。

10月24日，第三期明伦博士后读书会活动在文学院现当代文学教研室举行。会议由侯春林主持，主讲人博士后王丛阳以"现代佛教小说真实观的建构"为题、刘文祥以"从'末代农民'到'新农民'：对当下乡土文学农民典型形象塑造的思考"为题先后分享了近期的研究成果。部分在站博士后及研究生参加活动。

10月25日，文学院院长武新军教授，通过腾讯会议线上平台，面向文学院全体研究生作题为"关于学术道德规范的几个问题"讲座。

10月27日，胡全章的"晚清革命诗潮研究"获批2021年度国家社科基金后期资助重点项目，王银辉的"卢卡奇的人民性思想研究"、张雪平的"现代汉语假设句研究"获批后期资助一般项目。

10月28日，由河南大学语言科学与语言规划研究所主办的本科生"科研育人促进计划"活动暨语言学沙龙（第一期）在文学馆一楼举行。段亚广副教授以"本科生的读书、学习与科研"为题，鲁冰博士以"兰考方言极性问的混合性特征"为题，2019级本科生薄圣仪以"小论'落'的'得到'义"为题先后进行报告。活动由段亚广主持。

10月29日，2020年度河南省社会科学优秀成果奖获奖名单公布，王立群等的《左思〈三都赋〉汇校汇注》、李伟昉的《文化自信与比较文学中国学派的创建》、李景文的《刘向文献编纂研究》获一等奖，武新军的《中国当代作家年谱编撰的问题与对策》、张清民的《两个文艺〈讲话〉的话语意义分析》、张云鹏等的《美学的复兴》、胡全章的《梁启超与晚清文学翻译》获二等奖，齐文榜的《贾岛集校注》、董秀英的《跨语言视角下的汉语假设句研究》获三等奖。

10月31日，中国人民大学教授、博士生导师、档案职业与学术评价中心主任、中国高等教育学会秘书学专业委员会理事长胡鸿杰应邀，作题为"秘书学的研究思路与专业发展"的线上讲座。讲座由秘书与写作教研室伍茂国教授主持。

10月，河南省教育厅开展的"100名师生颂党情"——"永远跟党走，奋斗新征程"庆祝建党100周年活动评奖结果揭晓，该活动由"1岁致敬100岁""青春寄语党"和"讲个故事给党听"三个活动组成。文学院学生王钧鹤作品"沧桑百年慨而慷，复兴大业续辉煌。吾辈当立鸿鹄志，'种花家'里好儿郎"荣获"青春寄语党"活动一等奖。

11月2日，1976级校友徐爱莉向学院捐赠书籍27册。

11月3日，南京大学方言与文化研究所所长、教育部长江学者特聘教授顾黔应文学院之邀，在文学馆一楼报告厅作题为"方言的共时异变和历时异变"的讲座，讲座由语言科学与语言规划研究所所长段亚广主持。此次讲座是语言科学与语言研究所本科生"科研育人促进计划"暨语言沙龙活动的内容之一，语言研究所主要成员及相关专业研究生、本科生参加活动。

11月4日、11日，芬兰赫尔辛基大学教授黄保罗通过腾讯会议形式，线上为文学院师生分别作题为"从号称全球第一的芬兰教育看人学的本质及其文学批评意义""从诗人艾略特的《空心人》探讨空心病的预防和医治"讲座。

11月6—7日，由中国近代文学学会主办、河南大学文学院及黄河文明协同创新中心协办的中国近代文学学会第二十届学术年会以线上会议的形式举办。来自北京大学、清华大学、山东大学、河南大学、苏州大学、中国社会科学院等国内高校和研究机构的一百多位专家学者以线上和线下相结合的方式参会。

中国近代文学学会会长、河南大学教授关爱和致辞。中国近代文学学会副会长、苏州大学教授马卫中宣读第二届"季镇淮钱仲联任访秋学术奖"获奖名单。中国社会科学院文学研究所潘静如、华南农业大学贺国强荣获一等奖，云南师范大学傅宇斌等4人获二等奖，宁波大学罗紫鹏等6人获三等奖。本届学术奖奖金由河南大学鹰展文化奖励基金提供。学术年会以4场主旨发言和5场小组讨论的形式展开，与会学者围绕庚子国变与近代文学、近代报刊与近代文学、近代文学思潮流派与作家研究、中国近代文学研究学术史等议题展开交流和探讨。中国近代文学学会副会长、北京大学教授周兴陆作学术总结，中国近代文学学会副会长、中国社会科学院研究员王达敏致闭幕辞。

11月7—10日，教育部师范专业认证专家组对我校汉语言文学专业开展师范专业认证进校考察工作。8日上午，在金明校区图书馆三楼会议室举行汉语言文学师范专业认证专家见面会。教育部师范专业认证专家委员会委员、联合认证专家组组长、汉语言文学专业认证专家组组长、华南师范大学学报编辑部主任王建平教授，汉语言文学专业认证专家组成员、河南大学党委常委、副校长阚云超及相关部门负责人现场参加会议。会议由我校教务处处长张向东和本次师范专业认证联合认证专家组组长王建平分别主持。10日上午，在金明校区图书馆三楼会议室举行汉语言文学师范专业认证专家意见反馈会。

11月11日，文学院党委书记杨萌芽在学院一楼教室为2019级明德班及菁英班学生作题为"《近思录》与古代士大夫的精神世界"的讲座，明德班、菁英班班主任、古代文学教研室陈丽丽老师与同学们参加讲座。

11月21日，暨南大学教授、博士生导师、国家一级作家、广东省秘书学会常务副会长闫华，应邀通过腾讯会议为文学院师生作题为"秘书的权力与影响力"的讲座。讲座由秘书与写作教研室伍茂国教授主持。

11月21日，现当代文学教研室举办第一期"学灯"研究生学术分享会。2019级现当代文学专业研究生康玲玉进行了主题分享，文学院党委书记杨萌芽、现当代文学教研室刘涛教授、孙浩宇副教授作评议发言，邬非非、杨希帅等青年教师及三十余位本专业博士、硕士参与学术分享会。活动由现当代文学教研室主任王丛阳主持。

11月24日，河北大学文学院教授、博士生导师，国家"万人计划"教学名师、教育部中文教学指导委员会委员、中国现代文学研究会副会长田建民应文学院邀请，通过线上和线下相结合的方式，为师生作题为"也谈1940年代初的'延安文艺新潮'"的讲座。讲座由文学院教授、河南大学学报副主编，国家"万人计划"哲学社会科学领军人才、教育部青年长江学者张先飞主持。

11月25日，北京鲁迅博物馆（北京新文化运动纪念馆）常务副馆长、中国鲁迅研究会常务副会长黄乔生应文学院邀请，以线上线下相结合的方式为文学院师生作题为"《鲁迅手稿全集》整理与研究的几个问题"的专题讲座。讲座由刘涛教授主持，刘进才教授担任评议人。

11月25日，江苏师范大学语言科学学院院长、教育部长江学者特聘教授杨亦鸣应邀，在文学馆作题为"语言学跨学科研究与经济文化社会发展的关系—兼谈新文科建设"的讲座，讲座由文学院教授辛永芬主持。河南大学语言研究所主要成员、国际汉学院、外语学院、欧亚学院的部分领导老师以及相关专业的学生参加。

11月26日，文学院在院二楼会议室召开语言学学科建设与发展座谈会，江苏师范大学语言科学学院院长、教育部长江学者特聘教授杨亦鸣应邀出席。副院长白金、语言学教师及部分研究生参加座谈，座谈会由副院长白春超主持。

11月27日，中国语言文学博士后流动站第四期博士后读书会在古代文学教研室举行。读书会由侯春林主持、在站博士后亓晴主讲、在站博士后张润中作为对谈人，其他部分在站博士后及多位研究生、本科生共同参与。

11月28日，文学院2018级菁英计划班举办线上读书交流分享会。活动由张逸飞同学主持，菁英班班主任、语言学教研室许卫东副教授应邀参加。程靖媛、宋奇奇两位同学分享了自己的读书感悟。

11月29日，学校公布2021年校级教师教育教学成果奖名单。张先飞的"以中小学语文教学与高校现代文学专业对接为目的的语文教师培训模式研究"、杨亮的"汉语言文学专业师范生教学实践能力提升策略"获一等奖。

11月，在河南省总工会、河南省教育厅举行的2021年度教学技能竞赛中，卢美丹获得三等奖。

12月2日，中央民族大学民族学与社会学学院教授、影视人类学研究中心主任朱靖江应邀为文学院师生作题为"归去来兮：'乡土中国'的影像民俗志表达"的线上学术讲座。讲座由民间文学教研室吴效群教授主持。

12月3日，江苏省社会科学院文学研究所所长、《明清小说研究》主编、大运河文化研究中心主任徐永斌研究员应邀，为文学院师生作题为"运河视野下文士治生对明清通俗文学的影响"的专题讲座。讲座由古代文学教研室主任郑慧霞主持。

12月5日，中国艺术研究院副研究员、中国现当代文学馆客座研究员李松睿应文学院邀请，在学院二楼会议室作题为"走向粗糙或非虚构——当代文艺发展趋势观察"的讲座。讲座由院长武新军教授主持。

12月6日，关爱和教授的"中国文学学术现代化进程研究"与辛永芬教授的"基于大型语料库的中原官话共时比较与历时探考研究"获批2021年度国家社科基金重大项目。

12月6日，湘潭大学教授、文学与新闻学院博士生导师、比较文学与世界文学博士学位点负责人、汉语言文学国家一流专业负责人季水河应文艺学研究中心邀请，为文学院师生作题为"中西艺术中人与自然关系的不同表现"的线上学术讲座。文学院院长武新军、文学院教授张清民、文艺理论教研室主任王银辉及文学院部分研究生参加讲座。讲座由文艺理论教研室主任王银辉主持。

12月9日，文学院1955级校友王振铎向学院捐赠书籍3册，1973级校友孙青艾捐赠书籍三十余册，1974级校友赵洪山捐赠书籍4册。

12月12日，2021年河南省"义务教育师资薄弱环节改善暨中小学教师素质提升工程"省级骨干教师培育项目小学语文班在文学院一楼大教室举行开班典礼。文学院院长、党委副书记武新军，继续教育办公室李国平、孙浩宇出席开班典礼，典礼由副院长焦凡主持。

12月13日，中国社会科学院研究员、中华美学学会会长高建平应文艺学研究中心邀请，为文学院师生作题为"美学的超越与回归"的线上讲座。讲座由文艺学研究中心主任张清民主持，文学理论教研室主任王银辉、张云鹏及相关专业师生参加活动。

12月14日，文学院李金月、朱舒扬、段志鹏、姜汉西等4名研究生获学校第二十二届侯镜如奖学金。

12月15日，北京师范大学非物质文化遗产研究与发展中心高丙中教授应邀为文学院师生作题为"新文科建设与民间文学专业发展"的线上讲座。讲座由民间文学教研室吴效群教授主持。

12月16日，四川大学教授、博士生导师田海华应比较文学与比较文化研究所邀请，通过腾讯会议平台作题为"希伯来经典的女性主义阐释"的讲座。讲座由梁工教授主持。

12月18日，"国培计划（2021）"中西部项目农村骨干教师能力提升培训项目省级骨干教师培训小学语文班在文学院二楼举行开班典礼。副院长焦凡，继续教育办公室李国平、孙浩宇出席开班典礼。新蔡县戚楼小学吴美静作为学员代表发言。典礼由李国平主持。

12月18日，中国社会科学院社会学研究所研究员、中国社会科学院大学教授鲍江应邀为文学院师生作题为"一种认识田野生活世界的影像民族志方法：以《娲皇宫志》为例"的线上讲座。讲座由民间文学教研室吴效群教授主持。

12月22日，河南省教育厅公布2021年河南省教师教育教学成果奖获奖项目，杨亮教授主持完成的"汉语言文学专业师范生'S－U－P－N'培养模式的研究与实践"获得二等奖。

12月22日，郭华的"国际中文教育就业创业孵化创新实践"获批教育部中外语言交流合作中心2021年国际中文教育创新资助项目。

12月26日，暨南大学郭熙教授应邀来校，在文学馆一楼报告厅作题为"语言生活与语言研究"的讲座。讲座由王蕴智教授主持。

12月31日，文学院科研工作专题研讨会在学院二楼会议室举行。河南大学人文社科研究院副院长孔令刚，国家社科基金重大项目负责人关爱和、李伟昉、辛永芬、武新军出席会议，学院领导班子成员和部分拟申报国家社科基金重大项目的教师参加会议。会议由院长武新军教授主持。

12月,"新场景·新空间·新艺管"2021全国大学生创意策划大赛评审结果揭晓,由文学院孙振虎博士指导、戏剧影视文学专业杨昊宇等学生团队的参赛项目"赋能戏剧游戏:以原创作品《夜上海》的艺术管理为例"荣获优秀奖。本次大赛由中国艺术管理教育学会指导,中国艺术管理教育学会青年艺管人专业委员会、云南艺术学院艺术管理学院主办,共有来自全国的一百三十余支团队参与本次大赛展演。

12月,裴萱的学术论文《空间美学的理论生成与知识谱系》在《云南社会科学》2021年第4期刊出后,被《新华文摘》2021年第24期作为封面文章全文转载。

12月,在省委宣传部、省委高校工委、省教育厅、团省委组织的河南省示范性青年马克思主义社团评选中,河南大学马克思主义研究会荣获"省级示范性青年马克思主义社团"称号。

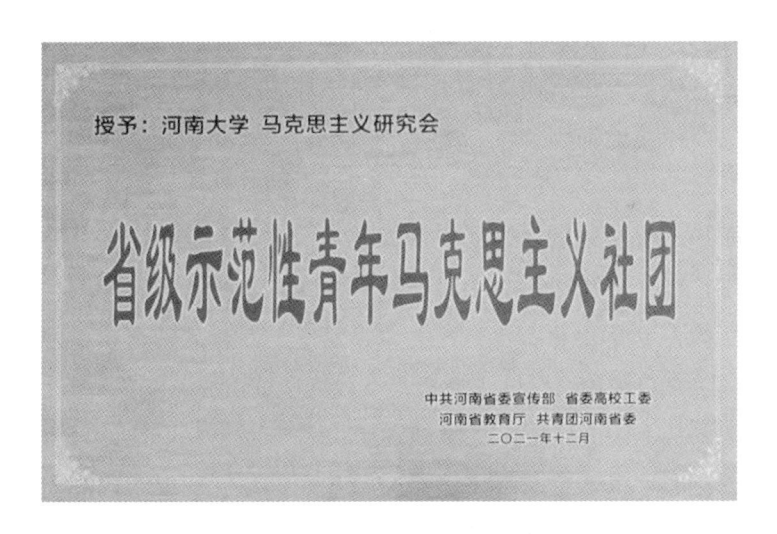

河南大学马克思主义研究会荣获"省级示范性青年马克思主义社团"称号

2022 年

1月10日，文学院第六届教职工代表大会暨工会会员代表大会第四次会议在学院二楼大教室召开。文学院院长、党委副书记武新军作《文学院2021年工作报告》，副院长焦凡作《文学院2021年经费使用情况报告》，并对《文学院奖励性绩效工资发放暂行方法》作说明。院工会委员会委员孙彩霞作《文学院2021年工会会费收缴与使用情况报告》。与会人员书面听取了《文学院2021年工会工作报告》。表决通过了大会四个报告和《文学院奖励性绩效工资发放暂行办法》。会议由院工会副主席李国平主持。

1月10日，由河南大学副校长谭贞主持、国际汉学院主办的"黄河文明云端探秘"在线国际中文课程开班仪式在ZOOM平台举行。文学院汉语国际教育专业二十余名本科生和研究生在专业教师王鹏、郭华的带领下，将为来自越南、泰国、斯里兰卡、埃塞俄比亚、俄罗斯等国的365名学生开展线上中文课程，探索国际中文教学新思路。作为教育部语言交流合作中心"汉语桥"线上团组交流项目，该课程要求国际中文教师聚焦HSK中高级水平大学生的中文学习需求，围绕西安、洛阳、郑州、开封、曲阜等五个黄河流域文化名城的相关知识，以录播和直播两种形式开展300个课时的教学，向世界传播黄河文明。仪式上，王鹏作为教学团队负责人发言，越南学生阮胡玄珍作为学生代表发言。"黄河文明云端探秘"在线国际中文课程由文学院和国际汉学院合作开展。

1月12日，学校公布2021年校级教学成果奖名单。武新军主持（主要完成人：许卫东、杨亮、白金、葛本成）完成的"'文学院拔尖学生实验班'建设与本科教学质量提升研究"获一等奖，郭伟主持（主要完成人：武新军、李世涛、李森、裴萱、郝兵、樊亚洁）完成的"高校通识教育《"看"懂西方现代艺术》系列课程教学内容与课程体系建设研究"获二等奖。

1月15日，河南大学与中国现代文学研究会、中国现代文学馆共同举办"吴福辉先生追思会暨《吴福辉先生纪念文集》发布会"。吴福辉先生的家属代表、生前友好、中外学者共二百余人分别通过线上、线下两种方式参加追思会。文学院院长、党委副书记武新军汇报了《吴福辉先生纪念文集》的筹备、出版情况。中国现代文学研究会常务副会长刘勇、中国现代文学馆副馆长李洱、河南大学教授关爱和、华东师范大学教授陈子善、复旦大学教授袁进、苏州大学教授汤哲声、清华大学教授解志熙、中国人民大学教授李今、《新文学史料》编辑部主编郭娟、上海师范大学教授杨剑龙、中国现代文学馆副馆长计蕾、四川大学教授李怡、《中国现代文学研究丛刊》副主编陈艳、韩国外国语大学教授朴宰雨、华东师范大学教授倪文尖、华东师范大学教授罗岗、郑州师范学院教授孙先科、西南民族大学教授李光荣、花山文艺出版社社长李世琦、复旦大学教授李楠、河南大学教授张先飞、山东大学教授宫立、广西大学教授赵牧、井冈山大学教授龚奎林等二十一位学界好友先后发言。刘涛、刘铁群、阎开振等吴门弟子，以集体诗朗诵的形式表达了对恩师的追思。活动由河南大学文学院承办，追思环节由刘涛教授主持。

1月16日，在2021年度河南大学"两创两争"活动中，文学院2018级戏剧影视文学专业学生王钧鹤获"河南大学文明学生"称号。

1月23日，学校公布2021年度本科教学改革研究与实践项目名单。郭华的"习近平思想融入国际中文教育专业课程的研究"获批一般项目。

1月23日，河南大学文学院教授、硕士生导师、原古代文学教研室主任华锋因病医治无效在开封逝世，享年76岁。

1月，2018级戏剧影视文学专业10班学生王钧鹤在2021年度全省教育系统"两创两争"活动先进集体和先进个人评选活动中，获得"文明学生"称号。

2月26日，"国培计划（2021）"中西部项目"省级骨干教师提升培训"初中语文班在文学院举行开班典礼。文学院副院长白春超出席开班典礼，典礼由学院继续教育办公室主任李国平主持。

2月26—27日，第四届"外教社杯"全国高校学生跨文化能力大赛全国总决赛在上海举行。河南大学参赛团队荣获比赛三等奖。河南大学参赛团队由来自文学院的孙嘉琪、历史文化学院的王雨晴、外语学院的裴星宇三名同学组成。

2月，河南大学马克思主义研究会"以诗书之光引领思想"为主题的系列活动入选全省学生社团优秀工作案例。

3月1日，文学院1979级校友王国钦向文学院捐赠书籍共计204册，魏清源教授代表文学院前往郑州接受捐赠，并向王国钦颁发捐赠证书。作为河南大学文学院羽帆诗社的首任社长，王国钦还特意向羽帆诗社捐赠20册《中州诗词精华》。羽帆诗社现任社长孟德志作为代表接受捐赠。

3月3日，《河南大学中国语言文学学科史》新书发布会暨百年院庆倒计时启动仪式在文学院二楼会议室举行，会议线上线下同步进行。河南大学原校长王文金，原党委书记关爱和，河南大学党委常委、副校长孙君健，校友基金会主任刘波，著名学者王立群教授，《河南大学中国语言文学学科史》作者魏清源教授，以及历届校友代表一百余人欢聚屏幕内外，见证新书发布暨百年院庆倒计时启动仪式。文学院党委书记杨萌芽主持仪式。

《河南大学中国语言文学学科史》新书发布会暨文学院百年
院庆倒计时启动仪式与会人员合影

3月6日，河南省2021年义务教育师资薄弱环节改善暨中小学教师素质提升工程"省级骨干教师培育对象"初中语文班在文学院二楼报告厅举行开班典礼。文学院副院长焦凡出席开班典礼，仪式由继续教育办公室主任李国平主持。

3月10日，学校学位评定委员会审议决定自2023年起，我校教育专业硕士学位学制由原来的二年制改为三年制。

3月11日，由文学院团委主办的红色戏剧主题活动暨大学生创业经验分享会举行。活动通过线上腾讯会议方式开展，汉语言文学专业杨亮，戏剧影视文学专业燕俊、冯珊珊，团委负责人苏亚丽等老师应邀参加。分享会由2019级杨昊宇同学主持。

3月11日，文学院1978级校友华锋夫人朱玉萍女士向文学院捐赠一批音频资料、老照片以及652册书籍。所捐书籍种类丰富，涉及文学、历史、哲学和医学等多个领域，其中还包括大量稀见方志等珍贵文献。

3月12日，"国培计划（2021）"中西部项目"市县教师培训团队研修"培训课程开发团队研修小学语文班在文学院一楼报告厅举行开班典礼。文学院副院长焦凡出席开班典礼，典礼由继续教育办公室主任李国平主持。

3月14日，文学院1952级校友陈信春家属向文学院捐赠一批珍贵的书籍、书法作品以及老照片。

3月18日，文学院中国古典文献学专业研究生成果报告会在学院二楼会议室举行。5位硕士和3位博士通过线上与线下结合的形式进行论文成果汇报，中国古典文献学专业全体师生及部分毕业研究生参与活动。副院长白春超、白金出席。

3月，首届"鲲鹏"全国青少年科幻文学奖获奖名单揭晓，我校文学院2019级戏剧影视文学专业学生杨昊宇的长篇小说《星元历》从近三万名投稿者中脱颖而出，获得全国三等奖。首届"鲲鹏"全国青少年科幻文学奖由中国作家协会创作联络部指导，中国大百科全书出版社、深圳市文学艺术界联合会、共青团深圳市委员会、深圳市福田区委宣传部共同主办，自2021年5月启动以来共收到来自全国各地的稿件近三万篇，投稿者涵盖北京大学、河南大学、中国人民公安大学、华东师范大学、华南师范大学等一百三十多所高校。

4月2日，文学院收到一封来自共青团三门峡市委的感谢信，对学院2020级研究生代慧青在当地疫情防控志愿服务中作出的贡献予以表扬，并感谢学校及学院的培养教育。

4月8日，河南大学文学院教授、博士生导师，中国近代文学学会会长关爱和为学院师生作题为"百年中国学术，百年学院辉煌"的讲座。讲座由文学院院长武新军主持，线上线下一千余人参加。该讲座是文学院为迎接建院百年华诞举行的"百年华诞，百场讲座"系列学术活动的第一场。

4月12日，暨南大学中文系二级教授、博士生导师，中国文艺评论基地暨南大学基地主任，中国文艺理论学会、中国中外文艺理论学会等学会副会长蒋述卓教授应邀来校作题为"海外华人学者对中国文学文论的阐释及其方法反思"的讲座。讲座以线上与线下相结合的方式展开，线上一千余名师生参加。活动现场由文学院院长武新军教授主持，张云鹏教授、张清民教授、王银辉主任、周飞老师及相关专业师生参加线下讲座。张云鹏教授结合讲座内容总结发言。

4月14日，华东师范大学中文系博士生导师、《现代中文学刊》主编罗岗教授应邀作题为"从李卓吾到赵树理：重识现代中国文学的历史渊源"的讲座。讲座采取线上线下结合方式，国内学界百余人参会。讲座由张先飞教授主持。

4月16日，中山大学中文系教授、系主任，《中山大学学报》（社会科学版）主编，教育部长江学者特聘教授，广东省中国文学学会会长彭玉平教授应邀作题为"罗振玉伪造代奏王国维遗折考论"的讲座。讲座采用线上线下相结合的方式，由文学院院长武新军教授主持。

4月18日，河南大学教授、硕士研究生导师王振铎因病医治无效在开封逝世，享年86岁。

4月19日，四川大学文学与新闻学院教授、中国现代文学研究会副会长、中国鲁迅研究会副会长、《现代中国文化与文学》主编、教育部新世纪人才、国家万人计划哲学社会科学领军人才李怡教授应邀作题为"学术之路与成长之路"的学术讲座。讲座采用线上线下相结合的方式，文学院一千余名教师学生参与本次讲座。讲座由文学院院长武新军教授主持。

4月20日，在联合国第13个"国际中文日"到来之际，文学院联合厦门中学西渐信息科技有限公司在学院二楼会议室举办国际中文日暨国际中文教育就业创业孵化创新实践项目启动会，会议线上线下同步进行。厦门中学西渐信息科技有限公司项目负责人对项目内容作了详细介绍。文学院院长、院党委副书记武新军应邀参加活动，汉语国际教育专业研究生和本科生参会。活动由汉语国际教育教研室主任郭华主持。

4月20日，河南大学党委副书记、博士生导师张宝明教授应邀为文学院师生作题为"'公同担任'：精神股份制打造的'金字招牌'——遥想《新青年》的思想世界"的讲座。讲座采用线上线下相结合的方式展开，全校两千余名师生参加，文学院院长武新军教授主持。

4月21日，华南师范大学文学院特聘教授、博士生导师，中国文学与文化研究所所长，《中国诗学》《海外中国古典文学研究译丛》主编蒋寅教授应邀作"对话清代诗学研究"学术讲座，讲座采用线上线下相结合形式，文学院数百名师生参与。讲座由我院胡全章教授主持。

4月22日，南京大学文学院教授，教育部长江学者特聘教授，《文学评论》等刊编委，国务院学位委员会中国语言文学学科评议组成员、秘书长吴俊教授应邀作题为"鲁迅与夏目漱石及翻译问题"的学术讲座。讲座采用线上线下相结合的方式，文学院两百多名教师同学参与。讲座由文学院党委书记杨萌芽主持。

4月23日，文学院在学院二楼会议室举办实习基地建设座谈会。文学院副院长白春超、白金，实习基地一线优秀中学教师参加本次活动。

4月25日，中国人民大学文学院教授、博士生导师，中国闻一多研究会副会长，中国鲁迅研究会常务理事，北京大学新诗研究所特聘研究员张洁宇教授应邀作题为"个人的熔炼与历史的肉身——牛汉的诗学观念、实践与意义"的讲座。讲座采用线上线下相结合的方式，文学院数百位师生参。讲座由文学院院长武新军教授主持。

4月26日，《乱世长歌——建安文人与文学》（在线课程MOOC）在智慧树平台上线。《乱世长歌——建安文人与文学》为在线课程

（MOOC），由河南大学文学院汉魏六朝文学教学团队倾力打造，张亚军、王宏林、亓晴、马予静、王利锁五位老师分别讲述建安文人与文学。

4月26日，北京语言大学教授、博士生导师，国务院特殊津贴专家，国家"五一劳动奖章"获得者，中国辞书学会会长，中国语言学会语言政策与规划专业委员会会长李宇明教授应邀作题为"乡村振兴中的语言问题"的讲座。讲座以线上与线下相结合的方式展开，文学院一千二百余名师生参加。活动由文学院辛永芬教授主持，段亚广副教授、刘云副教授、张雪平副教授、许卫东副教授、董秀英副教授、鲁冰副教授、郭华副教授、张雨薇副教授、陈晓姣副教授、章敏老师及相关专业师生参加线下讲座。

4月29日，浙江大学传媒与国际文化学院"求是特聘教授"，教育部长江学者特聘教授，浙江大学人文学部副主任、传媒与国际文化学院教授委员会主任、《马克思主义美学研究》主编王杰应邀作题为"中国审美现代性的一个理论特征——马克思主义与中华优秀传统文化相结合的艺术创新"的讲座。讲座采用线上线下相结合的方式，数百名师生参与。讲座由文学院院长武新军主持。

4月30日，文学院2019级"明德计划"实验班举办线上读书交流会，班主任陈丽丽老师应邀参加。活动分为好书推荐、圆桌派两个环节，由张海楠与田笑晴同学策划，田笑晴同时担任读书会主持人。陈丽丽老师对读书会进行点评。

附　　录

1. 1924 年 6 月中州大学教职员情况（部分）[①]

姓名	别号	籍贯	年龄	经历	职务	通讯处	到校年月
张鸿烈	幼山	河南固始	39	河南高等学校理科毕业，美国宝维寅大学文科学士，伊利诺大学政治财政科学士、政治教育科硕士。曾充省议会议员、河南省长公署秘书、留学欧美预备学校校长。	校长	固始东区分水亭	十一年十月本校成立即任校长职务
李鹤	敬斋	河南汝南	35	前河南高等学堂毕业，美国米西艮大学建筑科工学士，留学欧美预备学校校长、福中矿务大学校长。	校务主任	开封行宫角一二二号	十二年八月
冯友兰	芝生	河南唐河	30	国立北京大学学士，纽约哥伦比亚大学哲学博士。	文科主任、伦理学教授	柴火市三十四号，唐河县祁仪镇	十二年八月
杜俊	秀生	河南汲县	39	河南高等学堂毕业。卫辉中学校教员。美国文科学士、经济科硕士。河南省长公署秘书、财政厅顾问。	斋务主任、经济学教授	本县桥北高小校	十二年八月

[①] 摘自 1924 年 6 月《中州大学一览》第 1—8 页。

续表

姓名	别号	籍贯	年龄	经历	职务	通讯处	到校年月
陈监堂	镜三	河南舞阳	45	上海中国公学毕业。前舞阳县初级师范学校校长，留学欧美预备学校学监。	事务主任	本城北街福兴和转	十二年二月
张悦训	筱台	河南潢川	37	河南高等学堂毕业。曾充省第一中学、潢川中学、陕县中学、留学欧美预备学校国文教员。	秘书、国文教员	右司官口五十一号潢川骆家店	十二年二月
李长春	燕亭	直隶定兴	29	国立北京大学理学士，美国南加利佛尼亚大学理学硕士，兼任中国文讲师，罗省公立图书馆专门学校毕业。国立北京农业大学教授。	图书馆主任	直隶定兴县姚村	十三年二月
王履泰	志刚	河南固始	37	江西优级师范博物选科毕业。历充江西客籍中学监学兼国文教员，江西省立女子蚕业讲习所国文教员，江西省立女子甲种职业学校国文、博物教员，赣省中学校国文、博物教员，兼学级主任，河南留学美预备学校国文、博物教员。	国文教员		十二年二月
李明源	静禅	河南固始	47	河南留学欧美预备学校毕业。吴淞同济大学土木工程科毕业。	国文教员	本县东关外李家花园	十二年二月
李汝基	础南	河南汝南	33		图书教员	汝南勤学所转	十二年三月
张大鈺	仲和	四川华阳	36	北京高师史地部毕业。历任直隶顺德师范、四川万县师范、河南第一师范史地教员，北京高师附中史地部教员，朝阳大学地理教员，武昌高师史学教授。	史地教员	本校	十三年二月

续表

姓名	别号	籍贯	年龄	经历	职务	通讯处	到校年月
嵇明	文甫	河南汲县	30	北京大学哲学系毕业。历充河南第一师范，法政专门第一中学、第二中学，女子师范教员，河南教育厅公报总编辑。	国文教员	汲县桥北西街	十三年二月
关葆谦	百益	河南开封	41	北京大学堂优级师范科毕业。曾充北京第一、第三中学校校长，北京八旗高等学堂校长，河南高等师范、省立第一、第三师范、第一中学各校校长，河南教育厅科员，葫芦岛商埠事宜处校长，河南金石修纂处纂修。	博物兼国文教员	开封井胡同东口外路西	十三年二月
魏松声	春园	河南正阳	58	前河南豫南师范毕业。汝南中学国文教员。乙酉科拔贡。	国文教员	本校	十二年三月

已经聘定尚未到校者：

江绍源，美国芝加哥大学学士，北京大学教授。聘为哲学教授。

郭绍虞，福州协和大学国文系主任。聘为国文教授。

2. 1930年文学院教职员情况①

姓名	别号	籍贯	年龄	经历	职务	通讯处	到校年月
李步青	廉方	湖北京山	52	日本宏文学院师范毕业。国立武昌师范大学事务主任兼教授，河南教育厅长，北京教育部视学主任。湖南、湖北各学堂监督、堂长。	文学院长兼教授	武昌长湖东街	十八年八月

---

① 摘自《河南大学史料长编》第二卷第82—84页，原见《十九年度河南教育年鉴》第358—361页。

续表

姓名	别号	籍贯	年龄	经历	职务	通讯处	到校年月
萧鸣籁	作宾	江苏盐城	37	国立北京大学文学士。国立广东大学文科教授，东南大学历史教授教授兼私立金陵大学教授。	历史学教授	江苏盐城新河庙	十八年八月
霍树成	自庭	河南安阳	33	日本东京庆应大学文学士。	英文学教授	安阳县西北洪河屯集	十八年八月
张森祯	邃青	河南太康	39	河南省立第一中学、第一师范学校校长。	历史学教授	太康西北乡常营集	十六年八月
张宾	子岱	河南固始	42	武昌师范大学毕业。武昌师范大学附中、河南法专中州大学、各中学英文教员，河南教育厅一科科长。	英文学教授	固始城内张家大楼	十二年二月
吴家镇	重岳	湖南湘乡	43	教育部科长、代理司长。法大、女大、中大、朝大各校教授。	教育学教授	北平宣外大街五号	十七年八月
李端启	子衡	贵州		前清翰林，东北大学教授。	国文学教授	北平石驸马后宅二十六号	十九年八月
朱湘	子沅	安徽			新文艺兼英文学教授		十九年八月
李钟美	葆初	河南淇县		美国奥瑞冈大学学士。美国胡氏公司建筑工程师。	英文学教授	淇县同华昌	十九年九月
李直民	直民	河南郑县	27	美国瓯海瓯省立大学学士。斯坦夫大学硕士。	市政学教授	本校	十九年九月
宋欧谋		四川	32	英国布里斯脱大学教育学士。历任国立北平师范大学、国立成都大学、上海复旦大学教授。	教育学教授	四川重庆大学	十九年五月
晁荫昌	松亭	河南泌阳	36	国立北京大学文学士。前西北大学国文专任讲师兼出版部主任。	国文学教授		

续表

姓名	别号	籍贯	年龄	经历	职务	通讯处	到校年月
常玉璋	奉之	北平	30	美国爱地阿省大学教育硕士。马省春田大学青春教育硕士，欧瑞冈省梧乐梅大学文学学士。曾任北平汇文童子军科主任，武昌中华大学文科外国语系教授。	教育兼社会学教授		十九年八月
李明源	静禅	河南固始	53	河南优级师范毕业。开封第二中学、河南留美学校、中州大学等校国文教员。	国文学教授	固始东关外李家花园	十二年二月
熊正瑾	洛生	江西		美国爱瓯瓦省立大学学士，卫斯康新大学英文学硕士。前厦门大学及国立女子师范大学教授。	英文学教授	本校	
刘节	子植	浙江永嘉	30	国立清华大学研究院毕业。天津南开大学教授。	国文学教授	温州城内世美巷一号	十九年八月
缪钺	彦威	江苏溧阳	27		词章学教授	保定大夫巷第七号	十九年八月
郭廷以	量宇	河南舞阳		东南大学史学系学士。前中央党务学校教授，清华大学文书科主任，史学系讲师。	历史学教授	北平北河沿四号	
祈森焕	伯文	北平	33	日本广岛高等师范学校毕业。	社会学教授	北平宜内太平湖怀抱椿树巷十六号	十七年八月
霍鸿昌	陆亭	河南汝南		河南省第一中学校长，教育厅秘书主任。	文学院兼任教员		十八年二月
翟韶武	韶武	河南修武	31	国立北京大学毕业。第一、第二中学高级中学教员，水利工程专门学校教授。	预科兼任教员	河南修武县延陵村	十九年二月
简贯三		河南息县		河南省立第一中学、第四师范学校教员。	预科兼任教员		十九年二月

续表

姓名	别号	籍贯	年龄	经历	职务	通讯处	到校年月
庄曾谥	叔慎	江苏武进	48	前河南交涉署科长，实业厅秘书，林务监督公署秘书，专门农业商业学校教员。	文学院兼任教员	开封共和北街一百一十六号	十七年二月
张傧生		河南修武		国立北京大学文学士。河南省立第一高级中学校长。	文学院兼任教员		十九年九月
斯达克		奥国			文学院兼任教员		十九年九月
蒋鉴章	镜湖	河南唐河			预科兼任教员		十九年九月
周群贤	育才	河南固始	28	本校理学士。			
张孝友	晨曦	河南固始	27	本校文学士。	文学院助教	固始城内北平大街	十九年八月
石立朝	庭长	河南济源	29	本校文学士。	文学院助教	济源添酱镇	十九年九月
宁远	致卿	河南上寨	27	本校文学士。	文学院助教兼办校刊编辑事宜	上寨中山街二道胡同	十九年八月

3. 1932 年 9 月文学院教职员情况[①]

姓名	别号	籍贯	年龄	经历	职务
李步青	廉方	湖北京山	54	湖北经心书院肄业，日本宏文书院速成师范毕业。曾任内务部秘书长、山西教育厅长、河南教育厅长。	文学院院长
邵瑞彭	次公	浙江淳安	44	北京大学国文系教授、民国大学国文系教授。	中国文学系主任兼教授

---

① 摘自 1932 年河南大学编《河南省立河南大学一览》第 244—247 页。张孝友、宁远任附属中学教员，蒋鉴璋任附属中学专任教员。

续表

姓名	别号	籍贯	年龄	经历	职务
晁荫昌	松亭	河南泌阳	38	国立北京大学哲学系毕业。河南省立第一高级中学、前西北大学、中等大学等教员。	教授
朱少滨	少滨	江苏吴县	54	前清附生，江南高等学堂毕业。北平中国大学、辅仁大学教授，故宫博物院文献馆、图书馆专门委员。	教授
朱芳圃	耘僧	湖南	35	国立清华大学研究院国学门毕业。曾任国立中山大学教授。	教授
穆济波		四川合江	37	成都国立高等师范学校毕业。历任陕西西安西北大学、武汉第四中山大学文学教授，第二集团军总司令部上校秘书。	教授
卢前	冀野	南京	28	国立东南大学文学学士。历任金陵大学、光华大学、华西协和大学教授。	教授
蔡嵩云		江西	40	曾任江西省政府秘书、南京文化学院教授、上海清词钞编纂处编纂。	教授
熊正瑾	洛生	江西南昌	33	康南尔大学学士、威士康新大学硕士。历充厦门大学英文教授、北平女子师范大学教授。	教授兼英国文学系主任
霍树成	自庭	河南安阳	35	河南欧美预备学校卒业、日本东京庆应义塾大学卒业。曾任河南省洛阳及安阳两中学英文教员。	教授
张宾	子岱	河南固始	44	国立武昌高等师范英语部毕业。国立武昌高等师范附属中学学监兼教员，曾任法专专聘教员兼河南教育厅科长。	教授
施友忠		福建闽侯	30	北平燕京大学硕士。福建龙岩中学代理校长兼教务主任。	教授
张修	仲和	湖北沔阳	35	北京大学英文学系毕业。北平民国大学教授、私立武昌中华大学教授。	教授
王凤岗	梧峰	河南西平	29	美国加利福尼亚师范大学学士、美国士丹佛大学教育科硕士及哲学博士。	教授兼教育系主任

续表

姓名	别号	籍贯	年龄	经历	职务
朱柏	寿人	福建邵武	40	美国加州玻莫拿大学文学学士、诗加谷大学教育科硕士。福建省立第六中学校长、河南地方行政人员训练所教授。	教授
邰爽秋		江苏东台	36	芝加哥大学教育硕士、哥伦比亚大学教育博士。历任江苏特派欧美教育考察员，中央、中山、暨南、光华、大夏、劳大等大学教授、主任。	教授
郑若谷	竹虚	河南	30	美国华盛顿大学毕业。历任上海复旦大学、国立劳动大学、国立暨南大学、大夏大学、中国公学教授。	教授
张仲琳		湖北		荆州初级师范、北京大学、北京师范大学毕业，英国伦敦大学及爱丁堡毕业得硕士，法国巴黎亚里士佛兰士大学预备学校肄业。曾任北京大学及北京师范大学教授、安徽省政府委员兼教育厅长。	教授兼史学系主任
赵曾俦	寿人	安徽太湖	36	留学日本中央大学。天津南开大学专任教授、安徽通志特聘编纂。	教授
蒙文通		四川鉴亭	40	四川大学文学院教务主任、成都大学中国文学系主任兼教授。	教授
张森祯	遽青	河南太康	40	国立北京师范大学毕业。曾任河南第一师范第二中学教员，第一中学校长、第一师范校长。	教授
李醴泉	质冲	四川南充	37	莫斯科大学毕业。曾任顺庆联合县立中学校长兼南充中学、女子中学教员，沪上艺文大学国文教授。	教授兼社会学系主任
高达观	绪懋	安徽	34	北京大学毕业、巴黎大学毕业。北平女子师范大学讲师、上海暨南大学教授。	教授
姜和生		四川	30	日本稻田大学大学院毕业。国立北京法政大学教授、北京私立中国大学教授。	教授

续表

姓名	别号	籍贯	年龄	经历	职务
成荣镐	宅西	江苏南通	30	厦门大学商科毕业、大夏大学商科毕业、日本早稻田大学政经学部卒业。曾任浙江财务人员养成所专任教员、河南政治学校专任教员。	党义教授
张履谦					兼任教员
党蕴秀	玉峰	河南郾城	29	河南中山大学毕业。河南省立第一女师教员、河南省立第一师范教员。	兼任教员
庄曾谧	叔慎	江苏武进	49	历充河南公立农业专校教员、交涉署科长、河南教育厅荐任秘书。	兼任教员
简冠三	贯三	河南息县	30	国立武昌师范大学毕业。河南地方行政人员训练所区长、训练所教授,河南省立第一中学教务主任兼初中主任。	兼任教员
陆钦墀	清华	江苏	25	国立暨南大学文学学士。南洋荷属棉兰中国领事馆秘书。	兼任教员
吴刚中	青庐	湖北广济	37	湖北国学专修馆肄业,武汉大学法学系毕业。湖北刚毅学校校长、国民革命军四十四军第二独立旅秘书长、河南中州中学教务主任。	兼任教员
张玉真		河南罗山	25	比利时女子中学肄业二年（补习法文）,比利时高等社会女子学校一年,比利时鲁汶大学肄业四年得博士学位。曾任法文教授、一师教务主任兼教育教员。	兼任教员
李相琳	玉如	河南洛宁	31	国立同济大学医科毕业。国立武昌中山大学医科解剖学教授、河北大学医学院解剖学教授。	兼任教员
金家桢	干庭	河南开封	36	国立北京大学英文系毕业。历任河南省立第一中学、第二中学、法政专门学校、第一高级中学、武昌省立高级中学及本校英文教员。	兼任教员
何广汉	翘森	浙江义乌	26	浙江之江大学学士。曾任上海法政大学讲师、河南中山大学副教授、陕西教育厅科长。	兼任教员

续表

姓名	别号	籍贯	年龄	经历	职务
吕瑞庭	干勤	湖北汉阳	52	日本早大文学学士、庆大经济学选修。北平交大礼士国学、文学、史学、日文等教授。	兼任教员
舒乐尔夫人				德国明很国立大学化学博士。美国私立工业化学研究实验所长。	兼任教员
石立朝	廷臣	河南济源	30	河南中山大学毕业。曾任长葛中学史地教员及滑县师范、嵩阳中学国文教员。	助教
于迺麟	伯仁	热河朝阳	22	北平中国大学中国文学系毕业。	助教
陈兆年		河北安新	24	北平民国大学毕业。	助教
王瀛波	步洲	河南鹿邑	29	河南大学文学院国文系毕业。曾任本校国文教员。	助教

4. 1933 年河南大学文学研究会导师与会员

河南大学文学研究会导师一览[①]

姓名	别号	籍贯	通讯处	备注
傅铜	佩青	河南兰封	北平宫门口西三条二号	
邵瑞彭	次公	浙江淳安	淳安查林村	
傅岳棻	治芗	湖北武昌	北平西四牌楼礼路胡同	
胡汝麟	石青	河南通许	通许邮局转	
许逢熙	季康	河南鲁山	鲁山县北门内	
高亨	晋生	吉林双阳	北平西城太平桥 73 号崔宅转	
段凌辰		河南汲县	汲县秀才胡同 42 号	
嵇明	文甫	河南汲县	开封龙虎街 3 号	
朱师辙	少滨	安徽黟县	北平南半截胡同 10 号	
尹炎武	石公	江苏丹徒	北平后泥洼 11 号	
蒙文通		四川盐亭	盐亭县教育局转	
卢前	冀野	江苏南京	南京小膺府 7 号	
蔡桢	嵩云	江西上犹	南京王府园 159 号	

---

① 摘自《河南大学史料长编》第二卷第 215—216 页。

河南大学文学研究会会员一览①

姓名	别号	籍贯	通讯处	备注
戴祥骥	耀德	河南考城	开封市游梁祠后街路东 3 号	
汪志中	大铁	河南固始	开封糖坊口 2 号	
许敬武	颐修	河南开封	开封游梁祠后街路西 26 号	
吴益曾	勉之	河南固始	开封北道门 51 号	
栗文同	子钧	河南睢县	开封双庙街 13 号	
王喜臣	雨亭	河南沁阳	沁阳县政府第一科转	
贾恒富		河南济源	济源东添桨邮局	
王鸿儒	冰如	河南汝南	汝南长史街 1 号许宅转	
刘敬梓	恂如	河南西华	郾城东北老窝集一元堂	
郭筱竹	预才	河南滑县	滑县郭固集邮局转关帝庙	
邢梦秋	菊田	河南伊川	伊川白元镇邮局转夏实	
刘振典	雪矛	河南沁阳	沁阳二郎庙	
王文忠	苫岑	河南鄢陵	鄢陵城内北街王宅	
郭登峦	翠轩	河南偃师	偃师孙家湾镇邮局收转	
刘楚萧	初晓	河南修武	修武城内协成复转小营村交	
高凤池	岐泉	河南长葛	长葛城内五福堂交	
郑万祯	异之	江苏铜山	徐州户部山文治巷郑宅	
常芸庭	阶芬	河南唐河	唐河松鹤恒药庄	主席
何宝钧	衡扶	河南南阳	南阳石婆庙街张宅转交	
牛建功	子勋	河南修武	修武城内瑞兴恒转中山村	
杨保水	月波	河南偃师	偃师县缑氏镇转交官庄	
耿庆锡	载光	河南民权	内黄车站南十五里白木村交	
马清江	镜波	河南安阳	安阳县曲沟镇复记坊转前蜀村	
赵鉴璋	镜昆	河南淇县	淇县城内同华昌转	
王春瀛	兰波	河南沁阳	沁阳徐堡镇	
王仪章	象之	滑县	道清路柳卫站转罗滩	
薛珠	将之	河南临汝	临汝县上嵩村	
戴鹗	雄飞	江西吉水	江西吉安西街合茂兴烟号转	
蒋建中	少纶	河南商城	开封后保定巷 4 号	

---

① 摘自《河南大学史料长编》第二卷第 216—217 页。

续表

姓名	别号	籍贯	通讯处	备注
赵俊	彦辰	河南尉氏	尉氏县南蔡庄镇邮局转	
裴鸿泽	韵庭	河南正阳	正阳南同中镇邮局转	副主席
魏中原	麓士	河南安阳	彰德西北乡众乐屯交	
王蔚荣	沙坪	河南安阳	彰德万感村交	
张希孟	亚先	河南汲县	汲县南关街4号	
赵志楷	范亭	河南遂平	遂平诸市镇增和祥	
吕式昌	宪文	河南林县	林县南关鸿丰厚交	
张东阳	自若	河南荥阳	荥阳车站转惠厂村	
吴孝韩	信昭	江苏萧县	萧县大吴集转蒋庄小学	
丁屿之	筱岩	河南滑县	开封省立四小转	
罗莎	一苇	江西吉水	吉水三曲滩邮局转	
王克勤	精业	河南济源	济源城内永顺全转	
郎其昌	京五	河南扶沟	扶沟县邮局转	

5. 1934年文学院教职工名录①

姓名	别号	性别	年龄	籍贯	职别	略历
郑若谷	竹虚	男	34	河南罗山	教授兼院长	美国华盛顿大学文学学士，曾任上海复旦大学、劳动大学、暨南大学等教授，河南教育厅秘书主任。
嵇文甫		男	40	河南汲县	教授兼代文史学系主任	北京大学毕业，曾充北大、师大、清华、燕大、女大、中大等校讲师。
刘钧	海蓬	男	36	河南济源	教授兼教务长	德国门兴大学教育博士，曾任北京大学教授、辅仁大学教授、定县平民教育会主任干事。
胡汝麟	石青	男	55	河南通许	讲座	前清京师大学堂毕业，曾任东北大学教授。

---

① 摘自《河南省立河南大学教职员录》（二十三年度）第1—6页。

续表

姓名	别号	性别	年龄	籍贯	职别	略历
葛定华		男	33	江苏	教授兼代史学组主任	牛津大学研究院肄业。曾任国立中山大学史学系主任及教授，中央大学史学教授。
高亨	晋生	男	35	吉林双阳	教授	清华大学研究院毕业。曾任吉林法政专门学校、东北大学教授。
邵瑞彭	次公	男	48	浙江淳安	教授	曾任北京大学、师范大学等教授，北平大学讲师。
姜亮夫		男	33	云南昭通	教授	曾任大夏大学、持志大学、中国公学教授。
刘盼遂		男	37	河南息县	教授	清华大学研究院毕业。曾任清华大学教授、师大研究员。
李笠	雁晴	男	40	浙江瑞安	教授	曾任国立广东大学教授，厦门大学教授兼国学系主任、代理文科主任。
段凌辰		男	31	河南汲县	教授	武昌师范大学国文系毕业。曾充国立西北大学、中州大学、国立中山大学文科教授。
杨筠如	德昭	男	32	湖南常德	历史系教授	清华大学国学研究院毕业。曾充厦门大学、广州中山大学、上海暨南大学、青岛大学、湖南大学讲师、教授。
张森祯	邃青	男	41	河南太康	同上	国立北京高等师范学校毕业。曾任河南省立一师教员，河南通志局协修。
饶孟侃	子离	男	33	江西南昌	教授兼英文学系主任	曾充国立浙江大学、暨南大学及复旦大学、安徽大学等教授。
陈醒菴		男	46	江苏吴县	英文学系教授	美国藩特别尔大学硕士，芝加哥大学研究院肄业。曾充清华大学教授、武昌师范大学英文系主任。
张宾	子岱	男	47	河南固始	同上	国立武昌高等师范学校毕业。曾任河南公立法政专门学校、中州大学教授，河南教育厅科长。

续表

姓名	别号	性别	年龄	籍贯	职别	略历
高福德		男				
许桂英		女	29	天津	教授兼教育系主任	美国科伦比亚大学学士、硕士、博士。曾任安徽大学教育系教授。
左承恩	任侠	男	31	湖北武昌	教育系教授	法国蒙北烈大学文科心理学博士，巴黎、伦敦、柏林等大学心理学院研究生。
高维昌	思庭	男	33	河南邓县	同上	国立东南大学教育学士。曾充安徽民政厅、国民政府考试院、教育部秘书编译。
萧承慎		男	29	湖北江陵	同上	美国哥伦比亚大学教育硕士，英国伦敦大学教育研究员。曾任国立中央大学教育学院教授。
李醴泉	质冲	男	40	四川南充	教授兼社会系主任	莫斯科大学毕业。
成荣镐	宅西	男	33	江苏南通	党义教授	日本早稻田大学学士。曾任河南政治学校教授。
张遹骏	伯声	男	31	河南荥阳	地学教授	芝加哥大学毕业，斯坦佛大学研究生。曾任焦作工学院、交通大学、唐山工学院教授。
刘锡五		男	36	河南巩县	兼任教员	国立北京大学中国文学系毕业。曾任河南中山大学讲师，第一高中文科主任。
涂公遂		男	30	江西修水	同上	北京大学毕业。曾任地方行政人员，省立第一师范文科主任兼国文教员。
江绍文		男	33	浙江奉化	同上	浙江省立第四中学毕业。
何广汉	翘森	男	29	浙江义乌	同上	之江大学学士。曾任河南中山大学讲师、副教授。
简贯三	冠三	男	34	河南息县	同上	国立武昌师范大学毕业。

续表

姓名	别号	性别	年龄	籍贯	职别	略历
张仲和		男	38	河北沔阳	兼任教员	北京大学文学系毕业。曾任北京大学、武汉大学、北平女师大、民国大学等教授。
李均邦	子平	男	39	河南浚县	同上	北京大学英文学系毕业。历充中州大学、中山大学英文教员，锦州东北交通大学英文教授。
龙发甲		男	27	江西永新	同上	东京高等师范文科毕业，京都帝国大学文学部毕业。曾任东京华侨学堂教务主任。
师渡尔		男	56	美国俄亥俄州	同上	曾任南京、武昌、沈阳等处青年会总干事。
师渡尔夫人		女			同上	
王心平	梦隐	男		河南浚县	同上	国立北京大学中国文学系毕业。
汪吟龙	子云	男	37	安徽桐城	同上	清华大学研究院毕业。曾任北平中国大学教授、辽宁冯庸大学国学系主任兼代文学院院长、安徽大学教授。
翟永坤	资生	男	30	河南信阳	同上	国立北京大学毕业。曾任河南省立女子中学、省立信阳师范学校专任教员。
张明旭	熙天	男	32	河南邓县	同上	北京大学英文系毕业。
王瀛波	步洲	男	31	河南鹿邑	国文系助教	河南大学国文系毕业。
姜可能	蛰庵	男	35	四川汉源	同上	
袁郁文	彩岑	男	30	河南延津	同上	河南大学毕业。
高正桐	琴轩	男	27	河南汲县	文史学系助教	河南大学毕业。
许梦瀛		男	25	河南汜水	教育系助教	河南大学教育系毕业。
郭登峦	翠轩	男	23	河南偃师	助教、在院长室办事	河南大学毕业。

6. 1935年11月文学院教职员姓名录①

姓名	别号	性别	年龄	籍贯	现职	简历	到校年月
萧一山		男	33	江苏铜山	文史系教授兼文学院院长	曾任国立清华大学、北京大学、北平师范大学、中央大学教授，北平文史政治学院院长，庐山军官训练团、峨眉军官训练团特聘教官，考试院专门委员，教育部派赴欧美考察文化事业委员。	二十四年九月
余协中		男	36	安徽潜山	文史系教授兼系主任	燕京大学文学士、美国卡拉格大学硕士、哈佛大学研究院研究生。曾任天津南开大学、国立北平师范大学教授。	二十四年八月
邵瑞彭	次公	男	49	浙江淳安	文史系教授	曾任北京大学、师范大学、中国大学、民国大学等校教授，北平大学讲师。	二十年八月
嵇文甫		男	39	河南汲县	文史系教授	国立北京大学毕业。曾任北京大学、师范大学、清华大学、燕京大学、中国大学等校讲师。	二十二年八月
李笠	雁晴	男	41	浙江瑞安	文史系教授	曾任广州中山大学、武汉大学、之江大学教授，厦门大学正教授兼国学系主任、代理文科主任。	二十三年八月
高亨	晋生	男	36	吉林双阳	文史系教授	国立清华大学研究院毕业。曾任吉林政法专门学校、东北大学教授。	二十二年八月
孔德	肖云	男	37	安徽怀宁	文史系教授	国立清华大学研究院毕业。曾任上海光华大学、暨南大学、广州中山大学、中央大学商学院教授，安徽大学教授兼中国文学系主任及图书馆馆长。	二十四年八月

---

① 摘自《河南省立河南大学职教员学生一览》，1935年11月。

续表

姓名	别号	性别	年龄	籍贯	现职	简历	到校年月
张森祯	邃青	男	43	河南太康	文史系教授	国立北京高等师范毕业。曾任河南省立第一师范、第一中学校长，河南通志局协修，河南教育馆、博物院筹备委员。	十六年八月
涂公遂		男	31	江西修水	文史系教授	国立北京大学毕业。曾任河南省立第一师范教员兼文科主任、地方行政人员训练所教授。	二十二年八月
王幼侨		男	48	河南安阳	文史系兼任教授	国立农政专门学校本科毕业。曾任河南农业专门学校教务长、河南留学欧美预备学校教员、河南省政府教育科科长、河南教育厅厅长。	二十四年二月
饶孟侃	子离	男	34	江西南昌	英文系教授兼任系主任	曾任国立浙江大学、暨南大学及复旦大学、安徽大学教授。	二十二年八月
高福德		男	41	美国	英文系教授	美国马利省大学文学博士。曾任辅仁大学监督及英文系主任。	二十三年八月
林天兰	馨侯	男	46	福建闽侯	英文系教授	美国西南大学学士，普林斯顿大学硕士。曾任国立东南大学教授、厦门大学英文系主任、协和学院教务长、福建地方行政人员养成所教育长、中央大学副教授、福建教育厅科长、国民政府交通部及财政部秘书。	二十四年九月
张宾	子岱	男	48	河南固始	英文系教授	国立武昌高等师范毕业。曾任河南公立法政专门学校、中州大学教授，河南教育厅科长。	七年八月
沈子善		男	37	江苏六合	秘书主任、教育系教授兼系主任	南京高等师范毕业，国立东南大学学士。曾任金陵大学讲师、中央政治学校教授、教育部师范学校及小学课程起草委员会委员。	二十四年七月

续表

姓名	别号	性别	年龄	籍贯	现职	简历	到校年月
刘季洪		男	34	江苏丰县	校长、教育系教授	国立北平师范大学毕业，美国华盛顿大学教育硕士，哥伦比亚大学研究员。曾任江苏省立教育学院教授、中央政治学校研究部专任研究员。	二十四年六月
孙德中		男	35	浙江天台	教务长、教育系教授	国立北京大学文学学士、北平师大研究科教育学士、美国哥伦比亚大学教育硕士。曾任中央电影事业指委会委员，教育部师范学校课程起草委员会委员，中宣会设计委员、代理秘书、文艺科长，中央政治学校教授。	二十四年十月
高维昌	思庭	男	34	河南邓县	教育系教授	国立东南大学教育学士。曾任安徽民政厅、国民政府考试院、教育部秘书及编辑，河南大学教务主任、教育系主任。	二十一年八月
萧承慎		男	31	湖北江陵	教育系教授	美国哥伦比亚大学教育硕士、英国伦敦大学英皇学院教育研究员。曾任国立中央大学教育学院教授。	二十三年八月
蔡乐生		男	34	广东潮安	教育系教授	美国芝加哥大学心理学博士。曾任芝加哥大学心理学教授、国立中央研究院心理研究所秘书及专任研究员兼代理所长、国立北京大学、师范大学心理学教授。	二十四年九月
孙丕藩	锡侯	男	34	河南汲县	教育系兼任教授	国立北京师范大学毕业，美国华盛顿大学教育硕士。曾任河南省立体育美术专门学校教员、河南教育厅视察教育委员。	二十四年九月

续表

姓名	别号	性别	年龄	籍贯	现职	简历	到校年月
楼乃雄		男	31	浙江义乌	英文系讲师	上海沪江大学文学士。曾任上海麦伦中学训育主任、沪东公社干事、沪江大学英文系助教。	二十四年八月
张仲和		男	39	湖北沔阳	英文系兼任讲师	国立北京大学文学系毕业。曾任北京大学、武汉大学、北京女师大、民国大学等校教授。	二十一年九月
何广汉		男	39	浙江义乌	英文系兼任讲师	之江大学学士。曾任上海法政大学讲师，陕西教育厅科长，河南中山大学讲师、副教授。	十八年二月
郭登峦	翠轩	男	26	河南偃师	文学院助教	河南大学文史系毕业。	二十二年八月
汪志中	大铁	男	25	河南固始	文史系助教	河南大学文史系毕业。曾任私立中山中学及国学专修馆教员、通志馆助理、河南保安处科员、河南大学文书课课员。	二十二年八月
王鸿印	雪仙	男	25	河南武陟	教育系助教	河南大学教育系毕业。曾任开封私立中原艺术学校教员。	二十四年八月

7. 1936年7月文学院教职员姓名录①

姓名	别号	年龄	籍贯	职务	永久通讯处
萧一山		33	江苏铜山	教授兼文学院院长	北平西城北安里5号
余协中		36	安徽潜山	文史系主任、教授	北平龙平路35号
邵瑞彭	次公	49	浙江淳安	文史系教授	浙江淳安茶园邮局
嵇文甫		39	河南汲县	文史系教授	汲县桥北西街

---

① 摘自《河南大学史料长编》第二卷第239—245页，原见《河南大学第九届毕业同学纪念册》。文学院德籍教授狄伦次先生于本年五月去世。郭本道、成荣镐（别号宅西）为公共学程教授。

续表

姓名	别号	年龄	籍贯	职务	永久通讯处
李笠	雁晴	41	浙江瑞安	文史系教授	浙江瑞安第一巷
高亨	晋生	36	吉林双阳	文史系教授	北平西城榆钱胡同14号
孔德	肖云	37	安徽怀宁	文史系教授	
张森祯	邃青	43	河南太康	文史系教授	太康西北乡撷华村
涂公遂		31	江西修水	文史系教授	江西修水涂祠转平田
王幼侨		48	河南安阳	文史系兼任教授	安阳北固现村
饶孟侃	子离	34	江西南昌	英文系主任、教授	开封西二道街23号
高福德		41	美国	英文系教授	开封勤农街本笃会
林天蘭	馨侯	46	福建闽侯	英文系教授	福州南台达霄堂转
张子岱		48	河南固始	英文系教授	固始县城内张家大楼
高维昌	思庭	34	河南邓县	教育系教授	开封同乐街十九街
董承慎		31	湖北江陵	教育系教授	苏州九如巷14号
蔡乐生		34	广东潮安	教育系教授	南京国立中央研究院转
郑竹虚		36	河南罗山	教育系教授	开封水车胡同11号
杨震华		41	河南安阳	法文讲师	开封家庙街147号
张师亮		32	河北易县	日文讲师	河北易县东关永兴号
徐万钧	叔直	31	河南新野	文史系兼任讲师	开封革新街3号
张仲和		39	湖北沔阳	英文系兼任讲师	开封棚板街2号
何广汉	翘森	39	浙江义乌	英文系兼任讲师	浙江义乌东乡何宅
郭登峦	翠轩	26	河南偃师	文学院助教	偃师县孙家湾镇
汪志中	大铁	25	河南固始	文史系助教	固始黎家集转
曹树琚	墅居	31	江苏铜山	文史系助教	徐州八义集南油坊
王鸿印	雪仙	25	河南武陟	教育系助教	武陟县木乐店中武石印局

8. 1945年10月文学院教职员情况①

姓名	性别	籍贯	年龄	职务	到校年月
张森祯	男	河南太康	53	文学院长兼教授	十六年八月
嵇文甫	男	河南汲县	50	文史系主任兼教授	二十二年八月
陈嘉昆	男	河南汝南	37	教育系主任兼教授	二十九年七月
王国忠	男	河南罗山	43	经济系主任兼教授	三十一年八月
朱芳圃	男	湖南醴陵	48	教授	二十八年一月
王子豫	男	河南杞县	49	教授	二十九年二月
杨宝三	男	河南安阳	50	教授	二十三年九月
李维屏	男	河南开封	41	副教授	二十年二月
段青云	男	河南汲县	45	教授	二十七年八月
陈志潼	男	山东黄县	40	教授	二十九年七月
熊绪端	男	河南光山	57	教授	十六年八月
梁祖荫	男	河南宜阳	36	教授	三十年八月
杜新吾	男	河南孟津	42	教授	二十七年八月
马辑五	男	河南汲县	48	教授	二十七年十月
任维焜	男	河南南召	36	副教授	二十九年二月
张长弓	男	河南新野	41	副教授	三十一年二月
胡守棻	男	河南汝南	36	副教授	三十二年一月
张绎曾	男	河南鄢陵	37	教授	三十一年八月
胡朝宗	男	湖北黄陂	62	教授	三十一年十月
顾清琴	男	河南唐河	33	副教授	二十五年八月
鲍宗文	男	河南封丘	42	讲师	二十八年三月
郝士英	男	河南涉县	36	讲师	三十二年一月
赵天吏	男	河南武陟	34	讲师	二十八年八月
赵敏政	男	河南淮阳	30	助教	二十八年八月
邢治平	男	河南滑县	34	助教	二十九年八月
宋鸣壎	男	河南开封	26	助教	三十一年八月
牛永茂	男	河南鄢陵	29	助教	三十二年八月

---

① 摘自《河南大学史料长编》第四卷第393—394页,原见《国立河南大学教职员名册》(民国三十四年十月)。

9. 1946 年文学院教职员情况①

姓名	别号	籍贯	年龄	性别	职务	简历
张森祯	邃青	河南太康	53	男	教授兼文学院长	国立北京高等师范学校毕业。曾任河南省立一师及一中校长、河南通志馆纂修。
嵇文甫		河南汲县	51	男	教授兼文史系主任	国立北京大学毕业。曾任清华、燕京、师大等校讲师，本校文学院院长。
陈嘉昆	仲凡	河南汝南	39	男	教授兼教育系主任	德国柏林大学毕业。曾任西北联大教授、山西大学教授。
王国忠	牧罕	河南罗山	43	男	教授兼经济系主任	美国哥伦比亚大学硕士。
熊绪端	伯履	河南光山	58	男	教授兼法律系主任	前京师法政学堂正科毕业。历充河南公立法政学校及训政学院教员、本校法学院教授代理院长。
朱芳圃	耘僧	湖南醴陵	51	男	教授	清华大学研究院毕业。曾任东北大学、湖南大学及本校等大学教授。
王子豫	毅斋	河南杞县	51	男	教授	维也纳大学经济博士。历充本校经济系教授兼主任。
杨宝三	震华	河南安阳	50	男	教授	法国巴黎大学博士。曾任国立北平女子师范学院及国立北平师范大学教授。
段青云	凌辰	河南汲县	46	男	教授	国立武昌高等师范毕业。曾任国立西北、中州、齐鲁等大学讲师，国立中山大学副教授。
黄文弼					教授	
张天麟					教授	
胡自翔					教授	
陈治策					教授	
陈志潼	梓北	山东黄县	40	男	教授	日本帝国大学院卒业。曾任陕西教育厅统计主任、成都师范教授。

---

① 摘自《河南大学史料长编》第四卷第398—401页，原见《河南大学教职员同学录·教职员录》（1946年）。

续表

姓名	别号	籍贯	年龄	性别	职务	简历
梁祖荫		河南宜阳	36	男	教授	清华大学及英国爱丁堡大学卒业。曾任西南联大讲师、复旦大学教授。
杜新吾		河南孟津	42	男	教授	日本明治大学毕业。曾任前河南省立河南大学教授。
胡朝宗	改庵	湖北黄陂	62	男	教授	日本庆应大学毕业。曾任前清江南高等学堂教员、山西教育学院教授。
张绎曾	绍三	河南鄢陵	39	男	教授	本校毕业,日本早稻田大学研究院毕业。本校文学院教授。
张侯生		河南修武	51	男	教授	北京大学史学系毕业。历任国立北平大学、国立北平女子师范大学、中国大学、安徽大学讲师、教授、系主任、秘书长等。
王凤岗	梧峰	河南西平	44	男	教授	美国加省大学文理学院毕业。加省师范大学教育系毕业,士丹佛大学教育研究院硕士、哲学博士。本校教育系主任、武大教授。
林瑞年		河南开封	41	男	教授	河南大学法学学士,英国伦敦大学研究院毕业。历任河南大学助教、讲师。
马辑五		河南汲县	49	男	教授	国立北平师范大学毕业。历任中等学校教员、校长及北平民国学院教授,本校讲师、副教授。
刘金宾	纵一	河南郾城	34	男	副教授	国立清华大学毕业。曾任中英庚款资助研究员、金陵女子学院讲师。
郭登峦	翠轩	河南偃师	36	男	副教授兼出版组主任	曾任本校副教授、河南通志馆编修、湖北第五区专员公署秘书主任。
李秉德	至纯	河南洛阳	34	男	副教授兼图书馆主任	曾任湖北省教育厅督学。
王般	般若	河南郾城	34	男	副教授	北京大学文学士。曾任西南联大师范学院英文教员、东北大学副教授等。
任维焜	访秋	河南南召	37	男	副教授	国立北平师范大学及北京大学研究所毕业。历任北平、河南中学、师范学院教员。

附录 545

续表

姓名	别号	籍贯	年龄	性别	职务	简历
顾清琴	化五	河南唐河	35	男	副教授	本校毕业。曾任本校讲师、副教授。
张长弓		河南新野	42	男	副教授	燕京大学国学研究所毕业。曾任岭南、燕京等大学讲师。
胡守菜	梅邨	河南汝南	38	男	副教授	国立暨南大学毕业。曾任武昌中华大学教育系副教授。
叶瑛桐		山东	32	男	副教授	西大副教授、七分校上校主任教官。
刘重德					副教授	
赵天吏	理之	河南武陟	34	男	讲师	河南大学文史系毕业。曾任本校助教。
鲍宗文	熙若	河南封丘	43	男	讲师	河南大学文史系毕业。曾任中山大学、遂平中学教员及本校讲师。
郝士英	冠儒	河南涉县		男	讲师	国立北平师范大学教育学士。曾任河南省立杞县教育实验区民教干事、安阳高中及洛中教导主任。
邢治平		河南滑县	29	男	讲师	本校文史系毕业。曾任本校文学院助教。
赵敏政	新民	河南淮阳	31	男	讲师	本校毕业。曾任淮阳中学校长及师范教员。
宋鸣勋		河南开封	32	男	讲师	本校毕业。
牛永茂		河南鄢陵	33	男	讲师	本校毕业。曾任河南鄢陵中学及师范教员。
武柏林		河南涉县	31	男	讲师	本校毕业。
陈方堃	厚庵	河南通许		男	讲师	本校毕业。

10. 河南大学中文系五九届同学在校时的简况[①]

我们年级入校报到时是 306 人,是当时学校人数最多的一个年级。1955 年 10 月 13 日编班,共 10 个班。每班三十人左右,共计 291 人(其中女生 76 人),毕业时还有 244 人(其中女生 53 人)。高中毕业生约占全年级的三分之二,调干约占三分之一。

十个小班学习成绩都差不多,优秀和良好的占绝大多数,补考的是

[①] 据《河南大学中文系五九届同学录》第 182 页,1990 年。

极少数。从入学到毕业，没有因学习成绩跟不上而留级或退学的。另外，在学术研究上也取得了一定的成就。不少同学的论文受到老师的赞扬，有些同学的文章在报刊上发表。

我们年级无论参加校内劳动或校外劳动，都热情高、干劲大，提前完成任务，经常受到称赞。前两年的劳动，多是在不影响学习的情况下进行的，如种树、修路、挖河、收麦、积肥等。后两年的劳动，耽误了不少学习时间，如大炼钢铁、太行山采矿、支援农业等。大跃进之风不仅给国家带来很大损失，也耽误了我们宝贵的学习时间。但劳动热情是很珍贵的，它显示了青年人的品质、才华和友谊。尤其是1958年太行山的采矿劳动，给大家留下了深刻印象。

我们年级勤工俭学颇有成效，主要是到市职工业余学校任课。从1956年开始，一直坚持到1958年。最初去任课的只有几个人，后来发展到几十人，还辐射到外系。我们能长期在业余学校任课，主要有这几个原因：一、部分调干同学家庭经济困难，确需有点创收；二、有一定的教学能力；三、职工业余学校授课时间与我们的上课时间不冲突；四、年级党支部支持。

从入学到毕业经历了不少政治运动。如忠诚老实运动、反右运动、拔白旗等。这些运动对我们年级影响最大的莫过于反右运动。它对一些被错划为右派的同学，在政治上、事业上造成很大损害，也在同学之间造成不良影响。

经过三十多年的实践验证，真理得到弘扬，错误得到纠正。人们的认识提高了，友谊溶解了隔阂，同学之间相互谅解，大家的心又都团结在一起了。

年级党支部是一个比较坚强的领导集体。四年当中按照学校党委的意图，积极开展政治思想工作，在同学中是有威信的。虽然也受了极"左"路线的影响，但年级党支部对工作是尽心尽力去做的。到毕业时支部党员发展到四十多人，为党组织增添了新的血液。全年级二百多名合格毕业生分配到教育战线上，为教育事业增添了一批生力军。

中文系五九届校友会
1990年5月26日

11. 1980年10月中文系教授副教授情况①

姓名	籍贯	职称	最后学历	能教授课程	校内外职务
任访秋	河南南召	教授	1935—1936年北京大学研究院学习	中国文学史、中国文学批评史、现代文学史、鲁迅研究、近代文学	中文系主任、河南省民盟副主委、省政协常委、开封市民盟召集人
高文	江苏南京	教授	1926—1931金陵大学中文系学习	中国古代文学史、唐诗选、宋诗选、杜甫诗、柳永词、苏辛词、元曲选	中文系副主任、校系学术委员会委员、开封市书法研究会副主席
华钟彦	辽宁沈阳	教授	1933年北京大学国文系毕业	中国古代文学史、作品选、《诗经》、《楚辞》、《论语》、唐宋诗词、元杂剧	中文系副主任、系工会主席
于安澜	河南滑县	教授	1932—1937年燕京大学研究院研究生	古代音韵、古典文学及诗选	开封市书法研究会副会长
牛庸懋	河南鄢陵	教授	1940—1943年河南大学中文系学习	西欧文学和中国古典文学	外国文学教研室主任、河南省作家协会理事、校系学术委员会委员
王吾辰	河南南阳	副教授	1930—1934年北京历史语言研究所研究生	古代汉语、现代汉语	汉语教研室副主任
王梦隐	河南浚县	副教授	1930—1934年北京大学学习	中国古典文学、《文心雕龙》研究、陶诗研究	
赵天吏	河南武陟	副教授	1935—1939年河南大学文史系学习	古代汉语、现代汉语	汉语教研室主任、校系学术委员会委员、开封市社联委员
邢治平	河南滑县	副教授	1936—1940年河南大学文史系学习	中国古典文学、杜甫研究、明清小说	中文系资料室主任
刘溶	河南淇县	副教授	1945—1948年中央大学研究院中文研究所学习	文选及写作、新诗、语文教学法、毛主席诗词、现代文学	系学术委员会委员、文艺理论教研室副主任、省作家协会理事等

---

① 见《河南大学史料长编》第九卷第219—230页"河南师范大学教授、副教授名册"。

续表

姓名	籍贯	职称	最后学历	能教授课程	校内外职务
王宽行	江苏邳县	副教授	1953年江苏师范学院中文系毕业	中国古代文学、毛主席诗词	系学术委员会委员
陈信春	河南罗山	副教授	1952—1956年开封师范学院学习	现代汉语语法、修辞	校党委委员、系党总支副书记、系副主任
刘增杰	河南滑县	副教授	1951—1956年新乡师院、开封师院学习	中国现代文学史、中国现代名著选	中文系副主任、现代文学教研室主任、开封市语文学会理事等
何法周	河南长葛	副教授	1951—1956年开封师范学院中文系学习	中国古代文学、古代汉语语法、韩愈与古文运动	古代文学教研室主任、系总支委员、开封市语文学会理事等
郭光	山东广饶	副教授	1942年中央大学研究院中国文学部毕业	文学概论、中国现代文学史	《中学语文》编辑部主任

12. 1997年文学院教研室研究室情况①

教研室名称	职务	姓名	出生年月	学历	何时何校毕业	职称
古代汉语研究室	主任	任继昉	55.4	博研	89年杭州大学	教授
现代汉语教研室	主任	李一平	47.10	硕研	82年河大中文	副教授
现代汉语教研室	副主任	李兴亚	48.1	硕研	82年河大中文	副教授
对外汉语教研室	副主任	郑祖同	44.4	本科	68.5 北京师院	副教授
对外汉语教研室	副主任	马国强	63.12	本科	86.7 河大中文	讲师
写作教研室	主任	贾占清	37.12	本科	63.8 开封师院	教授
写作教研室	副主任	张子臣	39.7	本科	64.4 开封师院	副教授
写作教研室	副主任	张天定	51.12	本科	开封师院	讲师
广电教研室	主任	李晓华	53.5	硕研	北京广播学院	副教授

---

① 《河南大学史料长编》第十一卷第281页"河南大学1997年各教研室研究室负责人一览"中记载：边家珍为现代文学教研室主任，杜运通为现代文学研究室主任，解志熙为地方文学教研室主任。据与文学院有关老师核对确认，文学院未设现代文学研究室、地方文学教研室，边家珍为古代文学研究室副主任，杜运通为现代文学教研室主任，解志熙为近代文学研究室主任。该资料与事实有出入，此处予以更正。

续表

教研室名称	职务	姓名	出生年月	学历	何时何校毕业	职称
外国文学教研室	主任	卢永茂	37.8	本科	60.8 开封师院	教授
	副主任	梁工	52.8	硕研	88 年南开大学	教授
外国文学研究室	主任	蒋连杰	43.7	硕研	河南大学中文	教授
古代文学教研室	主任	华锋	47.8	本科	82.7 河大中文	副教授
	副主任	杨国安	64.10	硕研	88.7 河大中文	讲师
		张进德	60.5	本科	84.7 河大中文	讲师
古代文学研究室	主任	王立群	45.3	硕研	82.7 河大中文	副教授
	副主任	王利锁	64.8	本科	86.7 河大中文	讲师
		边家珍	65.7	硕研	88.7 河大中文	讲师
现代文学教研室	主任	杜运通	47.1	本科	76 年开封师院	副教授
近代文学研究室	主任	解志熙	61.10	博研	北京大学	教授
当代文学教研室	主任	刘文田	35.11	硕研	64 年复旦大学	教授
	副主任	刘思谦	34.12	本科	60 年开封师院	教授
古代汉语教研室	主任	魏清源	52.9	本科	77 年开封师院	副教授
	副主任	杨永龙	62.8	硕研	87.7 河大中文	副教授
文艺理论教研室	主任	毕桂发	39.2	本科	63 年开封师院	教授
	副主任	张云鹏	59.12	硕研	北京师范大学	副教授
美学研究室	主任	王怀通	37.12	硕研	65 北京大学	教授
教法教研室	主任	何琛	39.4	本科	61 年开封师院	副教授
编辑学教研室	副主任	董长纯	44.9	本科	北京师范大学	讲师
		郭奇	63.7	硕研	89.7 河大中文	讲师
唐诗研究室	主任	佟培基	44.3	高中	62 年开封高中	教授
文学研究所	所长	刘增杰	34.5	本科	56 年开封师院	教授
古籍研究所	所长	邹同庆	35.12	本科	60.7 开封师院	副教授
资料室	主任	谢玉娥	51.5	本科	76.8 开封师院	副研究馆员
公共语文教研室	主任	陈庆汉	53.12	本科	83.7 河大中文	讲师
	副主任	韩爱萍	56.5	本科	河大中文	副教授
		周启云				副教授
函授教研室	主任	刘安国	38.10	本科	61.7 开封师院	副教授
	副主任	胡山林	51.1	本科	76.7 开封师院	副教授

参考文献

中州大学编：《中州大学一览》，1924年。

河南大学编：《河南大学一览》，1930年9月15日。

河南省教育厅编：《河南教育月刊》，1930—1935年。

河南省教育厅编：《河南教育行政周刊》，1931年。

河南大学编：《河南省立河南大学一览》，1932年。

河南大学编：《河南大学校刊》，1933—1937、1947—1948年。

河南大学编：《河南大学周刊》，1932—1933年。

河南大学编：《河南省立河南大学教职员录》，1934年。

河南大学编：《河南省立河南大学现况简览》，1935年10月。

河南大学编：《河南省立河南大学职教员学生一览》，1935年11月。

河南大学编：《河南大学第九届毕业同学纪念册》，1936年7月。

河南大学编：《国立河南大学通讯录》，1943年。

李允豹主编：《河南新文学大系（1917—1990）》（史料卷），河南大学出版社1996年版。

陈建功主编：《百年中文文学期刊图典》（上），文化艺术出版社2009年版。

杨泽海主编：《国立河南大学1948—1949纪实》，时代教育出版社2014年版。

河南大学校史修订组：《河南大学校史》，河南大学出版社2012年版。

李经洲、许绍康主编：《河南大学百年纪事》，河南大学出版社2012年版。

张天定、李建伟主编:《河南大学出版志》,河南大学出版社2012年版。
时勇编著:《百年镜像》,河南大学出版社2012年版。
张召鹏、史周宾、陈旭编著:《百年历程》,河南大学出版社2013年版。
河南大学校史编纂研究室、河南大学档案馆编:《河南大学史料长编》
  (第1—16卷),河南大学出版社2016年版。
《任访秋文集》,河南大学出版社2013年版。

后　　记

　　历代学人筚路蓝缕，拓荒前行，成就了河南大学文学院厚重的文化积淀与优良学风。在悠久的办学历史中，河南大学历经多次办学调整，中国语言文学学科是河南大学办学历史最久且从未中断的唯一学科。2023年将迎来河南大学文学院百年院庆，为此，梳理文学院百年办学历程、呈现学科百年画卷，显得尤其必要。中国语言文学学科的历史不仅是河南大学文科发展史的缩影，也是河南省高等教育文科发展史的缩影。《河南大学文学院百年纪事》涵盖了文学院党团建设、学科建设、教学组织、国际交流、教师发展、学生活动、学生社团等，是一个学院近百年师生员工的群体影像。

　　本书的编写，得到了文学院的大力支持。李伟昉教授曾任文学院院长多年，亲历了学院的快速发展时期，特意为本书作序。李伟昉教授、魏清源教授、张进德教授、白春超教授、张清民教授、王宏林教授、高冬东教授、武新军教授、马惠玲教授、白金副院长、焦喜峰副院长、孙建杰主任、李国平主任等提供了许多文献资料，张召鹏提供了自己收藏的一些珍贵图片，王利锁教授提出了宝贵的修改建议，文学院办公室、资料室提供了很多工作便利条件，中国社会科学出版社顾世宝编辑为本书的出版付出了大量心血，在此一并致谢。由于时间跨度较长，资料有限，个人水平有限，舛误之处在所难免，尚祈就教于方家，以待今后补订。

葛本成
2022年4月30日